OPENING NEW HORIZONS IN POLICING DIPLOMACY

글로벌 치안외교의 지평을 열다

UNDERSTANDING AND THE FUTURE OF POLICING DIPLOMACY

이준형

박영사

프롤로그

왜 지금, 경찰은 외교를 이야기해야 하는가.

나는 경찰이다. 그리고 동시에, 외교를 해왔다. 때로는 조용히, 때로는 단호하게, 국경을 넘어 대한민국을 설명하고, 설득하고, 지켜왔다.

“외교는 외교관의 몫이다”라는 말이 익숙하던 시절, 나는 수많은 공항과 해외 현장, 국제회의장에서 ‘경찰의 외교’가 얼마나 필요한지를 실감하며 근무해왔다. 미국 중서부의 한인 유학생들을 위한 안전 세미나, 태국 해변에서 실종된 국민의 흔적을 추적하던 새벽, INTERPOL 총회에서 전 세계 경찰 앞에 섰던 그 순간, 그리고 이름도 생소한 국가와 ‘공조’라는 이름으로 신뢰를 쌓아 올리던 날들. 그 하나하나가 내겐 단순한 ‘국제업무’가 아니었다. 그건 분명한 치안외교였다.

그러나 정작, 우리는 이 ‘치안외교’라는 말을 정확히 정의하지 못했다. 경찰주재관, 국제협력관, INTERPOL 국가중앙사무국장… 여러 역할을 수행하며 나는 자주 스스로에게 묻곤 했다. “지금 내가 하는 이 일은 단지 국제협력인가, 아니면 진짜 외교인가?”

이 책은 그 질문에 대한 답을 찾고자 하는 여정이자, 동시에 미래의 경찰외교관들에게 ‘이 길에도 이름이 있고 의미가 있다’는 메시지를 전하기 위한 기록이다.

지금 우리는 글로벌 위기와 초국경범죄, 디지털 치안, 재외국민 보호와 국제기구 협력이라는 복합적인 과제를 안고 있다. 그리고 그 한가운데서 경찰의 역할은 점점 더 중요해지고 있다. 단지 범죄를 막는 것이 아니라, 국가를 대표하고, 시민의 안전을 세계 속에서 지켜내는 외교관으로서 말이다.

이제는 누군가가 말해야 한다. 치안외교는 특정 직위나 국외 파견의 전유물이 아니라, 대한민국 경찰 모두가 알아야 할 전략이자, 태도이며, 방향이라고. 그리고 누군가는 그 전략을 정의하고, 정리하고, 전달해야 한다.

이 책은 단지 경찰의 국제협력 사례를 정리하려는 기록이 아니다. 나는 이 책을 통해, 경찰의 국제활동을 국가 외교전략의 일부로 재정립하고자 했으며, 그 중심에 '치안외교'라는 새로운 개념을 처음으로 제안하고자 한다. 이 개념은 단순히 외사 기능의 확장이 아니라, 한국 경찰이 국제사회에서 질서를 제안하고, 신뢰를 설계하며, 미래의 기준을 만들어가는 전략적 행위자가 되어야 한다는 시대적 요청에 대한 응답이다.

나는 이 책을 통해, 그 역할을 감히 해보고자 한다. 이 책은 나의 기록이면서, 동시에 미래의 주역이 될 당신을 위한 안내서다. 외국의 회의장에서, 위기의 현장에서, 국제무대의 한가운데서 "나는 한국 경찰입니다"라고 당당히 말할 수 있도록. 그 시작을 함께 열어가기를 바라며, 이 글을 쓴다.

서문

이 책은 단지 경찰의 국제활동을 소개하려는 목적에서 출발하지 않았다. 현장에서, 책상에서, 회의장에서 반복되던 "치안은 외교가 될 수 있는가"라는 질문에 대한 스스로의 답을 찾는 여정이었다. 그리고 그 질문의 답은, 내가 오랜 기간 동안 경찰주재관으로, 국제협력관으로, INTERPOL 국가중앙사무국장으로 활동하며 직접 경험한 치안외교의 순간들 속에서 천천히 모습을 드러냈다.

치안외교는 아직 학문적으로 완전히 정립된 개념이 아니다. 그러나 초국경 범죄, 테러, 마약, 사이버 범죄 등 비전통적 위협이 일상화된 오늘날, 국가의 안전을 확보하기 위해 경찰은 더 이상 국경 안의 질서만을 담당하는 조직일 수 없다. 국제사회의 협력과 신뢰 속에서 치안 역량을 외교적으로 활용하고, 공공안전을 통해 국가의 이미지를 강화하며, 공동의 규범과 질서를 함께 만들어가는 것이 바로 치안외교의 본질이다.

나는 이러한 문제의식과 함께, 한국 경찰이 어떻게 외교의 주체로 진화해 왔는지를 돌아보았다. 해외 파견 현장에서 외국 경찰들과 협력하며 각종 위기 상황에서 우리 국민을 보호하고, 해외도피사범을 끝까지 추적하여 송환하며, 국제회의에서 정책과 기준을 논의하던 수많은 순간들. 그 속에서 경찰은 단지 법 집행자가 아니라, 외교관이며, 조정자이며, 신뢰의 파트너였다.

특히 '한국형 치안외교'라는 개념은 단지 정책의 수단이 아니라, 대한민국이 가진 역사적 경험과 시민 중심의 철학, 기술력과 실용성을 바탕으로 세계에 제안할 수 있는 독자적인 모델이라고 생각한다. 우리가 전하고자 하는 것은 단순한 제도나 장비가 아니라, 사람을 중심에 둔 치안의 가치이며, 공감과 협력을 기반으로 한 공동체적 접근이다.

이 책은 크게 다섯 가지 목적을 담고 있다. 첫째, 치안외교라는 새로운 외교 분야의 개념과 이론을 정립하고자 하였다. 둘째, 한국 경찰이 축적해온 국제협력의 경험을 체계적으로 정리하고자 하였다. 셋째, K–Policing, 치안 ODA,

경찰 해외파견제도 등 구체적인 실행 전략을 소개하고자 하였다. 넷째, 한국형 치안외교라는 정체성과 전략을 통해 우리의 가능성을 제시하고자 하였다. 마지막으로, 미래 세대와 후배 경찰들에게 이 길이 단지 일의 연장이 아닌, 국가를 대표하는 사명임을 전하고자 하였다.

무엇보다 이 책은 이론적 정당성과 실천적 경험이 균형 있게 결합된 구성이다. 이론적 기반은 Brodeur, Nye, Anholt, Sheptycki 등의 주요 외국 문헌을 바탕으로 하고 있으며, 동시에 저자의 경찰주재관·국제협력관·INTERPOL 국가중앙사무국장으로서의 경험은 단순한 사례를 넘어 이론의 타당성을 실증적으로 뒷받침한다. 현장에서 길어 올린 교훈과 전략은 이 책을 살아 있는 제안으로 만들었다.

이 책은 완성된 이론서라기보다는, 새로운 분야를 여는 하나의 시도이자 정리이며 동시에 제안이다. 정책과 학문, 현장과 이론이 만나는 교차점에서 이 책이 작은 디딤돌이 되기를 바란다. 그리고 언젠가 이 길을 함께 걷고자 하는 이들에게, 이 책이 지도이자 나침반이 될 수 있다면, 그것만으로도 집필의 의미는 충분할 것이다.

2026년 2월,

치안외교의 길 위에서

저자 **이준형**

차례

PART
III 치안외교의 현장과 경험

PART
IV 치안외교의 성찰과 미래전략

PART

I

치안외교의 이론적 토대와 개념 정립

제1장

치안외교 개념 정의와 이론적 기초

제2장

치안외교의 실천 기반과 전략 프레임

제 1 장 치안외교 개념 정의와 이론적 기초

"외교의 이름으로 전쟁이 멈추고 협정이 체결된다면, 치안외교의 이름으로 범죄가 멈추고 신뢰가 자란다."

21세기 국제사회에서 외교는 더 이상 군사력과 통상 교섭만의 영역이 아니다. 오늘날 국경을 넘는 범죄, 테러, 사이버 위협, 그리고 재외국민의 안전 문제는 국가의 외교 의제 한가운데 자리 잡고 있다. 이 과정에서 경찰은 단순한 법집행 기관을 넘어, 신뢰를 매개하고 규범을 확산하는 외교 행위자로 부상하고 있다.

'치안외교'는 국제경찰협력과는 다르다. 그것은 범죄 대응을 넘어, 국가 이미지를 제고하고, 국제 규범을 형성하며, 세계 시민의 안전을 지키는 새로운 외교의 얼굴이다.

이 장은 치안외교의 개념을 정립하고, 기존 외교이론과의 접목을 통해 하나의 독자적 학문 영역으로서 치안외교론을 제시한다. 나아가 이후 전개될 논의의 이론적 기초를 마련함으로써, 치안외교를 단순한 실천이 아닌 분석 가능한 이론틀로 끌어올리는 데 목적이 있다.

제 1 절 왜 지금 치안외교인가

21세기 국제질서의 핵심 키워드는 '복합안보'와 '다층외교'이다. 전통적인 군사 안보가 여전히 중요하지만, 팬데믹, 기후위기, 사이버 범죄, 조직범죄, 테러리즘, 불법 이주와 같은 초국경적 위협이 국가 안보의 구조를 변화시키고 있다. 이러한 변화는 안보정책뿐 아니라 외교정책의 대상과 방식, 그리고 주체까지도 재구성하고 있다.

기존의 외교는 외교부, 대사관, 외교관 중심의 국가 대 국가 관계였다. 그러나 지금의 외교는 다르다. 외교의 주체는 다양화되고 있으며, 경찰, 군, 교육, 보건, 환경 등 다양한 분야의 국가기관들이 각자의 전문성을 바탕으로 국제사회에 참여하고 있다. 경찰 역시 국제무대의 중요한 행위자로 떠오르고 있다. 대한민국 경찰은 INTERPOL, 유엔, 아세안 등의 국제기구 활동, 해외 파견과 교육훈련, 재외국민 보호활동, 국제 공조수사, 치안 ODA 등 다양한 영역에서 활약하며 실질적인 외교행위를 수행하고 있다.

이러한 현실에도 불구하고 경찰의 국제활동은 오랫동안 '국제협력'이라는 기술적 용어 속에 갇혀 있었다. 경찰의 활동은 협력에서 그치는 것이 아니라 명백한 외교의 기능을 수행하고 있음에도, 그 정체성과 전략성이 분명히 드러나지 않았다. 외교가 단순한 접촉과 소통을 넘어, 국익을 실현하고 국가 브랜드를 형성하는 전략적 활동이라면, 경찰이 수행하는 치안외교 역시 국가의 전략적 외교수단으로 간주되어야 한다.

특히 치안외교는 비전통 안보 위협에 대응할 수 있는 효과적인 수단이다. 사이버 범죄, 마약, 인신매매, 무기 밀거래, 테러리즘 등은 국경을 초월하며, 이러한 범죄에 대응하기 위해서는 국가 간 협력과 정보 공유가 필수적이다. 경찰은 이러한 범죄 대응의 최전선에 있으며, 단순한 수사협조를 넘어서 파트너십 구축, 현지 대응력 강화, 법치주의 수출 등 외교적 기능을 수행한다.

나아가 경찰의 국제활동은 단순한 범죄 대응을 넘어, 한국의 치안 모델과 법치 문화를 전파하고, 한국에 대한 신뢰와 존중을 확산시키는 '치안을 통한 공공외교'로 기능하고 있다. K-Policing은 단순한 프로그램이 아니라, 한국 경찰의 소프트파워를 상징하는 브랜드가 되었으며, 이는 치안외교가 단지 치안만이 아니라 문화, 제도, 가치의 외교이기도 함을 보여준다.

따라서 지금, 우리는 '왜 치안외교인가'라는 질문을 넘어서, '치안외교를 어떻게 이론화하고 전략화할 것인가'라는 질문을 던져야 한다. 경찰의 국제활동을 국제협력이라는 기술적 용어가 아닌 외교라는 전략적 언어로 새롭게 정의할 시점이다. 그것이 바로 이 책이 말하고자 하는 출발점이다.

요약 BOX 왜 지금 치안외교인가?

- 비전통 안보 위협의 증대
- 외교 주체의 다변화
- 경찰의 글로벌 활동 확대
- 국익 중심 공공외교의 중요성 부상
- 치안역량의 외교자산화 필요성

제 2 절 치안외교의 개념 정의와 이론적 기반

1 치안외교 개념의 등장과 필요성

'치안외교(Policing Diplomacy)'라는 용어는 국내외 학술 및 정책 문헌에서 아직 일반화되지 않은 개념이다. 국내에서는 경찰청의 일부 국제협력업무 관련 자료나 정책 보고서에서 간헐적으로 등장하지만, 정식 학문 용어로 자리 잡지는 못했다. 국외의 경우 'Police Diplomacy'라는 표현이 일부 학자나 기관 보고서에서 사용되고 있으나, 대부분 특정 경찰기관의 외교활동을 기술하는 데 국한되며, 보다 거시적이고 국가전략적 맥락에서의 외교 개념으로 발전하지는 못한 상황이다. 따라서 본 저서는 보다 포괄적이고 전략적인 의미를 담아 'Policing Diplomacy'라는 용어를 사용하고자 한다.

기존의 'Security Diplomacy'가 군사·국가안보를 포괄하는 광범위한 개념이라면, 'Policing Diplomacy'는 보다 구체적으로 경찰 및 치안역량 중심의 외교활동을 의미한다. 이는 공공안전, 범죄 대응, 법집행, 지역사회 신뢰 구축 등 경찰 고유 기능을 기반으로 하되, 그것이 외교적 채널과 전략을 통해 실현된다는 점에서 의미를 지닌다. 다시 말해 치안외교는 국가의 치안자산을 기반으로 국제사회와의 협력, 연대, 영향력 확산을 도모하는 외교활동이다.

실제 해외 사례에서도 유사한 정의가 일부 등장한다. 미국 로스앤젤레스 카운티 셰리프국(LASD, 2013)은 Police Diplomacy를 국가 간 신뢰 구축을 위한 경찰 교류와 협력활동으로 설명하면서, 테러리즘과 초국가적 위협 대응도 단순 기술 교환이 아닌 외교 행위 그 자체로 보았다.[1] Bowling & Sheptycki(2012)는 국제 범죄 억제를 위한 글로벌 경찰협력이 외교적 성격을 지닌다고 분석한다.[2] 남아공의 연구(Jozi, 2019 석사논문)는 SAPS의 국제관여를 Police Diplomacy로 개념화하며, 신뢰 구축과 문화 교류까지 확장되는 외교활동으로 설명하고 있다.[3]

국내외에서 이러한 개념적 논의가 단편적으로 존재하지만, 이를 종합적으로 이론화하고 정책·실천과 연결 지은 체계는 아직 부족한 실정이다. 특히 국방외교(Defense Diplomacy)가 군사적 신뢰 구축, 평화유지활동, 전략적 파견 등으로 제도화되어온 것에 비해, 치안외교는 그 범위와 실체가 아직 모호하게 인식되고 있는 것이 현실이다. 그러나 국방과 치안은 국가 안보의 양대 축이며, 경찰 또한 국제사회에서 협상, 중재, 문제해결의 외교적 기능을 수행해 왔다는 점에서, 치안외교 역시 독립된 외교 분야로 정립될 충분한 실익과 필요성이 존재한다.

이에 본 저자는 다양한 실천과 이론을 바탕으로 치안외교를 다음과 같이 정의하고자 한다:

"치안외교란 국가의 치안역량을 바탕으로 국제사회와의 공조, 협력, 영향력 확대를 통해 자국 및 세계의 공공안전을 확보하고, 이를 통해 국가의 위상과 이익을 증진하는 외교활동이다."

2 치안외교의 범위와 특징

치안외교는 경찰이 중심이 되어 국가 간 또는 다자적 관계 속에서 치안 관련 협력과 공공안전 증진 활동을 수행함으로써 외교적 목표를 달성하는 새로운 외교 유형이다. 이는 단순히 경찰조직이 국제적 활동에 참여한다는 의미를 넘어서, 경찰이 공공 외교의 주체로서 기능하고, 국가의 신뢰자산을 전달하며, 범죄 대응과 평화 기여를 동시에 수행하는 전략적 외교라는 점에서 주목할 필요가 있다.

치안외교는 기존의 '국제경찰협력'이나 '국제공조'와는 구별된다. 국제경찰

---

1) Los Angeles County Sheriff's Department. (2013). Police Diplomacy: A Global Trust. Los Angeles: LASD. https://lasd.org/police-diplomacy-a-global-trust
2) Bowling, B., & Sheptycki, J. (2012). Global Policing. London: SAGE.
3) Jozi, T. H. (2019). Police Diplomacy of the South African Police Service. Master's dissertation, University of Pretoria.

협력은 주로 기관 간 교류, 의전 중심의 방문과 훈련 위주의 협력 형태에 머무르는 반면, 치안외교는 지속 가능한 외교전략의 일환으로 설계되고 제도화된 활동을 지향한다. 또한 국제공조가 기술적 수사 협력에 가까운 반면, 치안외교는 협력 그 자체를 국가이미지, 정책목표, 규범확산 수단으로 활용한다는 점에서 차별화된다.

이러한 개념은 다양한 하위 요소로 구성된다. 행위자로는 경찰청, 외교부, 주재관, 국제기구, 민간 파트너 등이 있으며, 치안 ODA, 국제치안포럼, 교육훈련, 경찰 시스템 수출 등이 주요 도구로 활용된다. 목적 또한 단순한 범죄 억제를 넘어, 국가 브랜드 확산, 규범 기반 협력, 인도적 지원, 국제적 치안 거버넌스 참여 등 복합적이며 다층적이다.

치안외교는 단순한 수사 공조나 해외 파견 이상의 개념으로, 국가 치안 역량을 외교 정책 도구로 전환하여 국제사회의 평화와 안정에 기여하는 외교 행위로 정의할 수 있다. 특히 국제치안협력, 정책외교, 소프트파워 외교가 교차하는 지점에서 경찰이 실질적인 행위자 역할을 수행한다는 점에서 주목받고 있다. 치안외교는 기능주의(Functionalist) 외교이론의 관점에서도 해석 가능하다. 국가 간 비정치적 협력(치안, 보건, 환경 등)이 반복될수록 신뢰가 축적되며, 이는 궁극적으로 정치적 협력으로 발전할 수 있다는 관점이다(Cull, 2008; Greener, 2011; Mitrany, 1943; Keohane, 1984).[4)]

이러한 실천적 개념 정의를 바탕으로, 이 절의 후반부에서는 치안외교의 이론적 기반을 다음과 같이 정리하고자 한다.

첫째, 치안외교는 공공외교(public diplomacy) 이론의 연장선에서 해석될 수 있다. Joseph Nye가 제시한 '소프트파워' 개념은 타국 국민의 마음과 생각을

---

4) Cull, N. J. (2008). Public Diplomacy: Lessons from the Past. Los Angeles: Figueroa Press.
Greener, I. (2011). Designing Institutions for Policymaking: Functionalist Approaches and Beyond. Policy & Politics, 39(4), 485–498.
Mitrany, D. (1943). A Working Peace System: An Argument for the Functional Development of International Organization. London: Royal Institute of International Affairs.
Keohane, R. O. (1984). After Hegemony: Cooperation and Discord in the World Political Economy. Princeton: Princeton University Press.

설득하고 매료시키는 힘을 강조한다.5) 치안외교는 강제력이 아닌 설득과 신뢰를 기반으로 하며, K-Policing, 치안협력 교육, 재외국민 안전 활동 등은 경찰이 공공외교의 매개체로 기능할 수 있음을 보여준다.

둘째, 정책외교(policy diplomacy)의 틀에서 보면, 치안외교는 외교수단으로서의 공공정책 실행이라는 관점에서 해석된다. David Arase 등이 주장한 바와 같이, 공공정책이 외교 목적을 위해 전략적으로 설계되고 수단화되는 외교가 정책외교다.6) 한국 경찰의 ODA형 치안전수 활동, 법치 협력, 경찰 파견 제도 등은 이러한 정책외교의 전형이다.

셋째, 글로벌 거버넌스 이론은 경찰이 단지 국가기관의 역할을 넘어 국제적 규범 형성에 참여하는 행위자라는 점에서 의미를 지닌다. Rosenau, Slaughter 등은 전통 국가중심 질서에서 벗어나 다양한 행위자들이 규칙과 질서를 공동으로 형성해가는 과정을 '글로벌 거버넌스'로 규정했다.7) 치안외교는 INTERPOL, 유엔, 아세안 등 다자협력 구조 속에서 규범을 수용하거나 제안하며 국제질서 형성에 기여한다.

이러한 이론들을 종합할 때, 치안외교는 단순히 기존 외교의 보조적 도구가 아니라, 독자적 전략외교의 한 갈래로 자리매김할 수 있다. 특히 강제력보다 신뢰와 규범을 중시하며, 제도와 정책을 기반으로 한 국제협력 활동이라는 점에서 치안외교는 21세기 복합외교의 핵심 축으로 진입할 수 있는 이론적 정당성을 가진다.

3 치안외교 이론화의 한계와 학문적 과제

이처럼 치안외교는 공공외교, 소프트파워, 정책외교, 글로벌 거버넌스 등 다양한 이론을 통해 그 개념과 전략적 가치를 설명할 수 있으나, 이러한 이론적 틀이 치안외교에 직접적으로 적용되거나 실증적으로 검증된 연구는 매우 제한

5) Nye, J. S. (2004). Soft Power: The Means to Success in World Politics. New York: Public Affairs.

6) Arase, D. (2017). Policy Diplomacy and Asian Regionalism: Comparative Perspectives. London: Routledge.

7) Rosenau, J. N. (1990). Turbulence in World Politics: A Theory of Change and Continuity. Princeton: Princeton University Press.
Slaughter, A.-M. (2004). A New World Order. Princeton: Princeton University Press.

적이다.

예컨대, 조셉 나이(Joseph Nye)의 소프트파워 이론은 국가의 매력자산을 통해 국제적 영향력을 확장하는 개념으로, 치안 ODA, 경찰 교류, K-Policing과 같은 활동에 개념적 유사성을 보인다. 그러나 경찰주재관이나 INTERPOL 활동 등 구체적인 치안외교 사례에 이를 직접적 이론틀로 적용하거나 실증적으로 분석한 연구는 매우 드물며, 대부분 간접적 해석 수준에 그치고 있다.

니콜라스 컬(Nicholas Cull)이 제시한 공공외교 프레임워크(경청, 옹호, 문화외교, 교류외교, 국제방송) 역시 경찰기관의 대외 소통 활동과 유사한 구조를 보이지만, 이를 경찰 외교 실천에 체계적으로 연계하거나 분석한 이론적 모델은 확립되지 않았다.

브로되르(Brodeur)의 경찰유형론[8] 역시 국제치안협력의 위계를 설명할 수 있는 이론적 도구로 활용 가능하지만, 국제정치와 외교의 영역에서 경찰 주체의 외교적 역할을 분석한 연구는 희소하다.

결국, 치안외교는 아직까지 전통적인 외교이론의 '참조 대상'에 머무르고 있으며, 경찰 실천을 중심으로 이론화된 독립 모델은 부재한 실정이다. 이러한 이론적 공백은 치안외교를 학문적·정책적으로 정착시키는 데 있어 중요한 과제로 남아 있으며, 향후 ▲기존 이론의 비판적 수용과 재구성, ▲현장 실천 사례에 기반한 경험적 축적, ▲정책과 제도를 연계하는 다층적 분석틀의 개발이 필요하다.

지금까지의 논의를 통해 치안외교는 공공외교, 소프트파워, 정책외교, 글로벌 거버넌스 등 기존 이론의 해석 틀을 바탕으로 일정 부분 설명될 수 있으며, 국제경찰협력이나 공조 개념과는 구별되는 독립적 외교 유형으로 자리매김할 수 있는 개념적 기반을 확인하였다.

그러나 아직까지 치안외교를 단일한 이론 체계로 정립하려는 학문적 시도는 매우 제한적이며, 다차원적이고 복합적인 속성을 반영한 구조화된 이론 모델의 필요성이 제기되고 있다.

이에 본 저서는 제9장에서 치안외교의 미래 발전을 전망함과 동시에, 치안외교 개념을 학문적으로 구조화하고자 하는 3단 이론화 제안을 통해 향후 이

8) Brodeur, J.-P. (2010). The Policing Web. Oxford: Oxford University Press.

분야의 이론적 정립 방향을 제시하고자 한다.

요약 BOX 치안외교 개념의 이론적 기반

- 공공외교: 경찰은 소프트파워의 주체로 기능한다.
- 정책외교: 치안정책은 외교 전략의 수단이 될 수 있다.
- 글로벌 거버넌스: 경찰은 국제 규범 형성의 참여자다.
- 치안외교는 독자적 외교 영역으로 정당성을 갖는다.

제 3 절 치안외교의 이론 기반과 하이브리드 외교모델 구성

21세기 외교는 점차 전통적인 국익 중심, 군사 중심의 프레임을 넘어, 문화, 기술, 환경, 그리고 치안과 같은 기능적 분야(functional domains)로 외연을 확장하고 있다. 이러한 변화 속에서 부상한 개념이 바로 치안외교(policing diplomacy)이며, 이는 단순한 국제 경찰 협력을 넘어 국가의 외교 전략적 자산으로 기능할 수 있는 하이브리드 외교 유형으로 주목받는다.[9)]

치안외교의 학문적 정당성을 확보하기 위해서는 기존의 전통 외교이론들과의 관계를 재구성하고, 유사한 특수 외교들과의 비교 분석을 통해 치안외교의 고유한 이론적 성격과 구조적 특성을 함께 이해할 필요가 있다.

1 전통 외교이론과 치안외교의 다중적 연계

외교학의 주요 이론인 현실주의(Realism), 자유주의(Liberalism), 구성주의(Constructivism)는 각각 치안외교의 상이한 측면을 설명할 수 있는 이론적 틀을 제공한다.

현실주의는 국제 질서를 무정부적(anarchic) 상태로 전제하고, 국가의 생존과 국익을 외교의 최우선 목표로 본다. 이 시각에서 보면 경찰주재관 파견, 대테러 공조, 국제범죄 수사협력 등은 정보력과 법집행 역량을 외교 전략의 연장

9) Nye, J. S. (2004). *Soft Power: The Means to Success in World Politics*. Public Affairs.

선에서 활용하는 현실주의적 대응으로 해석될 수 있다.[10)]

자유주의는 국가 간 협력 가능성을 긍정하며, 제도화·법치·상호의존성을 외교 안정화 요인으로 본다. INTERPOL, UNODC, ASEANAPOL 등과의 다자 협력은 이러한 제도화된 경찰외교의 구현 사례로 읽을 수 있다.[11)]

구성주의는 국가의 정체성, 규범, 인식이 국제정치의 구성 요소임을 강조한다. K-Policing, 경찰 ODA, 민주경찰 이미지 확산 등은 한국 경찰 고유의 제도와 가치가 국제 규범으로 확산되는 구성주의적 소프트파워 전략으로 이해된다.[12)]

이처럼 치안외교는 특정 이론 하나에만 근거하지 않고, 복수의 이론이 상호 보완적으로 적용되는 다중이론 적용모델(multi-theoretical framework)로 해석될 수 있다.[13)]

2 특수 외교유형과의 비교를 통한 정체성 확립

치안외교는 아직 학문적으로 정립된 개념은 아니지만, 기존의 여러 외교 유형들과 비교했을 때 독자적인 위상을 갖는다. 이를 명확히 하기 위해 본 장에서는 공공외교, 국방외교, 기능외교와의 비교를 통해 치안외교의 특성과 이론적 기반을 설명하고자 한다.

먼저, 공공외교(Public Diplomacy)는 외국 국민과 문화기관을 주요 대상으로 하여 문화교류, 교육, SNS 등 '이미지'와 '국가 정체성'을 전달하는 데 중점을 둔다. 조셉 나이(Joseph Nye)의 소프트파워 이론에 뿌리를 두고 있으며, 매력과 설득을 통해 국가 이미지를 제고하는 데 목적이 있다.

반면, 국방외교(Defense Diplomacy)는 군사기관을 상대로 연합훈련, PKO 파병, 방산협력 등을 추진한다. 이는 억지(deterrence) 이론과 전략안보 이론을 기반으로 하며, 군사력을 외교 도구화하여 안보 협력을 확대하는 데 초점을 둔다.

기능외교(Functional Diplomacy)는 국제기구나 전문가 네트워크를 중심으로 보건·환경 ODA, 기술 협력, 제도 컨설팅 등 특정 분야의 '공공정책'을 외교적

---

10) Waltz, K. N. (1979). *Theory of International Politics.* Addison-Wesley.

11) Keohane, R. O., & Nye, J. S. (1977). *Power and Interdependence.* Little, Brown.

12) Wendt, A. (1999). *Social Theory of International Politics.* Cambridge University Press. Finnemore, M., & Sikkink, K. (1998). *International Norm Dynamics and Political Change.* International Organization.

13) Reitano, T. (2015). *Policing and Rule of Law in Fragile States.* Global Initiative.

수단으로 전환한다. 이는 공공정책론과 국제개발이론에 뿌리를 두고 있으며, 글로벌 공공재 확산이 주된 목표이다.

이와 달리, 치안외교(Policing Diplomacy)는 해외 경찰기관과 국제기구를 주요 파트너로 하여 경찰주재관, K-Policing, 치안 ODA, 국제 포럼 등 다양한 전략 도구를 활용한다. 치안외교는 공공외교, 거버넌스 이론, 그리고 경찰학을 결합한 복합적 기반을 가지고 있으며, 단순 범죄 공조를 넘어 안전외교·국제질서 설계·제도 전파라는 외교 목표를 지향한다.

따라서 치안외교는 기존 외교유형의 단순한 연장선이 아니라, 국제사회에서 한국 경찰이 새로운 규범 제안자이자 전략적 행위자로 자리매김할 수 있는 독립된 외교 영역임을 보여준다. 다음 비교 표는 각 외교유형의 구성 요소를 바탕으로 치안외교의 위상을 명확히 제시한다.

▪ 외교 유형별 비교와 치안외교의 위상 ▪

외교 유형	주요 대상	수단 및 전략도구	이론 기반	외교 목표
공공외교	외국 국민, 문화기관	문화교류, 학술교류, SNS, 교육 등	소프트파워 이론 (Nye, 2004)	이미지 향상, 국가 정체성 공유
국방외교	우방국 군사기관	연합훈련, PKO, 방산협력	억지이론, 전략안보이론 (Hyde-Price, 2007)	안보 협력, 군사력 외교화
기능외교	국제기구 및 전문가	보건·환경 ODA, 기술 컨설팅	공공정책론, 국제개발이론 (Ostrom, 2010)	글로벌 공공재 확산
치안외교	해외 경찰기관, 국제기구	K-Policing, 경찰ODA, 경찰주재관, 포럼 등	복합이론: 경찰학 + 공공외교 + 거버넌스[14]	안전외교, 국제질서 설계, 제도 전파

위 표를 통해 확인할 수 있듯이, 공공외교·국방외교·기능외교는 각각 국민·군사기관·국제기구를 대상으로 특정 목적을 달성하는 데 중점을 둔다. 그러나 치

14) Sheptycki, J. (2004). *Policing, Security and Social Order*. Policing & Society.

안외교는 이들 세 가지 외교 유형의 교차점에서 등장한다.

즉, 치안외교는 공공외교처럼 국민과 소통하면서도, 국방외교처럼 안보를 다루고, 기능외교처럼 제도와 정책을 전파한다. 하지만 단순한 결합이 아니라, '공공안전'이라는 독자적 가치를 중심으로 외교의 새로운 축을 세운다는 점에서 차별성이 있다.

특히 치안외교는 범죄 대응, 국민 보호, 제도 확산이라는 실질적 기능을 넘어, 신뢰와 규범을 기반으로 국제 질서를 설계하려는 전략적 외교로 발전할 수 있다. 이는 한국 경찰이 단순한 국제협력 파트너를 넘어, 국제사회에서 기준을 제안하고 이끌어가는 행위자로 성장할 수 있는 가능성을 보여준다.

3 치안외교의 하이브리드 외교모델로서의 구조

치안외교는 단순한 경찰 협력이나 기술 이전을 넘어서, 국가안보 전략, 국제규범 전파, 다자 협력의 제도화라는 다층적인 목적을 복합적으로 추구하는 하이브리드 외교모델로 진화하고 있다. 이는 단일 외교이론으로 설명되기보다는, 복수의 전략적 층위가 상호보완적으로 작동하는 구조를 가진다. 치안외교는 이처럼 복합적 층위에서 기능하는 다중외교 유형으로 설명될 수 있다.

여기서 제시한 '전략－제도－규범'의 삼중 구조는 단지 기존 외교이론을 설명 도구로 차용한 것이 아니라, 치안외교의 기능·역할·가치 확산의 실제를 설명할 수 있도록 기존 이론을 구조화하고 층위화한 독창적 시도이다.

Brodeur의 'Policing Web'이나 Nye의 소프트파워 개념이 개별 행위자 또는 메커니즘에 집중하였다면, 본 절의 구성은 이러한 논의를 치안외교라는 실천 외교모델 속에 통합한 모델로 발전시켰다는 점에서 학문적 의의가 있다. 구체적으로는 전략(strategic) 층위, 제도(institutional) 층위, 그리고 규범(normative) 층위로 나눌 수 있다.

1) 전략 층위: 국익과 안보를 위한 현실주의적 수단

가장 기본적인 층위는 국가의 생존과 안전보장을 우선시하는 현실주의적 외교전략이다. 초국경범죄, 테러, 마약, 사이버 범죄 등은 국가 단독으로 해결할 수 없는 위협이며, 이러한 위협에 대응하기 위해 경찰 정보력과 수사역량을 외교 자산으로 전환하는 접근은 전형적인 현실주의적 논리와 맞닿아 있다.[15]

예컨대, 경찰주재관 제도는 특정 국가 내에서 한국의 안보이익을 직접적으로 보호하고 정보망을 구축하기 위한 전략적 파견 형태이며, 대테러 정보공조나 국제 수배 시스템(INTERPOL 레드노티스) 활용도 이러한 맥락에서 이해될 수 있다. 이러한 활동은 Nye가 말한 '강제력에 의한 하드파워'는 아니지만, 법집행력이라는 준강제적 수단을 통한 국익 실현이라는 점에서 전략적 층위를 구성한다.16)

2) 제도 층위: 다자협력 기반의 자유주의적 공공외교 모델

두 번째 층위는 국가 간 협력을 가능하게 보는 자유주의 이론의 기반 위에서 형성된다. 경찰활동은 그 특성상 국경을 초월한 협력이 필수적이며, 이는 다자기구 및 국제조약을 통한 제도화(institutionalization)를 요구한다.

치안외교는 INTERPOL, 유엔마약범죄사무소(UNODC), ASEANAPOL 등 국제기구와의 제도적 연계 속에서 실현되며, 한국은 KOICA를 통한 치안 ODA, 글로벌 경찰교육 훈련 협정(MOU), 국제치안포럼 운영 등을 통해 제도 기반의 외교 플랫폼을 구축해 왔다.17)

이러한 활동은 단기적 협력 이상의 지속성과 제도화를 전제로 하며, 정책외교, 기능외교, 공공외교가 중첩되는 공간에서 작동한다. 치안 ODA 사업의 일환으로 추진된 경찰 장비 기증, 법제 컨설팅, 사이버범죄 대응 협력 등은 모두 제도적 협력을 통한 신뢰 구축과 법치 확산이라는 외교적 효과를 내포하고 있다.

3) 규범 층위: 정체성과 가치 전파를 통한 구성주의적 확장

마지막으로, 치안외교는 단순한 안보협력이나 제도 확산에 머무르지 않고, 자국의 가치와 제도를 국제사회에 전파하는 구성주의적 전략도 동시에 수행한다. 특히 한국의 경우, 민주경찰·생활치안·ICT 기반 치안·인권 중심 수사 등은 자국 정체성의 일부이자 국제사회에 내세울 수 있는 규범 자산으로 기능한다.18)

대표적인 예가 K-Policing 모델로, 이는 한국 경찰이 오랜 기간 축적해 온 시민친화적 치안철학과 기술 기반 행정이 융합된 결과물이다. 이러한 가치 전

15) Waltz, K. N. (1979). *Theory of International Politics*. Addison-Wesley.
16) Nye, J. S. (2004). *Soft Power: The Means to Success in World Politics*. Public Affairs.
17) Keohane, R. O., & Nye, J. S. (1977). *Power and Interdependence*. Little, Brown.
18) Wendt, A. (1999). *Social Theory of International Politics*. Cambridge University Press.

파는 단순한 문화 소개가 아닌, 규범을 외교적 자산으로 재구성하는 '가치외교'의 한 형태라고 할 수 있다.[19] 구성주의에 따르면, 국제정치는 단지 물리력의 힘이 아니라, 정체성과 규범의 상호작용을 통해 질서가 구성되는 공간이며,[20] 치안외교는 바로 이 규범 경쟁의 장에 국가적 제도와 가치를 참여시키는 외교 수단이 된다.

4) 복합구조로서의 치안외교: Brodeur의 'Policing Web' 적용

이러한 다층적 구조를 하나의 외교모델로 통합하기 위해, Brodeur(2010)가 제시한 'Policing Web' 개념은 매우 유용한 이론적 틀을 제공한다. 그는 현대 치안의 본질을 단일한 중앙 집권형 조직이 아닌, 다양한 행위자들이 얽혀 있는 네트워크 구조로 설명하며, 국제치안 역시 복합적 거버넌스와 상호작용을 통해 구성된다고 주장했다.

치안외교 또한 경찰기관, 외교부, KOICA, 국제기구, 민간 협력 주체 등이 복합적으로 연결된 다중행위자 다차원적 네트워크로서 기능하며, 이는 전통 외교의 위계적 구조를 넘어선 새로운 형태의 외교 패러다임이라 할 수 있다.

5) 제도·전략·가치가 융합된 신유형 외교모델

결론적으로 치안외교는 단일 외교이론에 의해 설명될 수 없는 복합이론 기반의 전략형 외교모델이다. 현실주의, 자유주의, 구성주의가 각각의 층위에서 치안외교를 설명하지만, 이들은 상호 대립적이기보다는 기능별로 유기적으로 통합된다. 이는 치안외교가 단지 경찰의 해외 진출을 의미하는 것이 아니라, 국가의 전략, 제도, 정체성을 세계 질서에 구조적으로 연결하는 새로운 유형의 복합외교 전략임을 의미한다.

4 소결: 이론 기반에서 전략 실행으로

본 절에서는 치안외교를 단순한 제도 적용이 아닌 이론화 가능한 외교유형

---

19) Finnemore, M., & Sikkink, K. (1998). *International Norm Dynamics and Political Change*. International Organization.

20) Adler, E. (1997). *Seizing the Middle Ground: Constructivism in World Politics*. European Journal of International Relations.

으로 정립하기 위한 기반을 제시하였다. 이는 다음 절에서 소개할 분석틀 체계화, 그리고 이후 전략 플랫폼(2장) 구성으로 이어지는 학제적 통합의 구조적 토대가 된다. 치안외교는 외교학과 경찰학의 교차점에서 출발한 하이브리드 외교 모델이며, 제도·전략·규범을 융합하는 신유형 외교이론의 단초가 될 수 있다.

요약 BOX 치안외교의 복합 외교이론 비교 핵심

- **현실주의**: 경찰주재관, 대테러 협력은 국익 수호 전략의 실천
- **자유주의**: 국제기구와의 다자공조는 제도화된 외교 메커니즘
- **구성주의**: 민주·인권 중심 경찰 가치의 국제 전파는 소프트파워 작동
- **공공외교**: 경찰활동은 정책기반 공공외교의 대표 사례
- **국방외교**: 치안역량은 비군사적 안보역량으로 외교화 가능
- **기능외교**: 국제치안은 글로벌 공공재의 구성요소로 기능
- **치안외교**는 이론 간 융합구조를 가진 하이브리드 전략외교 모델이다.

제 4 절 공공외교 이론과 치안외교의 접목

1 공공외교 개념과 이론

공공외교(Public Diplomacy)는 정부가 외국 국민들과의 직접적인 소통을 통해 자국의 가치와 이미지를 전달하고 국제사회의 신뢰를 구축하는 외교 전략이다.[21] 이는 전통 외교가 국가 간의 공식 협상에 주력했던 방식과는 달리, 문화·정보·지식의 전달을 통해 외국 대중과 상호작용하며 외교 목적을 달성하고자 한다. 공공외교는 일반적으로 소프트파워를 활용하며, 이는 강제력이나 물질적 보상 없이 국가의 매력과 설득을 통해 영향력을 행사하는 방식이다(Nye, 2004).[22]

21) 김태환, 「공공외교의 이론과 실제」, 『국제정치논총』, 제50집 3호, 한국국제정치학회, 2010, pp. 45–70.

22) Joseph S. Nye, Soft Power: The Means to Success in World Politics, Public Affairs, 2004.

치안외교는 외교 주체로서의 경찰이 국가의 이미지를 제고하고, 국제적 신뢰를 구축하며, 공공안전을 기반으로 외교적 목적을 실현한다는 점에서 공공외교의 핵심 요소들을 포괄하고 있다. Joseph Nye(2004)가 제시한 '소프트파워' 이론은 이러한 외교 형태의 이론적 정당성을 제공해 왔다.

그러나 단순히 설득과 이미지의 관점에서 공공외교를 설명하는 데 그칠 경우, 치안외교의 실천성과 제도적 복합성은 충분히 포착되지 않는다. 이와 관련하여 Nicholas Cull(2009)[23]은 공공외교를 다섯 가지 기능으로 체계화하며, 소통 중심 외교의 다면적 구조를 보다 정교하게 제시하였다. 이는 치안외교의 각 전략 요소를 정렬하고 평가하는 데 유용한 틀로 작용할 수 있다.[24]

Cull이 제시한 다섯 가지 공공외교 구성요소는 다음과 같다:

기능	설명	치안외교의 적용 예
Listening	해외 대중의 여론·이슈·니즈를 경청	재외국민 보호 요구 파악, 국제치안 수요 조사
Advocacy	자국 정책·입장에 대한 국제적 설득	경찰 개혁모델 홍보, 인권 중심 경찰문화 전파
Cultural Diplomacy	자국의 문화·가치 공유	K-Policing 문화(법치+IT) 확산
Exchange	인적 교류를 통한 상호 이해 증진	국제 경찰 교육훈련, 연수생 초청 프로그램
International Broadcasting	매체·미디어를 통한 대외 메시지 전달	경찰 국제채널, 치안홍보 콘텐츠 제작

이러한 구조는 치안외교의 전략적 설계를 보다 구체화시켜 준다. 예를 들어 경찰 ODA, K-Policing의 수출은 단순한 정책 이식이 아닌, '문화 외교(cultural diplomacy)'와 '인적 교류(exchange diplomacy)'가 결합된 복합 외교 전략이다. 또한, 치안협력의 전 과정은 '경청(listening)'과 '설득(advocacy)'을 반복

23) Cull, N. J. (2009). Public Diplomacy: Lessons from the Past. Los Angeles: Figueroa Press.

24) Cull(2009)은 공공외교를 군사력·전통외교 이외의 수단을 통해 해외 대중을 이해·영향하는 일련의 실천(practices)으로 체계화한다.

하는 공공외교의 과정이며, 이러한 점에서 치안외교는 공공외교의 하위범주이자 실천 중심의 특수 모델로 정의될 수 있다.

특히 Nye의 소프트파워 이론이 "매력의 자원(resource of attraction)"을 중심으로 설명되었다면, Cull은 "상호작용(interaction)의 구조"에 주목함으로써 공공외교의 다층성과 체계성을 강조하였다. 이는 치안외교가 경찰이라는 제도적 행위자를 통해 구체적인 방법과 도구를 사용하는 외교 형식이라는 점과 정확히 일치한다.

이러한 이유로, Cull(2009)의 다섯 요소 프레임은 치안외교를 공공외교의 확장된 구조 속에서 정합적으로 설명할 수 있는 실천 중심 외교 분석 도구로 기능한다. 또한, 치안외교를 단순한 치안 협력이 아닌 전략적 커뮤니케이션과 이미지 자산화로 연결하는 이론적 발판이 된다.

2 치안외교의 확장성

이러한 공공외교는 치안외교와 중요한 유사성을 지닌다. 치안외교 역시 국제사회의 신뢰 형성을 목표로 하며, 법집행과 공공안전이라는 실질적 분야에서 국제 협력과 제도 확산을 통해 자국의 위상과 영향력을 확대한다. 특히 K-Policing, 치안 ODA, 국제 연수 프로그램 등은 단순한 기술 전달을 넘어, 경찰 제도의 투명성과 민주성을 전파하는 소프트파워 전략으로 해석될 수 있다.

치안외교는 공공외교의 일환으로서 경찰이 외교적 실천의 주체로 기능할 수 있음을 보여준다. Beth Greener(2011)는 뉴질랜드의 국제 경찰 파견 활동을 사례로 분석하면서, 경찰의 국제활동이 국가 외교정책의 연장선에 있으며, soft power를 실현하는 실질적 수단이라고 주장한다.

뉴질랜드는 솔로몬제도 지역지원임무(RAMSI), 동티모르 평화유지 활동, 태평양 도서국 치안 역량 강화 등 다양한 국제 경찰 협력 프로그램에 참여하며, 지역 안정을 위한 전략적 외교를 실행해왔다.

Greener는 이러한 활동이 단순한 기술 전수가 아닌 신뢰 기반의 외교행위로 작동하고 있으며, 뉴질랜드의 국가 이미지 형성, 국제기구와의 협력 네트워크 구축, 그리고 국내외 안보의 연계성 확보라는 점에서 전통 외교 못지않은 전략적 함의를 가진다고 평가한다.

이러한 분석은 치안외교가 단순한 협력 또는 공조의 수준을 넘어서, 국제관계 속에서 경찰이 수행할 수 있는 실질적 외교 역량임을 보여주는 중요한 이론적 사례로 활용 가능하다.

특히, 한국 경찰의 해외 파견, K-Policing, 치안 ODA 등의 활동을 뉴질랜드의 경험과 나란히 비교해 보면, 중견국가로서의 외교 전략적 활용 가능성이 더욱 선명하게 드러난다.

따라서 치안외교는 국가의 긍정적 정체성을 전파하고 국제사회와의 신뢰를 구축하는 공공외교의 확장된 형태로서 충분한 이론적 정당성을 갖추고 있다고 할 수 있다.[25)]

3 공공외교·국방외교 속 치안외교의 위상

공공외교와 치안외교는 각각의 분야에서 국제 협력을 증진시키며, 상호 보완적으로 작용하여 국가의 전반적인 외교 역량을 강화한다. 공공외교가 문화, 지식, 정책 등의 소프트파워를 통해 외국 국민들의 신뢰를 쌓는다면, 치안외교는 안전과 질서 유지라는 실천적 기반을 통해 국제 사회에서의 신뢰와 협력을 강화한다고 볼 수 있다. 결과적으로 두 외교 형태는 국가 대외 이미지 제고와 국민 안전 보장에 핵심적 역할을 수행하며, 상호 연계와 협력이 필요한 전략적 외교 자산이다.

한편, 치안외교는 국방외교(Defense Diplomacy)와도 비교될 수 있다. 국방외교는 군사·안보 협력을 통해 평화 유지, 전략 동맹 강화, 국제 군사 훈련 등의 방식으로 국가의 안보 목표를 실현하는 외교 활동이다. 국방외교가 군사력을 기반으로 하지만 무력 충돌보다는 외교적 수단을 통해 억제력과 신뢰 구축을 추구하는 것처럼, 치안외교 역시 경찰력을 활용하여 국제범죄 대응, 테러 예방, 공공안전 증진 등 실질적 협력을 수행한다.

두 외교는 공히 평화유지 활동에 참여하며, 국방외교는 UN 평화유지군(PKO) 파견을 통해, 치안외교는 국제 경찰 파견, 기술 전파, 공동연수 등을 통해 공공안전의 국제화를 도모한다. 또한 국방외교가 방산 수출 등 산업 기반의

---

25) Greener, B. K. (2011). The Diplomacy of International Policing: A Case Study of the New Zealand Experience. Global Change, Peace & Security, 23(3), pp. 329-343.

외교를 병행한다면, 치안외교는 K-Policing을 통한 제도와 기술 수출, 경찰 훈련 교류 등을 통해 한국형 치안모델의 확산을 이루고 있다.

결론적으로, 치안외교는 공공외교와 국방외교 사이에서 각각의 강점을 이어받으며, 실질적 외교성과를 창출할 수 있는 전략적 외교모델로 기능한다. 전통외교의 한계를 보완하고, 비전통적 안보 환경에 능동적으로 대응할 수 있는 외교수단으로서, 치안외교는 미래 지향적 외교정책의 핵심축으로 자리매김할 수 있다.

한국 경찰이 수행하는 다양한 국제 치안활동—예컨대 K-Policing의 보급, 국제치안박람회 개최, 외국 경찰 대상 연수과정 운영, ODA를 통한 치안 시스템 전수 등—은 단순한 기술이전이나 인력교류가 아니라, 한국의 경찰철학과 가치, 법치에 대한 인식을 자연스럽게 전달하고 수용하게 만드는 설득적 과정이다.

이러한 과정에서 가장 중요한 것은 '신뢰'와 '일관된 내러티브'이다. 대한민국 경찰이 일관되게 보여주는 '민주·인권 중심의 질서 유지', '시민 중심의 예방 중심 경찰 모델'은 외국 시민과 공무원들에게 강한 인상을 남긴다. 이 인상은 곧 국가 브랜드로 전이되며, 문화외교나 교육외교와 더불어 치안외교를 공공외교의 대표적 실행 모델로 자리매김하게 한다.

결국 치안외교는 공공외교 이론에서 말하는 '국가 이미지', '공공성과 투명성', '참여와 설득의 과정'이라는 핵심 요소를 내포하며, 기존의 문화·언론·교육 중심 공공외교를 실무형 정책 공공외교(policy-driven public diplomacy)로 확장하는 교두보 역할을 할 수 있다.

경찰이 수행하는 K-Policing, 치안 ODA, 연수 프로그램 등은 정책기반 공공외교(Public Diplomacy)의 대표적 사례로 간주된다. 이러한 활동은 단기 성과 중심이 아니라, 외국 시민사회와의 장기적 신뢰 형성, 가치 전파, 제도 정착으로 이어지는 외교적 효과를 창출한다. 공공외교와 국가브랜딩 이론은 '정책 외교'의 문화적·심리적 효과를 강조한다. 치안한류, K-Policing 등의 브랜드는 단순한 기술 전파를 넘어, '어떤 국가가 되고 싶은지'에 대한 서사(narrative)를 수출하는 행위로 분석된다. (Nye, 2004; Cull, 2008; Brodeur, 2010; Anholt, 2007; Cull, 2021)

제5절 치안외교론 분석틀의 체계적 정립 – 다층 피드백 구조 기반의 전략 분석모델

1 분석틀 설정의 목적과 의의

치안외교가 독립된 학문 분야로 정립되기 위해서는 단순한 개념 정의나 사례 축적을 넘어, 이를 분석할 수 있는 구조화된 이론 틀이 필요하다. 본 절에서 제시하는 '치안외교 분석틀(Analytical Framework for Policing Diplomacy)'은 치안외교의 작동 방식, 수행 주체, 전략 도구, 정책 목표, 실행 결과 간의 상호관계를 설명하기 위한 이론적 설계도이자 실천적 해석틀이다.

특히 치안외교는 공공외교, 국방외교, 기능외교와 일부 실천영역을 공유하나, 경찰이라는 비전통적 외교 주체와 공공안전이라는 전략 목표의 특수성을 갖는다. 따라서 외교학의 고전이론이나 경찰학의 실무론만으로는 치안외교의 총체성을 설명하기 어려우며, 이를 통합적으로 설명할 수 있는 융합형 분석틀이 요구된다.

2 이론적 기반과 독창적 구조화

본 분석틀은 기존의 다양한 학문적 이론들에 뿌리를 두고 있다. Elinor Ostrom(2005)의 제도분석틀(IAD Framework)[26]은 제도적 행위자, 규칙, 상호작용의 장을 구조적으로 설명하는 분석 도구로, 치안외교라는 복합 영역을 제도적 맥락 속에서 이해하는 데 기초를 제공한다.[27] Joseph Nye(2004)의 소프트파워 모형은 경찰이 전통적 강제력이 아닌 매력과 신뢰를 통해 국제적 영향력을 확대할 수 있음을 설명하는 자원 기반 이론으로 작용한다. Jean-Paul Brodeur(2010)의 'Policing Web'[28] 개념은 국가·국제기구·민간 등 다층적 주체가 얽혀 있는 치안 네트워크의 현실을 해석하는 틀을 제시하며, Sheptycki

26) Elinor Ostrom, Understanding Institutional Diversity, Princeton University Press, 2005.
27) 오일환, 「Elinor Ostrom의 제도분석틀(IAD Framework)과 한국 정책연구에의 적용」, 『한국행정연구』 제19권 4호, 2010, pp. 123-150.
김태영, 『제도분석과 정책설계: 오스트롬의 IAD Framework 재조명』, 박영사, 2015.
28) Jean-Paul Brodeur, The Policing Web, Oxford University Press, 2010.

(2004)[29]의 초국경 경찰협력 구조론은 글로벌화된 범죄와 이에 대응하는 제도적 상호작용을 보여준다.

그러나 본 연구는 이들 이론을 단순히 차용하거나 병렬적으로 나열하는 데 머물지 않는다. 기존 이론의 핵심을 재구조화(restructuring)하여, 치안외교라는 특수 외교 유형에 적합한 융합적 분석틀로 재편하였다. 즉, 각각의 이론이 강조하는 차별적 요소—제도 분석(IAD), 자원과 매력(Soft Power), 다층적 행위자(Policing Web), 초국경적 네트워크(Transnational Policing)—를 '행위자–도구–목적–방식–효과'라는 5대 범주로 통합하였다.

더 나아가 이 5대 요소를 비선형적 피드백 구조 속에 배치하였다. 이는 기존 외교 분석틀이 주로 선형적 구조(정책 입력 → 과정 → 산출)를 따르던 것과 달리, 치안외교가 실제로는 성과(효과)가 다시 행위자·도구 설계에 환류되어 새로운 전략을 형성하는 순환적 구조임을 반영한다.

예컨대, 태국 주재관 시절 다자 치안협력 공조 경험(효과)이 이후 한국 경찰의 국제공조 훈련 커리큘럼 설계(도구)와 K–Policing ODA 프로그램의 세부 과정 개선으로 이어진 사례는 이 피드백 구조의 대표적인 예라 할 수 있다. 마찬가지로 INTERPOL 총회나 국제포럼에서의 치안외교 성과가, 이후 치안 ODA 신규 사업 목표(목적)와 추진방식(Methods) 재설계로 반영된 경우 역시 정책–실천–성과가 순환하며 진화하는 과정을 잘 보여준다.

따라서 본 분석틀은 기존 이론의 단순 집합이 아니라, 융합적·동태적 구조로 재해석된 결과물이다. 이 틀을 통해 치안외교는 단순한 사례 축적이 아니라, 정책 설계·전략 평가·국제적 정당성 분석까지 아우르는 실용적 이론틀로 발전할 수 있다. 이는 치안외교론을 독립된 학문 분야로 정립하기 위한 핵심적 발판이라 할 수 있다.

3 프레임워크 구성요소 개요

치안외교를 분석하기 위한 틀로는 행위자–도구–목적–방식–효과의 5대 구조가 적합하다. 이는 전통 외교 분석 틀과 유사하지만, 경찰이라는 비전통

29) James Sheptycki, "Police Cooperation and the New Security Agenda in Europe," European Journal of Criminology, Vol.1, No.4, 2004, pp. 369–381.

행위자의 특성을 반영한다는 점에서 차별성을 지닌다. 국제 경찰협력의 분석에는 Brodeur(2010)의 '다차원 경찰 유형론'뿐 아니라 Bayley(1990)의 민주경찰 기준, Sheptycki(2004)의 초국경 치안체계 분석이 활용될 수 있다. 치안외교는 이러한 이론의 응용을 통해 경찰학-외교학의 접점을 학제 간 구조로 정리할 수 있다(Greener, 2011; Brodeur, 2010; Bayley, 1990; Sheptycki, 2004).[30)]

이 프레임은 행위자(Actors), 도구(Tools), 목적(Goals), 방식(Methods), 효과(Outcomes)의 다섯 가지 요소로 구성되며, 정책 분석과 외교 전략 이론을 통합한 구조다. 이는 단순한 개념 나열이 아니라 정책과 실천 현장을 분석할 수 있는 구조적 프레임으로 설계되었으며, Ostrom(2005)의 제도분석틀(IAD Framework), 정책학의 논리모형(Logic Model), 국제개발협력의 ToC 접근법에서 그 영감을 얻었다.[31)]

- **행위자**: 국가경찰, 외교부, 국제기구, 경찰주재관, 민간단체 등 다양한 차원의 주체들이 치안외교의 기획과 실행을 담당한다. 이는 Brodeur(2010)의 'Policing Web' 이론처럼 다층 행위자 기반의 분석이 필요함을 시사한다.
- **도구**: K-Policing, 경찰 ODA, 국제 교육훈련, 주재관 제도, 다자협의체 참여 등은 실질적 실행수단으로, Nye(2004)의 소프트파워 개념에 따라 국가 이미지와 신뢰 형성을 위한 외교 자산으로 해석될 수 있다. 이들은 고정된 수단이 아니라 전략적 목표에 따라 달리 선택·조합되는 변동 가능한 구성요소로서 기능한다.
- **목적**: 재외국민 보호, 국제 범죄 대응, 공공안전 증진, 국가 브랜드 제고 등 전략적 외교 목적과 직결되며, Anholt(2007)의 경쟁정체성 이론(Competitive Identity)[32)]에 근거하여 국제사회 내 국가 위상과 영향력 강

---

30) Brodeur, J. P. (2010). The Policing Web. Oxford University Press;
Bayley, D. H. (1990). Patterns of Policing: A Comparative International Analysis. Rutgers University Press;
Sheptycki, J. (2004). "Police Cooperation and the New Security Agenda in Europe." European Journal of Criminology, 1(4), 369-381;
Greener, B. K. (2011). "The Diplomacy of International Policing: A Case Study of the New Zealand Experience." Global Change, Peace & Security, 23(3), 329-343.

31) Ostrom, E. (2005). Understanding Institutional Diversity. Princeton University Press.
→ 국내 참고: 오일환, 「Elinor Ostrom의 제도분석틀(IAD Framework)과 한국 정책연구에의 적용」, 『한국행정연구』 제19권 4호, 2010.

32) Simon Anholt, Competitive Identity: The New Brand Management for Nations, Cities

화의 수단으로 볼 수 있다.

- **방식**: 공조 수사, 양자 및 다자 협력, 정보 공유, 공동 훈련 및 제도적 파트너십 등 구체적 실행 메커니즘을 포함한다. 이는 Sheptycki(2004)의 초국경 치안협력 이론이 설명하는 경찰 간의 제도적 상호작용과 궤를 같이 하며, 국제적 거버넌스와의 연계 구조로 발전할 수 있다.
- **효과**: 단기성과(협약 체결, 사건 해결)에서 중장기적 영향(국제신뢰 구축, 규범 전파)까지 포함되며, 다시 목적과 도구 설계에 피드백을 제공하는 순환 구조를 이룬다. 이는 Brodeur(2010)의 다차원 경찰 개념과도 상통하며, 실천 기반에서 국제적 신뢰와 제도적 정당성을 획득하는 메커니즘으로 작동한다.

특히, 각 요소 간의 관계는 선형적 흐름이 아니라 상호작용적 순환 구조를 띤다. 예를 들어, 치안 ODA라는 도구는 국제 범죄 대응이라는 목적을 실현하기 위한 수단이지만, 때로는 ODA의 실행 경험이 향후 목적 자체를 재설계하게 만든다. 이는 치안외교가 단순한 계획－집행－평가의 선형 구조가 아니라, 성과가 다시 전략에 환류되는 동태적 외교임을 보여준다.

이러한 다섯 가지 요소와 상호작용은 본 절에서 제시한 <그림 1>의 “치안외교 분석 프레임워크”로 도식화할 수 있다. 이를 통해 독자는 치안외교가 갖는 복합적·순환적 구조를 직관적으로 이해할 수 있을 것이다.

---

and Regions, Palgrave Macmillan, 2007.

4 도식화된 프레임워크 해설

[그림 1] 치안외교 분석 프레임워크: 입체적 다층 구조[33)]

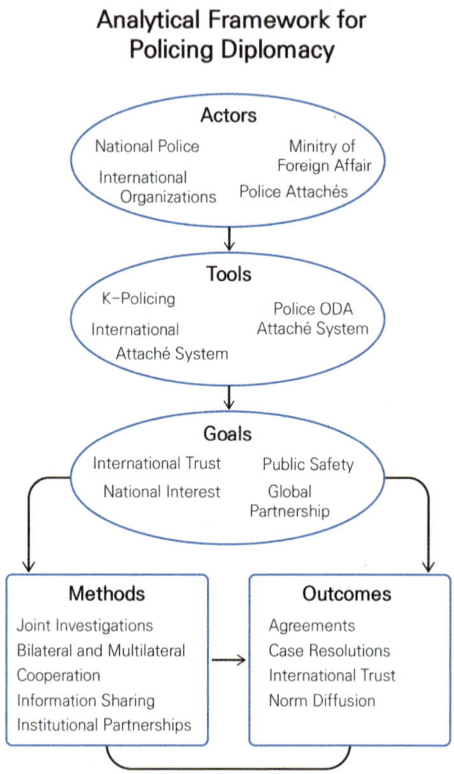

본 도식은 치안외교의 이론적 분석틀을 시각적으로 구조화한 것이다. 행위자(Actors), 도구(Tools), 목적(Goals), 방식(Methods), 효과(Outcomes)라는 다섯 가지 요소는 각각 독립적으로 존재하는 개념이 아니라, 상호작용하고 순환적으로 연결되는 관계망 속에 위치한다.

'행위자'는 치안외교의 주체로서, 국가 경찰, 외교부, 국제기구, 파견 경찰관,

33) 이 분석틀은 Ostrom(2005)의 제도분석틀(IAD Framework), Brodeur(2010)의 다층 경찰모델(Policing Web), Nye(2004)의 소프트파워 이론 등을 토대로 저자가 치안외교의 복합성과 전략성을 체계화하기 위해 독자적으로 재구성한 틀이다. 전통 외교이론과 경찰학, 정책학의 교차점을 반영하며, 행위자–도구–목표–방식–효과 간의 상호작용을 입체적 피드백 구조로 설명한다.

민간 협력 파트너 등 다층적 주체가 포함된다. 이러한 복합적 행위자 모델은 Brodeur(2010)의 'Policing Web' 개념을 확장하여, 외교 네트워크 내 경찰의 제도적 위상을 설명하는 틀로 기능할 수 있다.

이들이 활용하는 '도구'는 단지 기술적 수단이 아니라 전략적 기능 외교의 일부다. K－Policing, 치안 ODA, 국제교육훈련, 주재관 제도 등은 Nye(2004)의 소프트파워 개념에 근거하여, 외교적 설득과 국제 신뢰 형성의 실질적 수단이 된다.

이러한 도구는 '목적'을 향해 전략적으로 구성된다. 목적에는 국제 신뢰 구축, 공공안전 증진, 국익 실현, 글로벌 파트너십 강화 등이 포함되며, 이는 Anholt(2007)의 국가 브랜드 이론과 연계해 경찰활동의 외교 자산화 가능성을 시사한다.

하단에 배치된 '방식'과 '효과'는 단순한 실행 및 결과의 의미를 넘어선다. Sheptycki(2004)가 강조한 초국경 경찰 협력의 제도화 과정을 반영하여, 방식은 제도적 장치이자 전략적 설계 방식이며, 효과는 정책 피드백과 지속 가능성의 핵심 요소다.

특히 효과는 단지 정책 결과에 그치지 않고, 다시금 도구와 목적 구조를 재구성하며, 치안외교가 단선적 흐름이 아닌 다층적 피드백 구조임을 보여준다. 도식에서 보듯이, '행위자 → 도구 → 목적'이라는 중심축 외에 하단에서 '방식'과 '효과'가 입체적으로 연결되며, 단순 선형이 아닌 다층적 피드백 구조를 구성하고 있다. 이는 단지 전략 실행의 틀을 넘어, 정책설계와 평가, 국제교섭 및 실행 가능성 분석에 모두 적용 가능한 분석 모델이다.

따라서 이 도식은 치안외교를 단순한 실행 절차가 아니라 전략적·순환적 외교 구조로 파악할 수 있도록 돕는다. <그림 1>은 정책 설계, 평가, 국제교섭 및 실행 가능성 분석 등 다양한 차원에서 활용될 수 있는 분석 모델로, 치안외교론의 독창성과 실천적 확장성을 동시에 시각화한 핵심 틀이라 할 수 있다.

5 유사 분야와의 비교 및 차별성

이와 같은 구조는 공공외교의 이미지 전략(Cull, 2009), 국방외교의 억지 및 연계 모델(Cottey & Forster, 2004)[34]과 비교해볼 때, 치안외교만의 실천성과 복

34) Cottey, A. & Forster, A., Reshaping Defence Diplomacy: New Roles for Military

합성이 두드러진다. 경찰이라는 비전통 외교 주체가 제도화된 외교영역으로 진입하는 사례로서, 이 분석틀은 치안외교론의 학문적 정립에 핵심 기여를 할 수 있다.

치안외교론에서 제안하는 '행위자－도구－목적－방식－효과'의 5요소 기반 분석틀은 단순한 이론적 도식이 아니라, 실제 정책 설계와 외교 전략 수립에 적용 가능한 실천적 구조를 제시한다. 이 분석틀은 특히 기존 외교 분야의 대표 모델들과 비교했을 때 그 독창성과 다층성을 더욱 분명히 확인할 수 있다.

예컨대, 공공외교는 외교부, 문화기관, 민간 콘텐츠 산업 주체 등이 중심이 되며, 문화 교류·이미지 개선을 위한 스토리텔링, 미디어 전략을 주된 방식으로 활용한다(Cull, 2009; 외교부, 2020). 이는 국민과 외국 대중 간 소통을 통한 신뢰 형성을 목적으로 하며, '소프트파워'의 전형적인 구현이다. 즉 공공외교는 국민대상 이미지 외교에 중점을 두는 반면, 치안외교는 실질적 제도와 협력을 통한 안전 공동체 형성에 방점이 있다(Nye, 2004).

반면 국방외교는 주재무관, 군사 외교 채널, 방산 협력 등을 통한 전략 동반자 관계 형성에 중점을 두며, 억지력 기반의 국가 안보 확대를 그 주된 효과로 지향한다(Cottey & Forster, 2004; 정경영, 2017).

기능외교와 유사하지만, 치안외교는 경찰 권한과 법집행을 동반하기 때문에 정책 연계성이 강하고, 인권·법치·기술협력 등을 복합적으로 포함한다(Greener, 2011).

치안외교 분석틀은 이와 같은 기존 프레임들과의 비교를 통해 도출되었으며, 법집행 기관이 외교의 주체로 등장하는 정책 융합형 외교모델로서의 특징을 명확히 한다. 다중 주체의 참여, 제도 기반 협력, 시민 안전 중심의 국제적 가치 실현이라는 구조는 치안외교론만의 차별성과 실천적 이론 정당성을 뒷받침한다.

이처럼 치안외교 분석틀은 기존 외교이론과 유사하면서도, 경찰을 중심으로 한 실천성과 융합성을 바탕으로 학문적 독창성을 확보할 수 있다. 특히 이 프레임은 기능외교 분야의 공백을 메우며, 단지 실행 틀이 아니라 연구, 교육, 정책 설계에 적용할 수 있는 이론적 도구로 작동할 수 있다.

Cooperation and Assistance, Oxford: Oxford University Press, 2004.

6 분석틀의 의의와 향후 과제

치안외교의 전략적 실천성과 외교적 정당성을 설명하는 데 있어, 전통적인 외교이론뿐만 아니라 네트워크 기반 외교이론을 병행적으로 적용하는 것이 유의미하다. 특히 Thomas Risse(2011)의 "네트워크 거버넌스(Networked Governance)" 이론은 경찰이 주도하는 비전통적 외교가 위계적 국가 체계가 아닌, 협력과 신뢰 중심의 수평적 관계망 속에서 작동할 수 있음을 설명하는 데 중요한 통찰을 제공한다.

Risse는 전통적인 국가 중심 거버넌스의 한계를 지적하고, 다양한 국가 및 비국가 행위자들이 정책 네트워크(networks of governance)를 형성하여 국제적 규범과 협력 구조를 자율적으로 구축해 간다고 주장한다. 이러한 네트워크는 강제력보다는 정보 공유, 규범의 내면화, 상호 신뢰 형성을 통해 유지되며, 중앙 통제가 아닌 협상과 조정을 통해 운영된다.[35]

이러한 이론적 시각은 치안외교가 국제기구, 경찰 협력 네트워크, 민간 파트너, 지역사회 등 다양한 행위자들과의 협업을 통해 작동한다는 점에서 특히 유의미하다. 예를 들어, INTERPOL이나 UNODC와의 협력이 단일 지휘체계 하에서 이루어지지 않더라도, 자율성과 신뢰를 기반으로 한 분산형 협치가 가능하다는 점에서 치안외교는 '네트워크 외교'로 해석될 수 있다.

이에 따라 치안외교의 분석틀에서도 단순한 행위자–도구–목적 간 선형적 연결을 넘어서, 행위자 간 관계성, 비공식적 협력 채널, 규범 전파 효과 등을 고려한 입체적 프레임워크 구성의 필요성이 제기된다. 이는 특히 Brodeur(2010)의 'Policing Web' 이론과도 상응하며, 경찰이 복수의 외교 네트워크 속에서 '제도적 신뢰 행위자'로 기능할 수 있음을 보여준다.

이러한 분석틀은 기존의 공공외교, 국방외교, 기능외교 등의 외교 분석모델과 차별화되는 점이 크다. 치안외교는 기술적 실무가 아닌, 국제 질서 속에서 작동하는 복합외교 전략이며, 분석 요소 간 유기적 관계를 통해 이론적 설득력을 획득한다.

---

35) Risse, T. (2011), *Governance Without a State?*, p. 9
"Governance without a state does not mean an absence of order but a transformation in how political authority is organized across borders."

특히 경찰이라는 '비전통적 외교 행위자'가 등장하고 있다는 점에서, 이 프레임은 외교학, 경찰학, 정책학을 교차하는 융합적 해석틀로 기능할 수 있다. 이러한 구조적 해설은 치안외교론을 단순한 경험의 축적이 아니라, 이론으로 정착시킬 수 있는 핵심 근거가 될 수 있다.

이 분석틀은 치안외교의 다층적 구조와 실천적 성격을 동시에 반영할 수 있는 통합 모델이다. 특히 Brodeur(2010)의 'Policing Web'에서 제시한 다중 행위자 접근법과 Nye(2004)의 soft power 자원–도달 경로–성과 구조, Risse(2011)의 네트워크 거버넌스 이론 등을 이론적으로 수용하며, 치안외교를 단순한 정책 영역이 아닌 전략적 외교 영역으로 해석하는 데 기여한다.

또한 이 분석틀은 기존 외교정책 분석틀이나 공공외교 모델, 국제협력 메커니즘에 비해 다음과 같은 측면에서 차별성을 가진다. 첫째, 외교를 수행하는 주체로서 경찰이라는 비전통적 행위자에 초점을 맞추며, 이를 실천 기반에서 제도적 분석 대상으로 끌어올린다. 둘째, 공공외교가 대중 커뮤니케이션 중심의 소프트파워 확산을 주목한 반면, 본 프레임은 기술·제도·협력 네트워크를 포함하는 구조적 도구 중심 접근을 병행한다. 셋째, 국제치안협력의 세부 실행을 외교적 전략의 일부로 재조명하며, 실천과 정책, 이론을 유기적으로 연결할 수 있도록 설계되었다.

이 분석틀은 치안외교론을 이론적으로 정착시키는 동시에 실용성과 확장성을 갖춘 모델로 기능한다. 앞으로는 비교국가 연구, 정책 성과의 지표화, 치안외교 교육과정의 커리큘럼 개발, 국제 표준화 논의 등으로 발전해 나가야 하며, 본 프레임은 그 출발점이 될 수 있다. 나아가 경찰학·외교학·정책학 간 융합연구를 가능하게 하고, 글로벌 거버넌스와 공공안전의 연결 지점에서 치안외교를 재조명하는 데 기여할 것이다. 특히 한국형 치안외교 모델의 정착, K–Policing 국제화 전략, 치안 ODA 사업 설계, 국제행사 치안협력 등 다양한 영역에 적용되어, 치안외교론의 실천적 학문화 기반을 마련하는 핵심 인프라로 자리매김할 수 있다.

제 6 절 치안외교론의 이론적 의의와 연구 방향

1 이론적 의의

치안외교는 실천 현장에서 시작되었지만, 이제는 학문적 체계화의 길로 접어들고 있다. 이 절은 앞선 논의(개념 정의, 유사 외교와의 비교, 분석틀 구성)를 바탕으로, 치안외교론이 지닌 이론적 의의와 향후 연구의 방향성을 제시하고자 한다. 이는 단순한 경험 축적이 아닌, 체계적 학문 분과로서의 성장 가능성을 진단하는 시도이기도 하다.

이론적 의의로 다음과 같이 정리할 수 있다.

첫째, 치안외교론은 기존의 경찰학·외교학·정책학 간 경계를 넘는 융합적 이론 구조를 지닌다. 경찰을 외교의 주체로 상정하고, 공공안전이라는 가치 목표를 중심으로 외교전략을 구성하는 방식은 기존 학문 구조에서는 드물게 시도된 분야다.

둘째, 치안외교는 소프트파워 외교, 기능외교, 정책외교 등의 현대 외교이론을 실천적 사례를 통해 입증하고, 이들 이론의 작동 메커니즘을 검증하는 '실천 기반 이론'으로 기능할 수 있다. 예컨대 K-Policing의 국제 확산은 Nye의 소프트파워 이론을, 치안 ODA는 기능외교 및 정책외교의 논리를 실질적으로 구현한다.

셋째, 치안외교는 글로벌 거버넌스의 하위 체계로서, 국제안전협력의 실질적 모델을 제시한다. 이는 단순한 국가 간 공조를 넘어서, 국제질서 속에서 경찰이 수행하는 규범 제안, 제도 연계, 평화유지 등의 전략을 담고 있다. 이 점에서 Brodeur의 'Policing Web'과 Sheptycki의 'Transnational Policing' 이론을 확장하는 기반이 될 수 있다.

2 향후 연구 방향

앞으로 치안외교론이 정립되고 발전하기 위해서는 몇 가지 연구 과제가 요구된다.

첫째, 이론화 연구가 필요하다. 현실주의, 자유주의, 구성주의 등 기존 외교

이론과의 연계를 통해 치안외교 개념을 확장하고 범주화하는 작업이 뒤따라야 한다.

둘째, 실증 연구가 요구된다. K-Policing, 경찰 ODA, INTERPOL 활동 등 실제 정책 사례를 중심으로 효과성과 구조를 검토하고, 국제 비교통계와 성과 지표를 통해 이론 적용 가능성을 평가할 수 있다.

셋째, 국제비교 연구가 중요하다. 포르투갈, 뉴질랜드 등 유사한 사례와 비교하여 한국형 치안외교 모델의 차별성과 경쟁력을 분석함으로써 학문적 일반화 가능성을 높일 수 있다.

넷째, 교육·제도 연구가 병행되어야 한다. 치안외교 전문 인력 양성, 정책 설계, 조직 정비를 위한 교육과 제도화 방안은 학문적 기반과 실무적 실행력을 함께 강화한다.

3 종합과 전망

치안외교는 단지 경찰의 해외 활동이나 국제공조라는 실무 개념을 넘어서, 현대 외교의 새로운 축으로 자리매김할 수 있는 학문적 영역이자 정책 전략이다. 이 장에서는 치안외교의 개념과 범위를 구체화하고, 전통 외교이론과 공공외교이론, 국방외교 및 기능외교 등과의 비교를 통해 이론적 유사성과 차별성을 분석하였다.

특히, 치안외교론을 하나의 독자적 외교이론으로 정립하기 위해 제시한 분석틀(Actors-Tools-Goals-Methods-Outcomes)는 Ostrom(2005)의 제도분석틀, Nye(2004)의 소프트파워 이론, Brodeur(2010)의 다차원 경찰 이론, Sheptycki(2004)의 초국경 치안체계 이론 등 다양한 자산에 뿌리를 두고 있으며, 이를 통해 치안외교는 '실천된 외교'이자 '시민 안전 중심 기능외교', '국가 정체성 확장의 소프트외교'로 설명될 수 있다.

앞으로 국제안보 환경이 복잡해질수록 경찰의 법집행과 외교 기능은 더욱 결합될 것이다. 이론적 정립은 실무 경험의 축적과 병행되어야 하며, 본 장에서 제시한 분석틀은 그 출발점이 된다. 결론적으로 치안외교는 국가 전략 차원의 외교영역으로 확장될 수 있는 이론적 잠재력을 지니며, 경찰이 외교 주체로서 자리매김하는 구조와 공공안전을 전략 목표로 삼는 접근, 그리고 소프트파워와 거버넌스를 통합하는 실천 기반은 치안외교론을 독립된 학문영역으로 정립하는 토대가 된다. 한국에서 출발한 치안외교론은 지속적인 이론화와 연구자들의 탐구를 통해 국제학계와 글로벌 거버넌스 논의 속에서도 의미 있는 이론 모델로 인정받을 수 있을 것이다.

참 고 문 헌

1. 국외 문헌

Anholt, S. (2007). Competitive Identity: The New Brand Management for Nations, Cities and Regions. Palgrave Macmillan.

Bayley, D. H. (1990). Patterns of Policing: A Comparative International Analysis. Rutgers University Press.

Brodeur, J. P. (2010). The Policing Web. Oxford University Press.

Cull, N. J. (2009). Public Diplomacy: Lessons from the Past. Figueroa Press.

Cottey, A. & Forster, A. (2004). Reshaping Defence Diplomacy: New Roles for Military Cooperation and Assistance. Oxford University Press.

Greener, B. K. (2011). "The Diplomacy of International Policing: A Case Study of the New Zealand Experience." Global Change, Peace & Security, 23(3), 329－343.

Nye, J. S. (2004). Soft Power: The Means to Success in World Politics. Public Affairs.

Ostrom, E. (2005). Understanding Institutional Diversity. Princeton University Press.

Risse, T. (2011). Governance Without a State? Policies and Politics in Areas of Limited Statehood. Columbia University Press.

Sheptycki, J. (2004). "Police Cooperation and the New Security Agenda in Europe." European Journal of Criminology, 1(4), 369－381.

2. 국내 문헌

김태영. (2015). 『제도분석과 정책설계: 오스트롬의 IAD Framework 재조명』. 박영사.

오일환. (2010). 「Elinor Ostrom의 제도분석틀(IAD Framework)과 한국 정책연구에의 적용」, 『한국행정연구』, 19(4), 123－150.

정경영. (2017). 「국방외교의 개념과 발전 방향」, 『국방연구』, 60(2), 25－50.

정용민. (2013). 「공공외교의 개념과 구성요소: 니컬러스 컬의 분석틀을 중심으로」, 『국제지역연구』, 12(2), 35－60.

최병구. (2011). 「국가브랜드와 공공외교: Anholt의 경쟁정체성 이론 적용」, 『한국외교학회보』, 21(1), 89－112.

제 2 장

치안외교의 실천 기반과 전략 프레임

왜 전략 프레임이 필요한가?

21세기 들어 국제안보의 개념은 단순한 군사적 균형이나 외교적 조율을 넘어, 범죄·테러·사회 불안정 같은 비전통적 위협까지 포괄하는 다층적 구조로 전개되고 있다. 이러한 흐름 속에서 경찰은 단순한 국가 내 법집행 기관을 넘어, 국제사회에서 신뢰 형성과 규범 전파의 핵심 행위자로 부상하고 있다. 경찰의 국제협력 활동이 점차 실질적인 외교의 영역으로 확장되고 있다는 점에서, '치안외교'는 이제 선택이 아닌 필수의 전략으로 자리 잡고 있다.

제1장에서 치안외교의 개념과 이론적 기반을 정립했다면, 제2장에서는 이를 실천으로 연결하는 전략적 구조를 살펴본다. 특히 글로벌 안보환경의 변화와 한국 경찰의 경험, 국제사회의 유사 사례, 그리고 전략 수단으로서의 치안외교 플랫폼들을 종합적으로 고찰함으로써, 치안외교의 현실 적용 가능성과 제도적 정착 방향을 모색한다.

이 장은 크게 세 부분으로 구성된다. 첫째, 치안외교의 필요성을 국제안보 트렌드 및 한국 경찰의 외교 활동 변천사를 통해 조망한다(1절~2절). 둘째, 국제사회의 유사 모델을 비교 분석하고, 이를 통해 치안외교의 실행 구조와 주요 행위자들을 분석한다(3절~4절). 셋째, 치안외교를 실현하기 위한 전략 플랫폼들을 개괄하고, 이를 정책외교로 확장할 가능성과 함께 한국형 모델의 정립 방향을 제시한다(5절~7절).

이러한 전개를 통해 제2장은 치안외교의 이론을 실제 전략과 정책으로 구현하기 위한 중간 연결고리를 제공하며, 향후 플랫폼별 세부 실행 방안을 다룰

제3장으로 이어지는 논리적 기반을 제공한다. 특히 경찰의 국제활동이 외교의 한 축으로 기능할 수 있다는 전략적 확신을 심어주는 것이 이 장의 핵심 목표라 할 수 있다.

제 1 절 글로벌 안보환경과 치안외교의 필요성

현대 사회는 냉전 이후 등장한 복합적 위협들로 인해 기존의 외교 및 안보 패러다임에 근본적인 전환을 요구하고 있다. 국가 간 군사적 충돌보다 비군사적이고 비전통적인 위협이 점점 더 빈번하고 위협적으로 부상하고 있으며, 이 가운데 초국경 범죄, 테러, 사이버 범죄, 팬데믹, 난민과 인신매매, 마약 밀수 등은 국경을 초월하여 안보 개념을 재정의하게 만들고 있다.

이러한 변화 속에서 경찰의 역할은 더 이상 국내치안을 담당하는 기관에 머물지 않고, 국제 치안 거버넌스의 핵심 행위자로 자리매김하고 있다. 과거에는 외교는 외교관, 안보는 군사기관의 영역이었다면, 이제는 경찰이 외교의 한 축으로 기능하는 새로운 시대가 도래한 것이다. 치안외교(policing diplomacy)는 바로 이러한 시대적 변화에 대한 능동적 대응으로, 실질적 치안 역량을 기반으로 한 국제 협력의 수단으로 부상하고 있다.

국제 경찰기구인 INTERPOL은 범죄 수배자 추적뿐만 아니라 테러, 사이버범죄, 환경범죄 등에 대한 다자 협력을 주도하고 있으며, 유엔(UN)은 평화유지 활동(PKO)에 경찰을 필수 요소로 포함시키고 있다. 아세안 지역의 경우, ASEANAPOL을 중심으로 한 지역 치안협력이 활발하며, 유럽의 경우 EUROPOL이 공동 범죄 대응의 핵심 플랫폼으로 작동하고 있다. 이와 같이 경찰협력은 이제 실질적인 안보외교의 핵심 수단으로 진화하고 있다.

특히 팬데믹과 전쟁, 난민과 기후 위기 등 복합적 글로벌 위기가 지속되면서, 국제사회는 물리적 무력보다는 공공안전과 사회복원력을 핵심 가치로 설정하고 있다. 이 과정에서 경찰은 민주성과 인권을 기반으로 한 규범적 권위와 기술 기반 대응능력을 결합하여 새로운 국제적 신뢰자산으로 부각되고 있다.

치안외교는 이러한 국제질서 변화 속에서 경찰의 활동이 국제정치의 주요

무대에서 영향력을 행사하는 구조를 제도화하고 전략화하는 과정이다. 이는 곧 범죄대응 차원을 넘어, 외교적 수단으로서의 치안 기능을 확장하는 시도이며, 글로벌 규범 형성과 질서 재편에서 경찰의 위상을 정립하는 전략적 접근이라 할 수 있다.

특히 다음과 같은 흐름은 치안외교의 전략적 필요성을 뚜렷하게 보여준다:

▸ 초국경범죄의 일상화

국경을 넘어가는 범죄는 실시간 대응을 요구하며, 범죄자의 출신국, 활동국, 피해국이 모두 다를 수 있는 복잡한 상황이 일반화되었다. 이로 인해, 각국 경찰기관 간 신속한 정보 공유, 인도 절차, 공동 수사, 예방적 협력이 필수적이 되었다.

▸ 안보의 다차원화와 경찰의 위상 강화

군사적 안보에서 경제·사회·보건·정보·환경 안보로 안보 개념이 확장되면서, 경찰은 시민의 일상적 안전을 책임지는 국가 안보의 핵심 기관으로 부상하고 있다. 이러한 경찰의 위상은 단지 국내 치안을 넘어, 국제 사회의 평화와 협력을 실현하는 데 기여할 수 있는 전략적 자산으로 작용한다.

▸ 외교 주체의 다변화와 거버넌스의 변화

외교가 더 이상 외교관과 외교부의 독점 영역이 아니게 되면서, 지자체, 시민사회, 기술기관, 경찰 등 다양한 주체들이 국제무대에 등장하고 있다. 특히 경찰은 비정치적이고 실무 중심적이며, 문화적 중립성을 유지할 수 있는 행위자로서 국제사회에서 상대적으로 높은 신뢰를 얻고 있다.

▸ 국제사회로 확장된 경찰 콘텐츠와 가치

대한민국 경찰은 단지 범죄 대응 능력뿐 아니라, 민주적 경찰 통제 모델, 스마트 치안 기술, 범죄 예방 중심의 정책 철학 등을 통해 국제적 주목을 받고 있다. 이는 단순한 협력의 차원을 넘어, 국가의 브랜드 외교 전략과도 연결되는 지점이다.

이러한 복합적 배경 속에서 등장한 것이 바로 '치안외교'(policing diplomacy)라는 개념이다. 이것은 경찰의 국제활동을 단순 협력 차원에서 탈피시켜, 전략적 외교, 정책 수단, 규범 확산, 브랜드 외교의 복합 기능을 수행하는 실천형 외교로서 인식하는 틀이다.

한국은 다음과 같은 이유로 치안외교의 전략화를 본격화해야 할 필요가 있다.

첫째, 한국형 치안외교는 국제적 치안 이미지의 향상을 가능하게 한다. K-방역과 K-문화가 국제적으로 긍정적인 국가 이미지를 확산시킨 것처럼, K-Policing은 법치와 인권, ICT 기반 행정을 결합한 한국 경찰의 성과를 소프트파워 자산으로 전환시킬 수 있다. 이는 외국 시민과 정부가 한국 경찰을 신뢰할 수 있는 근거가 되며, 국제사회에서 한국의 위상을 강화하는 외교적 효과로 이어진다.

둘째, 치안외교는 ODA 정책의 다변화라는 측면에서도 중요한 의미를 가진다. 지금까지 한국의 공적개발원조(ODA)는 주로 교육, 보건, 인프라 분야에 집중되어 왔다. 그러나 치안 ODA는 법의 지배와 시민안전이라는 새로운 영역을 개척함으로써 기존 ODA의 한계를 보완하고, 지속가능한 개발 목표(SDGs) 달성에도 기여할 수 있다. 이는 단순한 원조 차원을 넘어, 제도와 규범을 수출하는 전략적 협력의 성격을 가진다.

셋째, 한국형 치안외교는 글로벌 리더십 확보의 통로가 된다. 경찰주재관 제도의 확대, 국제기구 파견, UNODC 및 INTERPOL에서의 적극적 활동은 한국 경찰을 국제 치안 거버넌스의 실질적 주체로 자리매김하게 만들었다. 특히 2024년 INTERPOL 미래치안회의 개최, 2029년 INTERPOL 총회 서울 유치, 아세안 경찰과의 다자 협력 플랫폼 운영 등은 한국이 치안외교의 무대에서 규범 제시자이자 조정자로 성장하고 있음을 보여주는 상징적 사건이다.

이와 같이 한국형 치안외교는 국가 이미지 제고, ODA 정책 다변화, 글로벌 리더십 확보라는 세 가지 차원에서 국제사회 속 한국의 위상을 한층 강화할 수 있다. 나아가 경찰의 실질적 치안능력을 외교적 설득자산으로 전환함으로써, 한국은 "치안 한류(K-Policing)"를 통해 새로운 유형의 소프트파워를 구축할 수 있다.

한국 경찰은 2000년대 중반 이후 경찰주재관 파견 확대, 치안 ODA 시행, K-Policing 홍보 및 제도 수출, 국제 연수 프로그램 운영 등을 통해 치안역량을 외교 자산으로 전환해왔다. 특히 2024년 INTERPOL 미래치안회의 개최, 2029 INTERPOL 총회 유치 성공, IPS 개최, 아세안 경찰과의 다자 협력 플랫폼 운영 등은 이러한 흐름을 구체화한 대표 사례이다.

결국 글로벌 안보환경의 변화는 경찰의 역할과 위상을 다시 정의하고 있으며, 치안외교는 그 변화에 전략적으로 대응하는 국가 차원의 선택이라 할 수 있다.

결론적으로 글로벌 안보환경은 더 이상 군사력만으로 대응할 수 없는 다층적 위협 구조로 변화하고 있으며, 이에 따라 경찰은 외교의 전략 주체로서 부상하고 있다. 치안외교는 이론과 제도를 넘어, 국가 간 신뢰와 협력의 핵심 매개로 기능하며, 한국형 모델의 제도화와 전략화는 이제 필수적 과제로 자리 잡았다.

앞으로 이어질 제2절과 제3절에서는 한국 경찰의 치안외교 변천사 및 유사 국제 사례들을 분석함으로써, 치안외교가 어떤 기반 위에서 실현되어 왔고, 전략적으로 어떤 프레임이 필요한지를 구체적으로 살펴볼 것이다.

제 2 절 한국 경찰의 치안외교 변천사

한국 경찰의 국제협력 활동은 1960~70년대 해외주재관 파견 시작, INTERPOL 가입, 국제회의 참가 등 단편적 활동에서 시작되었다. 이후 1990년대 들어 외사 업무의 체계화와 국제기구 활동 참여가 본격화되면서 국제 경찰협력의 외연이 확대되었고, 2000년대에는 경찰주재관 확대 시행, 치안 ODA의 도입, K－Policing 수출 등이 시행되며 '치안외교'라는 전략적 개념의 초석이 다져졌다.

특히 1999년 INTERPOL 서울총회 개최, 2015년 국제경찰청장회의(IPS) 개최, 2024년 INTERPOL 미래치안회의 개최, 2029년 INTERPOL 총회 유치 등은 한국 경찰이 국제 치안무대에서 전략적 행위자로서 위상을 확립해나간 주요 이정표였다.

K－Policing이라는 브랜드를 중심으로, 한국 경찰은 ICT 기반의 과학치안, 예방 중심의 순찰모델, 인권과 민주주의를 기반으로 한 법집행 시스템 등을 국제 사회에 전파하며, 단순 기술 수출을 넘어 규범외교의 행위자로서 새로운 정체성을 구축해왔다.

또한 경찰 ODA를 통해 개발도상국에 치안역량 강화, 연수, 시스템 수출,

법제 자문 등을 지원하면서, 단순한 기술이전이 아닌 지속가능한 제도 설계 파트너로서의 입지를 굳혀가고 있다.

이러한 흐름은 외교부, KOICA 등과의 협업을 통해 외교정책과 연계되는 다부처 협력모델로 진화하고 있으며, 국제기구와의 연계도 점차 강화되고 있다. 최근에는 경찰의 국제기구 진출 확대, 글로벌 리더십 확보, 국제표준화 주도 등 보다 체계적이고 장기적인 치안외교 전략이 필요하다는 인식도 확산되고 있다.

결론적으로, 한국 경찰의 국제협력 활동은 이제 '국제치안협력'의 차원을 넘어 '전략적 치안외교'로 진화하고 있으며, 그 축적된 경험은 향후 제도화된 외교모델로의 발전을 가능하게 하는 소중한 자산이 되고 있다.

치안외교는 단기간에 형성된 정책이 아니다. 그것은 한국 경찰이 오랜기간 동안 축적한 국제경찰 협력의 경험과, 외교 전략의 진화, 그리고 실무현장에서의 다양한 대응 경험을 기반으로 점진적으로 제도화되고 전략화된 결과물이다. 이 절에서는 한국 경찰의 치안외교가 어떻게 시작되어 성장하고, 지금의 전략적 외교로 자리 잡게 되었는지를 단계별로 조망하고자 한다.

1 한국 경찰의 치안외교 관련 법규정

한국 경찰사에서 치안외교라는 용어는 적어도 2020년까지는 생소한 용어라고 할 수 있겠다. 그전에는 치안 관련 국제협력 업무가 당연히 외사기능의 주요한 업무로 규정되고 추진되었지만 치안외교라는 용어는 사용되지 않았다.

저자는 경찰주재관(미국, 태국) 경험, 국제협력관으로서 현장 및 정책 수립 단계에서 치안 분야 국제협력 업무를 총괄하면서 치안외교라는 개념을 정립하는 것을 무엇보다 필요하다고 느끼고 적극 추진하였다.

먼저 법·규정을 확인해 본 결과, 놀랍게도 '경찰청과 그 소속기관 직제'(대통령령 제34343호, 2024.3.26, 일부개정) 제9조(국제협력관)에 이어 '경찰청과 그 소속기관 직제 시행규칙'(행정안전부령 제470호, 2024.3.26, 일부개정) 제5조의2(국제협력관) ③항 2호에 외국경찰 등과의 교류·협력 및 치안외교 총괄… 이라고 규정함으로써 최초로 치안외교라는 용어가 법체계에 등장하였다. 그전의 동 시행규칙에는 '외국경찰기관과의 교류 및 협력'이라고만 규정되어 있었다.

이러한 동 시행규칙이 개정되게 된 개정안의 개정 사유를 확인해 본 결과, '정상회담 및 외교정책에서 치안협력의제가 논의 및 합의되는 경우가 늘고 있고 이에 대한 후속 조치를 관리해야 할 필요성이 있어' 신규업무로 추가하면서 기존의 치안분야 국제협력을 치안외교의 수준으로 격상시켰음을 알 수 있다.

경찰청의 조직 및 업무분장에 대한 기본적인 법령인 '경찰청과 그 소속기관 직제'(대통령령 제33687호, 2023.8.30) 제15조(외사국)에서는 '외국경찰기관과의 교류·협력'을 주요한 업무의 하나로 규정하고 있다. 이러한 규정은 2023년 9월에 단행된 경찰청 직제개편에 의해 외사국이 국제협력관으로 조직이 변경되고 그에 따른 업무는 1. 치안 분야 국제협력 정책의 수립·총괄·조정 2. 외국경찰기관과의 교류·협력 3. 국제형사경찰기구에 관련되는 업무로 대폭 조정되게 된다.

그 하위법령인 '경찰청과 그 소속기관 직제 시행규칙'(행정안전부령)에는 구체적인 업무분장에 대해서 규정하고 있는데 2020.12.31. 개정된 시행규칙에는 외사국의 업무 중 하나로 '외국경찰 등과의 교류·협력 및 치안외교 총괄'이라고 규정함으로써 처음으로 치안외교라는 용어가 등장하게 된다.

그에 따라 하위법령인 '경찰청 사무분장 규칙'(경찰청훈령 제1126호, 2024.6.13, 타법개정) 제6장 국제협력관 업무에 치안외교 의제발굴 및 후속조치라는 보다 구체적인 업무로 규정되어 있다.

이처럼 그동안 경찰청 외사기능에서 해오던 국제치안 협력 업무가 비로소 정부의 외교정책을 뒷받침하는 치안분야의 외교적 접근으로 격상되었음을 의미하는 대단히 획기적인 변화라고 생각한다.

2 한국 경찰 치안외교 연혁

한국 경찰의 국제협력은 1980~90년대까지만 해도 '국내 치안 유지'라는 일차적 책무에 집중되어 있었다. 1990년대 이후 급속한 세계화와 해외 진출 인구 증가에 대응하기 위해 시작되었으며, 초창기에는 해외 치안기관과의 수사 공조 및 범죄인 인도, 국제회의 참석 등의 개별적 협력 활동이 주를 이루었다. 그러나 2000년대 이후, 재외국민 보호 수요 증가, 초국경 범죄 확산, 국제기구의 역할 확대 등의 변화에 대응하기 위해 경찰의 국제적 역할이 점차 확장되기 시작했다. 초기에는 단순한 수사 공조나 국제회의 참가가 중심이었지만, 점차 치안 ODA, 경찰주재관 파견, 국제치안박람회 등 보다 전략적인 형태로 진화하게 되었다. 이러한 변화는 단지 대응 차원이 아닌, 글로벌 질서 속에서 대한민국 경찰의 외교적 정체성을 형성하는 과정이라 할 수 있다.

이후 2000년대 중반부터는 K-Policing, 치안 ODA, 국제연수, 다자협의체 운영 등 실질적 영향력 행사 전략이 도입되었고, 이는 '기능 외교(functional diplomacy)'와 '소프트파워 외교'의 결합 형태로 진화하였다.

2010년대 후반부터는 INTERPOL 미래치안회의, 국제치안박람회, 아세안 치안협력포럼 등 다자플랫폼 중심의 글로벌 교류가 확대되었고, 이는 단순한 수사 공조에서 정책·제도 수출로 영역이 확장되는 계기가 되었다. 특히 2024년 INTERPOL 미래치안회의, IPS(International Police Summit) 개최 등은 한국 경찰의 글로벌 리더십을 상징적으로 보여주는 사례이다.

이러한 발전 과정은 비교적 짧은 시간 내에 치안외교의 제도화, 전략화, 플랫폼화를 실현한 고도화된 발전 경로로 평가할 수 있으며, 이는 향후 국제질서 속에서 한국 경찰의 외교 역량을 평가하는 기준이 될 수 있다.

1) 태동기: 경찰의 국제협력 초기 단계(1950~1980년대)

1945년 10월 21일 국립경찰이 창설되면서 본격적인 경찰업무를 시행하게 되었다. 국제 경찰협력의 주무 부서라고 할 수 있는 외사경찰은 처음에는 불순세력의 영향으로부터 국가체계의 파괴를 방지하고, 외국자본의 침식으로부터 국가경제를 보호하며 외국의 불량 사조로부터 민족문화를 보호하기 위한 첩보의 수집과 그에 대한 수사기능을 가진 경찰작용이었다.

국내 외국인과 해외교포, 국내 외국인 단체와 요시찰 외국인의 동태 및 요시찰 해외교포와 그 단체의 동향을 파악하여 반국가적 요소의 유무 등 외사문제에 대한 세심한 사찰의 수행을 위한 외사경찰은 건국 이후 정보경찰의 성립과 더불어 중앙은 정보과 또는 사찰과의 한 계로서 편성되었다.

1948년 3월 1일 인천경찰서에 외사계가 최초로 신설되었다. 이러한 외사경찰업무는 1962년부터 1971년까지 양적팽창기, 1972년부터 1974년까지 업무기능의 전문성 심화기를 거쳐 조직과 기능이 정립되면서 꾸준히 발전을 계속하

였다. 1966년 치안국에 외사과가 신설되었고 경찰관 해외주재관 제도도 신설되었다.[1)]

1950년대 후반부터 국제협력 노력은 미미하지만 부단히 이루어졌는데 1957년부터 꾸준히 국제경찰장회의(IACP)와 같은 국제회의에 참석하여 세계 경찰과 네트워크 통하여 국제공조의 싹을 틔웠다. 아울러 외국 경찰 지휘부를 초청하여 교류 협력을 확대하였다. 그 결과 인도네시아 경찰청장(1975년)을 시작으로 아시아 국가 중심으로 경찰총수와의 초청 교류 협력을 강화하였다.

한국 경찰의 국제 경찰협력의 시초라고 할 수 있는 획기적인 두 개의 사실이 있다. 첫째는 1964년 9월 베네수엘라 카라카스 제33차 INTERPOL 총회에서 INTERPOL에 가입한 사실이고 둘째는 1967년 최초로 도쿄에 경찰주재관을 파견한 사실이다. 명실공히 국제기구에 가입하고 해외에 경찰관을 파견함으로써 국제 경찰협력의 기초를 마련한 것이었다.

2) 성장기: 국제협력 확대 시기(1990~2010년)

1990년대 들어서 외사경찰의 큰 변화는 무엇보다 경찰청 개청과 더불어 외사관리관이 신설되면서 명실상부한 외사업무의 독립성을 확보한 것이다. 이러한 외사조직의 발전 및 업무대상의 증가에 발맞추어 외사기능의 효율화 추진을 위한 인력의 발전 및 장비의 보강에 꾸준한 노력을 기울여 왔으며 외사전문 인력을 보강하기 위해 80년대초부터 외사전문요원 특채제도를 각 계급별로 운용하였다. 이러한 인적기반을 발판으로 1999년에는 우리나라에서 최초로 제67차 INTERPOL 총회를 개최하였다. 한국 경찰의 국제협력의 새장을 여는 역사적인 순간이었다.

또한 이 시기에는 외국 경찰과의 교류협력 약정을 추진하고 주재관을 각국 공관에 증파하는 한편, 각종 치안 관련 국제회의에 적극적으로 참여하는 등 국제 경찰 교류 및 협력을 추진하였다. 이 시기에는 한국 경찰청장이 국내 국제행사의 성공적 개최를 위해 INTERPOL 총회에 참석하여 협조를 요청하는 등 치안외교를 강화함으로써 APEC 같은 정상회의의 성공적 개최를 위한 토대를 마련하였다.

---

1) 경찰청 국제협력관실 참고자료

3) 도약기: 전략적 치안외교 전개(2010년 초반~2023년)

2010년대 들어 경찰은 단순한 기술 교류를 넘어, 한국의 치안철학과 제도를 담은 전략적 모델을 수출하기 시작했다. K-Policing이라는 이름 아래 스마트 치안, 범죄예방, 여성청소년 보호 등 다양한 영역에서의 기술과 시스템이 공유되었으며, 치안 ODA 사업의 확대와 더불어 다수의 경찰전문가가 해외에 파견되었다. 경찰주재관은 70명 이상으로 증가하였고, INTERPOL, EUROPOL, UN 등과의 협력도 강화되며, 글로벌 치안 파트너십이 다층적으로 확대되었다.

4) 정립기: 치안외교 기반의 전략화(2024년~현재)

2024년 이후는 치안외교의 개념이 명시적으로 사용되고, 이론적·정책적 논의가 병행되는 시기이다. 기존의 국제경찰협력을 치안외교의 관점으로 논의하고 시행하기 시작했으며, '치안외교 2.0'이라는 전략 개념 정립을 시도하기 시작했다. K-Policing의 브랜드화, 국제기구와의 구조적 협력 강화, 치안외교 인재 양성과 제도화 등 전략적 실천이 본격화되었으며, 대한민국 경찰은 이제 국제 질서 속에서 단순 협력 상대를 넘어 규범 창출의 주체로 전환하고 있다.

한국 경찰은 단순한 수사 파트너가 아니라, 지역 안보의 설계자이자 신뢰의 구축자로서의 입지를 공고히 하기 시작한 것이다.

제 3 절 국제사회의 유사 모델 분석

치안외교는 특정 국가의 독자적 산물이 아닌, 글로벌 안보환경 변화 속에서 다수 국가들이 자국의 외교전략 및 법집행철학에 따라 발전시켜온 복합적 외교 유형 중 하나이다. 특히 21세기 들어 초국가적 범죄, 테러, 디지털 치안 이슈가 외교적 관심의 중심으로 부상하면서, 경찰기관이 외교의 실질적 행위자로 등장하는 새로운 외교 형식이 정착되고 있다.

본 절에서는 미국, 프랑스, 중국, 일본, 뉴질랜드, 포르투갈 등 주요국의 치안외교 실천 사례를 분석하며, 그 전략적 구조와 이론적 특성, 실천 방식, 한국형 치안외교에 대한 시사점을 통합적으로 고찰한다.

1 미국: 글로벌 수사력과 안보외교 결합형 모델

미국은 FBI, DEA, DHS 산하 HSI 등 주요 법집행기관을 통해 전 세계 많은 국가에 수사관(Legal Attaché)을 파견하고 있다. 이들은 현지 경찰 및 정보기관과 직접 협력하며, 수사력과 외교력이 융합된 '작전형 외교'를 전개한다. 미국 치안외교의 핵심은 강력한 정보력과 법집행 권한을 활용해 자국 안보 이익을 관철하는 데 있다.[2)]

■ 시사점

미국 모델은 경찰이 안보외교의 핵심 수단이 될 수 있음을 보여준다. 그러나 권력 중심·강압적 접근은 파트너국과의 마찰 및 현지 정세와의 충돌 우려가 존재한다. 한국은 이 모델의 국제적 범죄 대응 역량은 참고하되, 보다 협력적이고 신뢰 기반의 접근을 추구해야 한다.

2 프랑스: 헌병 기반의 문화·언어 네트워크 외교

프랑스는 자국의 헌병 조직을 활용해 프랑코포니(프랑스어권) 국가들을 중심으로 문화적 연대와 치안협력을 추진한다. DCIS(국제치안협력국) 등 전담조직을 통해 제도 수출, 교육훈련, 법집행 협력을 진행하며 문화외교와 결합된 치안외교 모델을 구축하고 있다. 이는 구성주의 및 공공외교 이론에 기반한 협력 모델로, 문화적 정체성과 네트워크 외교가 결합된 사례이다.[3)]

■ 시사점

프랑스 사례는 문화와 언어를 활용한 소프트파워 치안외교 전략의 가능성을 보여준다. 한국도 문화적 공감대(K-컬처 등)를 활용한 치안한류 확산 전략으로 응용할 수 있으며, 다자 네트워크 운영의 전략적 설계가 중요하다는 점을 시사한다.

---

2) *Federal Bureau of Investigation.* (n.d.). Legal Attaché Offices. FBI.gov. Retrieved from: https://www.fbi.gov/contact-us/legal-attache-offices

3) *Gendarmerie Nationale.* (n.d.). La Direction de la Coopération Internationale de Sécurité (DCIS). Ministère de l'Intérieur. Retrieved from: https://www.gendarmerie.interieur.gouv.fr

3 중국: 개발전략 연계형 통합 치안외교

중국은 공안부와 정법위 중심으로 '일대일로' 전략과 연계된 경찰협력을 추진하고 있다. CCTV 시스템 수출, 감시기술 제공, 인프라 기반 치안모델 구축 등 치안·경제·정치가 통합된 외교전략을 구사하며, 일부 지역에는 공동 순찰 및 치안기지까지 운영한다. 이는 기능외교와 정치전략이 융합된 모델로서, 거버넌스 확장을 통해 지정학적 영향력을 확대하려는 시도이다.[4)]

- 시사점

치안외교가 국가전략에 통합된 사례로, 강력한 추진력과 확산성을 보인다. 그러나 통제 기반 모델은 민주주의·인권 가치와 충돌 가능성이 크므로, 한국은 가치 외교와 신뢰외교 기반의 차별성을 분명히 해야 한다.

4 일본: 경찰 ODA 중심의 제도 수출형 모델

일본은 경찰청과 JICA를 연계해 동남아와 아프리카에 경찰 ODA를 제공하고 있다. 법제 컨설팅, 경찰학교 운영, Kōban 시스템 등 제도 중심의 경찰 발전 모델을 확산하며, 장기적이고 교육 중심의 협력관계를 지향한다. 자유주의 이론과 정책 네트워크 모델에 기반하여, 안정적 협력을 통한 치안역량 전수를 추구한다.[5)]

- 시사점

일본은 제도·규범 중심의 안정형 치안외교 모델을 보여준다. 한국 역시 치안 ODA를 통해 제도적 역량을 수출하되, 스마트 치안, 디지털 기반 협력 등 기술 융합형 전략으로 차별화할 수 있다.

---

4) Xinhua News. (2023, May 1). China expands police cooperation under Belt and Road Initiative. *ChinaDaily.com.cn*. Retrieved from: http://www.chinadaily.com.cn

5) *Japan International Cooperation Agency* (JICA). (2022). Police Assistance Programs. JICA.go.jp. Retrieved from: https://www.jica.go.jp

5 뉴질랜드: 중립적 평화지향형 치안외교

뉴질랜드는 RAMSI, UN PKO, 동티모르 파견 등을 통해 중립성과 커뮤니티 기반 철학을 강조하는 치안외교를 실천해왔다. 현지 주민과의 장기 신뢰 구축, 평화·개발 연계를 통해 중소국의 국제적 기여를 실현한다. 이는 네트워크 거버넌스와 실천적 구성주의를 반영한 모델로 평가된다.[6)]

- 시사점

중소 국가도 신뢰 기반의 장기적 치안협력으로 국제적 위상을 확보할 수 있음을 보여준다. 한국 치안외교도 개발협력, ODA, 커뮤니티 중심 접근을 강화하여 유연성과 수용성을 높여야 한다.

6 포르투갈: 외교보완형 경찰협력 네트워크 모델

포르투갈은 경찰 외교관 네트워크, 아프리카 포르투갈어권 국가와의 협력, 국경 공동 관리 등 다자 및 양자 협력을 병행하며, 유럽 내 중견국가로서의 균형 있는 경찰외교를 전개하고 있다.[7)]

- 시사점

제한된 자원 내에서도 전략적 지역과 협력 네트워크를 설정하면 효과적인 치안외교가 가능함을 보여준다. 한국도 외교부, KOICA, 경찰청이 연계된 협업 시스템을 정비하고, 국익 중심의 지역별 우선전략을 설계할 필요가 있다.

이처럼 각국은 자국의 정치체제, 외교철학, 거버넌스 구조에 따라 서로 다른 치안외교 모델을 선택·실천하고 있다. 한국은 K-Policing, ICT, 민주주의, 인권 중심 가치, 제도 수출 역량 등 복합 자산을 통해 기존 모델들과 차별화된 전략을 설계할 수 있다. 나아가 각국 모델의 비교 분석을 통해 한국형 치안외교의 정체성과 실행 전략을 이론적·실천적으로 구체화해야 할 필요가 있다.

---

6) *New Zealand Police*. (n.d.). International Policing Contributions. NZPolice.govt.nz. Retrieved from: https://www.police.govt.nz/about-us/international-policing

7) *Polícia Judiciária*. (2021). Cooperação Internacional com Países Lusófonos. pj.gov.pt. Retrieved from: https://www.pj.gov.pt

■ 주요 국가 치안외교 비교 ■

국가	모델 유형	특징	한국과의 비교
미국	작전형 수사외교	강력한 정보력·사법력	협력보다 힘 중심 → 대비 전략 필요
프랑스	문화언어 외교형	프랑코포니 중심 연대	문화 기반 접근은 유사하나 한국은 중립성 강조
중국	통제형 통합 모델	일대일로 연계, 감시기술 중심	정치·인권 가치 측면 차별 필요
일본	제도수출형 ODA 모델	안정·지속성 중심, 교육 중심	스마트 치안 등 차별화 필요
뉴질랜드	평화지향 커뮤니티형	중립성, 장기 파견	유연한 전략 유사성 있으나 더 적극적 확장이 필요
포르투갈	균형형 외교 보완 모델	식민 연계 네트워크, 다자 병행	제한적 자원 속 전략적 선택의 모범

7 한국 치안외교의 전략적 위치

오늘날 한국의 치안외교는 단순한 제도 수출이나 일회성 파견 활동을 넘어, 국제사회에서 하나의 전략 외교모델로 자리매김하고 있다. 이는 민주주의 기반의 경찰 철학, ICT 기술력, 그리고 축적된 국제협력 경험을 결합하여 고유한 외교 정체성을 구축해온 결과다. 한국 치안외교는 강제적 개입이나 지정학 중심의 전략보다는 협력과 신뢰를 토대로 한 실용적·기술친화적 접근을 특징으로 한다. 이는 미국이나 중국의 국가전략 중심 외교, 프랑스·일본의 문화·제도 중심 외교와 차별화되는 한국 고유의 유연하고 민주적 가치 기반 모델이라 할 수 있다.

특히 한국은 공공외교·문화외교·개발협력과 치안외교를 긴밀히 연계하며 성과 중심의 실천 외교를 전개해왔다. 이러한 흐름은 2000년대 이후 경찰주재관 확대, K-Policing 브랜드 정립, 치안 ODA 본격화 등을 통해 구체화되었다. 1999년 서울에서 열린 INTERPOL 총회, 2029년 총회 유치, 아세안 경찰과의 다자 협력 플랫폼 운영 등은 한국 경찰이 단순한 참여자(participant)를 넘어 국제 치안 거버넌스의 조정자(platform broker)로 인정받는 계기가 되었다. 비교적 늦은 출발에도 불구하고, 한국은 20여 년 만에 글로벌 무대에서 실질적 존재감을 확보하였다.

한국 치안외교의 전략적 차별성은 네 가지로 요약된다. 첫째, 정치적 중립성과 시민 중심의 경찰 철학은 개발도상국의 수용성을 높이고, 법치주의와 인권 존중은 국제사회의 제도적 신뢰 구축에 기여한다. 둘째, ICT 기반 K-Policing은 AI 예측치안, 사이버 수사, 스마트 지휘 시스템 등 4차 산업혁명형 치안기술을 외교자산으로 전환시킨 대표 사례다. 셋째, 현장 중심의 실무형 외교는 단순한 제도 수출이 아니라 공동 교육·제도 정비·네트워크 구축을 통해 상호협력의 토대를 강화했다. 넷째, 다자외교 무대에서의 리더십은 INTERPOL, UNODC, ASEANAPOL 등 주요 협력체에서의 실질적 기여를 통해 입증되었다.

이와 같은 특성은 다른 국가들의 모델과 대비될 때 더욱 선명해진다. 미국은 정보력·작전 중심, 프랑스는 문화·언어 기반, 중국은 개발전략과 결합된 통제형, 일본은 제도 중심 ODA 모델을 강조한다면, 한국은 기술·신뢰·시민성을 조화시킨 새로운 소프트파워형 치안외교 모델을 제시하고 있는 것이다.

더 나아가 한국 치안외교는 Risse(2011)의 네트워크 거버넌스, Brodeur(2010)의 다층 경찰 모델, Nye(2004)의 소프트파워 이론 속에서도 해석 가능한 사례다. 즉, 경찰이 단일 주체가 아닌 다양한 협력 네트워크의 신뢰 행위자로 기능할 수 있으며, 기술적 도구와 민주적 가치, 국제적 신뢰를 결합해 치안 역량을 외교 전략으로 전환한 구조는 소프트파워의 응용 사례라 할 수 있다.

이러한 발전은 한국 치안외교가 '규범의 수용자(norm taker)'를 넘어 '규범의 창출자(norm maker)'로 도약할 수 있음을 시사한다. 이는 단순한 정책 차원이 아니라, 대한민국이 국제질서 속에서 어떤 가치를 제안하고, 어떤 방식으로 영향력을 행사할 것인가에 대한 전략적 비전을 담고 있다. 결론적으로, 한국 치안외교는 기술·제도·가치를 유기적으로 결합한 21세기형 복합외교 모델로 진화하고 있으며, 앞으로는 지역별 맞춤 전략, 다자체계 주도력, 국제경찰 교육 인프라 확대, 국제치안 기준 정립 등을 통해 글로벌 거버넌스의 주도적 행위자로 성장해 나가야 한다.

제 4 절 치안외교의 실천 거버넌스와 전략 주체

1 치안외교의 실천은 누가, 어떻게 이끄는가

치안외교는 단순한 수사 공조를 넘어, 외교 전략과 정책 목표를 실현하는 실천적 외교 영역이다. 따라서 개념 정의와 이론적 정립만으로 완성되지 않는다. 그것이 실제로 구현되고 지속되기 위해서는 분명한 주체와 체계적 구조, 그리고 유기적 거버넌스를 필요로 한다. 본 절에서는 치안외교를 실천하는 주요 행위자들과 이들이 형성하는 전략적 거버넌스 구조를 분석함으로써, 치안외교가 어떻게 구체화되고 제도화될 수 있는지를 설명한다. 이를 통해 독자들은 치안외교의 실천 기반을 구성하는 주체와 구조, 국제적 연계방식, 정책 추진 체계를 총체적으로 이해할 수 있을 것이다. 이는 향후 치안외교를 제도화하고 지속가능한 시스템으로 정착시키기 위한 기반 분석이기도 하다.

2 행위자 구도: 다층적 협력 네트워크

치안외교는 단일 행위자가 수행하는 정책이 아니다. 다양한 주체가 각기 다른 역할을 맡으며, 이들이 상호작용하는 다층적 구조 속에서 작동한다. 이러한 행위자 구도는 Brodeur(2010)의 Policing Web 이론과 Risse(2011)의 네트워크 거버넌스 모델[8]을 통해 설명될 수 있다. 즉, 경찰은 단순한 집행자가 아니라, 국제 네트워크 속에서 신뢰 행위자(trusted actor)로 기능한다.

- **중앙정부**: 경찰청, 외교부, 법무부 등은 정책 방향과 제도 설계를 담당하며, 국제 협력의 최종 조정 권한을 갖는다.
- **지원기관**: KOICA, KOTRA, 한국국제정책학회 등은 개발협력, 산업연계, 연구 자문을 제공하여 치안외교의 기반을 강화한다.
- **현장 주체**: 경찰주재관, 국제기구 협력관, PKO 파견 경찰 등은 치안외교의 "실행 전선(frontline)"으로서 직접 활동하며 국가 이미지를 형성한다.

8) "Governance without a state does not mean an absence of order but a transformation in how political authority is organized across borders." – *Risse, 2011, p.9*

- 국제기구: INTERPOL, UNODC, ASEANAPOL, EUROPOL 등은 글로벌·지역적 협력의 제도적 무대이며, 경찰은 이 안에서 영향력을 확보한다.
- 민간·학계: 연구기관, 대학, NGO, 기술기업은 지식·기술·인적 교류를 통해 경찰 외교의 지평을 확장한다.

이처럼 중앙정부–지원기관–현장 주체–국제기구–민간이 함께 얽혀 있는 구조는 치안외교의 실천 거버넌스의 핵심 특징이다. 이러한 다층적 네트워크는 때로는 협력적 시너지를, 때로는 부처 간 조정 문제나 자원 배분의 불균형 같은 긴장도 낳는다. 따라서 한국형 치안외교의 전략화를 위해서는 각 주체의 역할을 명확히 규정하고, 상호 보완적 거버넌스 체계를 구축하는 것이 중요하다.

3 제도적 실행 구조: 거버넌스 기반의 전략 설계

치안외교의 거버넌스는 단일한 위계체계가 아니라, 수직적 지휘, 수평적 협력, 그리고 네트워크적 연계가 함께 작동하는 다차원적 구조를 가진다. 이 세 가지 구조는 상호보완적이며, 어느 한 요소의 불균형은 치안외교의 성과를 제약할 수 있다.

① 수직적 구조(Vertical Line of Implementation)

경찰청–현지 공관–주재관으로 이어지는 지휘 체계는 정책 목표와 지침을 현장 활동과 연결한다. 이 구조는 신속한 보고·지시 체계를 가능하게 하지만, 지나친 관료적 절차는 현장 대응의 유연성을 저해할 수 있다.

② 수평적 구조(Horizontal Policy Coordination)

경찰청, 외교부, 법무부, KOICA 등은 부처 간·기관 간 협업을 통해 치안 ODA, 국제연수, 다자협력 사업을 수행한다. 그러나 정책 목표나 예산 배분에서 충돌이 발생할 경우, 치안외교의 일관성이 흔들릴 위험이 존재한다.

③ 네트워크 구조(Network-Based Partnerships)

INTERPOL, UNODC, ASEANAPOL, 민간 연구기관·NGO 등 다양한 국제·비국가 행위자와의 협력은 치안외교의 외연을 확장한다. 이 구조는 비공식적·

자율적 성격을 띠며, 글로벌 네트워크 속에서 경찰이 신뢰 기반 협력자로 기능하게 한다.

이 세 가지 구조는 서로 독립적이지 않고 긴밀히 얽혀 있다. 예를 들어, 중앙정부의 정책 조정(수직)이 국제기구 활동(네트워크)과 부처 간 협력(수평)을 동시에 요구하는 경우가 많다. 따라서 치안외교의 성패는 수직적 통제와 수평적 협력, 네트워크적 자율성의 균형을 어떻게 설계하고 운영하느냐에 달려 있다.

4 포르투갈의 PDN 사례[9]: 치안외교의 제도화를 향한 시도

치안외교의 지속성과 효과성을 담보하기 위해서는 제도화된 실행 구조와 전문화된 인력 시스템이 필수적이다. 여기에서는 치안외교를 단순한 파견 인력 중심의 협력에 머물지 않고, 국가 외교정책의 일부로 내재화한 대표 사례로서 포르투갈의 PDN(Police Diplomat Network) 제도를 분석한다. PDN은 경찰 인력을 외교적 역량을 갖춘 전문 주체로 육성하고, 이를 체계적으로 운영하는 경찰외교 플랫폼으로서, 한국 치안외교 제도화의 실천적 벤치마크로 평가된다.

1) PDN의 형성과 배경

포르투갈은 식민지 시대의 유산과 프랑스·스페인·아프리카 국가들과의 역사적 연결성을 활용하여, 외교 역량을 다자주의적이며 실용적인 방향으로 정립해 왔다. 특히 2010년대 이후, 외교부(MNE), 내무부, 공공안전부 산하 치안기관이 공동으로 '국제 서비스 그룹(International Service Group, ISG)'을 설립하고, 치안외교 전문인력의 선발–교육–파견–복귀에 이르는 전주기적 제도를 구축하였다.

이 구조의 핵심은 PDN(Police Diplomat Network)이다. PDN은 기존의 외사 담당 경찰관 개념을 넘어, 국제법·외교 커뮤니케이션·문화역량을 겸비한 경찰 외교관(police diplomat)으로서의 인력을 양성하고 이들을 포르투갈 외교전략의 실행자(operational envoy)로 활용하는 제도이다.

9) Fernandes, R. N. A. (2023). The Police Diplomat Network as a Response to Modern Challenges: A Portuguese Perspective. Security Spectrum: Journal of Advanced Security Research.

2) PDN의 주요 구조와 운영 방식

PDN은 다음과 같은 3단계 구조를 통해 작동한다:

- **전략 기획층**: 외교부(MNE), 내무부(MAI), 공공안전국이 PDN 운영을 위한 정책기조, 국가별 우선 파견 전략, 거버넌스 체계를 조율한다.
- **교육훈련층**: 리스본 경찰교육기관(ISCPSI)을 중심으로 외국어, 외교 커뮤니케이션, 국제법, 문화외교 등을 포함한 경찰외교 훈련과정을 제공한다.
- **현장 실행층**: 경찰 외교관은 해외 공관, 다자기구, 공동 국경관리소 등에서 경찰–외교–개발협력 기능을 병행하며 활동한다.

대표적인 활동으로는 다음과 같다:

- PALOP 국가(아프리카 포르투갈어권)와의 치안개혁 컨설팅, 경찰 훈련, 제도 수출
- 스페인과의 국경 협력 훈련, 국경 공동치안 플랫폼 운영
- UN PKO 연계 파견을 통한 국제치안역량 강화 프로그램 운영

3) 이론적 의의와 PDN의 특성

PDN은 단순한 경찰 파견이 아니라 제도화된 외교 플랫폼이라는 점에서 Brodeur(2010)의 Policing Web 개념, Slaughter(2004)의 Transgovernmental Networks, 그리고 Anholt(2007)의 National Brand Strategy와 이론적으로 연결된다. 이 모델은 다음과 같은 특징을 갖는다:

- **네트워크 기반 실행 구조**: 외교관과 경찰의 역할을 통합하며, 비위계적이며 수평적 협력 기반을 구성
- **전문화된 인력 양성 체계**: 외교–경찰–문화역량을 융합한 커리큘럼을 기반으로 경찰외교관을 육성
- **제도화된 복귀 시스템**: 파견 경찰은 귀국 후 PDN 인프라 확산, 후속 교육, 정책 개발에 참여하며 제도 내부로 순환됨

이는 단지 파견 체계를 넘어서, 경찰외교를 전문직군화하고 지속 가능한 제도로 정착시키는 구조를 보여준다.

4) 한국 치안외교 제도화에 주는 시사점

포르투갈의 Police Diplomat Network(PDN)는 치안외교를 제도화한 대표적 모델로, 한국 치안외교 발전에 중요한 시사점을 제공한다. PDN은 단순한 해외 파견 제도를 넘어, 외교역량과 경찰 전문성을 결합한 통합형 운영 체계를 구축하였다. 이는 아직 개별 주재관 중심으로 운영되는 한국의 치안외교와 대비되며, 향후 제도화 전략의 방향을 구체적으로 보여준다.

첫째, PDN은 파견 경찰을 '경찰 외교관(police diplomat)'으로 육성하고, 귀국 후 정책·교육·전략 설계에 참여하게 하는 순환형 전문인력 체계를 갖추고 있다. 한국도 장기적으로는 치안외교 전문인력 풀을 조성하여, 국제무대에서 전문성과 외교성을 겸비한 인재를 양성할 필요가 있다.

둘째, PDN은 내무부와 외교부가 공동 운영하며, 국가 외교정책과 긴밀히 연계된다. 반면 한국은 경찰청 중심 운영이 여전히 강해, 외교부·KOICA 등과의 범정부 협력이 미흡하다. 치안외교가 국가 브랜드 외교자산으로 기능하기 위해서는 범정부적 정책 설계가 필수적이다.

셋째, PDN은 INTERPOL·EU·PALOP 등 다양한 다자 플랫폼에서 활동하며, 지속 가능한 협력 거버넌스를 구축하였다. 한국도 INTERPOL 총회, 한-아세안 치안협력포럼 등 다자 채널을 보유하고 있으나, 이를 단발적 이벤트가 아닌 제도적 구조로 발전시켜야 한다.

넷째, PDN은 외교 커뮤니케이션, 국제법, 다문화 이해 등을 포함한 통합 교육·훈련 체계를 운영한다. 한국 역시 '치안외교 아카데미'와 같은 외교·치안 융합형 교육 프로그램을 제도화해야 한다.

다섯째, PDN은 정부 외교전략 문서에 명확히 반영되어 있으며, 국가 차원의 위상을 확보하였다. 한국도 외교백서, ODA 전략계획, 경찰 정책문서 등에 치안외교를 명문화하고, K-Policing 브랜드와 연결할 필요가 있다.

결론적으로, 포르투갈의 PDN은 한국이 구축해야 할 제도화된 치안외교 시스템의 실질적 모델이다. 향후 한국형 PDN, 즉 K-PED(Korea-Policing External Diplomacy) 모델을 정착시킴으로써, 한국 경찰은 국제사회에서 신뢰 기반의 전략적 외교 주체로 자리매김할 수 있을 것이다.

5 구조적 특징과 향후 과제

한국의 치안외교는 여러 국가기관과 국제행위자가 함께 참여하는 다중 주체 협력 시스템을 기반으로 운영된다. 이러한 거버넌스 구조는 크게 세 가지 특징을 지닌다. 첫째, 경찰청 본부와 해외공관, 주재관, 그리고 현지 치안기관으로 이어지는 수직적 연결 구조는 중앙의 전략 기획과 현장의 실행력을 유기적으로 결합시킨다. 이를 통해 정책 목표가 현장에서 효과적으로 실현되며, 지휘와 조율의 효율성이 확보된다. 둘째, 경찰청, 외교부, KOICA, 법무부 등 여러 부처가 협업하는 수평적 협력 구조가 작동한다. 이는 개발협력(ODA), 법치 확산, 인권 보장 등 국가 외교 목표와 치안외교의 정합성을 확보하기 위한 장치로 기능한다. 셋째, INTERPOL과 유엔마약범죄사무소(UNODC), 아세아나폴(ASEANAPOL) 등 국제·지역 기구뿐만 아니라, 민간 전문가, 학계, 기술 협력 파트너까지 포괄하는 네트워크형 협력 구조가 존재한다. 이처럼 공식적·비공식적 연계가 동시에 작동하는 구조는 Slaughter(2004)가 제시한 '네트워크 거버넌스' 개념과 유사하며, 다층적이고 자율적인 연결 속에서 치안외교의 다원성이 구현된다.

이러한 구조는 단순한 정보 교환이나 국제적 교류에 머물지 않는다. 정책의 기획과 실행, 성과 관리, 그리고 피드백까지 아우르는 전주기적 협치 사이클을 지향한다는 점에서 더욱 의미가 깊다. 특히 경찰청 국제협력관은 전략 설계, 정책 조정, 플랫폼 관리, 성과 평가 등에서 허브 역할을 담당하며, 다중 주체의 역량을 통합하는 거버넌스 설계자로 기능하고 있다.

그러나 치안외교의 실행 구조에는 여전히 몇 가지 과제가 남아 있다. 무엇보다 경찰청과 외교부 사이의 정책·예산 조율이 충분히 이루어지지 못해 범정부적 시너지를 발휘하는 데 한계가 있다. 또한 국제행사, ODA 사업, 공공외교 활동이 개별적으로 추진되면서, 전체 전략 속에서 통합적으로 운영되지 못하는 경우가 많다. 경찰주재관이나 국제업무 담당자의 역량 또한 개인별로 편차가 크고, 외교적 커뮤니케이션 능력에 대한 체계적 교육과 사후 피드백, 커리어 연계도 미흡하다. 더 나아가 치안외교의 효과성을 입증할 수 있는 성과 평가 체계가 충분히 마련되지 않아, 정책적 설득력과 예산 확보의 근거가 약한 실정이다.

이러한 한계를 극복하기 위해서는 제도적 전환과 전략적 접근이 필요하다. 우선 경찰청-외교부-KOICA가 공동으로 참여하는 치안외교 통합전략본부를 설립해, 정책 설계와 실행, 환류를 통합적으로 관리할 수 있는 구조를 구축해야 한다. 또한 범정부 차원의 치안외교 기본계획을 5개년 중기 전략으로 수립하여, 정책 목표와 예산을 일관되게 연계해야 한다. 인력 측면에서는 외사경력자, 주재관 경험자, 국제기구 활동 경찰관 등을 중심으로 치안외교 전문인력 트랙을 마련해 순환형 커리어 체계를 제도화할 필요가 있다. 아울러 치안 ODA, 기술수출, 국제기구 활동 등 유형별 성과를 질적·양적으로 측정할 수 있는 성과 평가 프레임을 마련해야 한다.

이러한 방향은 학문적으로도 Brodeur(2010)의 'Policing Web', Risse(2011)의 '네트워크 거버넌스', Slaughter(2004)의 'New World Order'와 맞닿아 있다. 치안외교는 단순한 경찰 기능 수행을 넘어, 복합적 거버넌스 역량이 요구되는 전략적 외교 수단으로 자리매김하고 있다. 따라서 치안외교는 공공외교와 함께 대한민국 외교정책의 핵심 축으로 발전할 수 있는 가능성을 지니며, 실행 구조의 정교화와 행위자 간 협업 강화, 평가체계의 과학화는 그 제도적 정착과 국제적 위상 강화를 위한 필수 조건이라 할 수 있다.

6 전략적 시사점

치안외교는 단순한 외사 활동이나 수사 공조를 넘어, 국가 외교전략의 한 축으로 자리 잡아가고 있다. 경찰은 더 이상 보조적 행위자가 아니라, 실행력과 신뢰를 겸비한 비전통적 외교 주체로서 국제사회에서 영향력을 확대하고 있다. 이러한 변화는 치안외교의 제도화와 전략화를 통해 지속 가능한 기반을 마련할 필요성을 보여준다.

무엇보다 치안외교는 중앙정부, 국제기구, 민간·학계 등 복수의 주체들이 협력하는 다중 거버넌스 체계로 작동한다. 이 구조는 단순한 정보 교환을 넘어, 정책 기획과 실행, 성과 관리, 피드백이 선순환하는 실천적 거버넌스 모델이다. Brodeur(2010)의 'Policing Web'과 Risse(2011)의 네트워크 거버넌스 이론이 설명하듯, 경찰은 국내와 국제라는 경계의 공간에서 정책과 외교가 교차하는 접점에서 중요한 역할을 수행한다.

한국의 치안외교는 민주주의적 경찰철학, ICT 기반 스마트 치안기술, 현장 중심의 실용적 외교 접근이라는 차별적 강점을 보유하고 있다. 따라서 이를 단순한 경찰 외사전략이 아닌, 국가 전체 외교구조 내에서 '제3의 외교축'으로 발전시켜야 한다. 동시에, 치안외교는 단기적 성과가 아니라 장기적 플랫폼 전략의 관점에서 설계되어야 하며, 이를 통해 한국은 신뢰 기반의 글로벌 치안 리더십을 확보할 수 있을 것이다.

제 5 절 치안외교의 전략 플랫폼 개관

1 플랫폼 시대의 치안외교

21세기의 국제정치는 단일 국가나 기관의 일방적 주도로는 더 이상 작동하지 않는다. 세계는 이제 '플랫폼 중심의 네트워크 체제'로 재편되고 있으며, 기후위기, 팬데믹, 사이버 안보, 초국경 범죄와 같은 복합적 위협은 다기능적 협력구조와 복수 행위자 기반의 전략 설계를 요구하고 있다. 이러한 흐름은 외교 분야에서도 전통적 국가 간 협상 외교에서 복수 이해관계자의 참여가 보장되는 '전략 플랫폼형 외교'로의 이행을 촉진하고 있다.

치안외교 또한 예외가 아니다. 한국 경찰이 전개하는 국제 협력 활동은 단순한 기술 이전이나 사건 중심의 협조를 넘어, 이제는 제도적 플랫폼, 실행 플랫폼, 지식 플랫폼 등으로 다층적으로 구조화되고 있으며, 이를 통해 신뢰 구축, 제도 수출, 글로벌 규범 형성이라는 전략적 목적을 동시에 추구하고 있다.

예컨대, 경찰 해외파견 제도는 단순한 인력 배치에 그치지 않고 현지 협력체계 형성, 정보의 상호 유통, 치안철학의 현장 전파를 수행하며, 이는 단일 사업이 아닌 플랫폼 구조로서 기능한다. 이러한 전략 플랫폼의 다층화는 치안외교를 보다 체계적이고 지속가능한 외교 수단으로 전환시키는 데 중요한 전환점을 마련해주고 있다.

이 절에서는 한국 경찰의 치안외교가 어떤 구조적 원리와 전략적 원칙 아래 '플랫폼화'되고 있는지, 그리고 어떠한 유형의 전략 플랫폼이 실제 운영되고 있는지를 개관한다. 이는 다음 장에서 플랫폼별 실행 전략을 구체적으로 살펴보기 위한 개념적 지도(conceptual map)로 기능하며, 치안외교의 제도화 과정에서 플랫폼의 위상과 정책적 잠재력을 통합적으로 이해하는 데 기초를 제공한다.

2 플랫폼으로서 치안외교: 구조적 정의와 전략적 의의

치안외교는 단순한 기술 전파나 외사 활동을 넘어, 국가 외교의 전략 도구이자 제도적 실천 구조로 진화하고 있다. 이 과정에서 중요한 전환점은 바로 '플랫폼' 개념의 도입이다. 전통적인 외교가 특정 기관이나 개인의 협상 역량에 의존했다면, 오늘날의 국제질서는 복잡하게 얽힌 문제들을 해결하기 위해 다양한 행위자 간의 협치(governance)가 작동하는 다층적 네트워크 체제로 재편되고 있다.

여기서 말하는 플랫폼이란 단순한 조직이나 시스템이 아니라, 정책 목표·실행 주체·사회적 자원·디지털 인프라·제도적 지원체계 등이 유기적으로 연결된 복합 구조를 의미한다. 이러한 플랫폼적 사고는 치안외교를 보다 체계화하고, 전략적 수준에서 설계할 수 있도록 해준다. 이 개념은 Slaughter(2004)가 제시한 '네트워크형 정부 간 협치(governmental networks)' 이론과 맞닿아 있으며, 다양한 국가 주체가 서로 다른 권한과 역할로 협력하면서 글로벌 정책을 구현하는 틀로 설명된다.[10)]

예컨대, 경찰 해외파견제도는 단순한 인력의 국외 파견이 아닌, 국제협력 채널의 구축, 현지 정보의 유입과 분석, 제도 수출의 교두보 마련 등 복수의 전략 목표를 동시에 수행하는 플랫폼으로 작동한다. 이는 단일 목적이 아닌 다기능 통합형 구조의 외교 시스템이라는 점에서 전략적 의의를 가진다.

이러한 플랫폼 기반 치안외교는 다음 네 가지 구조적 특성을 지닌다:

- 기능 통합적 구조

하나의 플랫폼 내에서 인력, 정보, 기술, 교육, 제도 등이 통합되어 운영된다. 이는 Brodeur(2010)가 강조한 경찰 협력의 복합적 연계성과 경계의 유동성(fluid boundaries) 개념과도 맞닿아 있으며, 단일 조직의 일방적 전달이 아니라 순환적 정책 구조로 진화하는 기반이다.

10) Slaughter, A. (2004). *A New World Order*. Princeton University Press.

▪ 복수 행위자 기반의 네트워크 구조

치안외교는 경찰청만의 일이 아니라, 외교부, 국무조정실, KOICA, 지방정부, 대학, 민간기관, NGO 등이 참여하는 다자형 협력 구조다. 이는 Anholt(2007)의 국가 브랜드 전략에서 말하는 '정책, 문화, 기술이 결합된 플랫폼형 외교 자산 구축'이라는 개념과 연결된다.

▪ 성과 중심의 전략 실행 구조

플랫폼은 단기성과보다 지속 가능한 효과와 정책제도화를 중시한다. 예컨대 IPS(국제경찰청장회의)나 한-아세안치안협력포럼 등은 단기 이벤트가 아닌, 한국 경찰이 글로벌 규범을 제안하고 플랫폼 리더십을 확보하는 전략 거점으로 설계된다.

▪ 확장 가능한 정책 인프라 구조

각 플랫폼은 다른 플랫폼과의 연계 또는 확장을 전제로 한다. 경찰주재관 제도는 K-Policing과 연결되고, 연수 프로그램은 치안 ODA와 결합된다. 이러한 전략적 확장성은 국가 브랜드와 외교 자산으로서 치안외교의 가치를 제고하는 핵심이다.

이처럼 플랫폼 중심의 치안외교는 단편적인 협력을 넘어, 한국 경찰이 정책 설계자(architect)로 자리매김하고 글로벌 치안 거버넌스를 주도할 수 있는 제도적 기반이자 외교 전략의 핵심 축으로 기능한다. 향후 치안외교의 발전은 각 플랫폼의 전략적 통합과 국제규범 설계 기능까지 고려하는 고도화된 설계로 나아가야 할 것이다.

3 한국 치안외교의 전략 플랫폼 유형

한국 경찰의 치안외교는 단일한 조직이나 기능을 넘어, 복수의 전략 플랫폼들로 구성된 네트워크형 실천 구조로 진화하고 있다. 이들 플랫폼은 각각 다른 목적, 대상, 방식을 갖고 있으면서도 상호 보완적으로 작동하며, 한국형 치안외교를 구성하는 핵심 틀로 기능하고 있다. 단순히 외교적 협력의 채널이 아닌, 지식 생산, 기술 공유, 제도 수출, 외교 전략 수행의 복합 기능을 수행하는 장치로서 운영되고 있는 것이다.

한국의 치안외교 플랫폼은 크게 다음과 같이 핵심 유형으로 구분할 수 있으며, 각 플랫폼은 그 자체로 국제사회와의 소통 창구이자, 국가 브랜드의 실행 기반이라 할 수 있다.

1) 경찰 해외파견제도: 실천 기반 플랫폼

경찰 해외파견제도는 경찰주재관, 국제협력관, 국제기구 파견 전문가 등으로 구성된다. 이들은 외교공관, 국제기구, 개발협력 현장 등에 파견되어 양자 치안협력, 정보 공유, 재외국민 보호, 국제범죄 공조 등 다양한 외교 기능을 수행한다. 최근에는 파견 대상국의 다변화와 전문화가 이루어지면서, 전략적 국가 중심의 맞춤형 파견과 훈련이 강조되고 있다.

해외파견제도의 대표적인 경찰주재관 제도는 실시간 정보공유와 현장 외교를 동시에 실현할 수 있는 제도화된 파견 플랫폼으로, 최근에는 수사 협력뿐 아니라 국익 보호 및 공공외교 활동까지 담당하는 외교 인프라로 확장되고 있다. 이는 실질적 외교 실천 주체로서 경찰의 위치를 보여주는 대표 사례이다. 이 플랫폼은 Slaughter(2004)가 말한 '행위자 간 정부 네트워크' 개념[11]을 실천적으로 구현하는 대표적 사례이며, Brodeur(2010)의 '복합적 경찰 협력의 제도화 모델'에 해당한다.[12]

2) K-Policing: 정책 콘텐츠 기반 플랫폼

K-Policing은 한국의 민주주의적 경찰 운영철학, 예방 중심 치안 시스템, ICT 기술력을 결합한 복합형 정책 브랜드이다. 스마트치안, AI기반 예측 시스템, 지능형 CCTV, 112상황실 운영 모델 등은 협력국들의 큰 관심을 받으며 다양한 채널을 통해 전파되고 있다.

이 플랫폼은 단순한 기술 전수가 아닌, 가치 중심 치안외교, 즉 민주주의, 법치, 인권 등 보편 규범의 수출을 의미한다. Anholt(2007)의 '경쟁적 국가 정체성(Competitive Identity)' 이론은 정책과 제도의 국제적 설계가 외교 전략의 핵심이 될 수 있음을 보여주며, K-Policing은 이를 현실화하는 대표 사례다.[13]

11) Slaughter, A. (2004). *A New World Order.* Princeton University Press.
12) Brodeur, J. P. (2010). *The Policing Web.* Oxford University Press.
13) Anholt, S. (2007). *Competitive Identity: The New Brand Management for Nations, Cities and Regions.* Palgrave Macmillan.

3) 치안 ODA: 개발협력 기반 플랫폼

치안 ODA는 개발도상국의 치안역량 강화를 위해 KOICA 및 관련 부처와 협력하여 수행되는 경찰 중심의 공적개발원조이다. 범죄예방 프로그램, 경찰교육기관 설립, 과학수사 역량강화 프로그램, 여성청소년보호 체계 구축 등 다양한 프로젝트가 동남아, 아프리카, 중남미 지역에서 수행되고 있다. 경찰 ODA는 기존의 개발협력 패러다임을 '안전 중심의 제도 지원'으로 확장한 것으로, 이는 KOICA와 협력하여 수원국의 경찰 시스템 정비, 법치주의 강화, 치안 인프라 구축 등에 실질적 기여를 해오고 있다. 이는 최근 국제사회에서 강조되는 포용적 개발과 지속가능한 거버넌스와 맞닿아 있다. 치안 ODA는 개발과 안보를 연결하는 복합 플랫폼으로, 신뢰 구축과 외교적 관계 확대에 실질적으로 기여한다.

Bayley(1990)는 경찰 제도의 국제 수출이 단순한 이식이 아니라, 현지 문맥에 맞춘 제도적 협력 구조의 설계라고 강조하며, 치안 ODA는 이러한 맞춤형 제도 이전 전략의 핵심 사례로 평가될 수 있다.[14]

4) 치안협의체 운영: 제도화된 외교 채널 플랫폼

한국 경찰은 치안외교의 실행력 강화를 위해 다자 및 양자 치안협의체를 주도하고 있다. 대표적으로 IPS(International Police Summit), 한-아세안 치안협력 포럼, 한중일 경찰협력회의 등이 있으며, 이는 한국 경찰이 아시아 지역 치안외교의 허브로 기능하고 있음을 보여준다. 이러한 협의체는 정책 교류, 공동대응 전략, 제도 전파, 국제 규범 설정 등에서 외교적 효과를 극대화한다.

이러한 협의체는 Nye(2004)의 공공외교 개념 중 '상호 이해와 설득의 공간'으로 기능하며, 한국 치안외교가 국제규범을 선도하는 전략 주체로 발전하는 데 핵심 통로가 된다.[15]

---

14) Bayley, D. (1990). *Patterns of Policing: A Comparative International Analysis.* Rutgers University Press.

15) Nye, J. S. (2008). *Public Diplomacy and Soft Power.* The Annals of the American Academy of Political and Social Science, 616(1), 94–109.

5) 다자협의체 참여 활동

INTERPOL, UNODC, EUROPOL, ASEANAPOL 등과의 다자기구 협력은 한국 경찰의 글로벌 위상 강화의 핵심이다. 특히 INTERPOL 총회, 미래치안회의, UN PKO 참여 등은 한국이 글로벌 치안 어젠다를 주도하고 규범 형성자로서 입지를 확장하는 기회를 제공한다. 이는 치안 정책의 국제 표준화, 브랜드 신뢰도 강화, 국제사회 내 책임국가 이미지 제고에도 긍정적 영향을 미친다.

이 플랫폼은 국가가 단순 참가자가 아닌 의제 형성과 정책 제안의 중심 주체로 발전할 수 있다는 점에서 Slaughter(2004)와 Sheptycki(2004)의 '국제정책 네트워크 참여 모델'의 대표적 실례가 된다.[16]

6) 외국 경찰 연수 프로그램: 신뢰 기반 플랫폼

한국 경찰은 매년 수십 개국 개발도상국 경찰관들을 초청하여 경찰대학, 중앙경찰학교, 수사연수원 등에서 국제연수 프로그램을 운영하고 있다. 이는 단순한 역량강화 프로그램을 넘어서, 치안철학 공유, 정책 신뢰 구축, 장기적 협력 파트너십 조성의 기반을 제공한다. 연수 이후에도 유지되는 협력 네트워크는 치안외교의 지속성과 신뢰도를 높이는 주요 수단으로 기능한다. 특히 연수를 통해 형성된 신뢰는 협정 체결, 후속 파견, 기술 협력 등으로 이어져 복합적 외교 효과를 발생시킨다.

Bayley(1990)는 이와 같은 국제 경찰 교육 프로그램을 '경찰 외교의 신뢰 자산 축적 모델'로 평가하였으며, 이는 치안외교의 지속 가능성과 관계 중심 전략을 뒷받침하는 이론적 근거가 된다.

16) Sheptycki, J. (2004). *Organizing Transnational Policing*. Ashgate.

[그림 2] 치안외교 전략 플랫폼 구성도

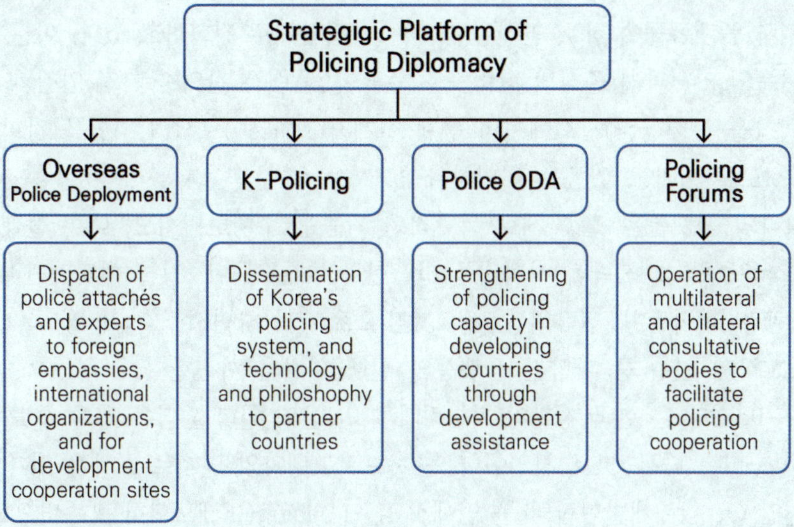

한국 경찰의 치안외교는 인력 기반, 콘텐츠 기반, 제도 기반, 지식 기반, 디지털 기반 축을 중심으로 구성되며, 각 플랫폼은 상호 연계성을 갖고 작동하는 전략적 구조를 형성하고 있다. 이 도식은 전체 플랫폼을 직관적으로 이해하는 데 도움을 준다.

이처럼 한국 경찰의 치안외교 플랫폼은 단순한 제도 목록이 아니라, 정책적 설계 → 제도적 실행 → 신뢰의 구축 → 규범 확산이라는 일련의 외교 흐름을 만들어내는 전략적 도구로 기능하고 있다. 즉 현장(주재관), 콘텐츠(K－Policing), 개발협력(ODA), 규범 리더십(다자협의체), 지식(연수) 등 여러 축에서 작동하며 상호 유기적으로 연결되어 있다. 이후 제3장에서는 이들 각 플랫폼을 독립 절로 설정하여, 실행 방식과 사례, 전략 과제를 상세히 분석하고자 한다.

4 플랫폼 전략의 진화: 다층적 거버넌스에서 국제규범 설계까지

한국 경찰의 치안외교는 단일 사업이나 일회성 교류에 머무르지 않고, 다양한 전략 플랫폼들이 상호 연계된 거버넌스 집합체로 진화하고 있다. 이는 단순한 기능외교나 파견 중심의 협력구조를 넘어, 플랫폼 간의 유기적 연결과 전략적 확장을 통해 국제사회에서의 정책 설계자(architect)로서의 역할을 강화하는 방향으로 나아가고 있음을 의미한다.

각각의 플랫폼은 그 자체로 독립적인 기능을 수행하면서도, 다른 플랫폼과 상호작용을 통해 전략적 시너지를 창출한다. 예를 들어, 경찰 해외파견제도는 주재관과 협력관이 전략의 '현장 거점'으로 기능하면서, K-Policing, 치안 ODA, 국제 연수 등 다양한 플랫폼의 실행 기반을 마련한다.

K-Policing은 한국 경찰의 기술력과 치안 운영 철학을 담은 정책 수출 플랫폼이며, 이는 다시 ODA 사업이나 연수 프로그램과의 연계로 효과가 배가된다.

치안 ODA는 개발협력의 틀 안에서 K-Policing을 제도화하는 수단으로 작용하며, 수원국과의 신뢰 구축 및 제도 정착을 이끈다.

다자 치안협의체 및 국제기구 활동은 플랫폼들의 전략 방향을 조율하며, 국제적 규범 형성과 정책 제안의 장으로서 기능한다.

국제 연수 프로그램은 이러한 전략적 파트너십을 장기적·지속 가능하게 만드는 신뢰 기반 플랫폼이며, 파견제도 및 기술 협력 플랫폼과 긴밀히 연결된다.

이러한 플랫폼 간 통합적 구조는 단지 협력의 총합이 아닌, 외교 전략의 진화된 형식이다. 이와 같은 접근 방식은 Slaughter(2004)가 제시한 네트워크형 협치(governance) 이론, Brodeur(2010)의 다차원 경찰 네트워크, Anholt(2007)의 국가 브랜드 플랫폼 전략 개념과도 연결된다. 특히, 치안외교 플랫폼은 단순 기술이나 제도 수출을 넘어서, 국제사회에서 규범을 형성하고 외교 질서를 설계하는 전략적 행위자의 지위로 도약할 수 있는 기반을 제공한다.

이 플랫폼 전략의 진화는 다음과 같은 네 가지 순환 고리를 통해 구조화된다:

- **정보 공유**: 주재관, 국제협력관을 통해 현지 및 글로벌 정보를 상시 수집하고 공유
- **정책 설계 및 제도 수출**: K-Policing 및 ODA를 통해 시스템과 제도를 전파

- 규범 형성 및 표준화: 다자 협의체 및 국제기구를 통한 국제 기준 제안
- 신뢰 및 리더십 구축: 국제연수, 공동 프로젝트 등을 통한 장기적 파트너십 형성

이러한 순환 구조는 치안외교가 단지 '경찰 간 협력'에 머무르지 않고, 국제사회 속에서 한국의 전략적 위상을 제고하는 외교 자산으로 기능하고 있음을 잘 보여준다. 즉, 각 플랫폼은 독립적으로 기능하면서도, 통합적으로 연결되어 '한국형 글로벌 치안 생태계'를 구성하는 핵심축으로 작동하고 있다.

5 종합 평가 및 전략적 방향

한국 치안외교의 플랫폼 전략은 단순한 사업 단위의 협력을 넘어, 거버넌스 기반의 전략 실행 구조로 진화하고 있다. 각각의 플랫폼은 목적, 기능, 대상국, 실행 방식에 따라 다르지만, 공통적으로 지속성, 상호성, 확장성이라는 전략 원리를 내재하고 있다. 이 세 가지는 현대 외교정책에서 요구되는 핵심 가치이며, 치안외교가 정책 외교로 자리 잡기 위한 제도적 요건이기도 하다.[17)]

- 지속성 (Sustainability)

플랫폼은 단기성과에 그치지 않고, 정례적 운영과 제도화를 통해 장기적 영향력을 확보해야 한다. 경찰주재관 제도의 정례화, 국제연수의 연속성, 다자협의체의 지속적 운영 등은 모두 지속성 확보의 일환이다. Brodeur(2010)는 『The Policing Web』에서 복합적인 국제 경찰 협력 구조는 일회성 대응이 아니라 지속 가능한 네트워크로 정착되어야 한다고 강조한 바 있으며, 이는 치안외교의 구조적 안정성과 전략 지속성의 기반이 된다.

- 상호성 (Reciprocity)

성공적인 치안외교는 단방향 기술 이전이나 일방적 지원이 아닌, 쌍방향 소통과 참여 기반으로 작동해야 한다. 수원국의 현지 여건, 제도 문화, 수요를 반

17) 세 전략 원리는 현대 공공외교와 기능외교에서 자주 언급되는 설계 원칙이다. 지속성은 Brodeur(2010)의 '경찰 네트워크의 제도화' 개념, 상호성은 Nye(2004)의 소프트파워 이론에서 강조되며, 확장성은 Anholt(2007)의 '경쟁적 국가정체성(Competitive Identity)' 구상에서 유래한다.

영한 협력 설계는 필수적이다. Nye(2004)가 주장한 신뢰 기반 설득 외교, 즉 소프트파워의 핵심도 바로 이러한 '상호적 수용'을 기반으로 한다. 연수 프로그램, 현지 연계 프로젝트, 공동 치안포럼 운영 등은 상호성을 구체화하는 핵심 수단이다.

- 확장성 (Scalability)

플랫폼은 고정된 구조가 아닌, 다른 플랫폼과 결합하거나 새로운 협력 영역으로 확대될 수 있어야 한다. 예컨대 K-Policing은 치안 ODA 및 디지털 치안외교와 결합되고, 국제연수는 개발협력 및 규범 제안 활동으로 확대될 수 있다. Anholt(2007)는 국가 브랜드는 문화, 정책, 제도의 유기적 연결을 통해 확장된다고 설명하며, 이를 통해 국가의 전략적 영향력을 증대시킬 수 있다고 본다. 한국형 치안외교 역시 이러한 브랜드 전략의 일환으로 작동해야 한다.

이러한 플랫폼들은 각기 다른 기능과 대상국을 설정하고 있으나, 공통적으로 '지속성', '상호성', '확장성'이라는 전략적 원칙에 기반하고 있다. 특히, 해외파견제도와 경찰ODA, K-Policing 등의 플랫폼은 단순한 기술 전수가 아닌 제도적 신뢰 형성과 공공외교적 효과를 동시에 추구한다는 점에서 전략적 가치가 높다.

향후 치안외교 플랫폼의 전략 방향은 다음과 같은 네가지 축으로 정리할 수 있다.

1) 통합 플랫폼화 전략

현재는 개별적으로 운영되는 파견, 기술지원, 연수, 포럼 등을 하나의 전략 브랜드 아래 통합해야 한다. 예를 들어 'K-POL 외교 플랫폼'이라는 통합 브랜드 하에, 연수-파견-기술 협력-개발사업을 유기적으로 연결함으로써 정책 일관성과 브랜드 효과를 극대화할 수 있다.

2) 데이터 기반 정책 관리

치안외교의 성과를 측정하고 개선할 수 있는 지표 체계를 개발해야 한다. 연수 국가별 성과, 파견인력의 임무 효과, 제도 확산 범위, 범죄 감소율 등 정량·정성 지표를 통해 외교성과를 과학적으로 분석하고 환류해야 한다. ODA의 DAC 평가

체계와 유사한 지표 기반 관리 체계를 참고할 수 있다.

3) 글로벌 규범 형성 주도

단순 참여국에서 벗어나, 국제 치안 규범과 정책의 설계자 역할로 전환이 필요하다. INTERPOL, UNODC, ASEANAPOL 등의 국제기구와 협력하여, AI 치안, 사이버 범죄 대응, 평화유지치안 등 분야에서 새로운 규범을 제안하고 주도하는 것이 그 핵심이다.

4) 제도화 기반 강화

개인 역량 중심의 운영방식에서 벗어나, 조직 차원의 운영 시스템을 갖추는 것이 필요하다. 외사전문가 양성 체계, 민관 협력 모델의 제도화, 주재관 활동 매뉴얼의 표준화 등은 장기적으로 치안외교의 지속성과 신뢰도를 담보한다.

결국 치안외교 플랫폼은 단순 협력이 아닌 국가 전략의 실행 기반이며, 외교·안보·개발협력의 경계를 넘는 복합 정책의 인프라라 할 수 있다. 이제는 플랫폼 간 연계성, 지속 가능성, 그리고 전략적 리더십을 중심으로 체계화된 정책 설계가 요구된다.

"플랫폼이 곧 전략이다"라는 명제는 오늘날의 치안외교가 나아가야 할 가장 핵심적인 정책 방향임을 분명히 보여준다.

제 6 절 정책외교로서 치안외교의 확장 가능성

1 기능외교에서 정책외교로의 전환: 시대적 요청

21세기 외교는 더 이상 외교관만의 전유물이 아니다. 국경을 넘나드는 범죄, 사이버 위협, 인신매매, 테러 등 초국경적 문제들이 일상화되면서, 외교의 방식도 단순한 정부 간 협상에서 실용성과 문제 해결 중심의 접근으로 이동하고 있다. 이러한 흐름 속에서 경찰의 국제협력은 단순한 수사 공조를 넘어, 국가 정책을 구현하는 새로운 외교 수단으로 주목받고 있다.

한국 경찰의 국제 활동은 지금까지 ▲경찰주재관 파견 ▲국제공조 수사 ▲치안 ODA ▲국제기구 협력 ▲해외 경찰 연수 프로그램 등 다양한 형태로 전개되어 왔다. 그러나 이러한 활동들은 대부분 공식 외교 정책의 일부로 명문화되지 않은 채, 실무 차원에서 누적된 협력 자산으로 존재해왔다. 그 결과, 경찰의 국제 활동이 지닌 전략적 의미와 외교적 가치가 충분히 드러나지 못하고 있는 상황이다.

이제는 치안외교를 단순한 기능 수행의 영역이 아닌, 정책 수준에서 체계적으로 설계되고 제도화된 외교 전략으로 전환할 필요가 있다. 이는 단지 경찰 조직 내부의 실무 개선에 그치는 것이 아니라, 대한민국 외교의 외연을 확장하고, 국제 사회와의 협력 방식에 새로운 기준을 제시할 수 있는 계기가 될 수 있다.

치안외교의 전환은 국제 문제 해결을 위한 실질적 수단이자, 국가 정체성을 반영하는 외교 자원으로서 자리매김할 수 있는 전략적 지점에 와 있다. 따라서 향후 치안외교는 정부 외교정책과 정합성을 이루면서도, 경찰 고유의 실용성과 현장 경험을 바탕으로 외교적 기여를 확대하는 방향으로 나아가야 할 것이다.

2 치안외교의 전략적 전환: 소프트파워와 브랜드 외교의 매개로서

치안외교는 단순히 범죄를 예방하고 공조하는 기술적 협력의 수준을 넘어서, 국가의 긍정적인 이미지를 형성하고 외교적 신뢰를 확장하는 수단으로 기능할 수 있다. 이는 오늘날 외교의 중심이 하드파워에서 소프트파워로 이동하고 있다는 국제정치의 흐름과도 맞닿아 있다.

Joseph Nye는 "소프트파워란 타국이 우리에게 협력하고자 하게 만드는 매력의 힘"이라고 정의한 바 있다.[18] 군사력이나 경제력 같은 강압적 수단이 아닌, 문화적 자산·제도적 신뢰·정책의 설득력을 통해 영향을 행사하는 방식이다. 이 관점에서 보면, 치안외교는 소프트파워를 구체적인 정책 실천으로 전환할 수 있는 외교 수단이라 할 수 있다.

한국 경찰이 추진하는 K-Policing 모델, 범죄예방 중심의 ICT 기반 시스템, 여성·청소년 보호 체계, 인권 중심 수사 제도 등은 단지 기술적 협력이 아

18) Nye, J. (2004). *Soft Power: The Means to Success in World Politics*. Public Affairs.

니라, 정책의 수출이자 제도의 설득이다. 이들은 협력국에서 '학습 가능한 시스템'으로 받아들여지며, 한국에 대한 신뢰와 공감의 기반을 넓히는 데 기여하고 있다.

Simon Anholt는 국가브랜드 전략에서 "국가의 외교력은 단지 홍보가 아니라, 국제사회에 지속적으로 기여해온 실질적 정책과 행동에 의해 형성된다"고 강조하였다.[19] 이러한 맥락에서 볼 때, 치안외교는 단기성과보다 지속성과 신뢰 중심의 국제정책 외교로서 한국의 국가 브랜드를 강화하는 역할을 수행하고 있다.

또한 경찰의 국제 연수, ODA 프로젝트, 스마트치안 수출 등은 문화를 넘어 제도적 가치와 행정 철학을 공유하는 공공외교의 확장판이기도 하다. 이는 한류나 문화외교와는 다른 차원의 신뢰 형성과 제도 확산 방식으로, 궁극적으로는 한국형 민주주의와 정책철학을 국제사회와 공유하는 매개로 작용한다.

따라서 치안외교는 소프트파워와 국가브랜드 전략의 교차점에 있으며, 향후 외교정책의 다변화와 전략적 메시지 확산에 있어 핵심적 매개가 될 수 있다.

3 하드 국익과 소프트 국격의 융합 외교

치안외교는 단지 공공선의 실현을 위한 이상적 활동을 넘어, 국가의 직접적 이익(hard interest)과 국가 위상(soft status)을 동시에 실현하는 복합적 외교 전략이다. 전통적으로 국익(national interest)은 안보, 경제, 자원 확보 등 실질적 결과물 중심의 하드파워에 기반을 두고 논의되어 왔다. 반면, 국격(national prestige)은 국제사회에서의 이미지, 신뢰, 리더십과 같은 소프트파워적 요소에 가까운 개념이다. 치안외교는 바로 이 두 요소가 유기적으로 결합된 융합형 외교 전략으로 작동한다.

한국 경찰의 해외 주재관 활동은 그 대표적인 사례다. 해외 주재관은 재외국민 보호와 국제범죄 공조라는 실질적 국익을 확보함과 동시에, 제도 교류와 인권 모델 확산을 통해 국격을 제고한다.

19) Anholt, S. (2007). *Competitive Identity: The New Brand Management for Nations, Cities and Regions*. Palgrave Macmillan.

또한, 치안 ODA, 국제 연수 프로그램, K-Policing 수출은 단순히 개발도상국에 기술을 전수하는 행위를 넘어, 한국형 치안시스템의 가치 중심성과 제도적 정합성을 함께 전파함으로써, 한국의 민주주의적 치안 철학을 외교자산화하는 효과를 갖는다. 이는 공여국으로서의 신뢰도 제고뿐만 아니라, 장기적 정치·경제 협력 관계의 형성에 유리한 외교적 기반을 제공한다.

이와 같은 국익과 국격의 동시 실현은 Joseph Nye(2004)가 강조한 "소프트파워의 설득 능력"과 하드파워의 실천 능력이 전략적으로 조화된 결과이며, Anholt(2007)의 '경쟁적 정체성(Competitive Identity)' 개념에서 말한 정책·가치·문화의 통합적 외교 이미지 구현과도 일치한다.

결국 치안외교는 특정 기능에 국한된 기술외교가 아니라, 신뢰를 기반으로 하여 정책과 제도를 수출하고, 현장에서 국익을 실현하는 정책형 외교로 발전하고 있다. 이러한 외교 전략은 특히 중견국(Middle Power) 외교 모델로서의 한국에 적합하며, 다자무대에서의 지속적 협력과 규범 제안 역량을 강화하는 데 있어서도 핵심적인 기반으로 작용할 수 있다.

4 규범 주도 외교를 통한 국제 치안 거버넌스 참여

치안외교는 단순히 양자 간 수사 공조나 정보 교환의 협력 수준을 넘어, 국제사회에서의 규범 형성과 글로벌 거버넌스 참여를 통한 외교 전략의 확장 가능성을 보여주고 있다. 특히 최근 한국 경찰은 INTERPOL 총회 유치, 미래치안회의 개최, 한-아세안 치안협력포럼 운영 등 다양한 다자적 플랫폼에서 '참가자(participant)'를 넘어 '의제 주도자(rule setter)'로의 도약을 시도하고 있다.

이러한 움직임은 전통적으로 외교부가 중심이 되어왔던 외교 무대에서 경찰 조직이 제도와 가치 중심의 외교 주체로 부상하고 있음을 시사한다. 국제기구 및 협의체에서 한국 경찰이 제안한 주제—예컨대 스마트 치안 기술 공유, 아동·청소년 보호체계의 국제 기준화, 사이버 범죄 대응 협력—는 규범을 공유하고 구조화하는 전략 외교의 실현 수단으로 기능하고 있다.

특히 개발도상국과의 장기적인 치안 ODA 파트너십은 단순한 기술이전이나 치안 역량 제고에 그치지 않고, 제도 설계와 정책 철학 공유를 통해 '가치 중심 외교(Value-based diplomacy)'의 기반을 확장해 나가고 있다. 이는 치안 시스템을 매개로 한 지역 안정화 전략이자, 글로벌 협력 질서에 기여하는 '책임국가(Responsible Stakeholder)'로서의 외교적 입지를 강화하는 데 결정적 역할을 한다.

INTERPOL, UNODC 등 국제기구 무대에서 한국 경찰은 단순 참가자에서 의제 주도자로 도약하고 있으며, 스마트 치안·아동보호·사이버범죄 대응 등 글로벌 규범을 제안하는 단계에 이르고 있다.

이러한 규범 주도형 치안외교는 Joseph Nye(2004)가 언급한 "가치 기반의 설득 외교(soft power diplomacy)", Anne-Marie Slaughter(2004)의 네트워크형 글로벌 거버넌스 개념과도 부합하며, 실제적 외교성과와 국제적 위상 확립이라는 정책 목표를 동시에 실현할 수 있는 새로운 유형의 외교 전략으로 평가된다.

5 정책외교로의 제도화 조건과 실행 전략

치안외교가 단순한 외사활동이나 기능 중심의 공조를 넘어서, 국가 차원의 정책외교로 제도화되기 위해서는 명확한 전략 프레임과 실행 기반이 필요하다. 이는 단순히 외교적 수사를 넘어 제도화된 외교 체계, 전문 인력 운용, 범정부적 협력 거버넌스를 통해 실질적 외교정책의 한 축으로 자리잡는 과정을 의미한다. 이러한 전략적 전환을 실현하기 위해 다음과 같은 다섯 가지 조건과 전략이 핵심 과제로 제시된다.

1) 글로벌 치안전문가(GPS: Global Policing Specialist) 양성 시스템 구축

외사경찰에 머무르지 않고, 외교감각과 문화적 이해, 국제 제도 및 기술 소통 역량을 겸비한 글로벌 치안전문가 육성 체계가 시급하다. 이를 위해 경찰대학, 중앙경찰학교, 외교사관학교 등과 연계한 복수 트랙의 치안외교 전문과정, 현지 대응형 교육 모듈 도입이 필요하다.

또한, 외사전문가 제도의 고도화를 통해 단순 '직위형 파견'에서 역량 기반 인재순환 구조로 전환해야 한다. 이는 장기적 관점에서 경찰 외교 역량의 지속가능성을 담보할 수 있는 핵심 기반이다.

2) 정책 설계 및 평가 체계 구축

치안외교의 전략적 성과는 단순 수사실적이나 협약 건수로는 측정될 수 없다. 파견국과의 신뢰수준, 규범 공유의 정도, 협력의 지속성, 정책적 환류 가능성 등 정성적 지표와 정량적 데이터의 통합 평가 체계가 필요하다.

예를 들어 ODA 분야에서 사용하는 DAC 성과 프레임워크나, 국제개발협력 지표와 유사한 치안외교 성과 평가 지수 개발을 통해 정책의 전략화를 추진해야 한다.

3) 범정부 거버넌스 플랫폼 구축

치안외교는 경찰청 단독으로 추진하기에는 한계가 있다. 외교부, 국무조정실, KOICA, 국방부, 지자체, 국책연구기관 등과의 범정부적 협력 체계, 그리고 민간·학계와 연계된 전략 플랫폼이 마련되어야 한다.

이를 위해서는 현재 단위사업별 협업을 넘어서 '치안외교위원회' 혹은 'K-치안외교 전략본부'와 같은 통합 조정기구 설립도 검토할 수 있다. 이 구조는 분절된 국제협력 자원을 전략적으로 통합하는 실질적 외교 전략본부 기능을 수행할 수 있다.

4) 국제기구 진출 전략화

INTERPOL, UNODC 등의 국제기구 내에서 한국 경찰이 의사결정에 참여하거나 주도적 역할을 수행할 수 있는 인재 양성 및 제도적 지원이 필요하다.

단순 파견이 아닌, 한국 경찰이 국제 규범을 설계하고 프로그램을 주도하는 전략적 진출이 이루어질 때, 치안외교의 외교정책화가 현실화된다. 이를 위해선 외사경력 관리체계, 국제협력 전담직위의 안정적 확보, 다언어 교육 강화 등의 세부적 전략도 함께 마련되어야 한다.

5) 국민 공감대 형성과 정책 홍보

치안외교는 아직 국내적으로 잘 알려지지 않은 외교 영역이다. 국민들이 치안외교의 실질적 기여를 이해하고 지지할 수 있도록, 주요 활동 성과와 정책효과를 국민 언어로 해석하여 소통하는 전략이 필요하다.

예컨대 재외국민 보호, 국제범죄 예방, 수원국 경찰 교육 등과 같은 구체적 사례를 중심으로 국민 대상 공감 콘텐츠 개발, 언론 캠페인, 정책 백서 발간 등을 통해 정책의 사회적 기반을 확장해야 한다. 이는 정책 지속성과 제도 정착의 기반이기도 하다.

이러한 전략은 치안외교가 단기성과 중심의 기능외교에 머무르지 않고, 제도화된 정책외교로 전환되기 위한 필수 요소로 작동한다. 더 나아가 외교정책의 다원화가 진행되는 오늘날, 경찰을 주체로 하는 복수 행위자 기반 외교 플랫폼은 오히려 국제사회에서 유연하고 신뢰성 있는 전략 외교의 선진 모델로 기능할 수 있다.

6 소결: 미래 외교의 전략적 지평

치안외교는 이제 단순한 수사 협력이나 외사 네트워크의 확장을 넘어, 국가 전략 외교의 새로운 축으로 자리매김하고 있다. 전통 외교가 정치·경제·안보를 중심으로 한 하드파워에 의존했다면, 현대 외교는 인권·개발·환경·디지털 안보 등 소프트파워와 복합이슈를 포괄하는 다차원적 시대에 접어들었다. 이러한 전환의 최전선에서 '치안외교'라는 새로운 외교 언어가 등장한 것이다.

한국 경찰은 경찰주재관 활동, 치안 ODA, K－Policing 수출, 국제연수, 다자무대 기여 등을 통해 의미 있는 성과를 축적해왔다. 그러나 아직은 제도적 기반, 국민적 인식, 외교정책 내 위상 정립 측면에서 보완 과제가 남아 있다. 따라서 향후 치안외교는 축적된 경험을 토대로 '기능외교'에서 '정책외교'로, 그리고 '규범 주도 외교'로 나아가야 한다.

특히 치안외교는 '하드 국익'(재외국민 보호, 범죄 대응, 국가 이익 실현)과 '소프트 국격'(국제 신뢰, 민주·인권 가치 확산)을 동시에 추구할 수 있는 융합 전략이다. 이러한 특성은 치안외교가 단순한 보조적 활동이 아니라, 국방외교와 공공외교를 연결하는 제3의 외교축으로 기능할 수 있음을 보여준다.

향후 한국형 치안외교는 다음과 같은 전략적 지평으로 확장될 것이다.

- 국제 규범의 창출자(rule maker)로서, 한국형 치안 가치와 제도를 글로벌 기준으로 제도화
- 중장기 파트너십을 기반으로 지속 가능한 네트워크형 외교 구현
- 안보·개발·외교가 결합된 융합적 플랫폼 전략 추진
- 인권·법치·투명성 등 한국 경찰의 핵심 철학을 국제사회가 공감할 수

있는 언어로 확산

결론적으로 치안외교는 경찰이 세계와 소통하는 제도화된 전략 언어이자, 대한민국이 글로벌 거버넌스의 책임국가로 자리매김할 수 있는 미래 외교의 핵심 지평이다.

제 7 절 한국형 치안외교의 개념과 전략

1 한국형 치안외교란 무엇인가?

한국 경찰의 국제협력은 단순한 사건 공조나 기술 이전에 머무르지 않고, 점차 외교적 역할을 수반하는 전략적 실천으로 발전해왔다. '한국형 치안외교(Korean Policing Diplomacy)'는 이러한 실천 기반 위에서 개념화되고 제도화의 단계로 나아가는 공공외교의 특수한 형태라 할 수 있다.

경찰주재관 제도, 국제기구 협력, 치안 ODA, 연수사업 등은 각기 다른 방식으로 현지 경찰 및 국제사회와 관계를 구축하고 있으며, 이는 단순 치안 기술의 수출을 넘어 신뢰 형성, 제도 정착, 공동 대응체계 구축 등 외교적 기능을 내포하고 있다. 한 경찰주재관의 말처럼 "외교관보다 더 자주 현지 경찰을 만나는 사람이 바로 경찰주재관"이라는 인식은 한국 경찰의 활동이 외교와 현장 대응 사이의 경계를 넘는 복합 행위자임을 잘 보여준다.

'한국형'이라는 수식어는 단순한 형식이 아니라 다음 세 가지 배경에 기초한 독자성과 정당성을 함의한다.

첫째, 한국은 산업화와 민주화를 동시에 경험하며 시민 중심의 치안 모델을 정착시켜 왔다.

둘째, ICT 기반 과학치안 기술력을 확보하여 K-치안 기술의 세계화를 추진하고 있다.

셋째, 외교의 다변화 속에서 보건, 환경, 치안 등 기능 외교의 중요성이 증대되는 가운데, 한국은 중견국으로서 실용적 외교 모델을 제시할 수 있는 입지를 확보하고 있다.

이러한 조건을 종합하면, 한국형 치안외교란 대한민국 경찰이 축적한 현장 경험, 기술역량, 시민 철학을 바탕으로 국제사회와의 공공안전 협력을 전략적으로 설계·실행함으로써 치안 협력과 외교 목표를 동시 달성하는 실천 중심의 중견국형 공공외교로 정의할 수 있다.

이러한 정의는 기존 공공외교 이론과도 일정한 접점을 가진다. Joseph Nye(2004)의 소프트파워 이론은 치안외교가 군사적 강제력보다는 매력과 신뢰를 통해 국제사회의 협력을 이끌어내는 과정임을 설명하는 기반을 제공한다. 또한 Cull(2009)의 공공외교 기능론은 치안외교가 단순 협력이나 기술 전수가 아닌, 경청(listening), 설득(advocacy), 문화교류(cultural diplomacy), 인적 교류(exchange), 국제 메시지 발신(broadcasting) 등 다양한 차원을 통해 확장될 수 있음을 보여준다. 그러나 한국형 치안외교는 이러한 일반 이론을 그대로 답습하지 않는다. 오히려 경찰이라는 비전통적 외교 주체와 ICT 기반 기술역량, 민주적 치안철학을 결합해, 기존 공공외교나 국방외교와는 차별적인 독자적 외교모델로 발전할 수 있다는 점에서 의의가 크다.

2 정체성과 방향성: 우리의 길, 우리의 철학

한국형 치안외교의 정체성은 '경찰이자 외교관'이라는 이중 정체성에서 출발한다. 미국에서 경찰주재관으로 근무할 당시, FBI 관계자의 "당신은 외교관입니까, 경찰관입니까?"라는 질문에 "둘 다입니다"라고 대답했던 경험은 그 정체성을 상징적으로 보여준다. 한국 경찰은 현장에서 법집행을 수행하는 동시에, 한 국가의 이미지를 전달하고 외교적 역할을 수행하는 '현장 외교관'으로 활동해 왔다.

또한 태국에서 각종 사건사고 현장에서 현지 경찰과 협력하는 과정에서 "한국 경찰은 다르네요. 눈으로만 하지 않고, 손으로 함께합니다"라는 말을 들었듯이, 한국 경찰은 지원국의 기술자가 아니라 동료로서, 실천하는 파트너로서 국제사회에 인식되고 있다. 이는 단순한 제도나 장비의 수출이 아닌, 사람 중심의 치안철학과 공감의 실천이 바탕이 되었기 때문이다.

'한국형 치안외교'는 그 태동부터가 현장의 실천성과 사람 중심 철학에서 출발하였다. 제도와 시스템보다 먼저, 경찰의 대응 방식과 신뢰 형성이 외교적 역할을 대체했던 경험이 기반이 되었기 때문이다. 이러한 점에서 한국형 모델은 유럽의 제도 중심 접근과 구별된다. 예컨대 유럽의 Police Diplomat Network(PDN)는 외교부·내무부·경찰청이 공동 운영하는 대표적 제도화 사례로, 체계성과 지속성을 특징으로 한다(Fernandes, 2023). 반면 한국형 치안외교는 실천성과 협업 유연성을 바탕으로 발전해온 현장 중심 모델로, 축적된 경험과 기술 자산을 토대로 제도적 기반을 정비해 나간다면 더욱 강력한 국제적 외교 도구로 확장될 수 있다. 결국 한국형 치안외교는 치안역량 기반 실용외교이자, 시민 신뢰 기반의 협력외교라는 점에서, 유럽형 모델과 나란히 비교될 수 있는 독자적 외교 자산으로 성장하고 있다.

3 한국형 치안외교의 전략적 실행 방향

1) 전략 기반의 정체성: 왜 전략이 필요한가?

한국형 치안외교는 단순한 국제협력 차원을 넘어, 실천에서 이론으로, 개념에서 전략으로 진화한 복합적 외교모델이다. 이는 대한민국 경찰이 수십 년간 해외 현장에서 쌓아온 현장 대응의 경험, 기술 기반 역량, 시민 중심의 치안철학을 바탕으로 형성된 실용적이고도 전략적인 공공외교의 일환이다.

첫째, 한국형 치안외교는 실천에서 출발한 외교다. 해외에서 활동한 경찰주재관들은 단지 사건 해결에 국한되지 않고, 재외국민 보호, 국제기구 협력, 현지 정부와의 제도 정비 등 다양한 외교 기능을 수행해왔다. 예컨대 캄보디아 항공기 사고 대응, 미국 내 한인 커뮤니티 안전 협력, 미국 법집행기관과의 공동세미나 운영은 모두 실천적 치안외교의 대표 사례이다.

둘째, '한국형'이라는 정체성은 고유한 발전 과정에서 비롯된다. 한국은 압축적 산업화와 민주화라는 복합경로를 경험하며, 인권 중심의 시민 치안과 ICT 기반 치안 기술을 동시에 발전시켜 왔다. 이는 단순한 장비 수출을 넘어, 운영 철학과 가치체계를 포함한 'K-Policing'이라는 브랜드화된 정책 모델로 발전하고 있다.

셋째, 이 외교는 전략적 플랫폼을 갖춘 공공외교로의 전환 가능성을 지닌다. 경찰주재관 제도, 치안 ODA, 사이버안보 협력, 국제기구 활동 등 다양한 전략 수단을 통해, 기술협력을 넘어선 국익 실현형 기능외교로 해석되고 있다.

넷째, 국제 사례와의 비교는 이 모델의 전략적 잠재력을 확인하게 해준다. Beth Greener(2011)는 뉴질랜드 경찰의 파견 활동이 국가 외교정책의 소프트 파워 수단으로 활용됨을 분석했고, Fernandes(2023)는 포르투갈의 Police Diplomat Network(PDN)가 외교관과 경찰 역할을 통합하는 제도화된 치안외교 체계임을 지적한다.

이러한 사례는 한국형 치안외교가 단순 기술협력을 넘어서, 정책 수출과 규범 설계 기능까지 수행 가능한 전략 모델임을 뒷받침한다.

이러한 실천 기반, 철학적 정체성, 국제비교는 결국 한국형 치안외교가 5대 전략 실행체계로 진입하는 타당성과 방향성을 설명하는 이론적 정당성으로 기능한다.

2) 전략 실행 체계: 한국형 치안외교 5대 전략

한국형 치안외교가 글로벌 무대에서 지속 가능하고 실질적인 성과를 내기 위해서는 전략적 실행 체계가 필수적이다. 다음의 다섯 가지 전략은 한국 경찰의 국제 협력 활동을 보다 제도화하고, 체계화하며, 효과적으로 확산시키기 위한 실행 지침이라 할 수 있다.

① 전략화 (Strategization)

치안외교가 단일 기관의 개별 활동을 넘어서 범정부 차원의 정책 수단으로 정립되기 위해서는 전략화가 필수적이다. 경찰청뿐 아니라 외교부, KOICA, 국무조정실 등이 공동으로 목표를 설정하고, 국제협력 활동을 통합·조율하는 방식이 요구된다. 이는 Hill(2003)이 언급한 "외교정책 내 기능부문 연계 전략화"와 맥락을 같이하며, 외교정책의 세부 수단으로서 치안외교가 독립적인 위상을 갖도록 설계되어야 한다.[20]

② 브랜드화 (Branding & Identity-Building)

'K-Policing'이라는 용어는 단지 기술의 전달을 넘어, 한국 경찰의 치안철학, 정책 가치, 운영 시스템을 통합하여 국제사회에 전달하는 브랜드 외교 전략이다. 이는 Anholt(2007)의 '경쟁적 정체성(Competitive Identity)' 개념에 부합하며, 정책·제도·문화의 매력도를 기반으로 국가 이미지를 형성하는 방식이

20) Hill, C. (2003). *The Changing Politics of Foreign Policy*. Palgrave Macmillan.

다.[21] 브랜드화는 국제 연수, 치안 ODA, 경찰기술 전파 등 모든 협력 활동에 일관된 정체성과 메시지를 부여하는 전략적 도구다.

③ 전문화 (Specialization)

국제현장에서 외교적 감수성과 정책적 전략을 동시에 다룰 수 있는 전문 인력(GPS: Global Policing Specialist)의 육성이 필수적이다. 단순한 외사 역량을 넘어 다문화 이해, 국제기구 실무, 정책 협상 능력을 갖춘 전문가가 요구된다. 이는 Nye(2004)가 말한 설득력과 신뢰 기반의 소프트파워 구축의 핵심 수단으로 기능하며,[22] 국제사회에서 신뢰받는 행위자로 자리매김하는 기반이 된다.

④ 제도화 (Institutionalization)

제도화는 개인의 경험이나 단발성 프로젝트가 아니라, 지속가능한 시스템으로서 치안외교를 정립하는 것이다. 이는 March & Olsen(1996)이 말한 제도적 지속성의 논리에 부합하며,[23] 파견·복귀·보직·성과평가 등 조직 내부의 구조적 장치를 통해 외교 역량이 조직적 자산으로 축적될 수 있도록 해야 한다. 제도화는 행정 효율성과 전략 일관성을 동시에 보장한다.

⑤ 연대화 (Networking & Alignment)

치안외교의 성과는 양자 간 관계를 넘어, 다자적 규범 형성과 공동 정책 대응으로 확장될 때 극대화된다. Slaughter(2004)가 제시한 네트워크 거버넌스 이론에 따르면, 정부, 국제기구, 시민사회가 상호 연결되는 구조 속에서 협치와 공동 대응이 효과적으로 이루어진다.[24] 한국형 치안외교는 INTERPOL, UNODC 등과 같은 국제기구 및 한-아세안, 한중일 경찰포럼 등을 전략적 파트너로 삼아, 다자 규범 형성과 글로벌 표준 설정에 적극 참여해야 한다.

이 다섯 가지 전략은 독립적으로 기능할 수 있지만, 플랫폼 전략으로 상호 연계되고 통합적으로 설계될 때 치안외교의 실효성과 지속가능성이 극대화된다.

---

21) Anholt, S. (2007). *Competitive Identity: The New Brand Management for Nations, Cities and Regions*. Palgrave Macmillan

22) Nye, J. S. (2004). *Soft Power: The Means to Success in World Politics*. PublicAffairs.

23) March, J. G., & Olsen, J. P. (1996). *Institutional Perspectives on Political Institutions*. Governance, 9(3), 247-264.

24) Slaughter, A. M. (2004). *A New World Order*. Princeton University Press.

한국형 치안외교는 '현장에서 출발해 전략으로 확장된 모델'이다. 이는 단순히 한국 경찰의 국제적 성과를 나열하는 데 그치지 않고, 외교의 본질을 실천과 공감으로 재정의하는 혁신적인 외교 형식이라 할 수 있다.

정치적 수단이나 지정학적 영향력 없이도, 신뢰와 기술, 시민 중심 철학만으로 국제사회와 협력할 수 있다는 것은 바로 한국형 치안외교가 가지는 핵심 자산이자, 미래 전략적 자원의 기반이다.

4 치안외교의 전략적 진화와 플랫폼 기반 외교로의 전환

21세기 국제 질서는 더 이상 군사력이나 전통 외교만으로 설명되지 않는다. 보건, 기후, 안보, 기술 등 복합 위기 시대에 접어들면서, 다양한 비국가 행위자들과 기능 중심 협력이 주목받고 있으며, 치안 역시 그 중심에 있다. 한국 경찰의 치안외교는 이러한 변화된 국제 환경 속에서 점차 전략적이고 제도화된 외교 플랫폼으로 진화하고 있다.

앞서 이 장은 치안외교의 개념 정립, 제도화 경로, 해외 사례의 비교 분석, 전략 플랫폼 구성, 정책 전략 원리 등을 조망하였다. 그 결과, 한국형 치안외교는 단순 기술 지원이나 국제협력의 일환이 아니라, 국가 정체성을 드러내는 전략 외교 수단이자, 외교·개발·안보가 결합된 융합형 플랫폼 외교로 정의될 수 있음을 확인하였다.

이러한 치안외교는 다음과 같은 전략적 함의를 갖는다.

첫째, 외교의 다원화 속에서 경찰이 실질적 외교 주체로서 역할을 확대하고 있다는 점.

둘째, 정책 플랫폼화를 통해 일회성 협력이 아닌 지속 가능한 규범과 관계 구축이 가능하다는 점.

셋째, 국제사회에서 한국의 브랜드 신뢰성을 높이는 '정체성 기반 공공외교'로 기능한다는 점이다.

특히 '전략화, 브랜드화, 전문화, 제도화, 연대화'라는 5대 실행 방향은 향후 한국형 치안외교가 외교정책의 하위 개념이 아니라, 독립된 전략 영역으로 위상을 확보할 수 있는 근거가 된다.

결국 치안외교는 실천에서 전략으로, 공조에서 규범으로, 단일 조직에서 범정부 네트워크로 확장되고 있으며, 이는 한국 경찰이 중견국형 외교모델로서 '글로벌 정책설계자(global policy architect)'로 성장할 수 있는 중요한 경로라 할 수 있다.

이제 다음 장에서는 이러한 전략 플랫폼들을 구체적으로 정책 유형별로 분류·분석하고, 실행 사례와 과제를 중심으로 보다 실증적이고 실천적인 전략 설계의 방향을 제시하고자 한다. 2장에서 정립된 이론적 기초와 구조 분석은, 3장에서 실천 전략과 연결될 개념적 지도이자 전략적 토대로 기능할 것이다.

참 고 문 헌

1. 국외 문헌

Anholt, S. (2007). Competitive Identity: The New Brand Management for Nations, Cities and Regions. Basingstoke: Palgrave Macmillan.

Bayley, D. H. (1990). Patterns of Policing: A Comparative International Analysis. New Brunswick, NJ: Rutgers University Press.

Brodeur, J. P. (2010). The Policing Web. Oxford: Oxford University Press.

Cull, N. J. (2008). Public diplomacy: Taxonomies and histories. The ANNALS of the American Academy of Political and Social Science, 616(1), 31－54.

Cull, N. J. (2009). Public Diplomacy: Lessons from the Past. Los Angeles: Figueroa Press.

Fernandes, T. (2023). Police diplomats and the internationalisation of security: The case of Portugal's PDN. Journal of Contemporary Security Policy, 44(2), 45－62. https://doi.org/10.1080/13523260.2023.xxxxx

Gilboa, E. (2008). Searching for a theory of public diplomacy. The ANNALS of the American Academy of Political and Social Science, 616(1), 55－77.

Greener, B. K. (2009). The New International Policing. Basingstoke: Palgrave Macmillan.

Hill, C. (2003). The Changing Politics of Foreign Policy. Basingstoke: Palgrave Macmillan.

Keohane, R. O. (1984). After Hegemony: Cooperation and Discord in the World Political Economy. Princeton: Princeton University Press.

March, J. G., & Olsen, J. P. (1995). Democratic Governance. New York: Free Press.

Nye, J. S. (2004). Soft Power: The Means to Success in World Politics. New York: Public Affairs.

Sheptycki, J. (2004). Police cooperation and the new security agenda in Europe. European Journal of Criminology, 1(4), 369－381.

Slaughter, A. M. (2004). A New World Order. Princeton: Princeton University Press.

2. 국내 문헌

정경영. (2017). 「국방외교의 개념과 발전 방향」. 『국방연구』, 60(2), 25-50.

외교부. (2016). 『공공외교 기본법 해설』. 서울: 외교부.

외교부. (2020). 『공공외교 전략 2030』. 서울: 외교부.

3. 국제기구 및 기관 보고서

INTERPOL. (2019-2023). Annual report. Lyon: INTERPOL General Secretariat.

INTERPOL. (2023). Future Policing Conference Report. Lyon: INTERPOL.

UNODC. (2022). Handbook on Police Accountability, Oversight and Integrity. Vienna: United Nations.

Europol. (연도별). European Union Terrorism Situation and Trend Report (TE-SAT). The Hague: Europol.

Europol. (연도별). Internet Organised Crime Threat Assessment (IOCTA). The Hague: Europol.

PART

II

치안외교의 실행과 실천 전략

제3장

치안외교 실행의 전략 플랫폼

◆

제4장

해외 파견 제도: 치안외교의 최전선, 준비와 실행의 길라잡이

◆

제5장

INTERPOL과 INTERPOL 경찰협력관

제 3 장 치안외교 실행의 전략 플랫폼

제 1 절 치안외교 플랫폼의 철학 - 연결의 외교, 구조의 전략

이 책에서 말하는 '치안외교 플랫폼'은 단순한 기술적 기반이나 기능의 집합이 아니다. 해외파견, K-Policing, 치안 ODA, 국제포럼 등 한국 경찰의 다양한 국제협력 활동을 하나의 전략적 구조로 통합하고, 성과와 인재가 순환되는 전주기 실행체계를 뜻한다. 다시 말해, 파편화된 국제협력 활동을 넘어 경찰외교를 국가 전략자산으로 관리하려는 구조적 시도에서 비롯된 개념이다. 이는 Joseph Nye(2004)의 소프트파워 이론이나 Ostrom(2005)의 제도분석틀(IAD Framework)처럼, 단일 기능이 아닌 제도화된 시스템과 전략적 설계를 강조하는 현대 외교학·정책학의 논리와 맞닿아 있다.

1 왜 치안외교는 플랫폼이어야 하는가 - 실천의 현장에서 출발한 구조적 사고

제1장과 제2장에서 치안외교의 개념, 역사적 발전, 전략적 의미를 조명했다면, 이제는 실천 기반의 전략 구조를 논할 시점이다. 외교는 더 이상 전통적인 외교관의 전유물이 아니며, 특히 경찰은 이제 국제사회에서 실용 외교의 주체자(diplomatic actor)로서 그 위상을 확대하고 있다. 오늘날의 치안외교는 단순한 수사공조나 정보교환을 넘어서, 제도와 규범을 제안하고, 다자협력의 의제를 선도하며, 국가 브랜드를 대외적으로 정립하는 실행형 외교로 진화하고 있다. 이는 Anne-Marie Slaughter(2004)가 말한 "네트워크 거버넌스"적 외교, 즉 복수 주

체가 협력하는 연결 구조 속에서 외교적 효과가 창출된다는 관점과도 부합한다.

이러한 흐름에서 경찰 외교는 말이 아니라 도구(tool)와 체계(system) 그리고 플랫폼(platform)의 언어로 실현된다. 대한민국 경찰은 이미 다양한 방식으로 국제무대에 참여하고 있다. 경찰주재관 제도를 통해 현장을 누비고, K-Policing을 통해 제도와 기술을 전파하며, 치안 ODA를 통해 개도국의 치안 역량을 지원하고, 다자 협의체를 통해 글로벌 규범 논의에도 목소리를 내고 있다.

그러나 이들 활동은 지금까지 서로 단절된 채 개별적으로 수행되어 왔으며, 성과는 축적되지 못하고, 경험은 조직에 환류되지 못하는 구조적 한계를 드러내고 있다. 필자가 경찰주재관으로 근무하던 시절, K-Policing을 통해 전파한 제도가 치안 ODA와 유기적으로 연결되지 못하거나, 파견 인력이 귀국 후 아무 연계 없이 다른 부서로 이동되는 현실을 수차례 목격했다. 이러한 경험은 반복해서 하나의 질문을 던지게 만들었다.

"왜 이 모든 치안외교 활동은 하나의 전략적 설계 아래에서 작동하지 못할까?"

이 물음에서 출발하여 제안된 개념이 바로 치안외교 플랫폼이다. 이 플랫폼은 단순한 기능의 집합이 아니라, 전략적으로 설계된 구조이며, 활동 간의 상호작용을 통해 시너지를 창출하고, 성과를 조직화하여 다음 세대에 전수할 수 있는 지속 가능한 실행 구조이다. 이는 March & Olsen(1996)이 말한 제도적 지속성(institutional persistence)의 관점에서 볼 때도, 치안외교를 개인의 경험에서 조직의 자산으로 전환하는 제도화 과정으로 이해될 수 있다. 결국, 외사 부서, 국제협력팀, 경찰청 정책부서 등으로 흩어진 자원을 통합하고, 치안외교라는 전략 목표 하에 유기적으로 연결하려는 실천적 기획이자 전략적 전환이라 할 수 있다.

2 치안외교 플랫폼을 구성하는 전략 수단의 통합적 이해

앞 장에서 살펴본 해외파견, K-Policing, 치안 ODA, 국제협력 활동 등은 단순히 개별적인 기능적 활동이 아니다. 이들은 플랫폼 관점에서 유기적으로 연결될 때, 비로소 국가 전략자산으로 작동하며 치안외교의 지속성과 확장성을 보장한다. 따라서 여기서는 치안외교 플랫폼을 구성하는 주요 수단을 다시 정리하되, 그 상호 연계성과 구조적 의미에 초점을 두고자 한다.

- **해외 파견제도**: 경찰주재관, 국제기구 협력관, UNPKO 파견 등은 치안외교의 전위대로서 현장 기반 신뢰 외교의 최전선에서 활동한다. 국제무대에서 경찰의 브랜드와 전략을 실현하는 핵심 통로다.
- **K-Policing 전파**: 한국형 치안 기술과 제도의 국제적 확산을 통해, '한국의 치안 가치'와 시스템을 수출하는 외교적 자산으로 작동한다.
- **치안 ODA**: KOICA 등과 연계하여 개도국에 경찰 인력·장비·제도 지원을 제공하는 전략 협력 수단이다. 경찰 외교를 단순 협력에서 정책 설계로 확장하는 데 핵심 역할을 한다.
- **치안협의체 운영**: 한-아세안 치안협력포럼, 한중일 경찰협력회의, IPS 등 다양한 지역 협의체를 통해 다자 어젠다를 주도하고 규범 형성과 정책 연계를 주도하는 실질적 거버넌스 채널이다.
- **국제연수 및 교육 프로그램**: 외국 경찰을 초청해 연수를 실시하고, 커리큘럼과 훈련 경험을 공유함으로써, 한국 치안철학에 대한 신뢰 기반을 구축한다.

이러한 수단은 전략적으로 유기적으로 설계되어야 한다. 예컨대, K-Policing을 경험한 외국 경찰이 향후 국제기구에서 협력 파트너가 되는 구조, 치안 ODA 대상국과 경찰주재관 활동이 연동되는 시스템, 연수 수료자가 향후 다자 협의체에서 공동 프로젝트를 수행하는 구조 등이 그것이다. 이를 통해 한국 경찰의 치안외교는 독립적 실천이 아닌, 국가 브랜드와 신뢰를 설계하는 전략적 플랫폼으로 도약할 수 있다.

3 외교를 실행하는 플랫폼의 시대

오늘날 국제외교는 담론이나 협상만으로는 충분하지 않다. 디지털 기술, 복합적 글로벌 위협, 다자 거버넌스의 확산 속에서 외교는 점점 더 기능화·현장화·플랫폼화되는 흐름을 보이고 있다. 치안외교 역시 단순한 사건 공조나 기술 교류를 넘어, 제도와 규범을 설계하고 국가 브랜드와 신뢰를 구축하는 정책형 플랫폼 외교로 진화해야 한다.

과거 치안외교는 개별 파견관의 헌신이나 단발적 사업의 성과에 의존하는 경우가 많았다. 그러나 이제는 조직적 차원의 전략 설계와 체계적 거버넌스를 기반으로 지속가능한 성과를 생산해야 한다. 이는 단순히 경찰 외사 기능의 확장이 아니라, 국가 전략의 일부로서 치안외교를 제도화하는 과정이다.

플랫폼으로서의 치안외교는 다음과 같은 철학을 담는다.

- **연결의 외교**: 단절되어 있던 기능·조직·인재를 하나의 전략적 경로로 연결하여, 지속성과 확장성을 확보한다.
- **구조의 전략**: 개별 활동을 전략적으로 재배치해, 경험과 성과가 축적·환류되는 "누적 가능한 외교"로 만든다.
- **실천의 제도화**: 우연한 파견이나 단발성 협력에서 벗어나, 기획된 제도적 구조 속에서 예측가능성과 지속성을 담보한다.

이러한 철학은 단순한 기능의 나열이 아니라 전략적 기능의 통합을 전제로 한다. 해외파견, K-Policing, 치안 ODA, 국제포럼, 연수사업 등은 각각 목적이 다르지만, 상호보완적으로 작동할 때 국가 브랜드의 신뢰 자산으로 전환된다. 그 결과, 한국 경찰은 단순히 규범을 수용하는 조직을 넘어, 국제무대에서 규범을 제안하고 신뢰를 구축하는 파트너로 진화할 수 있다.

결국 치안외교는 더 이상 경찰의 국제활동 기능이 아니라, 대한민국 경찰 전체가 참여하는 국가 전략의 한 축으로 자리매김해야 한다. 앞으로의 외교는 전략의 시대이며, 그 전략은 실행을 통해 완성된다. 치안외교 플랫폼은 곧 실천을 설계하는 시스템이며, 이를 기반으로 한국 경찰의 글로벌 리더십이 실현될 수 있을 것이다.

제 2 절 K-Policing: 한국형 치안모델의 글로벌 확산

1 서론: '치안한류'에서 전략 외교로

한류(K-Wave)가 문화예술을 넘어 기술, 제도, 가치 등 전방위로 확산되는 가운데, 한국 경찰의 국제 치안협력 역시 새로운 외교적 도약의 전기를 맞고 있다. 최근 들어 'K-Policing'이라는 개념은 단순한 치안기술 수출이나 연수 사업을 넘어, 대한민국의 발전 경험과 제도적 철학, 과학기술 역량, 인권 중심 치안 패러다임을 집약한 공공외교형 플랫폼으로 자리잡고 있다.

즉, K-Policing은 단순한 제도나 기술의 전달이 아니라, 한국 경찰이 축적해온 시민 중심의 치안철학, ICT 기반의 과학치안 시스템, 그리고 공동체 신뢰를 중시하는 운영 가치가 국제사회에 전파되는 복합적 현상이다. 이는 대한민국이 축적해온 압축성장, 민주주의 정착, 스마트 기술의 융합이라는 맥락 속에서 형성된 국가형 치안모델의 외교적 확산이라 할 수 있다.

오늘날 K-Policing은 단순한 기술 이전을 넘어, 전략적 외교자산이자 브랜드 외교의 도구로 진화하고 있다. 112 긴급신고시스템, 스마트 치안, 지능형 CCTV 같은 기술뿐만 아니라, 가정폭력 대응, 청소년 보호, 사회적 약자 지원 같은 제도적 가치와 철학이 함께 수출되고 있는 것이다. 이는 대한민국의 국격과 소프트파워를 증진시키는 핵심 수단이 되고 있으며, 국제사회 속에서 한국 경찰을 신뢰할 수 있는 규범 제안자(rule-setter)로 자리매김시키고 있다.

실제로 K-Policing은 아시아, 아프리카, 중남미 등 여러 국가들과의 치안 협력사업을 통해 그 외연을 넓혀왔으며, UN, INTERPOL 등 국제기구와의 파트너십 속에서도 실질적 위상을 확보하고 있다. 이러한 흐름은 단발성 수출이 아닌, 지속 가능한 파트너십 기반의 치안외교 플랫폼으로 구조화되고 있으며, 이는 대한민국 외교의 전략 방향과도 정합성을 지닌다.

이에 본 절에서는 K-Policing의 개념과 구성요소, 대표 사례와 외교적 효과, 그리고 향후 과제를 종합적으로 살펴보고자 한다. 특히 단편적인 정책 소개를 넘어서, K-Policing을 국가전략형 외교 플랫폼으로 체계화하기 위한 전략적 맥락에서 분석하고자 한다.

2 K-Policing의 철학과 기본 개념

1) K-Policing의 개념과 정의

그동안 한국 경찰의 국제 치안협력 활동을 지칭하기 위해 'K-Policing', 'K-치안', 'K-Police Wave', 'K-Cop Wave', '치안한류' 등 다양한 용어가 혼용되어 사용되어 왔다. 이들은 각기 다른 맥락에서 활동이나 정책의 특정 측면을 강조하기 위한 명칭으로 활용되어 왔으며, 전반적으로는 한국 경찰의 선진 치안 모델, 기술, 제도, 철학 등을 해외에 전파하는 행위를 포괄하고 있다.

그러나 본서에서는 이러한 용어를 통합하고, 전략적 일관성을 확보하기 위해 'K-Policing'을 총괄 개념으로 사용한다. 본 문서에서 정의하는 K-Policing은 단순한 기술·제도 수출이 아닌, 한국 경찰이 축적해온 시민 중심의 치안철학, ICT 기반의 과학치안 역량, 그리고 국제적 연대 경험을 결합한 외교형 플랫폼으로 규정된다. 이는 '치안한류(K-Policing Wave)'의 본질을 전략적으로 구조화한 개념으로, 이후 모든 장에서 통일적으로 사용될 예정이며, 문화적 확산효과를 강조할 때 보조개념으로서 '치안한류'를 병기한다.

K-Policing은 대한민국 경찰이 보유한 제도·기술·운영 모델을 해외에 단순히 이전하는 행위에 그치지 않고, 공동체 중심의 안전 철학을 기반으로 한 국가 간 신뢰 구축과 규범 확산의 플랫폼으로 기능한다. 이는 기술·제도·가치가 유기적으로 융합된, 대한민국형 치안정책의 복합 콘텐츠 수출 모델로 이해할 수 있다.

이러한 정의는 단순한 개념 제시를 넘어, K-Policing이 국가의 정체성과 신뢰를 국제사회에 전달하는 소프트파워 전략임을 강조하는 것이다. 기존 문헌에서도 이와 같은 해석이 진화하고 있다. 예컨대 신경수(2017)는 치안한류를 "한국형 치안 시스템을 개발도상국에 전수하고, 이를 통해 국가 브랜드 가치를 향상시키려는 전략"으로 정의하며[1], 이는 한류와의 연계 속에서 대한민국 경찰의 위상을 제고하려는 시도로 해석된다. 최근의 연구들은 K-Policing을 공공외교 및 전략외교의 핵심 도구로 평가하며, 국제사회에서의 규범 제안자(rule-setter)로서의 역할을 주목하고 있다(Bowling et al., 2019; Anholt, 2007).[2]

궁극적으로 K-Policing은 기술이나 제도가 아니라, 대한민국 경찰이 안전을 구현하는 방식에 대한 철학적 성찰과 제도적 실천의 집약체이다. 즉, 그것은 '국가가 시민을 어떻게 보호할 것인가'라는 물음에 대한 대한민국의 응답이자, 신뢰받는 경찰 모델로서의 국제적 공유의 장이다.

---

1) 신경수. (2017). 「치안한류의 의의와 발전방안」. 한국경찰학회보, 19(3), 5-28.
2) Bowling, B., Reiner, R., & Sheptycki, J. (2019). Global Policing. London: SAGE.
Anholt, S. (2007). Competitive Identity: The New Brand Management for Nations, Cities and Regions. Palgrave Macmillan.

2) K-Policing 철학의 세 기둥

K-Policing 철학의 세 기둥은 단순한 정책의 나열이 아니라, 대한민국 경찰이 축적해온 치안 패러다임 전환을 반영한 핵심 가치 체계로 요약될 수 있다. 이는 한국 경찰이 국제사회와 공유할 수 있는 고유한 치안 철학이자, 치안외교의 전략적 토대를 구성한다.

첫째, 시민 중심의 법치주의 치안이다. 한국 경찰은 민주화 이후 인권과 시민권 보호를 우선하는 법 집행의 원칙을 확립해 왔다. 집회·시위 관리, 아동·여성 보호, 사회적 약자 대응 등에서 드러난 이러한 운영 철학은 국제사회에서도 민주적 경찰의 모범사례로 평가된다(Bayley, 1990). K-Policing은 이러한 시민 중심 치안의 경험을 국제사회와 공유하는 전략적 수단이다.

둘째, 과학기술 기반의 스마트치안이다. 한국 경찰은 ICT 인프라를 활용하여 112 신고 시스템, 지능형 CCTV, 범죄예방환경설계(CPTED), 사이버범죄 대응체계 등 첨단 기술을 적극 도입해 왔다. 이는 단순한 장비의 보급을 넘어, 예방 중심의 치안 운영 철학과 결합된 모델로서, 국제사회에서 신뢰 기반의 기술외교 자산으로 기능한다(Bowling et al, 2019).[3]

셋째, 실용성과 공유성을 지닌 제도 수출 모델이다. K-Policing은 일방적 기술 이전이 아니라, 제도 설계 역량과 교육 시스템, 협력 프로그램을 파트너 국가와 공동으로 설계하는 구조를 지향한다. 이러한 접근은 단기성과보다 지속가능한 관계 형성과 제도적 역량 강화를 중시하는 협력외교로서, 개발도상국의 제도 정착과 국가 역량 강화에 실질적으로 기여한다(Nye, 2004; Anholt, 2007).

요컨대, K-Policing은 'K'라는 국가 브랜드를 치안 분야에 접목한 공공외교 플랫폼이며, 기술·제도·가치·철학이 결합된 복합 콘텐츠이다. 단순한 기능적 협력을 넘어, 국제사회에서 신뢰를 구축하고 규범을 제안하며, 파트너십을 확대하는 플랫폼 외교의 새로운 모델로 진화하고 있다.

3) K-Policing 추진 배경과 현황

① 추진 배경

대한민국은 전 세계에서 가장 안전한 국가 중 하나로 평가받고 있으며, 특

3) Ben Bowling, Robert Reiner, and James Sheptycki, Global Policing (London: SAGE Publications, 2019).

히 사이버범죄 대응, 과학수사 분야에서 국제적 수준의 기술력과 운영 경험을 보유하고 있다. 문화체육관광부와 한국관광공사가 실시한 《2023 외래관광객 실태조사》에 따르면, 외국인 관광객들의 한국 치안에 대한 만족도는 90% 이상으로 유지되고 있으며, 이는 한국 경찰 및 공공안전 시스템에 대한 국제적 신뢰를 반영하는 지표로 평가된다.4)

이와 같은 치안역량을 바탕으로, 2019년 이후 전 세계 43개국으로부터 총 88건의 치안협력 요청이 접수되었으며,5) 특히 코로나19 팬데믹 이후에도 협력 수요는 감소하지 않고 오히려 증가세를 보였다. 이는 기술 차원을 넘어, 위기 상황에서도 신뢰 가능한 파트너로서의 한국 경찰의 위상을 반영한다.

이러한 흐름 속에서 경찰청은 'K-Policing'이라는 전략 브랜드를 통해 한국형 치안 시스템을 해외에 전파하는 활동을 본격화하였다. 이는 단순한 기술 수출에 그치지 않고, '제도+철학+시스템'이 결합된 복합 콘텐츠로서의 치안모델을 글로벌 브랜드화하려는 전략적 기획이다.

정부 차원에서도 2021년 제3차 국제개발협력 종합기본계획(2021~2025)을 수립하여 ODA(공적개발원조) 확대를 주요 전략으로 설정하였으며, 2030년까지 총 규모를 2배 이상 확대하겠다는 목표를 제시하였다. G20 오사카 정상회의에서의 국제치안 협력 공약, 한미 정상회담에서의 ODA 예산 증액 발표 등은 K-Policing이 단순한 치안 사업을 넘어, 대한민국 외교전략의 핵심 자산으로 자리잡고 있음을 보여준다.6)

요컨대, K-Policing은 단순한 기술 외교를 넘어, 대한민국 경찰의 치안 역량을 기반으로 국가 브랜드를 강화하고, 신뢰 기반의 국제협력을 실현하는 핵심 플랫폼으로 발전하고 있다.

② 추진 현황

K-Policing은 현재 대한민국 경찰이 추진하는 대표적 치안외교 플랫폼으로, 실질적 정책 성과와 함께 국제적 확장을 이어가고 있다. 경찰청은 2015년 치안한류센터 개소를 계기로 K-Policing 사업을 본격화하였으며, 다음과 같은 다층적 활동을 통해 제도화된 실행체계를 구축하고 있다.

---

4) 문화체육관광부·한국관광공사 (2024). *2023 외래관광객 실태조사*. 한국관광공사 통계자료
5) 경찰청 국제협력관실 참고자료
6) 경찰청, 치안 ODA 10년 백서 (2025)

■ 예산 및 사업 규모

2014년부터 2024년까지 총 42개국을 대상으로 809억원 규모의 치안협력 사업이 진행되었으며, 사업 유형은 크게 ▲치안 전문가 파견 ▲초청 연수 운영 ▲치안 인프라 구축의 세 가지로 구분된다.

■ 지역별 협력 사례

베트남, 몽골, 캄보디아 등지에서는 과학수사 기술 전수, 범죄 대응 시스템 구축, 장비 지원 등이 이뤄졌으며, 중미3국(엘살바도르·온두라스·과테말라)의 치안역량 강화사업을 지원하여 교통사고율 감소, 범인검거율 증가 등의 성과를 거두었다. 국가별 맞춤형 전략을 통해 각국의 제도 역량과 시스템 자립성 향상에 실질적으로 기여하고 있다.

■ KOICA와의 ODA 연계

KOICA(한국국제협력단)와 협력하여 진행 중인 치안 ODA 사업은 ▲요르단: 빅데이터 기반 통합치안시스템 구축 ▲인도네시아: 사이버수사 역량 강화 ▲엘살바도르: 범죄예방 역량 개선 등, 지역적 특성과 수요를 반영한 맞춤형 모델 수출이 가능하다는 점에서 주목된다.

■ 치안산업 수출과 국제외교 연계

K-Policing은 치안산업의 수출 플랫폼으로도 기능하고 있다.

112신고시스템·과학수사·사이버수사 등 한국의 우수한 치안역량이 세계각국에 전파되면서 한국 경찰의 우수성을 경험한 해외 각국 경찰기관에서 국제치안산업대전(KPEX) 또는 직접 업체를 통해 치안장비를 구매·도입하고 있다. 최근에는 중동·중남미 지역국가 중심으로 치안장비 구매 문의 수요가 증가하고 있다. 이러한 협력 사례는 K-Policing이 기술-외교-산업을 연결하는 융합 플랫폼으로 작동하고 있음을 보여준다.

이처럼, K-Policing은 단순한 협력 사업이 아니라, 재외국민 보호-기술 수출-ODA-정상외교를 연결하는 전략 허브로 자리잡고 있으며, 향후 글로벌 치안 리더십 확보와 공공외교의 핵심 기반으로 더욱 확대될 것으로 기대된다.

3 K-Policing 전략과 성과

1) K-Policing 전략

K-Policing은 단순한 기술 이전이나 단기 연수사업을 넘어, 대한민국 경찰의 철학과 시스템을 전략적으로 국제사회에 전파하는 복합 외교 플랫폼이다. 한국 경찰은 이를 통해 기술, 제도, 교육, 공동대응, 브랜드 외교 등 다양한 영역에서 입체적 치안외교를 수행하고 있으며, 아래와 같은 다섯 가지 전략축을 중심으로 전개되고 있다.

■ 기술 이전(Technology Transfer) 전략

K-Policing은 스마트치안 기술, 112 긴급신고 시스템, 지능형 CCTV, 모바일 수사 솔루션 등 ICT 기반 과학치안 기술을 협력국에 이전함으로써, 실질적 치안역량을 향상시키고 있다.

예컨대 몽골, 우즈베키스탄, 베트남 등에서는 기술 도입 이후 범죄 대응 속도와 국민 체감 안전도가 향상되었으며, 한국형 기술 표준의 글로벌화 가능성도 제기되고 있다.

■ 제도 전파(Institutional Sharing) 전략

단순한 장비 수출을 넘어서, K-Policing은 한국 경찰의 제도적 경험과 운영철학을 공유하는 데 초점을 둔다.

가령 여성·청소년 보호 제도, 치안 서비스 평가제, 인권 기반 수사 모델 등은 협력국의 법·제도 현대화에 실질적 참고모델로 작용하고 있으며, 특히 민주주의 과도기에 있는 국가들에선 신뢰 가능한 제도 수출 사례로 평가받는다.

■ 역량 강화(Capacity Building) 전략

경찰청은 국제협력관실을 중심으로 경찰대학, 인재개발원, 중앙경찰학교 등을 통해 2012년부터 2023년까지 치안전문가 파견 현지 교육·초청연수 등 12,000명이 넘는 외국 경찰관을 대상으로 역량강화 교육을 실시하였다.[7)]

단기 강의 중심에서 벗어나, 커리큘럼 기반의 체계적 훈련 및 수료생 네트워크 구축을 통해 장기 파트너십 형성까지 도모하고 있으며, 이는 K-Policing의 지속가능성 기반을 강화하는 핵심 전략이다.

7) 경찰청, 치안 ODA 10년 백서 (2025)

■ 공동 대응(Joint Response) 전략

마약·사이버범죄·테러 등 초국경 범죄 대응을 위해 한국 경찰은 INTERPOL, UNODC 등 국제기구와 협력하고 있으며, 동남아 국가들과는 국외도피사범 검거송환 관련 더욱 긴밀한 치안 협력을 유지하고 있다. 특히 태국, 필리핀, 베트남에는 경찰협력관이 파견되어 실시간으로 범죄관련 정보를 공유하고 있다.

이는 단순한 연계 차원을 넘어 위기 대응 파트너십 구축을 통해 치안외교의 신뢰 기반을 확보하는 전략이다.

■ 브랜드 외교(Brand Diplomacy) 전략

K-Policing은 단순한 경찰 사업이 아닌, 대한민국 국가 브랜드 전략의 일부로 작동하고 있다.

치안 ODA, 국제 치안협력포럼, KPEX 개최 등을 통해 "신뢰 가능한 공공안전 파트너 국가"라는 이미지 형성에 기여하고 있으며, 이는 Joseph Nye가 말한 소프트파워 구현의 대표적 사례로 볼 수 있다.

이러한 전략은 단기적 성과뿐 아니라 중장기적 외교성과를 창출하고 있다. K-Policing은 치안외교의 전략적 수단으로서 실질적 성과를 도출하고 있으며, 한국형 치안모델의 국제적 확산을 넘어, 한국이라는 국가의 가치와 철학을 전달하는 공공외교의 한 축으로 진화하고 있다.

2) K-Policing의 실천 수단: 실천에서 전략 외교로의 진화

K-Policing은 단순한 치안 기술 이전이나 단기 연수 프로그램을 넘어, 한국 경찰의 치안 철학과 역량을 전략적으로 전파하며 국가 브랜드 외교의 핵심 수단으로 자리매김하고 있다. 이는 "한국형 치안철학의 글로벌 확산을 통한 공공안전 기여와 국가 신뢰 증진"이라는 비전을 중심에 두고, ▲재외국민 보호 및 국제 치안환경 개선 ▲K-Policing 브랜드 확산을 통한 국익 실현 ▲치안산업의 국제 진출 기반 조성이라는 세 가지 정책 목표로 구체화되고 있다. 다시 말해, K-Policing은 공공외교, 정책외교, 산업외교가 결합된 융합적 플랫폼으로 진화하고 있는 것이다.

이러한 전략을 실현하기 위해 다섯 가지 핵심 실천 수단이 운영되고 있다. 첫째, 치안 ODA는 KOICA 등과 연계해 전문가 파견, 제도 수출, 맞춤형 연수 등을 제공하며, 2024년 기준 40여개국에서 한국형 치안모델이 전수되고 있다.

ICT 기반 112 통합신고 시스템, CCTV 관제센터, 디지털 포렌식 등은 수원국의 치안 체계 개선에 실질적 기여를 하고 있으며, 이는 단순 원조가 아니라 현지 자립성과 지속가능성을 지원하는 파트너십으로 기능한다.

둘째, 국제연수 및 교육 프로그램은 한국 경찰의 제도·가치를 공유하는 교육 플랫폼으로, 매년 수백 명의 외국 경찰관이 경찰대학, 중앙경찰학교, 수사연수원 등에서 교육을 받는다. 사이버범죄, 아동·여성 보호, 과학수사 분야의 전문 커리큘럼은 단순 지식 전수가 아니라, 수료생 간 네트워크 형성을 통해 장기적 협력으로 이어진다. 이는 K－Policing이 신뢰 기반 인적 네트워크 외교 자산으로 자리 잡고 있음을 보여준다.

셋째, 치안기술 및 장비 수출은 단순 제품 공급이 아닌 '제도＋기술＋운영철학'이 결합된 패키지 모델이다. AI 기반 관제시스템, 스마트 감시 장비, 모바일 수사 솔루션 등이 동남아, 중동, 아프리카 국가에 수출되었으며, 경찰청·KPEX 자료에 따르면 2023~2024년 약 130억 원 규모의 실적을 거두었다. 이는 국가 치안기술산업의 국제 진출과 동시에 한국 경찰의 운영철학을 외교적 자산으로 전환하는 성과라 할 수 있다.

넷째, 정상외교 및 다자외교 연계는 치안의제의 외교 전략화를 보여준다. 한－아세안 치안협력포럼, INTERPOL 총회, 국제경찰청장회의(IPS) 등에서 한국 경찰은 단순 참가자를 넘어 의제 제안자(rule－setter)로서 역할을 확대하고 있다. 정상 간 합의에 따라 K－Policing 협력이 구체적으로 추진되는 경우도 늘고 있어, 치안외교가 국가 외교정책과 직결된 전략 수단임을 보여준다.

다섯째, 치안문화 홍보 및 대외 이미지 제고 활동은 국제치안포럼, K－Policing 홍보 플랫폼, 방송 다큐멘터리, SNS 콘텐츠 등을 통해 "신뢰받는 경찰국가, 협력 가능한 파트너"라는 이미지를 확산시키고 있다. 이는 단순한 기술협력을 넘어, 문화외교와 결합된 소프트파워 전략의 일환으로 작동하고 있다.

종합하면, K－Policing은 기술·제도·외교·문화의 융합을 통해 한국 경찰의 치안 역량을 국가 외교자산으로 전환한 복합 전략 모델이다. Joseph Nye(2004)의 소프트파워 이론이나 Simon Anholt(2007)의 국가 브랜드 이론에서 강조된 바와 같이, 진정한 영향력은 강압이 아니라 매력과 신뢰에서 비롯된다. 바로 이러한 점에서 K－Policing은 치안외교의 실천적 전환이자, 한국이 국제사회에서 규범 제안자이자 신뢰 파트너로 자리매김하는 핵심 경로로 평가할 수 있다.

4 통합형 플랫폼으로의 진화: 외교, 산업, 개발을 잇는 전략 허브

K-Policing은 이제 단순한 치안기술 전파나 연수 프로그램의 범주를 넘어섰다. 그것은 한국 경찰이 축적해온 제도적 경험, 시민 중심의 철학, ICT 기반의 기술 역량을 하나의 전략 콘텐츠로 결합하여 국제사회에 제공하는 국가전략형 플랫폼으로 진화하고 있다.

이 플랫폼의 본질은 개별 사업들의 병렬적 나열이 아니라, 외교·산업·개발 협력을 유기적으로 연결하는 융합 모델에 있다. 치안 ODA, 국제연수, 기술수출, 다자외교, 브랜드 홍보와 같은 개별 수단들이 통합될 때, 그것은 단순한 협력의 성과를 넘어 국가 정체성과 전략 메시지를 국제사회에 전파하는 실천적 외교 도구로 기능한다.

특히 K-Policing은 "제도+기술+철학"이 결합된 패키지형 콘텐츠라는 점에서 의미가 깊다. 이는 장비나 제도를 단순히 이전하는 것이 아니라, 공공안전 철학과 운영모델을 함께 공유하는 방식으로, 파트너 국가의 제도적 자립과 지속가능성을 지원한다.

이러한 통합적 성격은 한국 경찰을 국제사회에서 규범의 수용자(norm taker)가 아니라, 규범의 제안자(rule-setter)이자 전략적 파트너로 자리매김하게 만든다. 다시 말해, K-Policing은 공공외교, 정책외교, 산업외교를 잇는 복합외교 플랫폼으로서, 대한민국이 국제질서 속에서 독자적 외교 정체성과 신뢰 기반을 구축하는 핵심 허브로 발전하고 있다.

5 K-Policing의 방향과 미래 - 글로벌 거버넌스를 향한 전략적 진화

K-Policing은 이제 단순한 기술 전파나 연수 협력을 넘어, 한국 경찰의 정체성과 치안 철학을 담아낸 국가전략형 외교 플랫폼으로 진화하고 있다. 향후 발전은 외교·안보·개발·산업을 포괄하는 복합 외교자산으로의 확장을 통해 이루어져야 하며, 네 가지 전략 축으로 요약할 수 있다.

1) 지속 가능한 치안한류 플랫폼 체계 구축

지금까지 K-Policing은 경찰청 단위의 열정과 개별 사업 중심의 운영에 크게 의존해 왔다. 앞으로는 정책 설계－운영－성과관리로 이어지는 전주기 체계가 필요하다. 이를 위해 ▲현지 수요 분석 기반 정책 설계, ▲대륙별 거점국가 지정, ▲기술·제도·문화영역으로 구분된 세부 전략 설정이 필수적이다.

또한 치안외교 전담 인력의 육성, 퇴직 경찰 전문인력 활용, 성과관리 시스템 도입 등을 통해 전문성과 지속가능성을 강화해야 한다. 이러한 구조는 경찰청－외교부－KOICA－KOTRA 등 범정부 협업과 언론·SNS·국제포럼을 통한 글로벌 공감대 형성 전략과 함께 추진되어야 한다.

2) 치안산업과의 연계 - 국가경제에 기여하는 외교 플랫폼

K－Policing은 단순한 치안외교를 넘어 산업외교로 확장될 잠재력을 지닌다. ICT 기반 112 통합신고시스템, CPTED, 디지털 포렌식 솔루션은 이미 주요 수출 품목으로 자리 잡았으며, 이는 장기적 협력사업의 기초가 되고 있다.

향후에는 KOTRA와 체결된 MOU를 적극 활용해 세계 120여 개 무역관 네트워크를 기반으로 국제 시장을 개척하고, 치안산업박람회(K－PEX)를 글로벌 플랫폼으로 육성해야 한다. 이를 통해 국내 기업과 해외 바이어를 연결하는 산업외교 플랫폼으로 기능을 강화할 수 있다.

특히, 『치안산업의 진흥에 관한 법률』[8] 제정은 K－Policing의 제도적 기반을 마련할 핵심 과제다. 비록 20대 국회에서는 기재부 이견으로 무산되었지만, 21대 국회에서 재발의된 만큼, 향후 입법화는 치안산업 경쟁력 강화와 범정부적 지원체계 구축의 법적 근거가 될 것이다. 나아가 치안산업협회 설립, 치안산업진흥원 신설 등을 통해 민간 주도의 치안산업 생태계를 제도적으로 뒷받침하는 전략이 필요하다.

3) 글로벌 치안 리더십과 국제 거버넌스 진입

K－Policing의 국제적 위상 강화를 위해서는 국제 치안 거버넌스의 제도적 참여가 필수적이다. UN PKO(평화유지활동) 재참여, INTERPOL 펀딩 및 프로젝트 협력, UNODC·ASEANAPOL과의 전략적 MOU 체결 등은 한국 경찰이 규범 제안국으로 도약하는 경로가 된다.

---

8) 동 법안은 20대 국회에 발의되었으나 기재부 이견으로 폐기된 후 21대 국회에서 재발의 되었다.

또한 국제경찰청장회의(IPS), 한–아세안 치안협력 포럼, 한중일 치안회의 등은 다자외교의 플랫폼이자 규범 협의체로서 활용 가치가 크다. 이 과정에서 실무자 협력을 넘어 정책결정자 네트워크 확대, 범죄정보 공유, 위기관리 협력 등을 통해 실질적 외교 성과를 창출해야 한다.

4) K-Policing 2.0 - 복합전략 외교 플랫폼으로의 진화

앞으로의 K–Policing은 단순한 '치안한류'가 아니라, 외교·산업·기술·문화가 결합된 복합전략 플랫폼으로 발전해야 한다.

이를 위해 ▲대륙별 거점 전략, ▲치안외교 전문가 양성 및 국제 훈련체계화, ▲디지털범죄·아동보호·사이버안보 분야의 규범 주도, ▲치안 ODA–산업수출–국제포럼–인재파견의 연계화가 핵심 과제로 꼽힌다. 이러한 진화는 K–Policing을 단순한 협력 모델에서 글로벌 규범과 공공가치 창출의 플랫폼으로 격상시키는 과정이 될 것이다.

K–Policing은 단순한 치안 기술 수출이 아니라, 대한민국의 국가 정체성과 외교 역량을 통합하는 전략형 외교 모델로 자리잡아야 한다. 앞으로 그것은 대한민국을 신뢰받는 규범 제안자(rule–setter)이자, 지속 가능한 치안 파트너, 그리고 전략적 공공외교 수행국가로 도약하게 하는 핵심 플랫폼이 될 것이다.

이는 곧 공공안전이라는 보편적 가치를 중심으로 국제사회와 소통하는 21세기형 외교 언어의 진화이며, 한국 경찰이 글로벌 정책 설계자로 성장하는 토대를 제공할 것이다.

제 3 절 치안 ODA: 공공안전 외교의 파트너십 모델

앞서 살펴본 K–Policing은 단순한 치안 시스템의 전수나 기술 교류를 넘어, 대한민국 경찰의 가치와 철학, 그리고 신뢰를 국제사회와 공유하는 외교형 플랫폼으로 발전해왔다. 이러한 흐름 속에서 가장 핵심적이고 제도적으로 체계화된 실천 수단이 바로 치안 ODA이다.

치안 ODA는 개발도상국을 대상으로 한 인적 교류, 교육·연수, 제도 자문,

치안 인프라 구축 및 장비 지원 등을 통해 한국 경찰의 선진 치안역량을 전파하는 대표적 방식이다. 단순한 지원을 넘어, 치안 ODA는 협력국의 제도적 자립과 치안 역량 강화를 지원함으로써, 한국형 치안철학을 공공외교의 차원에서 실현하는 전략적 도구로 자리매김하고 있다.

따라서 이번 절에서는 치안 ODA를 치안한류의 구체적 매개체이자 외교적 실천도구로서 조명하며, 그 추진 체계와 현황, 성과, 그리고 향후 과제를 종합적으로 살펴보고자 한다.

1 ODA 개요

ODA(Official Development Assistance)는 국제개발협력[9]으로 번역하며 정부를 비롯한 공공기관이 개발도상국의 경제발전과 사회복지 증진을 목표로 제공하는 원조를 의미한다. 이는 개발도상국 정부 및 지역 또는 국제기구에 제공되는 자금이나 기술협력을 포함하는 개념이다.[10]

한국은 1993년부터 공여국으로서 활동을 시작하고 1987년 대외경제협력기금법, 1991년에는 한국국제협력단법을 제정하였고, 이러한 무상·유상 원조를 종합적·체계적으로 추진하기 위해 국제개발협력기본법을 2010년 제정하여 근거가 되고 있다.

오늘날 개발도상국에 대한 국제개발협력을 논의 및 추진하는 기구로 OECD 산하기구인 DAC(Development Assistance Committee:개발원조위원회)가 있다. OECD 회원국은 총 38개국이며[11] 한국은 1996. 12월 29번째로 회원국으로 가입하였고, OECD DAC 회원국은 31개국과 EU이며[12] 한국은 2010년 24번째로 회원국이 되었다.

우리나라 ODA는 무상원조와 유상원조로 구분되며, 무상은 외교부 산하 KOICA가, 유상은 기획재정부 산하 한국수출입은행이 전담한다. 최근에는 유·무상 연계를 강화하고, 국별협력전략(Country Partnership Strategy, CPS)을 수립하여 전략적 선택과 집중을 추진하고 있다.

---

9) 국제개발협력기본법 제2조 1호
10) 대한민국 ODA 통합정보포털(odakorea.go.kr)참조
11) www.oecd.org/about/ 참조
12) www.odakorea.go.kr 참조

수원국에서 공여국으로 성장한 한국은 OECD DAC에 가입한 지 15년이 지났으며 글로벌 중추국가로 국제사회에서의 책임을 다하기 위해 ODA 규모 확대, 글로벌 가치에 부합하는 목표 설정에 노력하고 있다.

대한민국은 DAC 가입 15년을 넘어 글로벌 중추국가로서 ODA 규모를 꾸준히 확대하고 있으며, 2023년 기준으로 아시아(59.5%)와 아프리카(24.4%)를 주요 지원대상 지역으로 하고 있다. 특히 아시아에서는 베트남·방글라데시·캄보디아·필리핀 등이 주요 수원국이며, 아프리카에서는 에티오피아 등으로 협력 범위가 확대되고 있다.13)

[그림 3] 한국 ODA 지원 규모 현황

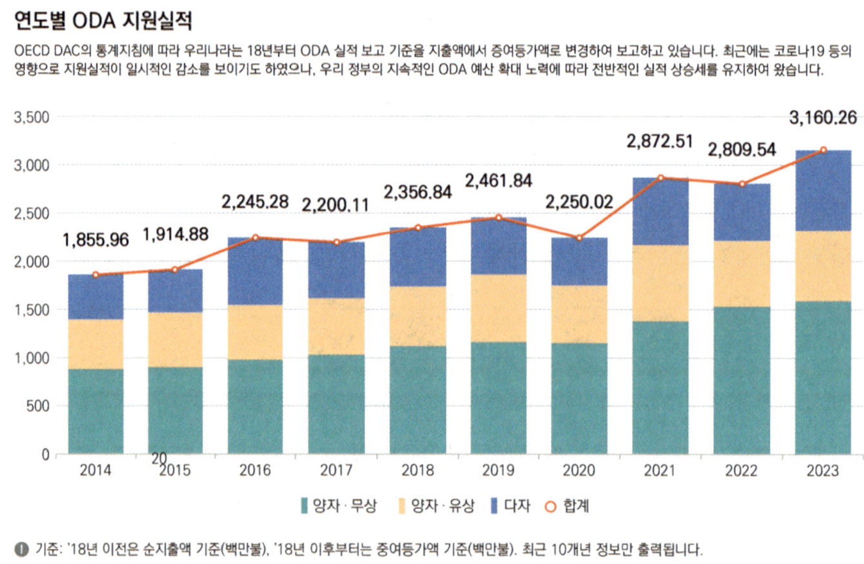

출처: 경찰청, 2025, 치안 ODA 10년 백서

한국은 1996년 OECD DAC 가입 이후 ODA 공여 규모를 지속적으로 확대해왔으며, 2023년 현재 OECD DAC 회원국 중 상위 15위권 수준을 기록하고 있다. 정부는 '세계 10위권 공여국 도약'을 목표로, 무상·유상원조의 전략적 조합과 중점협력국 중심의 선택과 집중을 추진하고 있다.

13) 경찰청, 치안 ODA 10년 백서 (2025).

[그림 4] ODA 지역별 지원 (2023년 기준)

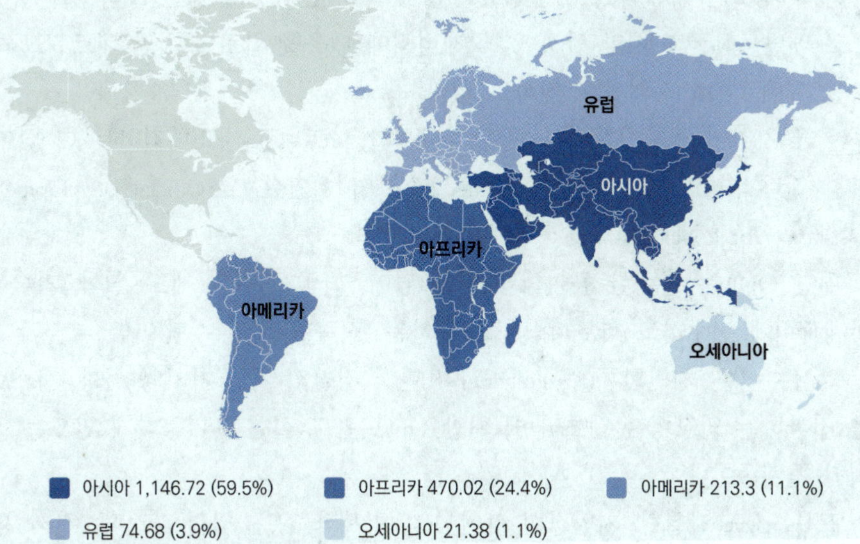

출처: 경찰청, 치안 ODA 10년 백서 (2025)

우리나라는 지속가능발전목표(SDGs) 등 개발 관련 범지구적 과제 달성에 대한 지원을 통해 글로벌 가치 및 상생의 국익 실현을 위하여 개발협력을 확대, 발전시켜 나가고 있다. 이를 위해 정부는 2010년 제정한 '국제개발협력기본법'과 동법 시행령을 대내외 환경변화에 맞추어 2020년 전면 개정하였다. 특히 무상원조 제반사항을 심의·조정하는 회의체인 '무상개발협력전략회의'를 출범하여 무상원조 분야 정책 및 전략 수립, 무상원조 사업 이행점검 등을 통한 전략적인 무상원조 이행을 추진하고 있다.

또한 정부는 국제개발협력 선진화의 일환으로 ODA의 선택과 집중을 강화하고자 유·무상 원조를 통합한 중점협력대상국을 선정하고 해당국에 대한 국별협력전략을 수립하고 있다. 이와 함께 '무상원조 관계기관 협의회'를 통해 무상원조사업의 중복 방지 및 연계 강화 등을 도모함으로써 무상원조 사업이 보다 효과적으로 시행될 수 있도록 노력하고 있다. 아울러 ODA 협력대상국 내 재외공관이 우리 ODA 시행기관들과 현지 협의체를 주기적으로 개최하도록 함으로써 현장 중심의 ODA가 시행될 수 있도록 하고 있다.

2 치안 ODA 개요

한국 경찰은 세계적으로 인정받는 우수한 치안역량에 대한 노하우를 바탕으로 개발도상국의 치안 안정 및 국제범죄에 대응할 글로벌 치안 네트워크 구축을 위해 ODA 사업을 추진하고 있다.

한국 경찰이 국제사회에서 신뢰받는 치안 파트너로 자리매김하는 데 있어, 가장 전략적이고 실천적인 외교 도구는 단연 치안 ODA(Official Development Assistance for Policing)라고 할 수 있다.

치안 ODA는 단순한 공여의 개념을 넘어, 한국 경찰의 제도·철학·기술을 국제사회에 전수하고 파트너십을 구축하는 '전략형 협력 수단'이다.

앞서 논의한 치안한류(K-Policing)가 한국 경찰의 치안 가치와 철학, 시스템을 전파하는 외교형 콘텐츠라면, 치안 ODA는 그 실현을 가능하게 만드는 정책적 플랫폼이다.

교육, 제도 컨설팅, 치안장비 지원, ICT 인프라 구축, 인력 파견 등 정책·기술·인적 교류를 포괄하는 종합적 구조를 지니며, 개발도상국의 경찰 역량을 체계적으로 강화하는 수단이자 한국형 치안 시스템의 국제적 확산 경로로 기능한다.

특히 치안 ODA는 단기적 기술 지원을 넘어, 중장기적 협력관계 구축과 현지 수요 기반 맞춤형 프로그램 운영을 지향한다. 이는 대한민국이 단순한 공여국을 넘어, 글로벌 공공안전 분야의 리더십을 갖춘 국가로 도약하기 위한 실질적 기반이 된다.

이러한 치안 ODA는 한국 경찰이 주도적으로 수행하는 ODA의 한 유형으로, 개발도상국의 공공안전 증진을 위한 치안 역량 강화와 제도 구축을 중심에 두고 있다. 이는 단순한 인도적 지원이나 일회성 기술 전수가 아닌, 지속가능한 사회 안정과 국제 공조 질서 형성을 위한 공공안전 기반 개발협력의 새로운 모델로 자리잡고 있다.

경찰청 ODA[14] 사업은 '국제개발협력기본법'에 의거, 매년 국제개발협력위원회의 의결을 거쳐 '국제개발협력종합시행계획'에 포함된 ODA 사업 중에서 경찰청이 그 사업의 시행주체가 되는 ODA 사업을 의미한다. 이러한 경찰청

14) 본서에서는 경찰청 자체 ODA를 치안 ODA로 통일하여 사용하기로 한다.

ODA 사업[15]은 경찰청 자체 ODA 사업과 KOICA 협력 ODA[16] 사업으로 구분된다.[17]

국제사회는 2015년 UN에서 채택된 지속가능발전목표(SDGs) 중 '목표 16'을 통해 "정의롭고 평화로운 포용적 사회 실현 및 효과적 제도 구축"을 강조하고 있다. 이는 공공안전 확보와 법치주의, 형사사법 제도의 강화를 통해 인권과 평화를 실현하는 것이 개발협력의 핵심이라는 점을 의미하며, 치안 ODA는 바로 이러한 글로벌 개발 담론에 부합하는 외교 실천 수단이다.

한국은 2010년 OECD 개발원조위원회(DAC)에 가입한 이래 ODA 규모를 지속적으로 확대해왔으며, 2023년 기준 연간 약 50억 달러 수준의 양자·다자 ODA를 집행하고 있다. 특히 KOICA를 중심으로 한 무상원조는 교육, 보건, 디지털, 기후, 성평등과 함께 치안 및 법질서 분야로도 점차 영역을 확장하고 있으며, 이는 한국이 규범기반 국제사회 형성에 기여하는 중견국 외교의 방향성과도 일치한다.

이러한 흐름 속에서 경찰청은 독립적인 치안 ODA 예산을 확보하고, KOICA와의 전략적 파트너십을 통해 매년 20여 건 이상의 공동 프로젝트를 수행하고 있다. 초기에는 외국 경찰의 연수 프로그램이나 일회성 장비 지원이 주를 이루었지만, 최근에는 현지 맞춤형 교육·컨설팅, ICT 기반 시스템 수출, 제도 정비 협력 등으로 고도화되고 있다.

치안 ODA는 OECD DAC 분야 기준에 따라 (대분류) 사회 인프라 및 서비스 – (중분류) 공공행정 및 시민사회(150) – (소분류) 분쟁, 평화 및 치안(152)으로 분류되며 CRS CODE에 따라 '치안제도 관리 및 개선(15210)'을 목적으로 지원하는 것으로 정의할 수 있다.[18]

경찰청 자체 ODA 사업의 법적 근거는 경찰법 및 경찰관직무집행법에 의거해 외국 정부기관과 국제협력을 추진할 수 있으며 경찰청이 추진하는 국제협력 업무 중 ODA 사업에 대해서는 '국제개발협력기본법'이 정한 절차에 따라 추진

15) 경찰청 자체 ODA사업: 경찰청이 직접 ODA 사업을 발굴·기획하고 국제개발협력위원회의 심의를 거쳐 확정된 사업을 말한다.
16) KOICA 협력 ODA 사업: 사업발굴·기획은 KOICA가 담당하고 치안 협력을 내용으로 하는 ODA 사업 특성을 고려해 경찰청에서 사업시행을 담당하는 사업을 말한다.
17) 본서에서 치안 ODA는 이 두 가지를 포함한 의미이다.
18) 문경연 외. (2021). 치안협력 중심국으로 도약을 위한 치안한류 세계화 방안. 경찰청 정책연구보고서. p.9.

해야 한다. 한편, KOICA 협력사업은 한국국제협력단법, 한국국제협력단사업시행지침 등을 근거로 KOICA와 협력해 공공협력사업 방식으로 추진할 수 있다.

한국은 총 ODA 예산이 지난 10년간 연평균 증가율(11.9%) 기준 세계 1위 수준이며 2030년까지 지속적으로 확대할 계획이나 치안 ODA 예산은 현저히 적은 상황으로 치안외교의 한 축을 담당하는 중요한 전략으로서 상응하는 수준의 예산 확대가 절실한 상황이다.

이러한 치안 ODA의 전략적 가치는 네 가지로 요약할 수 있다. 첫째, 보건·교육·환경과 함께 치안을 새로운 축으로 자리매김시키는 공공안전 중심의 기능외교라는 점이다. 둘째, 각국의 치안 수요를 바탕으로 설계된 맞춤형 협력을 통해 현지 제도 개선과 역량 강화를 실질적으로 지원한다. 셋째, 단순한 기술 지원을 넘어 인권과 시민 중심의 치안 철학을 함께 전수함으로써 가치 외교의 성격을 지닌다. 넷째, 외교 성과, 개발 협력, 산업 수출을 동시에 실현하는 복합적 전략 자산으로 기능한다는 점이다.

특히 ICT 기반의 스마트치안 시스템, 여성·청소년 보호 중심 제도, 범죄예방 정책 등은 고부가가치 협력 분야로 주목받고 있으며, 이는 K-Policing의 국제적 확산, 한국형 치안모델의 표준화, 국가 브랜드 제고와도 직결된다. 따라서 치안 ODA는 앞으로 단순한 기술 협력을 넘어 지속가능한 제도 개선과 공동체 중심 치안 시스템 수립을 이끄는 중핵적 도구로 발전할 것이며, 한국 경찰 외교의 미래를 뒷받침하는 핵심 축으로서의 위상을 더욱 공고히 할 것이다.

3 치안 ODA 추진 현황 및 주요 성과

한국 경찰은 외국 경찰과 치안협력 네트워크를 구축, 재외국민보호 및 공조수사 등 성과 도출을 위해 다양한 국제협력활동을 추진하고 있으며, 특히 전 세계에서 인정받는 우수한 치안역량과 시스템을 외국 경찰과 공유하기 위해 치안협력사업을 적극 추진하고 있다. 2014년부터 KOICA와는 공공협력 분야에 ODA 사업, 2017년부터는 자체 치안 ODA 사업을 추진하고 있다.

2014년부터 현재까지 총 31건·809억원 규모의 ODA 사업을 추진해왔고, 2012년부터 치안전문가 파견연수사업 등도 병행하여 한국 경찰의 치안기법을 전 세계경찰에게 전수하고 있다.

* 〈치안전문가 파견〉 '12년 ~ '23년간 총 42개국 대상 220회 658명 파견, 7,337명 교육
〈초청 연수〉 '05 ~ '23년도 총 83개국 대상 176개 과정 4,913명 교육 (비대면연수 포함)

※ 경찰청 국제협력관실 참고자료

치안 ODA는 마약·피싱사기 등 초국경범죄, 도피사범 및 재외국민 사건사고 등 대응을 위한 국제공조는 선택이 아닌 필수로, 경찰청에서는 중점협력국 대상 국제협력사업을 통해 해외 경찰기관과의 치안협력 네트워크 강화 기반을 마련하고 이를 통해 재외국민보호 및 치안시스템·장비 수출 등을 지원하기 위해서 시작되었다. 이전에도 선진치안시스템 전수사업 일환으로 전문가 파견과 초청연수를 통해 한국 경찰의 치안역량을 전수하여 왔으며, 2015년 치안한류센터를 개소하면서 치안 ODA 사업도 본격적으로 추진되었다.

국제협력사업은 재원을 기준으로 일반예산 사업과 ODA 사업으로 구분되는데 전자에는 치안전문가 파견과 초청연수가 있으며 2012년부터 대테러·수사기법 등 관련 치안전문가를 파견하거나 해외경찰 초청연수를 통해 한국 경찰의 치안력량을 전수하였다.

[그림 5] 전문가파견 초청연수 교육현황

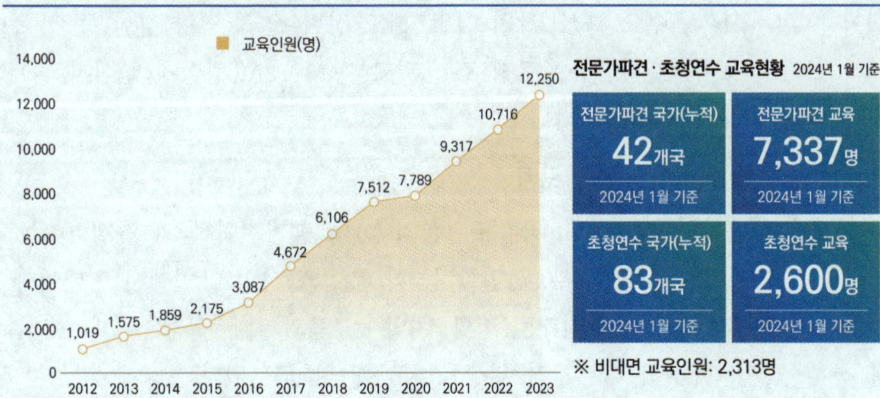

출처: 경찰청, 치안 ODA 10년 백서 (2025)

4 치안 ODA의 추진체계와 유형: 치안외교 실천의 입체적 구조

치안 ODA는 단순한 기술 협력을 넘어, 대한민국 경찰의 외교적 기능이 내재된 전략적 개발협력 수단으로 진화하고 있다. 이는 경찰청이 단독으로 추진하는 사업을 넘어, 외교부·KOICA·타 부처·재외공관 등과의 유기적 협력 속에서 구체화되는 국가 수준의 공공안전 외교라 할 수 있다. 최근에는 정책 외교와 기능 외교의 경계가 허물어지는 흐름 속에서, 치안 ODA가 한국형 치안외교의 대표 전략으로 주목받고 있다.

1) 추진체계: 다중 채널 협력 기반

치안 ODA는 다음 세 가지 경로를 통해 추진되며, 이는 한국형 치안외교가 다기관 협업체계와 전략적 실행력을 동시에 갖춘 모델임을 보여준다.

▸ 경찰청 자체 추진형 ODA

경찰청 국제협력관실에서 직접 예산을 편성하고 기획·시행하는 방식이다. 주로 단기 연수, 기술 세미나, 현장 컨설팅, 전문가 파견 등의 비교적 중소형 사업이 포함되며, 기동성과 실행력이 높다는 장점이 있다.

▸ KOICA 협력형 중·장기 프로젝트

경찰청과 KOICA 간의 협약을 기반으로 기획되는 중장기 통합형 ODA 모델이다. 현지 조사, 수요 분석, 장비 지원, 제도 정비, 인적 역량 강화 등 전 주기적 협력이 포함되는 복합 프로젝트로, 외교부·KOICA·경찰청의 삼자 파트너십 구조가 대표적 특징이다.

▸ 범정부 연계형 개발협력 모델

외교부의 중점협력국 정책, 국무조정실의 ODA 중기전략 등과 연계하여 보건복지부, 과학기술정보통신부, 산업부 등 타 부처의 사업과 연계된 형태이다. 예컨대 치안+보건, 치안+디지털 전환, 치안+교육과 같은 융합형 ODA 사업을 통해, 치안 ODA의 다부처적 위상을 확보해 나가고 있다.

이러한 추진체계는 치안 ODA가 단지 경찰 내 기능사업에 머무는 것이 아니라, 국가 전략 차원의 개발협력–외교–치안 융합 구조로 진화하고 있음을 보여준다.

2) 사업 유형: 수단별 복합화 구조

치안 ODA는 크게 다음의 세 가지 실행유형으로 구분되며, 이는 목적과 방식에 따라 유연하게 결합되어 추진되는 것이 일반적이다.

▸ 치안전문가 파견형 사업

수원국의 경찰청 또는 법집행기관에 치안전문가인 한국 경찰관을 파견하여 현장 기반의 수사교육, 조직 운영, 치안기획, 디지털 포렌식 등의 실무지도 및 자문을 제공한다. 이는 상호 신뢰 형성과 현지제도 이식에 효과적인 방식이다.

▸ 외국 경찰관 초청 연수형 사업

수원국 경찰 간부 또는 실무자들을 한국으로 초청하여 중앙경찰학교, 경찰대학, 경찰수사연수원 등에서 이론 및 실습 교육을 수행한다. 특히 스마트112, 과학수사, 공동체 치안 모델, 성폭력 대응 등 한국의 핵심 역량을 체험하는 장으로 기능하고 있다.

▸ 치안 인프라 구축 및 장비 지원형 사업

CCTV, 통합관제센터, 통신 시스템, 디지털 수사장비 등 ICT 기반 치안 인프라를 제공하는 유형이다. 단순 장비 기증에 그치지 않고, 운영 매뉴얼, 사용자 교육, 유지관리 역량 강화까지 포함하는 통합형 모델로 발전하고 있다.

특히 최근에는 이들 세 유형이 '연수 → 파견 → 인프라 구축 → 지속 컨설팅'의 순환형 구조로 통합된 모듈형 전략으로 추진되고 있으며, 이는 지속가능성과 현지 내재화라는 두 가지 과제를 동시에 해결하는 실행 모델로 주목받는다.

5 치안 ODA의 외교적 실효성과 지속가능성 확보

1) 주요 성과

치안 ODA사업을 통해 국민안전과 국익 창출에 기여하는 성과가 도출되기 시작했다. 국제협력사업 및 교류를 통해 구축된 치안협력관계를 기반으로 외국 경찰과의 협상력과 한국 경찰의 요청에 대한 수용력을 높이고 있으며, 이를 기반으로 ▲재외국민보호 ▲해외도피사범 검거·송환 ▲마약 등 초국경범죄 대응을 비롯하여 치안장비 수출 지원 등 우리 국민의 안전·편익 및 국익 창출과 관련된 성과를 도출하고 있다.

치안 ODA는 단순한 원조를 넘어, 치안한류의 핵심 수단이자 한국형 치안외교의 실질적 성과가 가시화되는 대표 영역으로 발전해왔다. 2010년대 중반 이후, 경찰청과 KOICA가 공동 추진한 개발도상국 대상 치안 인프라 구축 및 교육훈련 프로그램은 아시아, 아프리카, 중남미를 중심으로 꾸준히 확산되고 있으며, 재외국민 보호, 현지 치안 안정화, 글로벌 치안 거버넌스 기여라는 세 축에서 의미 있는 성과를 보여주고 있다.

특히 베트남, 필리핀, 몽골, 인도네시아, 캄보디아 등 아시아 국가와 엘살바도르, 온두라스, 과테말라 등 중미국, 콩고, 앙골라 등 아프리카 국가에 이르기까지 CCTV 통합관제 시스템, 112신고체계, 과학수사 및 디지털 포렌식 시스템 구축이 현지 경찰력 강화에 직접적인 기여를 하였으며, 치안 ODA를 통해 연수과정에 참여한 해외 경찰 지도급 인사들이 자국에서 한국 경찰 시스템을 기반으로 한 개혁을 시도하는 사례도 등장하고 있다. 이처럼 치안 ODA는 기술이전뿐 아니라, 가치 기반의 외교수단으로 자리매김하고 있다.

▪ 국가별 주요 성과 ▪

구분	주요 성과
베트남	▸ ODA(1~3차 과학수사 역량강화 등), 문화교류 행사, 언어교육 과정 등 ⇨ 대전 신협 강도 검거·송환('23. 8월), 다낭 출국비자 발급권한 위임('23. 9월), 불법 도박사이트를 운영한 한국인 범죄자 5명 검거·송환('24. 6월)
캄보디아	▸ ODA(무도교관 역량강화 등) ⇨ 취업사기로 감금 · 납치된 7명 구출('24. 1월), 파타야 살인사건 공범 송환('24. 7월)
인도네시아	▸ ODA(사이버수사 역량강화 등) ⇨ 업무상배임 범죄자 검거 · 송환('19년 이후 첫 도피사범 검거·송환 사례)
치안장비 수출	▸ '23년 남아프리카공화국, 치안산업대전에서 지문현출용 특수광원 구매(35억 상당) ▸ '19년 UAE(아부다비) 경찰, 지문분말 등 감식장비 구매(900만원 상당) ▸ 사우디·칠레·에콰도르 등 세계 각국에서 우리 치안장비 구입 문의 등 관심 증대

출처: 경찰청, 치안 ODA 10년 백서 (2025)

이렇듯 치안 ODA는 한국 경찰의 국제신뢰 구축과 외교자산화의 기반 형성에 크게 기여하였다.

한국 경찰이 추진해온 치안 ODA는 단순한 개발도상국 대상의 치안기술 전수에 머무르지 않고, 국제사회의 신뢰를 확보하고 실질적인 외교자산으로 전환되는 토대를 마련했다.

첫째, 정량적 확산 성과 측면에서, 2024년 기준 110개국 이상의 국가에서 한국 경찰의 ODA 협력 경험이 누적되었고, 연간 400~500명 규모의 외국 경찰 초청 연수가 운영되고 있다. 또한 ICT 기반 치안장비 및 통합관제시스템 구축 등 인프라 사업도 20건 이상 추진되었으며, 이는 치안 ODA의 고도화된 운영능력을 보여준다.[19)]

둘째, 정성적 외교 성과 측면에서는, 치안 ODA를 통해 중견국 한국이 국제사회에서 신뢰할 수 있는 협력 파트너로서의 위상을 제고했다. 예컨대, 사이버 수사 및 디지털 포렌식 분야에서의 기술 협력은 단순한 장비 지원이 아닌, 공공안전 철학과 제도까지 아우르는 깊이 있는 교류로 평가된다. 일부 수원국에서는 치안 ODA를 통해 형성된 관계가 경찰주재관 또는 고위급 협력 채널로 확대되어, 실질적 외교 네트워크로 확장되고 있다.

셋째, 국내 치안산업과의 연계 성과도 주목된다. 치안 ODA 과정에서 소개된 스마트관제시스템, 지능형 범죄분석 솔루션, 범죄예방 환경설계(CPTED) 등은 관련 기업의 국제 진출 기반을 마련하는 데 기여하였다. 경찰청과 KOTRA 간의 협업을 통한 기술 수출 촉진, 치안산업박람회(K-PEX) 등을 통해 공공치안과 산업외교의 융합 모델이 실현되고 있다.

2) 주요 과제: 전략성, 지속가능성, 제도화의 세 축 강화 필요

그러나 이러한 성과에도 불구하고, 치안 ODA가 지속 가능한 외교전략으로 기능하기 위해서는 몇 가지 구조적인 과제를 해결해야 한다.

우선, 전략적 기획과 목표설정의 미비가 지적된다. 현재 ODA 사업은 수원국의 요청이나 부서 단위 제안에 기반하여 단기성과 위주로 설계되는 경우가 많아, 대륙별 거점국 설정, 중장기 협력 어젠다 구성이 부족한 실정이다. 장기적인 외교 자산화를 위해서는 치안 ODA를 '전략형 공공외교 사업'으로 승격

19) 경찰청 국제협력관실 참고자료

시키고, 이를 위한 체계적인 거버넌스 구조가 요구된다.[20]

또한, 전담 인력과 조직 역량의 한계도 분명하다. 다양한 전문성과 현지 적응능력을 요구하는 사업임에도 불구하고, 현재의 인력풀은 제한적이며, 파견 인력의 지속적 관리와 국제경험 축적 체계가 미흡하다. 퇴직 경찰관 등 유경험 인력의 활용, 국제개발협력 기반 교육 과정의 도입 등 인적 자원 측면의 개선이 시급하다.

아울러, 성과 평가 및 지속성 관리 체계도 강화되어야 한다. 현재는 연도별 실적 중심의 사업 평가가 이루어지고 있으나, 수원국의 제도 정착도, 기술 유지관리 수준, 수혜자 만족도 등을 반영한 다차원적인 평가 시스템이 필요하다.[21]

국가 간 협업 체계의 정비도 중요한 과제다. 경찰청–KOICA–외교부 간의 유기적 연계는 아직 초기 단계에 머물고 있으며, 실무 차원의 전략 공유와 중장기 공동 기획 체계가 미흡한 실정이다. 범정부 차원의 전략적 조정 기능이 마련되어야 하며, 치안 ODA를 단일 부처 차원이 아닌 국가 외교정책의 일부로 통합하는 제도적 조치가 병행되어야 한다.

이러한 과제를 해결하기 위해서는 치안 ODA의 정책 프레임을 재정비하고, 전략적 고도화를 추진해야 한다. 우선, 경찰청 내 전담조직을 중심으로 ODA 기획–집행–성과관리를 일원화하고, KOICA와의 공동 운영 체계를 강화하여 예산 운용의 일관성과 사업 설계의 전략성을 확보해야 한다. 또한, 국제개발학과 치안전문성을 통합한 치안 ODA 전문인력 양성체계를 제도화하고, 장기적인 인재풀을 구축하여 사업의 지속가능성을 보장해야 한다.

더불어, 치안 ODA는 단기적 프로젝트가 아니라 파트너 국가와의 중장기적 신뢰 관계 구축을 목표로 해야 한다. 이를 위해 사전 타당성 조사, 후속 관리 로드맵, 기술지속성 확보 방안이 포함된 일괄형 프로그램 도입이 필요하다. 나아가 UNODC, INTERPOL 등 국제기구와의 협력 확대를 통해, 한국 경찰이 글로벌 치안 거버넌스의 선도자로 자리매김할 수 있도록 외연을 확장해야 한다.

궁극적으로 치안 ODA는 경찰청 단위의 기술협력이 아닌, 한국형 치안철학과 공공안전 가치를 국제사회와 공유하는 국가 외교 전략의 핵심 수단이 되어

---

20) 문경연 외, 치안협력 중심국으로 도약을 위한 치안한류 세계화 방안. 경찰청 정책연구보고서 (2021)

21) 경찰청, 치안 ODA 10년 백서 (2025)

야 한다. 이를 위해서는 법·제도적 기반, 인적 역량, 재정 체계의 정비가 필수적이며, 국민적 공감대 형성과 국제사회 내 인식 제고 또한 병행되어야 한다. 이러한 기반 위에서 치안 ODA는 K-Policing과 함께 대한민국을 '글로벌 공공안전 리더 국가'로 도약시키는 전략 플랫폼으로 완성될 것이다.

6 정책적 방향 및 제언: 지속가능한 치안 ODA의 전략적 고도화를 위하여

치안 ODA는 단순한 경찰 기술이나 장비의 이전에 머무는 것이 아니라, 한국형 치안철학과 공공안전 가치를 국제사회와 공유하는 외교 전략의 핵심 수단이다. 따라서 향후 치안 ODA는 단기적인 사업성과를 넘어서 장기적인 제도 설계, 전략 목표와 연계된 플랫폼 구조의 강화라는 방향에서 고도화되어야 한다. 이를 위해 다음과 같은 정책적 과제가 제시된다.

1) 국가 차원의 전략 프레임 정비와 예산 체계 일원화

현재 치안 ODA는 경찰청 일반 예산과 ODA 예산이 이원적으로 운영되어 전략 기획과 자원 투입의 일관성이 떨어진다는 한계를 안고 있다. 일부 사업은 KOICA 주도로, 일부는 경찰청 자체 발굴로 진행되면서 종합적 기획과 중장기 전략이 결여되는 경우가 많다. 따라서 치안 ODA를 단일 플랫폼에서 통합·관리하는 체계를 마련해야 하며, 경찰청 내 전담 조직을 현재의 계 단위 수준에서 국 단위 이상의 전문 조직으로 확대하여 기획-집행-성과 관리의 일원화를 추진할 필요가 있다. 동시에 KOICA 등 외교부 산하 개발협력 기관과의 협업을 통해 ODA 프레임 내 치안 분야의 우선순위를 높이고, 예산 배분 과정에서 실질적인 기획권과 집행력을 확보하는 제도적 장치가 마련되어야 한다.

2) 치안 ODA 전문가 양성체계의 제도화

치안 ODA는 단순한 파견 경험만으로는 수행하기 어려운 복합적 역량을 요구한다. 현지 치안 수요 분석, 다문화 이해, 국제 협상, 제도 설계, 기술 지원, 법제 정비 등 다양한 능력이 필요하다. 그러나 현재는 일반 외사경찰 파견 경험에 의존하는 경우가 많아 전문성 축적이 어려운 구조다. 따라서 경찰대학, 중앙경찰학교, KOICA 글로벌 연수원 등을 연계한 통합 교육 과정을 마련하고, 국제개발학·치안정책학·공공외교 훈련을 결합한 전문 인력 양성 시스템을 제도화할 필요가 있다. 또한 기존의 치안전문가 제도와 연계해 파견 전 교육–현지 활동–귀국 후 경력 관리가 하나의 순환 구조로 이어지도록 하고, 퇴직 경찰 인력까지 활용하는 장기적 인재풀을 구축함으로써 치안 ODA의 지속가능성을 강화해야 한다.

3) 성과 기반의 성숙한 파트너십 구축

지금까지의 치안 ODA는 단기적 프로젝트나 개별 장비 지원에 집중되는 경우가 많았다. 그러나 진정한 외교성과는 수원국과의 중장기적 파트너십 속에서 축적된다. 이를 위해 사전 타당성 조사, 현지 경찰력 수요 평가, 후속 관리 로드맵을 포함한 일괄형(Basket–type) 프로그램을 도입할 필요가 있다. 예컨대 외국 경찰관을 한국으로 초청해 연수를 진행한 뒤, 그 성과가 현지 경찰개혁 프로젝트와 연계되고, 다시 후속 기술 지원과 공동 연구로 이어지는 구조가 마련되어야 한다. 또한 성과 평가는 단순한 연수 인원이나 장비 제공 수치가 아니라, 제도 정착도·기술 유지관리 수준·수혜자 만족도 등을 반영하는 다차원적 시스템으로 전환되어야 한다. 이 과정에서 K–Policing 기술·장비 수출, 민간기업 참여, 산업외교와의 연계도 제도적으로 확대함으로써, 치안 ODA를 복합 외교자산으로 고도화해야 한다.

4) 국제기구와의 연계 강화 및 글로벌 리더십 확보

치안 ODA가 단순한 양자 협력을 넘어 국제사회에서 제도화된 위상을 확보하기 위해서는 국제기구와의 전략적 연계가 필수적이다. UNODC, INTERPOL, ASEANAPOL 등과 공동으로 기획한 경찰교육·치안개혁 프로젝트는 단지 수원국을 지원하는 것을 넘어, 국제 규범을 선도하는 행위자로서 한국 경찰의 위상을 높인다. 실제로 한국은 INTERPOL Future Policing 회의 개최, 한–아세안 치안협력포럼 운영 등을 통해 국제치안 어젠다를 주도한 경험이 있으며, 이러한 성과를 치안 ODA와 연계하면 "국제 표준 제안국(rule–setter)"으로의 입지를 강화할 수 있다. 나아가 국제기구 펀딩 프로그램과의 연계를 통해 치안 ODA의 재정적 기반을 확대하고, 글로벌 네트워크 속에서 한국 경찰의 존재감을 강화해야 한다.

5) 국민 공감대 확대와 치안 ODA의 외교적 가치 제고

치안 ODA는 경찰청 단일 사업이 아니라 국가 외교정책의 일부로 자리매김해야 한다. 이를 위해서는 외교부, 기획재정부, KOICA 등과 범정부 외교조율 체계를 마련하는 것이 중요하다. 동시에 국민적 공감대 확보가 필수적이다. 치안 ODA의 필요성과 성과를 알리는 정책 백서 발간, 언론 캠페인, 국제 컨퍼런스 개최는 국민의 이해와 지지를 넓히는 중요한 수단이다. 나아가 대학 교양과정이나 시민 대상 강연, 다큐멘터리·SNS 홍보를 통해 치안 ODA의 외교적·인도적 가치를 일상적 언어로 전달할 필요가 있다. 이는 정책의 지속성과 제도 정착을 위한 강력한 사회적 기반이 된다.

궁극적으로 치안 ODA는 경찰청 차원의 단일 프로젝트가 아니라, 대한민국이 글로벌 공공안전 분야에서 신뢰받는 리더 국가로 도약하는 전략 플랫폼이다. 이를 위해서는 ▲법·제도적 기반 정비, ▲전문화된 인적 역량 강화, ▲안정적 재정 확보, ▲국제기구 연계 확대, ▲국민 공감대 강화가 종합적으로 추진되어야 한다. 치안 ODA가 K－Policing과 함께 외교·개발·산업을 아우르는 복합 플랫폼으로 자리잡을 때, 한국 경찰은 국제사회에서 규범 제안자이자 전략적 협력 파트너로서의 위상을 공고히 할 수 있을 것이다.

7 K-Policing과 치안 ODA: 전략적 융합과 글로벌 외교플랫폼의 완성

K－Policing과 치안 ODA는 출발점과 방식은 다르지만, 한국 경찰의 철학과 시스템을 국제사회에 전파한다는 점에서 본질적으로 맞닿아 있다. 전자가 국가 브랜드와 신뢰 확산을 중심으로 한다면, 후자는 개발협력과 제도 정착을 통한 국제 파트너십 구축에 초점을 둔다. 그러나 실제 현장에서는 두 전략이 상호보완적으로 작동하며, 통합적 접근을 통해 더욱 강력한 외교 플랫폼으로 진화할 수 있다.

첫째, 목표의 통합이 필요하다. K－Policing은 한국의 치안철학을 브랜드화하는 공공외교의 수단이고, 치안 ODA는 개발협력을 통한 제도적 역량 강화의 도구다. 남미 국가의 스마트112 시스템 구축 사례처럼, 양 전략이 결합할 때 국가 브랜드와 국제협력이 동시에 강화된다.

둘째, 기능적 연계가 요구된다. 치안 ODA가 법제·장비·훈련을 통한 제도적 기반을 마련한다면, K-Policing은 시민 중심의 운영철학과 공동체 치안 모델을 수출한다. 두 전략이 결합할 때 단순한 기술 이전이 아니라, 제도-교육-기술-문화가 어우러진 종합적 협력모델이 완성된다.

셋째, 조직과 인력의 통합 운영이 필요하다. 현재 두 전략은 부서와 담당 체계가 분리되어 있어, 효율성이 떨어진다. 국제협력국 중심의 통합 기획체계, K-Policing 경험자와 치안 ODA 실무자의 교차 참여, 공동 보고서 발간과 같은 제도적 장치가 마련된다면, 일관된 외교 메시지를 형성할 수 있다.

넷째, 국제무대 공동 활용이 중요하다. IPS(국제경찰청장회의), 한-아세안 치안포럼, INTERPOL 총회와 같은 다자 플랫폼에서 K-Policing 성과와 치안 ODA 사례를 함께 제시할 경우, 한국 경찰의 종합적 치안외교 모델을 국제사회에 브랜드화할 수 있다.

요컨대, K-Policing과 치안 ODA는 한국형 치안외교의 두 축으로서, 개별 전략이 아니라 융합된 플랫폼으로 설계될 때 비로소 지속가능성과 파급력이 극대화된다. 향후 이 둘을 아우르는 '치안외교 통합 추진체계'를 제도화하여, 대한민국이 국제사회에서 신뢰받는 규범 제안자이자 전략적 협력 파트너로 자리매김하도록 해야 한다.

8 치안 ODA와 치안산업의 연계 - 전략적 산업외교의 출발점

치안 ODA는 단순한 개발도상국 대상 공공안전 지원을 넘어, 치안산업의 글로벌 진출을 촉진하고 국가경제에 기여하는 전략적 산업외교 수단으로 진화하고 있다. 특히 ICT 기반 스마트치안 기술과 디지털 장비에 대한 수요가 증가하는 가운데, 한국의 치안 ODA는 단순한 기술 이전이 아니라 제도·철학·기술이 결합된 통합형 모델로 국제사회에서 주목받고 있다.

1) 성과와 긍정적 흐름

치안 ODA는 실제 현장에서 치안산업 진출의 교두보로 기능하고 있다. KOICA와 경찰청이 공동으로 추진한 연수와 컨설팅을 통해 스마트112, CCTV 통합관제, 디지털 포렌식 시스템 등 한국형 모델을 경험한 외국 경찰은 자국

내 도입 의사를 표명하는 경우가 늘고 있다. 이는 단순 연수를 넘어 장비 수출－운영체계 구축－후속관리로 이어지는 패키지형 협력 구조로 발전하고 있다.

또한 2020년 체결된 경찰청－KOTRA 간 MOU를 기반으로, 공공 입찰 참여 기회가 민간기업에 열리면서 치안 ODA가 기업 수출의 발판이 되고 있다. 특히 K－PEX(치안산업박람회)는 ODA 성과를 활용해 해외 경찰 관계자와 국제기구 인사를 초청하고, 검증된 장비·시스템을 소개하는 중요한 산업외교 플랫폼으로 자리잡았다.

2) 한계와 과제 - 제도적 기반과 운영상의 미비점

치안 ODA가 산업외교의 새로운 수단으로 확장되고 있음에도 불구하고, 몇 가지 구조적 한계가 분명히 존재한다. 무엇보다 법적 기반의 미비가 가장 큰 제약 요인으로 지적된다. 「치안산업진흥법(안)」이 20대 국회에서 발의되었으나 기획재정부의 이견으로 폐기된 뒤, 21대 국회에서 재발의되었음에도 아직 제도화되지 못한 현실은 치안산업 육성과 국제 진출 지원에 있어 제도적 토대가 여전히 불안정함을 보여준다. 법적 장치가 마련되지 않는다면 공공조달, 연구개발, 수출 지원 등 핵심 영역에서 치안산업이 국가 차원의 체계적 지원을 받기 어렵다.[22]

또한, 수출 인증과 품질 보증 체계의 미비도 중요한 과제로 남아 있다. 치안 ODA와 연계된 장비·시스템이 국제 입찰 시장에서 경쟁력을 확보하기 위해서는 일정 수준 이상의 품질·실적 인증이 필수적이지만, 현재는 개별 기업이 각국의 까다로운 절차를 독자적으로 감당해야 하는 실정이다. 그 결과, 우수한 기술력을 보유한 중소기업조차도 해외 시장 진입에 어려움을 겪고 있다.

아울러, 경찰주재관의 역할은 아직 확장 여지가 크다.

현지 경찰과 긴밀한 네트워크를 보유한 주재관은 산업외교의 중요한 매개자로 기능할 잠재력이 크지만, 현재는 범죄수사 협력 등 본연의 외사 업무에 주력하는 경우가 많다. 따라서 산업 진출과 연계된 수요 파악, 기업 제품 소개, 후속 관리 등의 기능은 향후 제도적 뒷받침을 통해 보다 체계적으로 강화될 필요가 있다. 이는 주재관의 활동 영역을 '치안외교관'으로 발전시키려는 최근 논의와도 맥을 같이 한다.

22) 국회입법조사처. (2021). 치안산업 진흥 관련 법제 동향.

결국 치안 ODA가 산업외교로서의 가치를 온전히 발휘하기 위해서는 법·제도적 기반의 확립, 인증체계의 강화, 주재관 역할의 확대 등 다층적인 과제가 동시에 해결되어야 한다. 이러한 기반이 마련될 때, 치안 ODA는 단순히 경찰 장비 수출의 전초단계를 넘어, 개발·산업·외교가 긴밀히 연결된 융합형 국가전략 플랫폼으로 자리매김할 수 있을 것이다.

3) 정책적 제언: 치안 ODA와 치안산업의 조화로운 발전을 위하여

치안 ODA가 산업외교와 연계되는 과정은 분명 긍정적인 가능성을 보여주고 있다. 다만, 이 과정이 단순히 장비 수출이나 경제적 이익으로만 협소하게 해석되는 것을 경계할 필요가 있다. 치안 ODA의 본래 목적은 개발도상국의 치안 역량을 강화하고 국제사회의 공공안전을 증진하는 데 있으며, 산업적 성과는 그 과정에서 부수적으로 창출되는 파급 효과로 이해하는 것이 바람직하다. 따라서 정책적 제언은 경제적 성과와 공공외교적 가치가 균형을 이루는 방향으로 모아져야 한다.

첫째, 치안산업을 제도적으로 지원할 수 있는 기반 마련이 필요하다. 최근 국회입법조사처(2021)는 「치안산업 진흥 관련 법제 동향」에서 치안산업이 공공안전 분야의 새로운 성장 동력으로 부상하고 있음을 지적하며, 이를 지원하기 위한 법적·제도적 체계의 정비 필요성을 제시한 바 있다. 이러한 논의는 단순히 산업 진흥의 차원을 넘어, 치안 ODA와 연계된 국제협력 사업이 보다 안정적이고 지속가능하게 운영될 수 있는 법적 틀을 제공한다는 점에서 의의가 크다.

둘째, ODA와 연계된 치안기술 및 장비 수출은 엄격한 품질 기준과 투명한 절차를 통해 추진되어야 한다. 치안 ODA 연계 수출 인증 제도를 도입해 일정 기준 이상의 품질과 실적을 보유한 기업이 국제 입찰에 참여할 수 있도록 제도화할 필요가 있다. 이는 OECD DAC와 KOICA의 성과관리 가이드라인에서 강조하는 '품질보증과 공공성 확보 원칙'과도 부합한다.[23] 국제개발협력의 성격상, 단순한 상업적 논리를 넘어 공공성과 신뢰성을 우선하는 제도적 장치가 필요하다. 예를 들어, 일정 기준 이상의 실적과 품질을 보유한 기업이 국제 프로젝트에 참여할 수 있도록 인증 제도를 마련한다면, 민간기업의 참여 기회를

23) OECD DAC. (2021). Development Co-operation Report 2021. OECD Publishing. / KOICA. (2020).

확대하면서도 국제사회에서의 신뢰도 역시 제고할 수 있을 것이다.

셋째, 해외 파견 경찰관의 역할도 보다 다면적으로 확장될 필요가 있다. 지금까지는 주로 수사 공조와 재외국민 보호 역할에 집중되어 왔다면, 앞으로는 현지 경찰과의 네트워크를 활용하여 국내 기업의 기술과 장비를 소개하고, 수요를 파악하며, 사업 후속관리에도 일정 부분 기여할 수 있도록 지원체계를 갖추는 것이 바람직하다. 이는 경찰의 외교적 위상과 산업적 성과가 동시에 조화를 이루는 기반이 될 수 있다.

결국, 치안 ODA와 치안산업의 연계는 "산업의 성장"과 "공공안전 기여"라는 두 목표를 조화롭게 달성할 때 그 진정한 가치가 실현된다. 따라서 경찰청은 외교부·KOICA·산업부·KOTRA 등과의 협력체계를 강화하고, 치안 ODA를 단순한 원조가 아니라 외교·개발·산업을 아우르는 전략적 플랫폼으로 발전시켜야 한다. 이렇게 될 때, 한국 경찰은 단순한 치안 기술 제공자를 넘어 글로벌 공공안전 생태계의 신뢰받는 협력 파트너이자 규범 제안자로 자리매김할 수 있을 것이다.

결과적으로 치안 ODA는 단지 경찰 기술 수출의 전초 단계가 아니라, 외교·개발·산업을 유기적으로 연계하는 복합 전략 플랫폼이다. 향후 경찰청은 기획 단계에서부터 외교부·KOICA뿐 아니라 산업통상자원부, KOTRA, 중소벤처기업부 등과 협업 체계를 강화해야 하며, 이를 통해 한국형 치안산업의 국제화 전략을 가속화해야 한다. 이러한 방향은 K-Policing의 철학, 치안 ODA의 신뢰 자산, 치안산업의 기술경쟁력을 통합적으로 결합한 새로운 외교모델로 진화할 수 있으며, 대한민국을 글로벌 공공안전 생태계의 핵심 행위자로 도약시키는 토대가 될 것이다.

제 4 절 해외 파견제도: 치안외교의 최전선과 실천 주체

1 서론: 치안외교의 최전선을 연결하다

'내가 처음 주재관으로 나갔던 날을 떠올린다.'

비행기에 오르기 전, 나는 단지 '현지 협력만 잘하면 되겠지'라고 생각했다. 하지만 막상 현지에 도착해보니, 나는 한국 경찰을 대표하는 첫 얼굴이자 마지막 창구였다.

해외 파견제도는 치안외교의 최전선이다. 주재관은 외교 현장에서 실시간으로 대응하고, 파견 경찰은 수사·기술·교육의 실무를 통해 한국 경찰의 신뢰를 세계에 심는다. 그들은 단순한 '보직'이 아니라, 그 자체로 하나의 플랫폼이자 다른 치안외교 수단들을 현장과 연결하는 핵심 접점이다.

이러한 경험은 단적으로 보여준다. 해외파견제도는 단순한 인사정책이 아니라, 국가 전략의 전초기지이자 경찰 외교의 시작점이다. 치안외교의 모든 철학과 정책, 전략은 결국 현장을 지키는 사람, 파견된 그 경찰의 손끝에서 완성된다. 그들이야말로 '대한민국 치안외교의 살아 있는 전략'이다.

국가를 대표하는 경찰 외교관으로서, 이들은 단순히 사건을 해결하는 것을 넘어, 국익을 실현하고, 신뢰를 쌓으며, 외교를 실천하는 전략적 주체들이다. 치안외교가 개념을 넘어 실행으로 이어질 수 있는 이유는, 바로 이들이 '세계 속 현장'에서 플랫폼을 구축하고 있기 때문이다.

2 파견유형별 제도 개요

치안외교가 외교 전략의 하나로 작동하기 위해서는, 현장에서 이를 구체적으로 실현할 수 있는 인적 플랫폼이 필수적이다. 바로 이 역할을 수행하는 것이 경찰 해외파견제도이다. 이 제도는 경찰주재관, 국제기구 협력관, 코리안데스크 협력관, 경호주재관, UNPKO(평화유지활동) 파견 등 다양한 형태로 운영되며, 한국 경찰의 외교적 역량을 직접 세계 현장에서 구현하는 핵심 실행 구조로 작동하고 있다.

대한민국 경찰은 1967년 최초의 해외 경찰주재관을 일본에 파견한 이후, 현재 전 세계 공관과 국제기구에 80명이 넘는 경찰 인력을 파견하여 치안협력, 공조수사, 재외국민 보호, 국제기구 활동 등 다차원적 외교 활동을 수행해 오고 있다. 이러한 제도는 단순히 사건 대응의 기능을 넘어, 치안외교의 최일선에서 경찰의 외교 역할을 구현하는 전략적 수단이다. 현재 운영 중인 유형은 다음과 같다.

- **경찰주재관**: 주요 대사관 또는 총영사관에 파견되어 재외국민 보호, 경찰 협력, 수사공조, 치안정보 수집 등 현장 외교의 중심적 역할을 수행한다.
- **국제기구 협력관**: INTERPOL, 유엔마약범죄사무소(UNODC), 유로폴 등 국제기구에 파견되어 국제기구와 한국 경찰과의 유기적인 업무협력, 국제규범 개발, 정책 의제 주도, 다자협력 업무를 수행한다.
- **코리안 데스크 협력관**: 주로 동남아 주요 국가(필리핀 등) 경찰기관 내에 설치되어 실시간 수사공조, 한국 사건 대응 전담 창구 역할을 한다.
- **경호주재관**: 공관의 특별한 경호경비가 필요한 국가(이라크, 리비아 등)의 공관과 공관원에 대한 경비 및 경호, 현지 경찰과의 치안 협력 업무를 담당한다.
- **UNPKO 파견경찰**: 유엔 평화유지 활동에 참여하여 분쟁지역 경찰역량 강화, 지역 치안 유지, 인권 보호 활동 등을 수행한다.

3 성과와 과제: 외교 현장의 전략성과 지속가능성을 위한 과제 정립

1) 성과: 외교의 현장에서 '움직이는 대한민국'으로 작동하다

해외 파견제도는 한국 경찰의 치안외교 전략을 실현하는 가장 실질적이고 상징적인 수단 중 하나로, 다음과 같은 다층적 성과를 거두고 있다.

- **외교적 위상 제고**: 경찰주재관은 외교관과 함께 국가를 대표하는 인물로 활동하며, 수사 공조, 재외국민 보호, 위기 대응 등을 통해 현장에서 한국의 법치와 제도의 우수성을 전달하고 있다. 이는 외교부가 추진하는 공공외교(Public Diplomacy)와 긴밀하게 연계되며, 치안외교의 주체로서 경찰의 위상을 실질적으로 끌어올렸다.
- **국제 공조 시스템 정착**: 경찰주재관, INTERPOL 협력관, 코리안데스크 협력관 등은 현지 경찰과의 신속한 수사 공조 체계를 정착시킴으로써, 국외도피사범 검거, 국제범죄 정보 공유, 재외국민 안전 확보 등의 영역에서 가시적 성과를 내고 있다.
- **치안협력 네트워크 구축**: 장기간의 현지 근무를 통해 구축된 인적 네트워크는 치안 ODA, K–Policing 등 다양한 치안외교 수단을 효과적으로

연계·확산시키는 촉진제로 작용하고 있으며, 이는 파견국의 정부기관 및 국제기구와의 장기 파트너십 기반으로 발전하고 있다.

- **복합 외교자산으로의 진화**: 정상 외교 및 고위급 외교 채널과의 연계가 강화되면서, 파견 경찰은 단순한 치안 전문가를 넘어, 국가 전략 사업의 현지 실행자, 정책 연계자, 위기관리 컨트롤타워로 기능하고 있다.

이러한 성과들은 일회성에 그치지 않고, 경험의 축적 → 신뢰의 형성 → 제도화의 진전으로 이어지는 순환구조를 통해 치안외교의 지속가능성과 전략성을 동시에 확보하고 있다.

2) 과제: 정책형 플랫폼으로의 도약을 위한 구조적 과제

그러나 현재의 해외파견제도는 다음과 같은 과제를 안고 있다. 이는 단지 파견인력의 역량 문제를 넘어서, 제도적 틀과 국가 전략과의 연결이라는 보다 큰 구조적 도전에 해당한다.

- **선발과 준비의 제도화 미흡**: 파견 인력의 선발 기준은 잘 정비되어 있으나 선발 후 교육과정, 현지 적응을 위한 체계적 사전 준비 프로그램이 여전히 미흡하다. 파견국 특성과 임무에 따라 필요한 역량이 상이함에도, 일률적 인사 순환이나 경력 중심 선발이 일반적이다. 이는 파견 효과성을 제한하는 요소다.
- **현지 지원 및 사후관리 고도화 필요**: 주재관의 역할은 갈수록 확대되고 있음에도 불구하고, 현지 파견 경찰의 활동에 대한 체계적인 평가, 지원 인프라, 사후 활용 방안이 더욱 고도화 되어야 한다. 이는 현지에서 축적된 경험과 네트워크가 조직 전체의 전략자산으로 환류되지 못하는 결과를 초래한다.
- **다자외교 대응력의 부족**: 경찰의 해외파견제도는 주로 양자 협력 중심으로 설계되어 있어, INTERPOL, UNODC 등 다자외교 무대에서의 전략적 파견과 연결되는 시스템은 상대적으로 미흡하다. 앞으로 다자외교를 위한 국제기구 진출을 더욱 확대해야 하며 특히 중장기적으로 국제기구 내 고위직 진출을 고려할 경우, 체계적인 인재 양성과 포지셔닝 전략이 필요하다.
- **플랫폼 간 연계 미흡**: K-Policing, 치안 ODA, 다자협의체 및 치안포럼 등 다른 치안외교 수단과의 전략적 연계가 아직은 부분적이고 개별적으

로 이뤄지는 경우가 많다. 파견 경찰이 각 플랫폼을 종합적 전략 속에서 통합·활용하는 체계를 정립해야 한다.

3) 제언: 치안외교 플랫폼으로의 정착을 위한 정책방향

해외파견제도가 진정한 치안외교 플랫폼으로 정착하고, 장기적으로 지속가능한 전략수단으로 기능하기 위해서는 단순한 인사제도 차원을 넘어선 정책적·구조적 개선이 요구된다. 무엇보다 경찰 파견이 단발성 사건 대응의 수단이 아니라, 국가 외교역량의 확장 경로이자 대한민국 치안브랜드를 구축하는 플랫폼 전략의 핵심 자산이라는 인식 전환이 선행되어야 한다.

첫째, 사전훈련 체계의 전문화 및 정교화가 필요하다. 현재 파견 인력은 대체로 직전 보직이나 경력, 혹은 제한된 외사 경험을 기반으로 선발되며, 파견 직전의 준비교육은 비교적 단기적으로 진행되고 있는 실정이다. 그러나 실질적으로 파견국에서 직면하는 문제는 단순한 수사 협조가 아니라, 언어·문화적 차이, 현지 정치·법제 이해, 외교적 커뮤니케이션 감각까지 포괄하는 복합적 역량을 요구한다. 따라서 언어 능력과 외교 소양, 현지 문화와 법체계에 대한 심화 교육을 포함한 맞춤형 사전훈련 프로그램이 제도적으로 마련되어야 하며, 이는 단순 지식 전달이 아닌 국가 대표로서의 감수성과 리더십을 키우는 방향이어야 한다.

둘째, 전문직화 및 경력관리 체계의 도입이 필요하다. 경찰 해외파견은 단순한 보직 이동이 아니라, 장기적으로 글로벌 역량을 갖춘 경찰 외교관을 육성하는 과정이어야 한다. 이를 위해 각 파견 유형별 특성을 반영한 전문직 트랙을 내재화하고, 파견 전후 경력을 연결하여 지속적 성장을 지원하는 내부 경력관리 체계가 필요하다. 예컨대 경찰청 차원에서 '글로벌 치안전문가 트랙(GPS: Global Policing Specialist)'을 운영하여, 우수 인재를 조기 발굴하고, 언어·전문성·외교역량을 지속적으로 관리하는 시스템이 뒷받침되어야 한다. 파견 경험자는 일회성 활동자가 아니라, 치안외교의 전략 자산으로 재투자되어야 한다.

셋째, 치안외교 통합운영 체계의 구축이 필요하다. 현재 경찰 내 각 파견 제도는 경찰청 국제협력관실이 주도적으로 운영 관리하고 있으나 이를 총괄 관리하는 통합 조직이 확대 개편되어야 한다. 예를 들면 경찰청 국제협력관실내에 '치안외교센터'(가칭)와 같은 전담 조직을 설치하여, 정책 기획부터 선발, 교육, 파견, 성과 관리까지 전주기적 운영체계를 갖추는 것이 필요하다. 특히 이러한 통합조직은 각 파견 유형과 K-Policing, 치안 ODA, 다자포럼 등 치안외교 수단 간 플랫폼 연계를 설계하고 조율하는 컨트롤타워로 기능해야 한다.

넷째, 성과 평가 및 외교적 기여도 환류 시스템의 도입이 요구된다. 현재는 파견 경찰의 활동이 '몇 건의 공조사건 처리', '첩보 수집 건수', '얼마나 많은 외국 경찰과 교류했는가' 등의 정량적 성과로 제한적으로 평가되고 있으며, 정책 차원에서의 전략적 환류는 미흡한 실정이다. 그러나 실제 파견의 효과는 정성적 성과에서 나타나는 경우가 많다. 예컨대 현지 치안 시스템 개선에 기여하거나, 장기적 외교 관계를 선도하는 파트너십을 형성한 사례, 국제기구 내 정책 제안을 주도한 경험 등은 단순 수치로 환산하기 어려운 고부가가치 외교성과이다. 따라서 향후에는 외교적 기여도, 신뢰 자산 형성, 제도화 기여 수준 등을 더욱 반영한 다층적 평가체계를 도입하고, 이를 인사·보직·훈련 등의 후속 정책에 환류시켜야 한다.

이러한 제도적 기반은 단지 파견경찰 개인의 역량 강화에 그치지 않는다. 이는 경찰 조직 전체가 치안외교를 실천 가능한 전략 자산으로 관리할 수 있는 시스템 기반을 형성하는 과정이며, 나아가 대한민국이 글로벌 치안 거버넌스의 주도국가로 도약하기 위한 필수 인프라이기도 하다. 해외파견제도가 단순한 '사람 보내기' 수준에 머무르지 않고, 국가전략에 맞춰 조직적·정책적으로 설계된 플랫폼으로 정착되기 위해서는, 지금이야말로 이러한 전환의 기점이 되어야 한다.

4 전략 플랫폼으로서의 활용

해외파견제도는 단순한 인사 운용 수단이 아니라, 다양한 치안외교 전략이 현장과 접점을 이루는 '전략 플랫폼'으로 작동하고 있다. 이 제도가 단독으로 성과를 내는 구조가 아니라, 다른 치안외교 수단들과 상호 연계되어 외교적 시너지를 창출하고 있다는 점에서 그 전략적 활용 가능성은 매우 크다.

대표적인 예를 들면, 한 국가에 파견된 경찰주재관이 현지 경찰과의 협력을 통해 K-Policing의 우수 사례를 소개하고, 그 과정에서 치안 ODA의 수요를 발굴한다. 이후 이 국가에서 한국 경찰과의 협력을 국제적 수준으로 확산시키기 위해 다자협의체나 글로벌 치안포럼에 공동 제안하는 방식으로 발전된다면, 이는 경찰 파견 → 기술 이전 → 제도 확산 → 다자외교 연결이라는 총체적 치안외교 플랫폼의 작동 구조를 보여주는 전형적 사례라 할 수 있다.

이처럼 해외파견은 K-Policing, 치안 ODA, 국제기구 참여, 글로벌 포럼 개최 등 다양한 전략 수단의 전진기지이자 실행 매개로 기능한다. 즉, 치안외교라는 다층적 전략이 실현되는 현장 기반의 허브(hub)로서, 파견 경찰이 수행하는 활동 하나하나가 다양한 외교 정책들과 구조적으로 연결될 수 있다는 점에서 플랫폼 전략의 핵심이라 할 수 있다.

특히, 경찰청이 주도하는 IPS(국제경찰청장회의), 한-아세안 치안협력 포럼, 한-중-일 경찰협력회의 등과 같은 다자협력의 장에서도, 파견경찰이 구축한 현지 네트워크와 파트너십은 의제 설정과 외교 수용성 확보에 결정적인 역할을 한다. 다시 말해, 해외파견제도는 단순히 외사 기능의 연장선이 아니라, 다자적 거버넌스를 위한 외교적 자산이자 실천의 촉진제인 것이다.

궁극적으로는 해외파견제도가 이러한 다양한 치안외교 수단 간의 접점을 유기적으로 연결함으로써, 한국 경찰의 국제 전략이 개별 사업이 아닌 종합적 거버넌스로 전환되는 계기가 될 수 있다. 이는 '플랫폼'이라는 개념이 단순한 전달수단이 아니라, 성과가 축적되고, 자원이 연결되며, 인재가 순환되는 전략적 실행 체계라는 점에서 더욱 중요한 의미를 가진다.

따라서 향후에는 해외파견제도를 기반으로 한 치안외교 통합 전략을 보다 정교하게 설계하여, 파견 인력의 활동이 다른 외교 도구들과 상호작용할 수 있도록 플랫폼 간 통합 시나리오를 운영하는 것이 필요하다.

이 장에서는 해외파견제도를 치안외교 전략의 전진기지이자 플랫폼으로 조망하였다. 그러나 여기서 제시된 논의는 주로 제도의 구조적 의미와 정책적 과제에 초점을 맞추고 있다.

이어지는 제4장에서는 한 걸음 더 나아가, 실제 해외파견제도의 구체적 구성, 유형별 사례, 선발 및 준비 절차를 다룬다. 즉, 이번 절이 전략적 의미를 분석하는 '조망의 장'이었다면, 다음 절은 실천적 길라잡이로서 독자에게 직접적인 지침을 제공하게 될 것이다.

제 5 절 다자협의체 및 글로벌 치안포럼 운영

1 서론: 글로벌 치안외교의 새로운 무대

2024년 11월 영국 글래스고 INTERPOL 총회에서 연단에 섰을 때, 나는 단순히 한 조직을 대표하는 발표자가 아니었다. 그 순간 나는 대한민국이라는 국가의 신뢰와 치안철학을 세계무대에서 설명하는 '국가의 얼굴'이 되었다는 사실을 실감했다.

같은 해 10월, 서울에서 개최된 INTERPOL 미래치안회의에서는 전 세계 INTERPOL 회원국 대표들과 함께 치안 기술, 국제 규범, 협력 의제를 놓고 논의에 나섰다. 그 자리에서 나는 깨달았다. '이제 경찰도 국제 협력의 중심에서 단순히 협조하거나 대응하는 존재가 아니라, 의제를 제안하고 규범을 만드는 설계자가 되어야 한다.'

21세기의 국제치안 환경은 초국경 범죄와 복합위협의 시대다. 사이버 범죄, 테러, 조직범죄, 인신매매 등은 국경을 자유롭게 넘나들며 발생하고, 그 파급력은 더 이상 특정 국가만의 문제가 아니다. 이러한 현실은 각국 경찰이 자국 중심의 대응만으로는 효과적인 범죄 통제가 불가능함을 의미하며, 다자적 협력과 거버넌스 구축 없이는 지속 가능한 치안 확보가 어렵다는 점을 부각시킨다.

이제 경찰은 단순한 법 집행기관을 넘어, 국제 협력과 외교의 행위자로서의 역할을 요구받고 있다. 전통적으로 국가 간 외교는 외교부의 전유물처럼 여겨졌지만, 치안 문제의 글로벌화는 경찰조직을 외교적 행위자로 무대 위에 올려놓고 있다.

따라서 치안외교의 무대는 양자 교류를 넘어 다자 협의와 규범 협력의 장으로 진화하고 있다. 글로벌 치안포럼과 다자협의체는 그 진화의 중심에 있으며, 단순한 회의체를 넘어 치안외교의 전략적 구조화를 실현하는 핵심 무대로 자리 잡고 있다.

한국 경찰은 이 무대에서 더 이상 수동적 참가자가 아니다. 이제는 어젠다를 설계하고 규범을 제안하는 규범 제안국(rule-setter), 정책 발신자로 도약하고 있다. 그 배경에는 다자외교 역량 강화 전략과 국제적 신뢰 구축의 성과가 자리하고 있다.

실제로 한국 경찰은 INTERPOL, UNODC, ASEANAPOL 등 국제기구 기반의 다자 플랫폼에 지속적으로 참여하여 글로벌 신뢰를 쌓아왔으며, 동시에 한-아세안 치안협력포럼, 국제경찰청장회의(IPS), 한·중·일 경찰협력회의 등 한국 주도 다자 협의체를 설계·운영함으로써 본격적인 리더십을 실현해 나가고 있다.

이러한 흐름 속에서, 이 절은 다음 두 가지 질문에 답하고자 한다.

- 한국 경찰이 주도하고 참여하는 다자협의체와 국제 포럼은 어떤 전략적 구조와 의의를 갖는가?
- 한국 경찰은 어떻게 규범 제안국으로서의 위상을 확보하고 있으며, 이를 통해 치안외교의 실질적 성과와 브랜드 확장을 이루어가고 있는가?

결국, 이 절은 한국 경찰이 '참여하는 치안외교'에서 '설계하고 주도하는 치안외교'로 나아가는 전략적 경로와 의미를 해석하는 장이다. 이를 통해 다자협의체와 글로벌 포럼이 단순 교류의 장을 넘어, 치안외교의 구조화·제도화·브랜드화에 기여하는 전략 플랫폼임을 제시하고자 한다.

용어 정의 | 다자협의체 및 글로벌 치안포럼

이 책에서 말하는 "다자협의체 및 글로벌 치안포럼"은 한국 경찰이 주도하거나 적극적으로 참여하는 국제 치안 협력 회의체 및 다자적 의제 조정 포럼을 포괄하는 개념이다.
이는 단순한 친선 교류의 차원을 넘어, 정책 협의·정보 공유·국제 기준 수립·외교적 연대를 목적으로 구성된 전략적 플랫폼을 의미한다.
이러한 장을 통해 한국 경찰은 단순한 참가국(participant)**에 머무르지 않고, 의제를 제안하는 규범 제안국(rule-setter)**이자, 글로벌 치안 거버넌스를 설계하고 운영하는 구성자(actor)로서 국제적 위상을 강화해 나가고 있다.

2 한국 경찰이 주도하는 다자 협의체 - 치안외교의 리더십을 실현하다

한국 경찰은 단순한 참여국을 넘어, 국제 치안 협력의 설계자로 도약하고 있다. 특히 다자 협의체 운영은 치안외교의 주도권 확보와 지속가능한 국제 파트너십 구축을 가능하게 하는 전략적 수단으로 주목받고 있다. 이 협의체들은 단순한 정보 교류나 친선 교류를 넘어서, 의제 설정 → 공동 대응 → 규범 확산이라는 전 과정을 한국 경찰이 주도함으로써, 글로벌 치안 거버넌스의 핵심축으로 기능하고 있다.

1) 국제경찰청장회의(IPS: International Police Summit)

IPS는 경찰청을 대표하는 최대규모·최고위급 치안총수급 국제행사로 2015년부터 격년제로 개최하고 있다. 2023년 제4회 회의에서는 유럽·아시아, 미주 및 아프리카 권역까지 역대 최다 기관이 참석하여 성공리에 개최되었다(국가 31, 국제기구 4).[24] IPS는 전 세계 경찰 수장이 참석하여 '미래 치안과 국제 협력의 방향성'을 논의하는 글로벌 다자 플랫폼이다. IPS는 단순한 국제 콘퍼런스가 아니라, 다음 세 가지 점에서 전략적 의미를 갖는다.

- **의제 주도형 회의체**: AI 치안, 디지털 공공안전, 초국경범죄 대응 등 미래 치안 어젠다를 한국 경찰이 선도적으로 제안.
- **치안외교의 제도화 수단**: IPS의 정례화(2년 주기) 및 브랜드화는 한국 경찰이 주도하는 외교 플랫폼의 제도적 기반으로 기능.
- **다자연계의 허브**: INTERPOL, UNODC 등 국제기구와의 연계, 포럼 내 소주제별 기술 세션은 협력 심화로 이어지고 있다.

IPS회의 기간동안 참석 국가와 국제기구와 양자회담을 진행하고 MOU도 체결하는 등 실질적인 성과 도출로 이어지고 있다.

2025년 제5회 IPS는 참가국 및 기관 수를 역대 최대로 확대하고, 전시회·연수·포럼을 통합한 융합형 플랫폼으로 확장 개최되어 향후 K–Policing과 치안 ODA의 글로벌 외교 수단화에 중요한 촉진제가 될 전망이다.

---

24) '35개국 경찰' 한 자리에…2023 서울 국제경찰청장 회의", *뉴시스*, 2023.10.18.; "'초불확실성 시대의 치안 전략' 2023 서울 국제경찰청장 회의 개최", *아시아경제*, 2023.10.18.; "韓이 세계 치안 리더로…경찰청, 서울국제경찰청장회의 개최", *머니투데이*, 2023.10.18.; 경찰청, "경찰청, '초불확실성 시대의 치안 전략'을 주제로 2023 서울 국제경찰청장 회의 개최", *경찰청 정책브리핑*, 2023.10.19

2025년 제5회 국제경찰청장회의(IPS) 개막식 전경. 세계 35개국 경찰 수장이 참석한 가운데, 한국 경찰이 의제 주도국으로서의 위상을 강화하였다.

2) 한-아세안 치안협력포럼

2021년부터 치안협력 현안이 많은 아세안 국가의 국제범죄 대응역량을 강화하기 위해 초청연수로 시작되어 2024년부터는 한-아세안 정상회의 후속조치로 '한-아세안 치안협력포럼'으로 격상하여 매년 개최하고 있다.[25] 한-아세안 치안협력포럼은 동남아시아 지역과의 지속적인 치안 파트너십 형성을 목표로 정례 운영되고 있으며, 다음과 같은 특성을 가진다.

- **지리·정책 연계형 포럼:** ASEANAPOL과 연계하여 동남아 내 주요 치안이슈(사이버범죄, 마약, 인신매매 등)를 중심으로 정책협의를 추진
- **치안 ODA 및 K-Policing 연결축:** 포럼을 계기로 기술이전, 연수, 장비협력 등이 이어지며 외교 전략의 현장 실행력 강화
- **공공외교 모델로서의 가치:** ASEAN 국가들과의 신뢰 형성과 상생 협력의 상징으로 자리잡아, 한국의 중견국 외교 전략에도 기여

한국 경찰은 아세안 국가와의 협력 과정에서, 단순 수사협력 차원을 넘은 정책 공조와 제도화된 치안외교 파트너십을 실현해 나가고 있다. 이는 한국형 중견국 외교전략의 일환으로서의 치안외교 확장 모델로서 중요한 사례다.

25) 한-아세안 치안협력 포럼… 도피사범 협력 강화" — 연합뉴스, 2024.11.27

2024년 한-아세안 치안협력포럼에서 개회사를 하고 있다.

3) 한·중·일 경찰협력회의

한국 경찰청이 제안한 '3국 치안협의체 운영'이 2015년 3국 정상회의 공동선언문으로 채택, 국장급 회의로 3국 순환 개최되고 있다. 동북아시아 3국 간의 주요 치안 이슈를 다루는 이 협의체는 지정학적으로 민감한 이슈들을 경찰 간 실무협의를 통해 선제적으로 조율하고, 분쟁 예방 및 공동 대응 기반을 조성하는 데 기여하고 있다.

- **지역 긴장 완화의 안전판:** 마약, 테러, 조직범죄 등 초국경 이슈를 경찰 차원의 협력으로 접근
- **다층 협력 구조로 진화:** 외사 부서뿐 아니라 사이버, 수사, 경비 등 기능별 협력을 연계함으로써 치안외교의 통합 플랫폼으로 확대 중

2024년 한중일 경찰협력회의에서 양자회의를 하고 있다.

이러한 다자협의체 운영 경험은 단지 회의나 교류 수준에 그치지 않는다. 그것은 한국 경찰이 치안외교의 리더십을 실제로 실현하고, 나아가 국제 규범을 설계하는 주도국가로 전환되는 토대를 구축한 과정이라 할 수 있다.

한국 경찰은 이제 자국 내 치안역량을 넘어서, 국제사회와의 전략적 협력 구조를 설계하는 글로벌 행위자로서 자리잡고 있다. 다음으로는 이러한 리더십이 국제기구 참여와 글로벌 규범외교로 어떻게 확장되고 있는지를 살펴본다.

3 국제기구 참여를 통한 글로벌 규범 외교의 실현

한국 경찰의 치안외교는 이제 다자협의체 운영을 넘어, 국제기구 참여를 통한 글로벌 규범 설계자(rule-maker)로의 도약을 준비하고 있다.

경찰이 국제기구에 참여하는 것은 단순한 경찰 협력이나 정보 교환의 차원이 아니다. 그것은 경찰이 국제사회에서 규범을 함께 만들고, 정책을 주도하는 외교 행위자(actor)로서 인정받는 과정이며, 경찰 외교의 본격적인 제도화와 구조화의 길이다.

과거 경찰의 국제활동은 대부분 INTERPOL을 중심으로 한 범죄자 추적, 정보 교류 중심의 기능적 공조에 한정되어 있었다. 그러나 최근 들어 한국 경찰은 INTERPOL을 포함한 다양한 국제기구 내에서 의제 설정, 공동 규범 수립, 다자 연구, 글로벌 정책 협력 등으로 활동 범위를 대폭 확장하고 있다. 이는 곧 경찰조직이 전통적 외사 기능을 넘어, 외교적 역량을 가진 전문기관으로 진화하고 있음을 상징한다.

1) 전략적 의미: 규범 수용자에서 규범 설계자로

한국 경찰의 국제기구 참여는 글로벌 치안 거버넌스에 '따라가는 조직'에서 '설계에 참여하는 조직'으로의 전환을 의미한다. 외교부 중심의 전통 외교 영역에서 벗어나, 경찰이 범죄, 안보, 인권 등 분야별 국제 규범의 실질적 형성과 집행에 참여하는 것이다.

Jean-Paul Brodeur(2010)는 경찰이 국제기구와의 협력을 통해 "단일국가 내 법집행의 시대를 넘어 다층적 치안 거버넌스의 구성 주체로 재정의되고 있다"고 분석했다.[26)]

또한 Greener(2011)는 뉴질랜드 경찰의 국제기구 활동을 '공공정책 외교(Public Policy Diplomacy)'라고 명명하며, 이는 더 이상 파견이나 교류에 머물지 않고 외교정책으로 통합되어야 할 실천 영역임을 강조하였다.[27)]

이러한 이론들은 한국 경찰이 국제기구 참여를 통해 수행하는 외교적 역할을 정당화하는 개념적 근거가 된다.

2) 주요 국제기구에서의 활동 성과

① INTERPOL

1964년 회원국으로 가입한 이래 1999년 INTERPOL 총회를 서울에서 최초로 개최하였으며, 2024년 제1회 INTERPOL 미래치안회의 성공적으로 개최하며, AI 치안, 사이버 범죄, 디지털 수사 등 미래 지향적 의제를 주도하였다.

2029년 INTERPOL 총회를 다시 유치함으로써 한국 경찰의 글로벌 외교 역량을 전 세계에 입증한 사례로 평가받고 있으며 초국경범죄 대응을 위한 펀딩 프로젝트를 운영함으로써 INTERPOL 내에서 한국 경찰의 위상을 높이고 있으

---

26) Brodeur, J.-P. (2010). *The Policing Web*. Oxford University Press, p.437
27) Greener, B. K. (2011). The New Zealand Police and Public Policy Diplomacy. *The Round Table*, 100(413), pp. 161-173

며, 초국경범죄 근절에 지대한 기여를 하고 있는 것으로 평가된다.

② UNODC (유엔 마약범죄사무소)

UNODC는 마약 등 범죄예방 목적으로 1997년 오스트리아 비엔나를 본부로 설립된 UN 기관이다. 산하에 작전국, 조약국, 정책분석·공공관계국, 관리국으로 구성되어 있다. 한국 경찰청과는 2023.11월 INTERPOL 총회 기간중 경찰청장과 사무총장 양자회담을 계기로 공동협력을 위한 교류를 추진하여 2024.10월 LOI 체결, 2025.5월 MOU를 체결하였다.[28)]

UNODC와 MOU체결을 계기로 마약통제분야에 있어 마약통제를 위한 국제조약[29)] 이행 지원, 회원국 마약 예방 정책 수립·시행 지원, 전세계 마약 동향 분석을 협력하고 있으며 테러분야에 있어서도 테러방지·대응을 위한 UN 회원국의 입법 및 정책 수립 지원, 테러 방지를 위한 국가 간 협력체계 구축을 지원하고 있다. 조직범죄 분야에 관련하여 조직범죄 대응을 위한 국제협약[30)] 이행 지원, 신종 조직범죄 분석, 회원국 내 인신매매·마약 밀매 등 방지·대응 정책 수립을 지원하는 등 UNODC와의 협력 파트너십을 공고히 하고 있다.

③ UNPKO (유엔 평화유지활동)

한국 경찰은 유엔의 핵심활동인 평화유지활동에 적극 참여한다는 방침 아래 1994년 소말리아에 한국 경찰관을 최초로 파견함으로써 UNPKO 활동을 시작하였다. 이후 동티모르, 아이티, 남수단, 라이베리아 등에 파견해왔다. 그동안 참여한 미션에서 한국 경찰은 현지 법치 질서을 복원하고 지속가능한 평화를 정착시키는 협력자로서 높은 평가를 받아왔다. 특히 현장 친화적 치안시스템을 전파하고 여성 경찰관 파견으로 젠더 평등 실현에 기여함으로써 유엔과의 협력 플랫폼으로서 치안외교의 선구자로서의 역할을 하였다. 향후 파견 재개와 인력 확대를 통해 글로벌 평화안보 파트너로서의 위상을 확대할 것으로 기대된다.

---

28) 경찰청-UNODC, 초국경 범죄 공조 확대 업무협약 체결 (헤럴드경제, 2025년 5월 21일) 및 "마약 등 동남아 관련 범죄 막자"…경찰, 유엔과 맞손 (이데일리, 2025년 5월 22일) 참조
29) 마약 및 향정신성물질의 불법거래 방지에 관한 UN협약(90년) 등 한국을 포함 UN 193개 회원국 중 185개국 가입
30) 초국가적 조직범죄 방지협약(2000년)으로 조직범죄 대응 관련 가장 주요한 국제협약으로 한국은 2015년 가입

④ ASEANAPOL[31)]

아세안 회원국 간 국제범죄 공동대응을 위한 범죄정보 공유를 목적으로 설립된 치안총수급 회의체로 1981년 필리핀에서 첫 회의가 개최되었다. 한국은 2005년부터 아세아나폴 컨퍼런스에 참석, 2008년 대회국으로 격상되어 지속적으로 참여하고 있다. 치안협력, 수사공조 수요가 많은 아세안 국가들과의 체계적·조직화된 소통 채널 역할을 하고 있으며 동남아 지역 국가들과의 신뢰 기반 협력 강화, 공동선언문 참여, 법제 협력 기반 구축, 한국 경찰의 K-Policing 모델이 공식적 치안 파트너십의 플랫폼으로 자리잡고 있다.

이러한 활동은 단지 일회적 파견이나 발표를 넘어, 한국 경찰이 글로벌 치안 규범을 함께 설계하고 공동 운영하는 정책 파트너로 인정받고 있음을 보여준다.

3) 향후 과제와 확장 전략 - 국제 규범 설계자로의 도약

한국 경찰의 국제기구 참여는 이제 단순한 정보 교류나 협력의 차원을 넘어, 국제 규범을 설계하고 이를 주도하는 행위자로 발전할 수 있는 가능성을 보여주고 있다. 그러나 이러한 가능성을 실질적인 외교 전략으로 정착시키기 위해서는 몇 가지 중요한 과제가 남아 있다.

무엇보다 먼저 요구되는 것은 전략 어젠다의 발굴과 선점이다. 국제기구 무대에서 리더십은 단순히 발언의 빈도나 행사 참가 횟수로 평가되지 않는다. 어떤 의제를 먼저 제안하고, 그것을 국제 규범으로 구체화했는지가 곧 그 국가의 영향력이다. 한국 경찰은 디지털 치안, 사이버범죄, 인권 친화적 수사 모델과 같이 국제사회가 공감할 수 있는 주제를 발굴하고, 이를 선도적으로 의제화해야 한다. 특히 최근 급부상하는 딥페이크 범죄, 디지털 성범죄, 환경범죄 대응 전략은 한국 경찰이 강점을 보이는 분야이며, 국제기구 내에서 규범 제정으로 연결할 수 있는 중요한 기회가 될 것이다.

다음으로는 전문 인재 양성을 위한 제도적 인프라 구축이 필요하다. 지금까지 일부 우수한 경찰관들이 INTERPOL, UNODC, UNDP 등 국제기구에서 활동해 왔으나, 이들이 조직을 대표하여 리더십을 행사하고 정책 설계를 주도하

31) 회원국은 아세안국가 10개국이며, 대화국으로 한국을 포함한 9개국과 2개 국제기구, 옵저버 자격으로 피지를 비롯한 8개국과 4개 국제기구가 참여

는 단계로 발전하기 위해서는 중장기적인 인재 육성 로드맵이 뒷받침되어야 한다. 외국어 능력과 다자외교 역량, 정책 기획 경험, 디지털 기술 이해를 갖춘 국제 치안외교 전문가 풀(Pool of Experts)을 체계적으로 육성해야 한다. 이 과정은 단순한 파견 인력 확대가 아니라, 경찰관이 국제 무대에서 장기적으로 성장할 수 있는 경력 경로로 제도화되어야 한다.

세 번째로는 치안외교 콘텐츠의 국제 표준화가 필요하다. 한국 경찰이 자랑하는 K-Policing 모델, 스마트112, 과학수사 기법, 여성·아동 범죄 대응 시스템은 이미 여러 국가에서 호평을 받고 있다. 그러나 단순히 기술을 전수하거나 장비를 수출하는 데 그칠 것이 아니라, 이를 국제표준화기구(ISO)나 국제기구의 베스트 프랙티스(Best Practice)로 등록하여 국제사회가 공식적으로 인정하는 규범으로 승격시켜야 한다. 그렇게 될 때, K-Policing은 더 이상 일회성 협력 사업이 아니라, 세계 경찰이 참고하는 기준이자 '치안 한류'의 제도적 기반으로 자리 잡게 될 것이다.

네 번째로는 다자 공동 연구와 규범 설계 플랫폼 구축이다. 경찰 조직만으로는 새로운 글로벌 규범을 만들어내기 어렵다. 학계, 민간 기술 기업, 외교 전문가와 함께 연구 컨소시엄을 구성하여, INTERPOL이나 UN과 연계한 다자 공동연구를 추진해야 한다. 예컨대 "AI 기반 국제치안 거버넌스"나 "디지털 포렌식의 국제 규범화"와 같은 주제를 연구하여 정책 권고안으로 제시한다면, 이는 곧 국제 포럼의 공식 어젠다로 채택될 수 있다. 이러한 과정을 통해 한국 경찰은 단순히 국제규범을 수용하는 위치에서 벗어나, 규범 설계자(rule-maker)로서의 입지를 다질 수 있다.

마지막으로는 범정부 협력 체계와 제도적 기반 마련이다. 경찰 단독으로는 국제기구 활동의 외교적 파급력을 극대화하기 어렵다. 외교부, 산업부, KOICA, 문화체육관광부 등 다양한 부처와 협업하여, 경찰의 국제기구 활동 성과를 국가 외교성과와 유기적으로 연계해야 한다. 또한 이러한 활동이 경찰 내부 인사 제도와 승진 경로에도 반영되어야 한다. 국제기구 경험이 곧 경찰의 공식적인 커리어 트랙으로 인정될 때, 조직 전체가 치안외교를 국가 전략자산으로 인식하게 될 것이다.

결국, 한국 경찰의 국제기구 참여는 단순히 해외 활동의 확장이 아니라, 국제 규범을 함께 설계하는 과정으로 나아가야 한다. 이것이야말로 한국 경찰이 글로벌 치안 거버넌스에서 실질적인 영향력을 확보하고, 대한민국을 규범 선도국으로 자리매김하게 하는 핵심 전략이라 할 수 있다.

4 글로벌 치안포럼 - 한국형 플랫폼 외교의 전략적 실현

국제 치안외교의 무대에서 한국 경찰은 더 이상 단순한 참가자에 머물지 않는다. 이제는 국제사회에서 의제를 제시하고 협력의 구조를 설계하는 플랫폼 주관국(platform initiator)으로의 전략적 전환을 시도하고 있으며, 그 중심에는 글로벌 치안포럼(Global Policing Forums)이라는 외교 수단이 자리잡고 있다.

이러한 포럼은 단순히 회의와 교류의 장이 아니다. 그것은 국제신뢰를 설계하고 치안규범을 확산시키는 외교 플랫폼이자, K-Policing, 치안 ODA, 경찰 해외파견제도 등 치안외교의 다른 전략들과도 긴밀히 연동되는 통합적 실행무대이다. 특히 경찰청이 주도하고 있는 국제경찰청장회의(IPS), 한-아세안 치안협력포럼, 한중일 경찰협력회의 등은 한국 경찰이 직접 기획·운영하는 글로벌 치안포럼의 대표 사례로, 단순한 일회성 회의가 아닌 정례화된 외교 자산으로 기능하고 있다.

1) 정례화와 제도화 - 지속가능한 플랫폼 외교의 기반 마련

글로벌 치안포럼은 그 지속성과 영향력을 확보하기 위해 반드시 정례화와 제도화라는 전략적 기반을 필요로 한다.

국제경찰청장회의(IPS)는 이를 가장 모범적으로 실현하고 있는 대표 사례다. IPS는 2015년 이래 격년제로 정례화되어 왔으며, 세계 각국의 경찰 총수들과 국제기구 대표들이 참석하는 최고위급 경찰 외교회의체로 자리매김했다. 회의에서는 AI 치안, 사이버범죄, 공공안전, 스마트 기술 등 미래 치안 어젠다가 논의되고, 전략보고서, 정책 선언문, 치안기술 전시 등 다양한 프로그램을 통해 다자협력이 입체적으로 작동한다.

이러한 정례화는 단순히 행사의 반복이 아니라, 치안외교의 정책 연속성과 외교적 신뢰를 축적하는 제도적 장치로 기능한다. 국제사회는 '지속되는 플랫폼'을 통해 협력의 신뢰를 형성하고, 한국 경찰은 '정례화된 장'을 통해 리더십과 정책 연계를 강화할 수 있게 되는 것이다.

2) 국제기구와의 다자 연계 - 복합외교 플랫폼으로의 진화

글로벌 치안포럼은 이제 단일국가 중심의 행사에서 벗어나, INTERPOL, UNODC, ASEANAPOL, IACP 등 국제기구들과의 공동 개최 및 협력 연계 플랫폼으로 진화하고 있다. 예컨대, IPS에서는 INTERPOL과의 공동 세션 구성을 통해 사이버범죄 대응 전략을 공유하고, UNODC와는 마약, 인신매매대응 세미나를 공동 주최하는 등 국제기구의 기능을 한국 플랫폼과 유기적으로 통합하고 있다.

또한, KOICA와의 연계로 개도국 경찰 초청 연수를 병행하거나, KOTRA와 협업하여 치안산업 전시회를 포럼 내에 포함시키는 등 공공외교－산업외교－정책외교가 통합된 복합 외교플랫폼으로 포럼을 확장해가고 있다. 이러한 연계는 단순히 범위를 확장하는 것이 아니라, 한국 경찰의 플랫폼을 글로벌 거버넌스 체계 내 핵심 허브로 전환하는 전략적 기반이 된다.

3) K-Policing의 외교화 - 치안브랜드의 전략적 전파

글로벌 치안포럼은 K－Policing 모델을 전파하는 가장 효과적인 외교 수단이기도 하다. 치안기술 전시, 정책 세미나, 모범사례 공유 등의 구성은 한국 경찰이 보유한 스마트112, 여성·아동 보호, 과학수사, 범죄예방 시스템 등 우수한 치안 역량을 국제 파트너에게 구조화된 방식으로 소개하는 통로로 작동한다.

이는 단순한 정보 공유가 아니라, 신뢰 기반 파트너십의 형성과 한국형 치안모델의 제도화된 수용을 유도하는 실천 전략이다. 개도국 입장에서는 한국형 모델이 현장 적용성이 높고 비용효율도 우수하기 때문에, 포럼을 통해 이와 같은 모델이 소개되고, 이후 연수나 ODA, 협력관 파견으로 이어지는 흐름은 한국 경찰의 치안역량이 외교적 자산으로 전환되는 실제 과정을 보여준다.

4) 민간과 학계의 참여 - 사회적 외교로의 확장

최근의 글로벌 치안포럼은 경찰 중심의 회의에서 벗어나, 민간 전문가, 학계, 기술 기업, 시민사회가 함께하는 다층적 네트워크로 확장되고 있다. 이는 치안외교가 단순한 기관 간 외교를 넘어 사회 전체가 참여하는 '사회적 외교(Societal Diplomacy)'로 진화하고 있음을 시사한다.

예컨대, 과학수사 전문가와 디지털 보안 기업이 참여한 세션에서는 공공과 민간이 함께 협력 가능한 수사기법과 대응전략이 논의되고, 치안기술 전시 공간에서는 스타트업과 지방자치단체가 함께 개발한 시스템이 해외 관계자들에게 소개된다. 이와 같은 다자 주체 참여는 국제협력의 수직적 구조를 수평적 네트워크로 전환시키는 변화를 이끌고 있으며, 이는 향후 포럼이 신뢰의 공간이자 창의적 협력의 공간으로 지속될 수 있는 구조적 기반이 된다.

글로벌 치안포럼은 한국 경찰의 외교 무대를 변방에서 중심으로 이동시키는 전략적 플랫폼이다. 이 포럼은 단순한 회의체가 아니라, 정례화와 국제기구 연계, 치안콘텐츠의 외교화, 민관 협력의 사회화를 통해 치안외교의 구조화와 브랜드화를 실현하는 핵심 도구로 진화하고 있다.

나아가 이는 중장기적으로 국제 치안 거버넌스의 구조 설계자로서 한국 경찰이 실질적 영향력을 확보하는 기반이 될 수 있으며, 향후 글로벌 안전을 선도하는 중견국 외교 전략의 대표 사례로 자리매김할 것이다.

5 성과와 향후 방향 - 관계를 넘어 규범으로, 참여를 넘어 리더십으로

1) 치안외교 리더십의 성과: '전달자'에서 '설계자'로

지난 10여 년간 한국 경찰은 다자협의체와 글로벌 치안포럼을 통해 치안외교의 위상을 눈에 띄게 확장해왔다. 과거에는 국제무대에서 단순히 정보를 전달하는 참가자의 역할에 머물렀다면, 이제는 의제를 제안하고 협력 구조를 설계하는 규범 제안자(rule-setter)로 도약하였다. 이 같은 변화는 경찰이 단순한 협력 보조자가 아니라, 국가 외교를 떠받치는 전략 자산으로 기능할 수 있다는 사실을 보여준다.

그 대표적인 성과는 국제경찰청장회의(IPS)에서 확인된다. IPS는 단순한 정보 교류의 장을 넘어, 정책 의제를 선점하고 주제를 특화하며, 공동선언문을 채택하는 과정을 통해 국제 치안 규범을 형성하는 공론장으로 발전하였다. 이러한 경험은 한국 경찰이 국제사회에서 공론을 주도할 수 있는 능력을 입증한 사례라 할 수 있다.

또한 K-Policing은 단순히 치안 기술과 시스템을 수출하는 수준을 넘어, 국제사회가 신뢰하는 협력 콘텐츠로 자리 잡았다. 동남아시아와 중남미를 비롯한 여러 국가에서 한국형 치안 모델이 실제로 적용되며 그 효과가 검증되었고, 이는 치안 ODA 수요 창출과 국제기구와의 연계 확장으로 이어졌다.

국제기구와의 협력 또한 괄목할 만하다. INTERPOL, UNODC, EUROPOL, ASEANAPOL 등과의 연계 활동을 통해 한국 경찰은 단순히 참가국이 아닌 공동과제를 기획하고 운영하는 파트너 국가로 부상했다. 이와 같은 성과는 양적 확장이 아니라 질적 전환의 의미를 가지며, 치안외교가 현장 중심의 협력 차원을 넘어 정책 의제 설계, 다자 규범 형성, 글로벌 파트너십 구축을 주도하는 외교 행위로 발전했음을 보여준다.

2) 향후 전략 방향: 플랫폼 통합과 규범 리더십으로

이러한 성과를 토대로 한국 경찰은 앞으로 단순한 참여가 아니라 규범 리더십을 확보하는 방향으로 치안외교를 진화시켜야 한다. 우선, 국제 규범을 선도할 수 있는 전략적 어젠다를 발굴하는 역량이 필요하다. 디지털 치안, 환경범죄 대응, 인권 친화적 수사, 국제 사이버 협력 등은 국제사회가 공감대를 형성할 수 있는 분야이며, 한국 경찰이 선도적으로 제안할 수 있는 주제다. 이를 통해 국제 포럼에서 한국 경찰이 제시한 의제가 규범으로 구조화될 수 있도록 전략적 기획이 강화되어야 한다.

동시에 IPS, 한–아세안 치안협력포럼, 한·중·일 경찰협력회의 등 다양한 다자 플랫폼이 유기적으로 연결되는 선순환 구조가 필요하다. 지금까지는 개별 회의가 독립적으로 운영되는 경우가 많았지만, 앞으로는 상호 연계와 통합 설계를 통해 하나의 국가 치안외교 전략으로 기능해야 한다. 이를 위해 경찰청 내에 정책·교육·성과를 아우르는 전담 조직, 예를 들어 '치안외교센터(가칭)'를 신설하여 통합 관리 체계를 마련하는 방안도 고려할 수 있다.

또한 다자외교형 인재를 체계적으로 양성할 기반을 강화해야 한다. 단발성 파견에 그치지 않고, 국제무대에서 장기적으로 성장할 수 있는 글로벌 전문가 트랙을 제도화하여야 한다. 국제기구 근무 경험, 정책 협의 참여, 언어와 외교 감각을 단계별로 훈련할 수 있는 교육 체계가 마련되어야 하며, 이를 통해 경찰 외교 인재가 경력 전반에 걸쳐 성장할 수 있는 길을 열어야 한다.

마지막으로 디지털 기반 글로벌 거버넌스 참여를 확대하는 것이 중요하다. 전통적인 대면 회의 방식에서 벗어나, 연중 상시로 운영되는 디지털 협의체,

자동화된 보고서 발간 시스템, 각국 정책 대응 상황을 실시간 공유할 수 있는 플랫폼을 구축한다면, 한국 경찰은 미래형 치안외교의 선도자로 자리매김할 수 있을 것이다.

"치안외교의 시간은 흐르고 있다." 이제 한국 경찰은 국제사회에서 단순히 메시지를 전달하는 존재가 아니라 규범을 설계하는 주체이며, 단순히 자리에 함께하는 참가자가 아니라 협력을 조율하는 리더로서의 역할을 요구받고 있다. 다자협의체와 글로벌 치안포럼은 이러한 전략적 전환을 구체화할 수 있는 최적의 무대이며, 지금이야말로 이를 정책화하고 구조화하여 지속 가능한 국가 전략 자산으로 정착시켜야 할 시점이다. 치안외교의 미래는 선택의 문제가 아니라, 대한민국이 글로벌 안전 거버넌스에서 주도적 역할을 할 수 있느냐의 문제이기 때문이다.

제 6 절 치안외교 전략 플랫폼의 통합과 실행체계 - 전략은 연결될 때 힘을 갖는다

국제 사회에서 외교는 단일한 수단만으로 성과를 낼 수 없다. 특히 복합화되고 있는 글로벌 치안 환경에서는 다양한 도구가 유기적으로 결합해야만 의미 있는 결과를 만들어낼 수 있다. 치안외교 역시 마찬가지다. K-Policing, 치안 ODA, 해외파견제도, 다자협의체, 글로벌 치안포럼은 각각 독자적 가치와 목표를 지니지만, 이들이 하나의 전략적 플랫폼 속에서 상호작용할 때 비로소 실질적인 외교적 효과가 발휘된다. 따라서 치안외교의 지속 가능성과 전략적 파급력을 보장하기 위해서는 '플랫폼 외교'의 실행체계를 구축하는 일이 필수적이다.

1 플랫폼 간 유기적 연계

한국 경찰이 운용해 온 치안외교 전략들은 각기 지향점이 다르다. K-Policing

은 한국형 치안 모델의 브랜드화를, 치안 ODA는 개발협력을 통한 공공외교를, 해외주재관은 현장 중심의 실시간 외교를, 글로벌 포럼은 다자 규범의 형성을 목표로 삼고 있다. 그러나 이들이 개별적으로 추진될 경우 중복과 단절, 비효율이라는 한계가 발생한다.

반대로 전략이 서로 연계될 때 시너지 효과가 극대화된다. 예컨대 동남아 국가에서 주재관이 현지 경찰과 협력하면서 K–Policing 프로그램을 소개하고, 이를 치안 ODA 사업과 연계하여 ICT 기반 치안 솔루션을 제공하며, 동시에 해당국 경찰을 국제 포럼에 초청한다면, 단순한 사업의 나열이 아니라 상호 강화되는 전략적 연결망이 형성된다. 이러한 사례는 치안외교가 개별 사업의 합을 넘어, 시스템적 연계를 통해 외교적 파급력을 확장하는 방식임을 잘 보여준다.

2 플랫폼 기반 구조 설계

플랫폼 외교가 단순한 협업 수준에 머물지 않고 구조적으로 작동하기 위해서는 몇 가지 설계 요소가 필요하다. 우선, 각 전략 플랫폼의 관계를 전략지도(Strategic Map)로 시각화하여 공백 영역과 중복 자원을 파악하고, 자원 배분과 우선순위를 명확히 해야 한다. 다음으로, 경찰청 국제협력관실이 주도해온 현행 구조를 발전시켜, 치안외교를 전담할 허브 기관(예: 치안외교센터)을 설치하고, 전략 설계–집행–성과 환류까지 전 과정을 총괄하는 체계를 마련해야 한다.

또한 해외파견 인력 간 네트워크 강화가 필요하다. 주재관, ODA 전문가, INTERPOL 협력관, 국제기구 파견 인력 등이 정기적으로 교류하며 공동 전략과 프로젝트를 설계한다면, 지역 단위에서 통합적 효과를 창출할 수 있다. 마지막으로, 성과관리 역시 단순 건수 중심이 아니라 정성·정량 통합형 성과지표(KPI)로 재설계해야 한다. 외국 기관의 신뢰도, 정책 수용성, 공동 규범 제안 성과 등 질적 성과를 포함한 복합적 지표를 바탕으로 평가–보완–전략 수정이 이어지는 순환 시스템이 작동할 때, 치안외교는 장기적인 국가 전략 자산으로 자리 잡을 수 있다.

3 치안외교 플랫폼의 진화

오늘날 치안외교는 더 이상 경찰의 보조적 외사 기능이 아니다. 그것은 외교 무대에서 독립된 전략 주체로 발전하고 있으며, 그 핵심은 개별 전략을 하나의 통합 플랫폼으로 기획하고 운영하는 능력에 있다. 한국 경찰은 단순히 외교에 참여하는 존재를 넘어, 외교의 형식을 설계하고 새로운 구조를 만들어내는 플랫폼 디자이너가 되어야 한다. 나아가 플랫폼이 플랫폼을 초대하고, 네트워크가 네트워크를 조직하는 방식으로, 글로벌 치안외교의 생태계를 주도할 수 있는 국가 전략이 요구된다.

4 전략은 플랫폼을 통해 연결되고, 지속된다

오늘날 외교 경쟁의 승패는 개별 전략의 우열이 아니라, 전략들이 어떻게 연결되고 상호작용하며 지속성을 확보하는가에 달려 있다. 플랫폼은 단순한 정보 교류의 장이 아니라, 전략을 유기적으로 엮고 성과를 구조화하며, 외교 자산을 재생산하는 핵심 기반이다. K-Policing은 브랜드 수출, 치안 ODA는 신뢰 축적, 해외파견은 현장 실천, 다자협의체는 규범 형성이라는 역할을 수행한다. 이들이 플랫폼 전략 속에서 긴밀히 연결될 때, 그 효과는 단순한 합을 넘어서는 외교적 시너지로 발현된다.

결국 전략이 고립될 때 외교는 방향을 잃지만, 전략이 플랫폼을 통해 연결될 때 외교는 힘과 생명력을 얻는다. 치안외교가 오늘날 단순한 국제경찰 협력을 넘어 외교정책의 중요한 축으로 성장할 수 있었던 이유도 바로 여기에 있다. 이제 한국 경찰이 보유한 다양한 치안외교 전략은 그것들 자체의 우수성보다, 그것들을 어떻게 연결하고, 어떻게 지속시키느냐에 따라 국가 전략으로 완성될 수 있다. "전략은 연결될 때 힘을 갖고, 플랫폼을 통해 지속된다"는 말은 바로 치안외교의 본질을 가장 함축적으로 보여주는 선언이다.

참 고 문 헌

1. 해외 문헌

Anholt, S. (2007). Competitive Identity: The New Brand Management for Nations, Cities and Regions. Basingstoke: Palgrave Macmillan.

Brodeur, J.-P. (2010). The Policing Web. Oxford: Oxford University Press.

Cottey, A., & Forster, A. (2004). Reshaping Defence Diplomacy: New Roles for Military Cooperation and Assistance. Oxford: Oxford University Press.

Cull, N. J. (2009). Public Diplomacy: Lessons from the Past. Los Angeles: Figueroa Press.

Nye, J. S. (2004). Soft Power: The Means to Success in World Politics. New York: Public Affairs.

Ostrom, E. (2005). Understanding Institutional Diversity. Princeton, NJ: Princeton University Press.

Sheptycki, J. (2004). Police cooperation and the new security agenda in Europe. European Journal of Criminology, 1(4), pp. 369-381.

2. 국내 정책·보고서

외교부. (2020). 『공공외교 전략 2030』. 서울: 외교부.

OECD. (2019). Learning from Results-Based Management Evaluations and Reviews. Paris: OECD.

UNDP. (2021). Evaluation Guidelines. New York: UNDP.

경찰청. (2025) 「치안 ODA 10년 백서」. 서울: 경찰청

3. 국제기구 자료

INTERPOL & UNICRI. (2023). Toolkit for Responsible AI Innovation in Law Enforcement. Lyon/Turin: INTERPOL/UNICRI.

UNODC. (2023). Annual Report 2023: Global Action against Transnational Crime. Vienna: UNODC.

ASEANAPOL. (2023). ASEANAPOL Annual Report. Jakarta: ASEANAPOL Secretariat.

4. 언론 보도·보도자료

뉴시스. (2023.10.18.). "'35개국 경찰' 한 자리에…2023 서울 국제경찰청장 회의."

아시아경제. (2023.10.18.). "'초불확실성 시대의 치안 전략' 2023 서울 국제경찰청장 회의 개최."

연합뉴스. (2024.11.27.). "한-아세안 치안협력 포럼 개최…도피사범 협력 강화."

헤럴드경제. (2025.05.21.). "경찰청-UNODC, 초국경 범죄 공조 확대 업무협약 체결."

제 4 장 해외 파견 제도: 치안외교의 최전선, 준비와 실행의 길라잡이

제 1 절 해외파견제도의 의의와 전략

1 대한민국을 대표하는 얼굴, 경찰 해외파견제도

경찰의 해외파견은 단순한 근무지 이동이 아니다. 그것은 대한민국의 공권력과 치안 역량이 외교 현장에 직접 투사되는 과정이며, 한 명의 파견 경찰관은 곧 대한민국 경찰 전체의 이미지를 상징한다.

한국 경찰의 해외파견제도는 단일한 인사정책이나 기능적 수단을 넘어, 그 자체로 하나의 전략적 외교 플랫폼으로 기능하고 있다. 경찰주재관, 국제기구 협력관, 코리안 데스크, UN PKO 파견, 치안전문가 등 다양한 형태의 파견 프로그램은 전 세계 각지의 치안 현장과 한국을 실시간으로 연결한다. 이를 통해 대한민국의 치안철학과 시스템은 국제 사회에서 점차 글로벌 표준의 일부로 자리매김하고 있다.

즉, 해외파견제도는 곧 '움직이는 대한민국'이다. 그것은 단지 개인의 임무수행이 아니라, 국가 차원의 전략적 의사결정이자 치안외교의 핵심 실행수단이다. 이 제도는 인권, 안보, 기술, 법치라는 공공 가치를 현장에서 구현하며, 글로벌 거버넌스 시대에 한국 경찰이 국제사회에서 신뢰받는 질서의 파트너로 기능할 수 있도록 토대를 마련한다.

최근에는 단기 기술 지원, 전문 교육훈련, 치안 ODA 기반 장기 파견 등 다양한 형태로 제도가 확대되고 있다. 이러한 흐름은 경찰의 기능외교, 정책외교, 공공외교가 유기적으로 융합되는 하나의 통합 외교 플랫폼으로 진화하고 있음을 보여준다.

이러한 점에서 해외파견제도는 곧 치안외교의 실천이며, 국제사회에 제시하는 대한민국의 신뢰 자산이다. 한국 경찰은 이 제도를 통해 'K-Policing'이라는 이름으로 또 하나의 한류를 만들어가고 있다.

이전까지 해외파견은 일부 열정 있는 경찰관들의 선택지에 머물렀다. 하지만 오늘날, 치안외교가 국가 전략의 한 축으로 제도화되는 흐름 속에서, 해외파견제도 또한 보다 체계적이고 공정한 인재 선발, 명확한 역량 평가, 전략적 운영이 필요한 시점에 와 있다.

따라서 이 장은 각 파견유형별 제도적 설명과 실무 안내를 통해 다음과 같은 독자에게 실질적인 도움을 주고자 한다.

▲해외 근무를 고려하는 경찰관 ▲파견정책을 설계하는 실무자 ▲한국 경찰의 국제화를 연구하는 학자 및 정책 담당자

'해외파견제도'라는 전략 플랫폼을 이해하고 실행할 수 있도록, 이 장은 하나의 실용 지침서, 곧 Policing Abroad Compass가 되기를 바란다.

2 해외파견제도의 핵심성과 전략적 가치

해외파견은 단순히 한 명의 경찰을 보내는 일이 아니다. 그것은 대한민국의 치안 역량과 협력 철학, 그리고 공공안전에 대한 국가적 의지를 세계 무대에 전하는 일이다. 1967년 일본 도쿄에 첫 경찰주재관이 파견된 이래, 한국 경찰은 다양한 유형의 해외파견 제도를 운용하며 외교 최전선에서 활동해 왔다. 이들은 모두 '국가 브랜드와 신뢰를 설계하는 실천 외교의 주역'이라는 공통된 정체성을 공유한다.

치안외교는 단순히 외사·국제협력 업무의 확장 개념이 아니다. 그것은 대한민국의 국가 정체성과 치안 철학을 국제사회에 전달하고, 글로벌 질서 속에서 대한민국 경찰의 책임과 역할을 실천하는 국가 전략이다. 이러한 치안외교가 선언적 개념에 머무르지 않고 현실 속에서 구현되기 위해 반드시 필요한 것이 바로 해외파견제도다.

국제회의에서의 연설이나 MOU 체결은 출발점에 불과하다. 협약을 실행하

고 현장을 조율하며 신뢰를 쌓아가는 과정은 결국 상주 파견 인력의 몫이다. 이처럼 해외파견제도는 치안외교가 '이론'에서 '실천'으로 전환되는 접점이자 실행 플랫폼이다.

이 제도의 전략적 의미는 네 가지 가치로 정리될 수 있다.

1) 외교의 현장성과 실시간 대응력 – 위기 속의 최전방 대응자

해외파견 경찰은 외교 정책의 실행자이자 위기 대응의 최전방 인력이다. 경찰주재관은 재외공관에 상주하며 현지 경찰과의 수사 공조, 재외국민 보호, 치안협력 조율을 실시간으로 수행한다.

특히 테러, 납치, 실종, 대규모 재난 등 돌발 상황이 발생했을 때, 가장 먼저 현장에 출동하고 대응방향을 결정하는 이가 바로 이들이다. 이들은 단순한 보고 전달자가 아니라, 위기의 현장에서 국익을 지키는 직접 수행자로서, 본부보다 현장을 더 잘 아는 실전 외교가다.

그들의 임무 수행은 치안외교가 선언적·형식적 수준을 넘어서, 실질적 국가책임과 국민 보호의 수단이자 국가 이미지의 최일선 실현이 됨을 보여준다.

2) 국격과 국익의 가시적 성과 창출 – 협력의 외연을 국익으로 전환하다

해외파견 경찰관은 국가 브랜드의 전달자이자, 치안외교의 성과 창출자다. 이들이 현지 경찰과 재외국민보호를 위해 협력하고 해외도피사범 송환을 성사시키는 순간은 곧 국격과 국익이 동시에 증진되는 결정적 장면이 된다. 이들의 활동은 단순히 '일을 잘하는 경찰' 수준이 아니라, 한국 경찰의 시스템이 얼마나 신뢰받고 있으며, 한국이라는 국가가 얼마나 파트너십에 진정성을 갖고 있으며, 재외국민을 얼마나 체계적으로 보호하는지를 행동으로 증명하는 것이다.

이는 결국, 한국 경찰의 브랜드 이미지와 함께 대한민국 전체의 국가신뢰도를 높이는 성과로 귀결된다. 더불어 외교·문화·경제·교육 등 다른 분야의 협력 확대에도 간접적이고 전략적인 기여를 하게 된다.

3) 지속가능한 외교자산과 전략 인프라 – 사람과 신뢰로 쌓는 국제 협력의 기반

해외파견의 가장 큰 성과는 가시적인 단기 프로젝트가 아니라, 현지 경찰·정부와의 관계 구축과 신뢰 형성에 있다. 단기 방문이나 비정기적 협력으로는 만들어낼 수 없는 깊이 있는 인적 네트워크와 지역 이해, 감성적 신뢰 자산은 장기 파견을 통해서만 가능하다. 이렇게 쌓인 인적 자산과 관계 기반은 시간이 지날수록 축적되며, 치안 ODA의 수요 창출, K-Policing 모델의 전파, 국제기구와의 협력 기반 확대 등으로 전략적 확장성을 갖는다.

해외파견은 단순한 근무가 아니라, 국제사회에서 한국 경찰이 구축해나가는 '외교 자산의 축적 과정'이자, 전략적 대응 능력의 인프라를 다지는 일이다. 이는 곧 치안외교의 지속 가능성을 담보하는 핵심 동력이다.

4) 치안외교 전략의 통합 플랫폼 - 현장에서 전략을 연결하고 조율하다

K-Policing, 치안 ODA, 국제기구 진출, 다자협의체 운영 등 치안외교의 다양한 전략들은 종종 분절적으로 기획되지만, 실제 현장에서 이를 엮고 연결하는 역할은 해외파견 경찰이 담당한다. 이를 현장에서 통합적 관점으로 연결하고 조율하는 주체는 바로 해외파견 경찰관이다.

이들은 현지 치안 수요를 파악하여 ODA 및 협력사업으로 제안하고, 수사공조를 계기로 국제기구 협력 채널을 넓히며, 다자회의와 포럼에서 새로운 파트너십을 구축하는 등의 방식으로 전략 간의 유기적 연결자(linker) 역할을 수행한다. 궁극적으로 해외파견제도는 치안외교의 각 전략을 현장에서 엮고, 조율하고, 실행으로 전환하는 통합 허브(Platform Hub)로 기능하며, 경찰 외교전략의 실천력을 극대화하는 핵심 수단이 된다.

이러한 네 가지 전략적 가치는 경찰 해외파견제도를 단순한 제도나 인사시스템이 아닌, 한국형 치안외교 모델을 구축하는 주축 플랫폼으로 확고히 자리매김하게 한다. 이제 해외파견제도는 더 이상 일부 경찰의 선택이 아니라, 국가와 조직의 미래 전략이자 글로벌 영향력을 실현하는 최전선 도구이다.

제 2 절 경찰주재관: 치안외교의 첨병

1 제도의 연혁과 현황

경찰주재관은 대한민국 경찰을 대표하여 해외 주요 공관에 파견되어, 재외국민 보호, 수사공조, 현지 경찰과의 협력관계 구축 등 복합적 임무를 수행하는 '치안외교의 최전선' 주역이다. 단순한 수사실무관이 아닌, 외교공간에서 한국 경찰의 신뢰, 역량, 시스템을 실시간으로 구현하는 국가대표이자, 경찰외교를 실행하는 '현장형 외교관(policing diplomat)'이라 할 수 있다.

경찰주재관 제도는 한국 경찰이 본격적인 치안외교의 주체로 자리 잡기 위한 첫걸음이자, 가장 오랜 역사와 실천의 뿌리를 가진 해외 파견 형태다. 이 제도의 시초는 1967년 일본 도쿄에 최초의 경찰주재관이 파견된 데서 시작된다. 이는 대한민국 경찰이 독자적으로 해외에 상주하면서 외국 치안기관과의 협력을 제도화한 최초의 시도였으며, 이후 경찰의 국제적 위상과 역할이 점차 확대되는 기반이 되었다.

1980~90년대에는 미주, 동남아, 유럽 등의 전략적 지역을 중심으로 주재관이 단계적으로 확대되었고, 특히 1999년 INTERPOL 서울총회 개최를 전후해 경찰의 국제협력 필요성이 강조되면서 제도적 기반도 강화되기 시작했다. 경찰청 외사기능의 독립성 강화와 더불어, 해외 주재관은 단순 정보 수집을 넘어 공조수사, 재외국민 보호, 국제회의 참여, 치안외교 실행 등 복합적인 역할을 수행하게 되었다.

2000년대 이후에는 국제범죄의 증가와 외교 다변화 기조에 따라 경찰주재관의 활동 영역도 다변화되었다. 기존의 수사·첩보 중심 임무에서 벗어나, 외국 경찰과의 파트너십 구축, 치안정보 교환, 재외국민 안전 대책 수립, 치안한류(K-Policing) 확산을 위한 현지 협력 등 외교적 기능이 대폭 강화되었다. 특히, 2010년대 이후 치안 ODA, 국제경찰 세미나, 글로벌 치안포럼 운영 등과도 연계되면서 경찰주재관은 치안외교의 전진기지이자 실행 플랫폼으로 재정의되고 있다.

2020년대에 들어서는 파견 대상 국가의 다변화와 기능 특화가 더욱 진전되고 있다. 기존의 대사관·총영사관 중심 주재 외에도, 전략국가에는 복수의 주재관 또는 경찰협력관이 배치되며, 외교부와의 긴밀한 조율 하에 고위급 외교 채널을 통한 치안협력도 강화되고 있다. 2024년 기준으로, 경찰주재관은 약 30여개국에 60명이 넘는 인원이 파견되어 있으며, 각국과의 양자 치안협력의 핵심 접점으로 작용하고 있다.

"경찰주재관은 더 이상 단순한 연락관이 아니다. 그는 국가 치안의 외교관이자, 위기 대응의 선봉장이며, 치안외교의 실천자다."라고 자신있게 말할 수 있는 것이다.

해외 파견 제도의 가장 중요한 형태인 경찰주재관의 연혁을 자세히 살펴보면 1960년대로 거슬러 올라간다. 1966년 7월 11일 경찰관 해외주재관 제도가 신설됨에 따라 1967년 7월 13일 역사적으로 총경급 인사가 도쿄 주재관으로 부임하게 되었다. 같은 해 9월 1일 경감급이 오사카 주재관으로 부임하고 1968년 12월 총경급이 베트남 사이공 주재관, 1971년 2월 시모노세키와 후쿠오카에 각각 경정, 총경급이 파견되었다.[1)]

경찰주재관 관련 법규정은 1973년 제정된 '해외주재관 선발 및 업무처리규정'(내무부예규 제284호)이 시초라고 할 수 있다. 이처럼 아시아권에 집중되었던 초기의 경찰주재관 파견은 1980년대 들어서 구미 각 국으로 확대되었다. 유럽은 INTERPOL 본부가 있는 프랑스에 총경이 1981년 첫 파견되었고 미국에는 우리 교민들이 가장 많이 정착해 있던 LA에 1983년 총경이 첫 파견되었다. 이후 미주지역의 주재관 활동 수요가 급증하여 워싱턴, 뉴욕, 시카고 등 대도시에 증파되었다.

1990년대 들어서 2000년대 초반까지 중국, 러시아, 동남아시아, 오세아니아주, 남미, 유럽 등으로 확대되었다.

이러한 확장 속에 경찰주재관이 획기적으로 증가하게 된 계기가 2006년에 있었다. 이전에는 경찰청에서 주재관 선발에 관한 전권을 가지고 외교부에 추천하는 방식으로 진행되었는데 2006년 상반기 파견부터는 경찰청에서 후보자를 복수로 추천하면 외교부 주재관선발심사위원회에서 최종 선발하는 방식으로 큰 변화가 있었다. 이러한 변화와 함께 그동안 경찰청에서 지속적으로 경찰주재관 증원을 협의해 온 결과와 맞물려 재외공관의 사건사고 담당 영사직에 경찰청에서 많이 지원할 수 있게 된 것이다.

이러한 경찰주재관은 2010년 이후 지속적으로 증가하여 2024년 말 기준, 33개국, 52개 공관, 61명이 파견되어 활동중이다.

---

1) 경찰청 국제협력관실 참고자료

경찰주재관 파견 현황 '25.6월 기준

구 분	계	아시아 / 태평양	북 미	중남미	유럽	아·중동
국 가	33	15	2	4	6	6
공 관	51	28	7	4	6	6
인 원	67	36	7	4	6	14

중 국 (9개 공관, 13명)	일 본 (3개 공관, 4명)	동남·중앙아시아 (15개 공관, 18명)	태평양 (1개 공관, 1명)
중국(3), 상하이(2), 선양(2) 칭다오, 청두, 광저우, 시안, 우한, 홍콩	일본(2), 나고야, 후쿠오카 오사카, 요코하마	필리핀(2), 세부, 베트남, 호치민(2), 다낭, 캄보디아, 태국(2), 싱가포르, 라오스, 미얀마, 인도네시아, 말레이시아, 몽골, 인도, 우즈벡, 필리핀, 뭄바이	시드니 오클랜드

북 미 (7개 공관, 7명)	중남미 (4개 공관, 4명)	유 럽 (6개 공관, 6명)	아프리카·중동 (6개 공관, 14명)
미국, L.A, 뉴욕, 시카고 애틀란타, 토론토, 밴쿠버	상파울루, 과테말라, 파라과이, 아르헨티나	프랑스, 영국, 이탈리아, 스페인, 프랑크푸르트, 러시아 블라디보스톡, 이스탄불	남아공, 이집트, 두바이, 나이지리아 이라크(5), 리비아(5) 케냐, 가나

출처: 경찰청 참고자료(빨간색은 타부처, 파란색은 경찰경호주재관임)

주재관 제도는 각 전문분야별로 재외공관 외교활동을 보좌하기 위해 외교부에서 선발·파견하는 국가공무원을 말한다. 공개 모집을 통해 주재관으로 선발되면 주재관 재임기간(3년) 동안 대한민국을 대표하는 외교관으로서 산업 통상 자원, 문화홍보, 경찰 등 각종 전문분야의 업무를 수행하게 되며, 주재관 임기를 마치고 나면 원소속 부처로 복귀하게 된다. 주재관의 업무분야는 총 21개 분야로 구분되는데 경찰청에서는 경찰분야에 선발된 경찰주재관을 2025년 6월 기준 33개국 51개공관 67명을 파견하고 있다. 주재관은 재외공무원 복무규정에 따라 해당 공관장의 지휘·감독하게 근무하며, 국가기밀, 품위 유지 등의 의무를 부담한다.[2)]

2) 외교부 홈페이지 참조

2 자격 요건과 선발 절차

경찰주재관 제도는 단순한 파견이 아니라, 국가를 대표하는 치안외교관을 선발하는 과정이다. 따라서 이 제도의 선발 절차와 자격 요건은 매우 체계적이며, 각 단계마다 경찰 외교 역량에 대한 종합적 평가가 이루어진다. 여기에서는 경찰주재관이 어떻게 선발되는지, 그 과정과 조건을 상세히 살펴보고자 한다. 주재관은 외교부의 정기 주재관 공모절차를 통해서 진행되는데 경찰청에서는 경찰영사 직위에 지원하는 지원자를 내부절차를 통해 엄선한 뒤 지원자를 외교부에 추천하는 절차를 진행한다. 먼저 경찰청의 지원자 추천 선발절차에 대해서 설명하고 외교부의 주재관 선발절차에 대해서 자세히 설명하도록 한다.

1) 경찰청 추천 절차

경찰주재관 선발은 통상 1년에 상반기·하반기 2회 절차가 진행된다. 상반기 파견 절차는 전년도 10월경, 하반기 파견 절차는 당해 4월경 공개모집 공고를 시작으로 1차 서류심사, 적격심사 후 적격자를 외교부에 추천하게 된다. 추천된 지원자는 외교부 선발 심사일정에 따라 서류심사, 외국어 면접심사, 일반면접 심사순으로 진행하여 최종 후보자를 선발하게 된다.

(1) 파견자 선발 공고

파견 직위 선발개요 일정 등을 포함한 내용을 경찰청 폴넷 게시판에 공개선발 공고함으로써 절차를 시작한다. 통상 5~7일간의 공개모집 기간을 부여하고 마감일정·시간을 명시하며 지원자 현황이 선발인원의 2배수 미만일 경우 재공고를 실시한다. 지원자는 자기소개서, 업무추진계획서를 비롯한 직위별 지원서류 및 어학·학위 관련 증빙서류를 제출한다.

(2) 서류심사

경찰주재관 최종 선발은 외교부 소관이므로 경찰청에서는 결격사유 여부에 대해 사전심사를 실시하며 통상 1차 서면심사를 통해 결격사유 및 부적격 사유를 심사하며 일부 지원자에 대해서는 심층심사위원회를 개최하여 해외파견 적합성 등 별도 심사기준에 의해 심층심사를 하게 된다.

(3) 심층심사

경찰청에서는 서류심사 및 심층심사를 통과한 지원자에 대해서 경찰청 추천 후보자로 외교부에 통보하며 외교부 주관으로 일반 및 어학 면접을 실시한다.

경찰청에서는 경찰주재관 추천권 확립을 위한 심사절차 개선방안[3]에 따라 경찰청 차장이 위원장으로 국제협력관 등 총 4명의 위원으로 적격심사위원회를 구성하여 결격사유 및 기타 부적격 사유 등 서면 심사 후 추가 심사가 필요하다고 판단되는 지원자에 대해 해외파견 적합성 등과 관련된 심층 심사 실시한 후 적격심사 통과자를 추천대상자로 선발하여 외교부 공공 일정에 맞춰 기관 추천한다.

2) 외교부 주재관 직위 공모 절차

(1) 임용 형태 및 파견 기간

경찰주재관의 임용기간은 3년(직무수행요건명세서상 임기 시작일 기준 정년이 3년 이상 남은 자만 지원 가능)이며 임용신분은 직위공모 방식을 통해 해당 직급으로 외교부 소속의 재외공관 주재관 직위에 보임되며 근무기간 종료 후 원소속 부처로 복귀한다.

임용자는 파견 전 외교부의 재외공관직무교육, 경찰청의 국제업무 사전교육 등을 이수하고 실질적인 외교 업무 수행을 준비하게 된다.

(2) 응시 자격 요건[4]

각 부처 주재관 응시자격 요건을 실제 직위공모 공고문을 참고로 해서 구성하였다. 주재관으로 응시하기 위해서는 행정부 각부 소속 국가공무원으로 재직중인 사람으로서 다음의 필수요건을 충족해야 한다.

가. 필수요건

① **공무원 경력 요건**

※ 동 경력 요건은 원서접수 마감일을 기준으로 적용

3) 경찰청 국제협력관실 내부지침('23.9월)
4) 외교부 홈페이지 주재관 직위공모 공고문 참고

[고위공무원 주재관]

- 고위공무원단에 속하는 경력직 공무원
- 「고위공무원단 인사규정」 제7조의 요건을 갖춘 고위공무원단 후보자

[3급 또는 3급 상당 이하 주재관]

- 해당 공모 직위 주재관 직급의 경력직 공무원

※ 상당하는 직급은 「공무원 임용규칙」 [별표1] "공무원경력의 상당계급기준표"의 기준을 적용

※ 모집 대상 직급보다 상위직급(상당)인 자가 최종 선발될 경우에는 원소속기관이 해당 직급으로 강임 절차를 완료한 경우 주재관으로 임용 가능

※ 4급 직위에 4급 및 4.5급(복수직서기관) 모두 지원가능하나, 원소속으로부터 전출 처리시 해당 직급 유지 필요(해당 직급으로 주재관 성과연봉 산정 및 성과평가 실시)

② 외국어 요건

「외무공무원 임용령 시행규칙」 별표4 「외국어능력검정 결과 대비표」 50점 이상(국립외교원 주관 외국어능력검정 기준) 어학성적을 취득하거나 외국어 성적 제출 면제대상인 자

- 외국어능력검정 결과 대비표

[영어]

구분 기준점수	TOEFL	TOEIC	TEPS (600점 만점 기준)	FLEX (듣기·읽기)	한국외국어대 위탁 어학검정
50점 이상	PBT 567점 이상 CBT 227점 이상 IBT 86점 이상	790점 이상	385점 이상	700점 이상	70점 이상

※ 한국외국어대 위탁 어학검정 증빙 성적 제출 시 결과 회신 공문도 함께 첨부 요망

[제2외국어]

구분 기준점수	공통		중국어	일본어	
	SNULT	FLEX	신HSK	JPT	JLPT
50점 이상	50점 이상	650점 이상	5급 180점 이상	640점 이상	N2 100점 이상

구분 기준점수	프랑스어	스페인어	러시아어	독일어
	DELF/DALF	DELE	TORFL	Goethe Zertifikat
50점 이상	DELF B1 이상	B1 이상	기본단계 이상	GZ B1 이상

※ 외국어 성적은 원서 접수마감일 현재 유효한 것에 한하되, 유효기간이 없는 시험의 경우에도 검정일로부터 10년을 초과할 수 없음. (예: TOEIC, TEPS 등 - 2년)

※ 국립외교원의 제2외국어 시험의 경우, 3급 이상 취득시 특수외국어수당가산금 부여 (공무원수당등에관한규정 제14조 및 별표11 참조)

• 외국어 성적 제출 면제 대상: 아래 규정 참조

「재외공관주재관 임용령 시행세칙」 제14조의2

① 외교부장관은 다음 각 호의 1에 해당하는 자에 대하여 제3조제7호에 의한 어학성적 제출을 면제할 수 있다.

1. 검정외국어를 공용어로 하는 국가에서 재외공관 주재관(직무파견자 등 기타 재외공무원을 포함한다. 이하 같다)으로 근무한 경력이 있는 자로서 원서접수 마감일을 기준으로 근무종료일이 10년이 경과하지 않았거나, 현재 재외공관 주재관으로 근무 중인 자
2. 국외에서 지원자가 선택한 검정외국어로 1년 6개월 이상 국외훈련을 받았거나 학사학위 이상을 취득한 자로서, 원서접수 마감일을 기준으로 훈련종료일 또는 학위취득일이 10년이 경과하지 않은 자
3. 외교부 소속 공무원으로 근무한 경력이 있는 자로서, 원서접수 마감일을 기준으로 최근 10년 이내에 별표 1 또는 별표 1의2에 규정한 외국어등급대비표상 검정외국어로 50점 이상의 성적을 보유하고 있는 자
4. 검정외국어를 공용어로 하는 국제기구 또는 외국기관에서 1년 6개월 이상 근무한 경험이 있는 자로서, 원서접수 마감일을 기준으로 근무종료일이 10년이 경과하지 않은 자

② 제1항의 규정에 불구하고 외교부장관이 당해 직위 업무수행상 특별히 필요하다고 인정하는 경우에는 제1항의 면제대상자에 대해 어학성적을 제출하도록 할 수 있다.

※ 연수 · 학위취득 · 파견기관의 검정외국어 사용 여부는 응시자 본인이 증빙해야 하며, 관련 증빙 부재시 어학성적 제출 면제 불가 및 서류심사 탈락 가능

③ 기타 요건

• 최근 5년간 근무성적평정 최하위등급을 3회 이상 받지 않은 자 또는 2회 연속하여 최하위등급을 받지 않은 자

※ 휴직 등을 제외한 실제 근무한 총 5년간의 근무성적평정 결과 제출 요망 (최근 5년 간 휴직 등으로 근무성적평정이 없는 기간이 있는 경우, 해당 기간만큼의 5년 이전의 기간에 대한 근무성적평정 제출(미제출 기간에 대한 사유서도 제출)/실 근무기간이 5년 미만인 경우에는 전체 기간에 대한 근무성적평정 결과 제출)

- 주재관 근무 경험자의 경우, 상기 요건에 더해 그 근무시점과 관계없이 주재관으로 근무성적평정을 받은 횟수 중 최하등급을 받은 횟수가 1/3을 초과하지 않은 자

※ 주재관 근무경험자가 지원하는 경우, 주재관 근무시 근무성적평정 확인 등을 위해 지원자 혹은 원소속부처는 해당 사실을 외교부에 사전통보 요망

- 원소속기관장은 주재관 근무경험자의 주재관 근무시 성과등급, 근태보고서, 주재관활동보고서 등을 적극 참고하여 과거 주재관 근무시 근무 태도 및 성과가 미흡한 자를 추천대상에서 제외 요망

• 직무 관련 금품 또는 향응 수수, 공금의 횡령·유용, 음주운전, 성 관 련 비위(성폭력, 성매매, 성희롱) 등의 사유로 징계를 받지 않았거나, 받았더라도 징계기록이 말소된 자

나. 경력 또는 실적요건

해당 직위 직무수행과 관련된 경력, 실적, 학력 등 소지자

※ 주재관은 부처에 관계없이 응모 가능하나, 해당 분야 관련 경력, 실적, 학력 등을 이력서 및 직무수행계획서에 충실히 기재 요망

- 서류 및 면접심사시 직무수행 관련 경력, 실적, 학력 등을 엄격히 심사 예정(부적격시 탈락 가능)

(3) 선발 심사 절차

가. 서류심사

주재관 지원자의 기본 응모자격 여부를 서류심사위원회에서 검증한다.

- 임용자격요건 중 필수요건(공무원 경력요건, 외국어요건, 기타요건)
- 증빙서류에 대한 권한 있는 기관의 발행 여부 및 유효기간 도과 여부
- 해당분야 관련 경력, 실적, 학력 등

※ 응시인원이 선발예정 인원의 6배수 이상일 경우, 서류심사 합격자를 5배수 이하로 제한 예정이며, 또한 응시인원과 상관없이 직무 관련 경력 등이 미흡한 경우 서류심사에서 탈락 가능

– 관련 증빙 미흡시 또는 서류 누락시 별도 사전 통보 없이 탈락 처리한다.

나. 외국어 면접 심사

외국어 면접은 직위별로 개별 면접하며, 면접시간은 1인당 약 10분 정도 배정된다.

※ 검정외국어: 「재외공관주재관 임용령 시행세칙」 제14조 참조

▪ 주재관 후보자에 대한 검정외국어는 영어 또는 해당국 언어로 하되, 외국어능력 면접심사시 해당국 언어를 선택한 후보자에 대해서는 중요도에 따라 가산점 부여 가능

※ 외국어 면접은 원서 접수시 선택한 언어로 실시

▪ 가산점은 「직무수행요건명세서」에 기재된 해당국 언어능력의 중요도 및 면접심사 평정 결과를 함께 고려하여 부여

• 해당 직위 현지어능력의 중요도가 "매우높음"이고, 외국어 면접시 "A"/"B+"/"B" 평정을 받는 경우 ⇒ 가산점 5/3/2점 부여

• 해당 직위 현지어능력의 중요도가 "높음"이고, 외국어 면접시 "A"/"B+"/"B" 평정을 받는 경우 ⇒ 가산점 4/2/1점 부여

※ (적용 예) 주중국(대) 주재관 직위의 직무수행요건상 현지어(중국어) 중요도가 "매우 높음"인 경우

구 분	영어 선택시	중국어 선택시
A 등급	20	25 (=20+5)
B^+ 등급	19	22 (=19+3)
B 등급	17	19 (=17+2)
C^+ 등급	14	14 (=14+0)

※ 해당국 언어 능력의 중요도는 동일 공관일지라도 직위별로 다를 수 있음

다. 일반면접 심사

일반면접은 직위별로 집단 면접하며, 면접시간은 그룹당(2인 기준) 약 40분을 배정한다. 질문 1개당 답변 시간은 2분 이내로 제한되며 해당 직무수행을 위한 전문능력(40점), 외교역량(20점), 재외공무원 복무자세(20점) 등을 심사하게 된다. 면접 시작 시 자기소개 및 지원동기를 2분 이내로 발표한다.

(4) 최종 합격 후 일정

외교부에서 최종 합격하면 주재관 부임교육을 국립외교원에서 각 분야 전체 주재관 대상으로 2주간 실시하며 경찰주재관 대상 교육은 경찰청에서 1주간 실시한다.

3 경찰주재관의 임무 및 관리

경찰주재관의 임무는 경찰청 예규인 '해외주재관 운영에 관한 규칙' 제5조에 자세히 규정되어 있다.[5] 현지에서 재외국민 범죄피해 예방활동, 사건·사고 대응 등 해외안전 업무와 주재국 경찰 등 법집행당국과의 국제공조 및 치안협력, 경찰제도, 치안시책 등 자료수집 및 발굴 업무가 핵심 업무라고 할 수 있다.

외교부에서 선발하는 경찰업무 분야 주재관의 임무는 각각의 직위에 대한 '직무수행요건명세서'에 자세히 기술되어 있다. 보편적으로 아국인 관련 범죄예방 및 사건사고 처리 등 재외국민보호가 가장 높은 비중을 차지하며(30%~50%) 국제수사 공조 등 경찰협력 업무(20%~30%), 주재국 경찰자료 및 치안정책 자료수집(10%~30%), 기타 경찰관련 민원업무 처리(10%)를 차지하고 있다.

---

5) 해외주재관 운영에 관한 규칙 제5조(주재관의 임무)
   1. 재외국민 권익보호를 위한 활동
   2. 마약, 테러 등 국제성 범죄 관련 자료수집
   3. 국제성 범죄자 검거를 위한 수사공조활동
   4. 주재국 경찰기관과의 협력업무
   5. 기타 경찰업무와 관련하여 지시받은 사항

※ 직무수행명세서 예시(예시)

1. 공관	2. 직위명 (업무분야)	3. 직급	4. 근무기간
주뉴욕총영사관	영사 (경찰)	총경 또는 4급 상당 경력직 공무원	2025.2.~2028.2. (3년)

5. 주요 수행 업무	비 중
• 아국인 관련 범죄예방 및 사건사고 처리 등 재외국민 보호 - 아국인 대상 범죄피해 발생시 상담, 수사요청 지원 - 아국인 범죄자 면담 및 수사협조 등 권익보호 - 수형자(유치장·구치소) 관리 및 면담 - 사건·사고 관련 국내외 연고조회 등 민원업무 처리	30%
• 국제수사 공조 등 경찰협력 업무 - 주재국 경찰기관 및 INTERPOL을 통한 국제수사공조 - 국내외 범죄관련 첩보수집 및 확인 - 국외도피사범 강제송환 관련 처리 - 주요인사 상호방문시 경호 관련 사항 및 협조	30%
• 경찰제도 등 주재국 경찰자료 수집 및 치안정책 건의 - 주재국 경찰자료 및 경찰시책 관련 자료 수집 - 한국인 관련 범죄 등 수사자료 협조 등 - 국제테러 관련 첩보 등 외사정보 수집 - 주재국내 주요 범죄동향 및 대처 실태 등	30%
• 기타 경찰관련 민원업무 처리 - 국내외 가족 찾기 조회 - 각종 형사 민원 상담 등	10%

6. 관 련 분 야
• 우리국민 사건·사고처리 및 국제공조수사 등 이와 관련된 분야

7. 필요지식 및 기술
• 국내·주재국 경찰 등 사법기관 및 형사절차에 대한 이론적·경험적 지식 • 외사, 정보, 수사 분야 경력 및 형사법 관련 지식 • 합리적, 균형적, 객관적인 판단력에 기초한 업무처리 능력

8. 해당국 언어(영어 제외)	9. 해당국 언어(영어 제외) 능력의 중요도
-	-

이처럼 경찰주재관의 업무는 크게 재외국민보호 업무, 해외도피사범 송환 등 경찰협력업무, 경찰제도 및 치안정책 수집 업무로 구분되며 주재국 경찰을 비롯한 법집행기관과의 긴밀한 협력 공조가 필수적이다.

경찰주재관은 외교부 소속으로 근태에 대한 관리는 공관 및 외교부에서 하지만 특별한 사유에 대해서 경찰청장이 소환 및 귀국 조치 등을 취할 수도 있다. 보통 근무기간은 직무수행명세서에 기술되어 있듯이 3년이며 예외적으로 경찰청장은 재외공관장이 요청하는 경우에는 외교부 장관의 동의를 얻어 1년의 범위내에서 연장근무가 가능하다.

또한 경찰청장은 경찰청 업무수행상 특히 필요하다고 인정되는 경우에는 주재관의 근무기간 만료 이전이라도 외교부장관의 동의를 얻어 당해 주재관을 경찰청으로 복귀시킬 수 있으며, 다음의 경우에는 ① 재외공무원 복무규정 제13조 제1항 각 호에 해당하는 경우[6] ② 외교부장관 또는 해당 공관장으로부터 소환요청이 있는 때 ③ 그 밖에 주재관 종합평가 결과나 업무 태도 등을 고려하여 주재관 임무수행이 현저히 어려운 것으로 판단되는 경우는 지체 없이 외교부장관과 협의하여 당해 주재관의 소환 등 적절한 조치를 해야 한다고 규정하고 있다. 이러한 규정은 재외공무원의 복무 기강을 유지하고 국가의 이익과 품위를 보호하기 위한 조치이다.

4 경찰주재관 활동 관련 법령: 영사조력법 등

경찰주재관과 관련된 법령으로 가장 기본적인 법률은 '재외공무원 복무규정'[7]으로 외교관을 포함하여 해외에 파견된 공무원의 복무에 관한 사항을 규정하고 있다. 재외공무원의 신분, 의무, 복무 기준, 근무시간, 휴가, 보수, 윤리규정 등을 포함하며, 대한민국의 외교·국가안보·경찰·행정 등 다양한 분야에서 해외에 파견된 공무원들에게 적용된다. 외교관으로서 품위 유지와 국가 기밀 엄수 의무를 규정하고 있다.

---

6) 1. 국위를 손상하거나 국가이익에 위반되는 행위를 한 때
2. 정당한 사유 없이 중요한 외교업무 수행을 태만히 하거나 정부 훈령을 이행하지 아니한 때
3. 공무원으로서 복무상의 의무를 위반하거나 이 영에 정한 제반 사항을 준수하지 아니한 때
4. 주재국 정부로부터 기피인물로 지목된 때
5. 부과된 직무수행에 부적당하다고 인정될 때

7) 행정안전부. 「재외공무원 복무규정」. 대통령령 제24489호, 2013.03.23. [최신 개정 2023.12.26.]

다음으로 경찰청 훈령으로 '해외주재관 운영에 관한 규칙'이 있다. 이 규칙은 해외 경찰 주재관의 선발, 교육 및 평가 등에 관한 사항을 규정하고 있다.

경찰주재관의 가장 중요한 임무 중 하나인 재외국민 보호를 위한 업무를 위한 근거 법률로 「재외국민보호를 위한 영사조력법」(이하 영사조력법)[8]이 있다. 이전에는 재외국민이 해외에서 사건·사고 등 위험한 상황에 처한 경우 '재외국민보호를 위한 영사업무 지침'(외교부 훈령 제11호)에 의해 실무적이고 개별적인 수준의 대응에 머물러 있었다. 영사조력법은 해외에 거주하거나 체류하는 대한민국 국민이 외국에서 어려움을 겪을 경우, 대한민국 정부(특히 외교부 및 재외공관)가 제공하는 영사 조력을 명확히 규정하고 체계적으로 지원하기 위해 제정된 법이다. 2021년 1월 16일부터 시행중이며 기존에 모호했던 영사 조력의 법적 근거를 마련하여 체계적인 지원을 가능하게 하고 해외 체류 국민들의 법적 보호 강화 및 재외공관의 책무성을 강화하기 위하는 데 의의가 있다.

영사조력법은 모두 4개 장에 걸쳐 23개 조항으로 구성되어 있는데 제1장 총칙에서는 국민의 안전한 국외 거주·체류 및 방문을 도모한다는 목적, 영사조력이나 해외 위난 상황 등 주요 용어 정의, 재외국민 보호 노력에 관한 국가의 책무, 안전 확보를 위한 재외국민의 책무를 규정했다. 2장에서는 외교부장관이 5년마다 재외국민 보호 기본계획을 수립하고 이에 따른 집행계획을 매년 수립하도록 하는 한편 이를 심의할 재외국민보호위원회를 설치하도록 했다. 3장에는 영사조력에 관한 규정들이 있는데 조약·국제법규·주재국 법령준수, 주재국 제도·문화 등 특수상황 고려, 재외국민 자력구제 우선 등을 원칙으로 명시했으며 형사절차상, 재외국민 범죄 피해, 사망, 미성년자와 환자, 실종, 해외 위난 상황 발생 등 6가지 유형별 영사조력의 내용을 구체적으로 규정하고 있다. 폭행이나 협박 등으로 영사조력 제공에 현저한 지장을 초래하는 경우 등에는 재외국민에 대한 영사조력을 거부하거나 중단할 수 있도록 명문화하였으며 영사조력 과정의 경비는 재외국민이 부담하되 긴급히 보호할 필요가 있는 경우 예외적으로 국가가 부담할 수 있다는 내용도 규정되어 있다. 마지막 4장은 보칙 규정이다.

---

8) 「재외국민보호를 위한 영사조력법」. 법률 제17036호, 2020.12.29. [시행 2021.01.16.]

이러한 영사조력법은 재외국민보호라는 헌법상 국가의무의 구체적인 내용이 법률로 규정됨에 따라 해외에서 사건·사고에 처한 우리 국민은 법률에 근거한 보다 체계적이고 강화된 영사조력을 제공받을 수 있게 될 것으로 기대된다. 아울러 영사조력의 범위가 구체화되고 관련 법적 의무가 명확해짐에 따라 영사조력에 대한 국민들의 예측 가능성도 개선될 것으로 외교부는 평가했다. 이 법 시행 전까지는 재외국민 안전과 관련된 사건·사고 발생시 사안마다 일관성이나 형평성이 부족해 피해자의 불만과 정부 비판에 따른 소모적 논란이 적지 않았다. 또한 동법에는 재외국민 보호에 관한 기본계획과 집행계획을 정기적으로 수립하도록 되어 있는 것도 큰 의미라고 할 수 있다.

외교관 신분과 국제법상 특권: 경찰주재관의 제도적 위상

경찰주재관은 파견지 주재 공관에 배속되어 활동하는 '치안외교관'으로서, 『외교관계에 관한 빈협약(Vienna Convention on Diplomatic Relations)』에 따라 공식적인 외교관 신분이 부여된다. 이는 단순한 치안업무 수행자나 수사협력 담당자를 넘어, 대한민국을 대표하여 **현지 정부와 공식 교섭하고, 국가 이미지를 형성하는 외교 행위자**라는 점에서 중요하다.
외교관 신분은 다양한 **국제법상 특권과 면제를 보장받으며**, 이는 경찰 활동의 안정성과 치안외교의 실효성을 확보하는 데 중요한 제도적 기반이 된다. 다음은 주요 특권의 개요다.

외교관 특권 및 면제 주요 내용

구분	주요 내용	빈협약 조항	설명
신체 불가침	체포 및 구금 금지	제29조	외교관 본인은 어떠한 경우에도 체포될 수 없음
주거 불가침	주거·통신·서류 보호	제30조	공관과 동일하게 외교관의 주거도 불가침 대상
사법관할권 면제	민·형사 재판 불응 가능	제31조	본국 승인 없이 주재국 재판에 회부 불가
과세 면제	직접세 면제	제34조	외교관 개인에 대한 소득세, 부동산세 등 대부분 면제
출입국 편의	여행·통관 절차 간소화	제36조	통관면제 및 관세 면제, 신속 입출국 등 제공

실제 사례: 주거 불가침 원칙이 작동한 현장

"외교관의 집은 곧 그 나라의 영토이다."

2000년대 중반, 필자는 태국 방콕에서 경찰주재관으로 근무 중 현지 이민국이 **불법체류 외국인 가사도우미 색출을 위한 일제 단속을 실시**하던 상황을 겪었다. 외국인 거주지역이 집중 점검 대상이 되었고, 어느 날 이민 단속반이 필자 가족이 거주하는 콘도를 방문해 **출입 및 점검을 요구**했다.

이에 필자는 즉시 외교관임을 밝히고, '주거 불가침 원칙'에 따라 **출입 거부와 법적 근거 설명**을 하였다. 결과적으로 단속반은 어떠한 강제 조치도 취하지 못하고 철수하였다.

※ 이 사례는 빈협약 제30조의 실효적 적용을 보여주며, 경찰주재관이 외교관 신분을 정확히 이해하고 적절히 대응하는 것이 얼마나 중요한지를 단적으로 보여주는 장면이다.

5 실전 가이드: 경찰주재관이 되기 위한 실전 전략

"어떻게 준비해야 하나요?"

— 주재관 경험자가 들려주는 첫 번째 조언

경찰주재관으로 처음 발령을 받았을 때, 많은 혼란과 궁금증 속에 파견지로 향했다. 막상 출국 전 교육은 있었지만, 현장에서 부딪히게 될 다양한 상황들—예를 들어 외교적 절차, 재외국민 사건 대처, 주재국 경찰과의 협력 방식 등—에 대해 실질적 조언을 들을 수 있는 통로는 많지 않았다. 지금 돌아보면 그 시기야말로, '무엇을 준비해야 하며 어떤 태도로 임해야 하는가'에 대한 실제적 조언이 가장 간절했던 순간이었다.

경찰주재관은 단순히 해외 공관의 보직자가 아니다. 현지에서 한국 경찰을 대표하고, 국제치안 협력의 최전선에서 활동하는 '현장형 치안외교관'이다. 따라서 선발 과정은 단순한 인사 절차가 아니라, 국가 브랜드와 신뢰를 현장에서 구현할 적임자를 찾는 전략적 선택이다.

많은 지원자들이 '국제업무 경험'이나 '외국어 능력'만을 강조하지만, 실제로 주재관이 요구받는 역량은 훨씬 폭넓다. 현장에서의 위기 대응력, 복합적 정보 분석 능력, 외교적 소통 감각, 그리고 다양한 문화적 맥락에 대한 이해가 종합적으로 검증된다.

이 가이드는 해외파견을 준비하는 경찰관들에게 실질적인 나침반이 되고자 한다. 단순히 어떤 자격 요건이 필요한지를 나열하는 데 그치지 않고, 현장에서 요구되는 역량이 무엇이며 어떻게 준비할 수 있는지를 단계별로 설명한다.

특히 최근에는 사이버범죄 대응, 디지털 치안 역량, 다문화 커뮤니케이션 능력까지 필수 요소로 부각되고 있어, 이를 포함한 준비 가이드를 제공한다.

1) 파견 대상국 이해 및 언어 능력 준비

파견지는 업무의 전장이자, 전략의 출발점이다.

경찰주재관의 첫걸음은 '파견 대상국에 대한 깊이 있는 이해'에서 출발한다. 대부분의 파견이 정해진 뒤에야 본격적인 학습을 시작하는 현실이지만, 치안외교의 관점에서 본다면 '어디로 가는가'보다 중요한 것은 '그 나라를 어떻게 이해하고 해석하는가'이다.

파견 대상국은 단지 체류지나 근무지가 아닌, 우리 경찰의 외교적 메시지가 실현되는 현장이다. 따라서 단순한 외사정보 수준을 넘어서 다음과 같은 방향으로 준비하는 것이 바람직하다.

① 대상국의 치안 환경과 경찰제도에 대한 구조적 이해

정치체제와 법체계, 치안기관 구조, 경찰의 권한과 역할 등을 분석함으로써, 현지 경찰과의 협력 방식 및 접근 전략을 예측할 수 있어야 한다.

예를 들어, 미국과 같이 지방분권형 경찰 구조를 가진 국가에서는 각 주별 경찰기관의 자율성이 높기 때문에 연방 기관과의 접촉 창구를 이해하고 조율하는 능력이 요구된다.

반면 태국으로 대표되는 동남아시아 국가처럼 중앙집권적 국가에서는 경찰청 고위층과의 관계 형성 및 제도적 틀 내에서의 협력 방식이 중요하다.

② 대상국의 사회·문화적 맥락과 외교관계 이해

치안외교는 공공외교(Public Diplomacy)의 영역과 중첩되므로, 파견국의 문화적 특수성, 종교, 언론 환경, 정치 민감성 등에 대한 이해가 필수적이다.

특히 대한민국과의 외교관계 역사와 경제·안보 협력 정도를 파악하면, 경찰협력의 외교적 여건과 가능성을 가늠할 수 있다. 예를 들면 미국을 비롯한 전통적 우방국과는 정보공조 및 첨단치안기술 교류가 가능하지만, 일부 개발도상국과는 치안 ODA 및 현장 지원 중심의 협력 방식이 더 적합할 수 있다.

③ 언어 능력은 '기초'가 아니라 '무기'다

경찰주재관으로서 가장 먼저 마주하는 현실은 '언어의 장벽'이다. 협력 대상국의 경찰과의 첫 만남부터, 공관 내부 보고, 현지 언론 인터뷰, 외교 문서 작성, 재외국민과의 상담에 이르기까지 모든 상황은 언어를 매개로 이루어진다. 이때 언어는 단순한 '소통 수단'이 아니라, 전문성과 신뢰를 드러내는 외교 도구로 작용한다.

▸ 영어는 기본, 제2외국어는 경쟁력

대부분의 경찰주재관은 영어를 기본으로 업무를 수행하지만, 실제 협력의 깊이는 현지어 구사 능력에 따라 달라진다. 태국, 인도네시아, 베트남 등에서는 영어 외에도 기초적인 현지어 인사 및 일상 표현을 숙지한 경우, 현지 경찰과의 신뢰 형성 속도가 훨씬 빠르다. 공적인 회의에서 영어를 사용하더라도, 식사 자리나 비공식 접촉 시 자연스러운 현지어 한 마디는 관계 형성의 지름길이 된다.

저자 역시 태국 경찰주재관으로 근무시 태국어 공부를 파견 준비하면서부터 틈틈이 익혔고 부임해서도 꾸준하게 공부한 덕분에 현지 생활에서는 태국어를 많이 사용했고 태국 경찰관계자와의 업무에서도 활용함으로써 신뢰구축에 많은 도움을 받은 기억이 있다.

언어는 단순한 소통 수단을 넘어, 신뢰 형성과 협상력의 핵심 도구다. 영어는 기본 언어로 요구되며, 스페인어·프랑스어·아랍어·태국어 등 지역 특화 언어는 실무 활용성에서 높은 평가를 받는다.

TOEFL, TOEIC, FLEX 등 공식 어학 점수는 선발 전형 시 참고되지만, 실제로는 외국 기관과의 협의, 회의 발언, 보고서 작성 능력이 실질적인 역량으로 작용한다.

실제 경험상, 짧은 한마디 현지어가 현지 경찰과의 거리감을 단숨에 좁히는 역할을 하기도 한다. '안녕하세요', '감사합니다', '수고하셨습니다'라는 말은 공식 문서보다 강한 외교적 메시지를 전한다.

▸ 언어능력 평가 및 훈련

선발 시 영어 공인성적(TOEIC, TEPS 등)은 서류심사 요건으로 필수적이며 이후 면접심사에서도 영어면접이 이루어진다. 실제 영어 면접에서 취득한 점수가 최종 선발에 많은 영향을 준다. 그만큼 경찰주재관의 자질 역량에 외국어 능력이 중요하다고 판단하기 때문이다. 따라서 파견을 준비하는 경찰관이라면, 단기간의 점수 취득보다는 장기적인 실무 중심의 언어 훈련이 중요하다.

▸ 학습 팁

- 평소에도 영어 방송 청취를 생활화하여 중요한 현안에 대한 이해력 문장 구사력을 익히는 게 필요하다.
- 치안관련 국제회의나 세미나 관련 자료를 정기적으로 독해함으로써 업무에 대한 감각을 높이는 것도 중요하다.

핵심 메시지: 파견국에 대한 이해는 준비가 아니라 전략이다

주재관에게 있어 파견 대상국은 단지 '근무지'가 아니라, 전략을 설계하고 실행하는 무대다. 국가, 제도, 언어, 문화, 외교관계에 대한 구조적 이해는 단순한 사전 정보 수집이 아니라, '외교적 치안 협력'을 가능케 하는 전략 자산이다. 이는 곧 주재관이 발 딛는 순간부터 대한민국의 외교와 안보가 실현되는 전초기지의 리더가 된다는 것을 의미한다.

2) 국제업무 및 외사 관련 경력 설계 — 경험은 가장 신뢰받는 추천서다

경찰주재관을 준비하는 이들에게 "어떤 경력이 필요한가요?"라는 질문은 가장 자주 받는 물음 중 하나였다.

그리고 나는 늘 이렇게 대답했다.

"당신의 말보다 당신의 이력이 당신을 설명해줄 것이다."

해외에 파견된 경찰주재관은 국제 치안 협력의 '창구'이자 '대표자'로서, 본청과 외국 경찰, 대사관, 국제기구를 연결하는 복합적인 역할을 수행한다.

따라서 외사 감각, 국제 협상 경험, 공적 문서 작성력, 외국 경찰과의 협업 사례 등은 모두 실전에서 평가되는 핵심 자산이다. 단순히 외사부서 근무 여부만으로 판단되지 않으며, 다음과 같은 전략적 경력 설계가 중요하다.

① 국제협력 관련 분야 경력관리: 현장 경험의 사슬을 잇는 전략

경찰주재관은 단순한 해외 파견이 아니라 '대한민국 경찰의 국제공인 대표자'로서 활동한다. 이 역할을 수행하기 위해서는 평소 국제협력 분야에서의 체계적인 경력관리와 실전 경험의 누적이 반드시 필요하다.

특히 서류심사에서 경력항목이 반영이 되고 면접에서도 경찰주재관 수행에 적합한 경력을 우선적으로 판단한다. 또한 그러한 경험이 토대가 되어 면접에서도 좋은 평가가 가능하다.

▸ 국제협력·국제공조 보직 경험: 파견 경쟁력의 핵심

경찰청 국제협력 부서, 정보 및 수사 관련 부서 근무 경험은 경찰주재관 선발시 매우 중요한 평가 요소다. 이들 부서는 평상시에도 외국 공관·국제기구·해외 수사기관과 직접 접촉하며 국제 치안외교의 감각을 익힐 수 있는 최적의 훈련장이다.

실제로 경찰청 국제협력부서의 재외공관 담당자는 담당하는 국가의 경찰주재관으로 파견된 사례는 많으며 가장 경쟁력 있는 과정이라고 볼 수 있다. 이러한 경험이 파견 후에도 최적의 임무 수행에 크게 기여함은 물론이다.

또한, 국제행사 및 다자 회의 운영 경험이 중요하다. 한－아세안 치안협력 포럼, 국제경찰청장회의(IPS), INTERPOL 회의 등 국제행사를 기획하거나 참가한 경험은 외교행정 실무 능력을 가늠하는 중요한 지표다. 이러한 경험을 통해 외교 문서 작성, 국제 의전, 회의 통역 및 조율, 참가국 간 외교조율 등의 능력을 실제로 습득할 수 있다.

▸ 실무역량 인증과 경력 포트폴리오화

최근에는 파견 대상자의 역량을 객관화하는 움직임도 늘고 있다. 다음과 같은 방식으로 자신의 경력과 실무 경험을 전문화된 포트폴리오로 구성하는 것이 도움이 된다.

- 국제협력 국제공조 활동 경력서
- 국제협력 회의 및 행사 지원 경력
- 신속대응팀, 재외국민보호 관련 해외 파견 활동 등 치안외교 실행 경험 등
- K－Policing, 치안 ODA 관련 연수 지원 참여 등

시·도청이나 경찰서 단위에서도 국제업무의 일부가 주어지는 경우가 있다. 이때에도 다음과 같은 노력이 향후 파견 경쟁력을 높이는 기반이 된다. 예를 들면 지자체와 연계된 외국인치안협의회 활동, 국제행사(EXPO, 정상회담 등) 경찰지원 등이다.

핵심 메시지: 경력은 타이틀보다 콘텐츠가 중요하다

주재관 준비에서 가장 큰 착각은 '경력이 화려해야 한다'는 믿음이다. 진짜 중요한 것은, 그 경력이 어떤 상황에서, 어떤 방식으로 성과를 냈는지에 대한 내용과 맥락이다.
이력은 요식적 항목이 아니라, 실력과 태도를 입증하는 살아있는 증거다. 경찰주재관이 되기 위한 경력 설계는 지금 이 순간부터 시작해도 늦지 않다. 작은 경험 하나도 전략적으로 정리하고, 기록하고, 체화하라. 그것이 훗날 당신을 증명해 줄 것이다.

3) 외교적 감각과 다자협력 마인드 — 경찰, 외교관의 역할을 시작하다

나는 경찰주재관으로 처음 외국 공관에 부임했을 때, 단순히 '해외에서 일하는 경찰'이 아닌, '대통령을 대신해 외국 정부에 메시지를 전달하는 경찰 외교관'이라는 사실을 곧 실감하게 되었다.

주재국 경찰 고위 관계자와 협상 테이블에 마주 앉고, 한국 대사관을 대표해 회의에 참석하고, 때로는 재외국민 보호 문제로 영사와 함께 주재국 정부를 상대로 항의하거나 협조를 요청하는 순간들에서 경찰주재관은 더 이상 '국내 기준의 경찰관'이 아니었다. 나는 명백히 국가를 대표하는 외교주체였다.

① 외교적 감각은 훈련과 준비로 길러진다

외교적 감각이란, 단순히 외교예절을 아는 것을 넘어, 국제관계 속에서 언행을 조율하고, 메시지를 설계하는 능력이다.

경찰주재관은 다음과 같은 외교적 상황을 자주 맞이하게 된다.

- 외국 경찰청장 혹은 외사담당 간부와의 협력회의
- 대사관 내부 브리핑 및 타부처와의 업무 조정
- 주재국에서 발생한 재외국민 사건 대응
- 다국적 포럼 또는 세미나 참석 및 발표

이런 자리에서는 '내가 경찰이다'라는 생각에만 머무르면 안 된다. 대한민국의 공권력과 치안철학을 설명하고 설득하는 경찰외교관으로 자신을 재정의해야 한다. 그리고 그 감각은 경험과 준비로 훈련할 수 있다.

② 다자협력 마인드는 국제무대의 필수 조건

경찰주재관은 종종 단독으로 움직이지 않는다. 대사관 내에서 타부처 주재관,

외교부 직원, 무관, 영사와 협력하고, 본국의 국제협력·INTERPOL·마약수사·수사정보 등 다양한 부서와 조율하며, 때로는 INTERPOL, UNODC, ASEANPOL 등 국제기구와 다자 채널을 동시 운영해야 한다. 이는 곧 '다자 협력 역량'을 요구한다. 즉, 서로 다른 이해관계를 가진 기관 사이에서 균형을 잡고, 공통의 목표를 위한 실용적 해법을 설계하는 능력이다.

③ 경찰외교관으로의 전환, 마음가짐의 변화

경찰주재관은 외사경찰과 외교관 사이의 경계에 선 복합적 주체이다. 이제는 경찰 조직 내부의 연장선이 아니라, 국제무대에서 조율자·메신저·협상가로 기능해야 한다.

따라서 '강한 경찰'보다 '설득력 있는 대표자'로 자신을 준비하는 것이 중요하다. 말의 무게, 제스처의 신중함, 정중하지만 단호한 논리, 이 모든 것이 외교적 실무에 반영된다.

핵심 메시지: 경찰외교관은 외사기술보다 외교감각이 중요하다

경찰주재관에게 필요한 건 단순한 국제협력 업무능력이 아니라, 국가와 국가 사이에서 치안을 매개로 관계를 설계하고, 신뢰를 구축하고, 국민을 보호하는 '외교의 언어'다.
외교적 감각은 훈련이 필요하지만, 일단 체득되면 가장 강력한 무기가 된다. 경찰은 외교관이 될 수 있다. 아니, 이제는 반드시 그래야 한다.

4) 정보수집과 분석력
— 현장의 감각을 정책으로 연결하라

경찰주재관에게 요구되는 가장 실질적인 역량 중 하나는 정보수집과 분석 능력이다. 주재관은 단순히 사건 발생 후 대응하는 수준을 넘어, 위험을 조기에 포착하고 선제적으로 대응할 수 있는 정보 플랫폼으로 기능해야 한다.

즉, 경찰주재관은 단순히 외국 경찰과 친분을 쌓는 역할을 넘어, 현지 치안 환경을 깊이 이해하고, 국가적 전략에 반영할 수 있는 수준의 정책·시책 정보를 수집·분석하는 정보요원이자 정책브리핑 자원이다.

저자가 처음 주재관으로 부임했을 때, 가장 먼저 시작한 일은 '관찰'이었다. 주재국 경찰조직의 문화, 지휘체계, 대응 방식, 공보 스타일, 범죄 동향은 물론,

외국 언론의 보도 패턴, 외교공관 사이의 협력관계, 지역 한인사회의 요구까지도 정리된 형태로 수집하고 분류하는 일은 내 업무의 시작이자 핵심이었다.

① 정보수집 능력

정보수집은 주재관 활동의 출발점이다. 주재관은 현지 경찰청과의 공식 접촉뿐 아니라, 대사관·총영사관, 한인사회, 국제기구, 언론, 그리고 지역 커뮤니티와의 폭넓은 관계망 속에서 다양한 단서를 얻는다. 교민 사회와의 긴밀한 교류를 통해 범죄 피해나 실종 사건과 같은 민감한 정보를 신속히 확보할 수 있으며, 현지 경찰 고위층과의 공식 회의뿐 아니라 비공식적인 대화 속에서도 중요한 정보가 도출되기도 한다. 최근에는 디지털 환경이 주요한 정보원이 되고 있다. SNS 여론 동향, 다크웹에서의 불법거래, 오픈소스 인텔리전스(OSINT) 분석 등은 범죄나 위협을 사전에 탐지하는 핵심 수단으로 부상하고 있으며, 이를 효과적으로 활용하는 주재관은 국제치안 협력의 최전선에서 실질적인 성과를 낼 수 있다.

② 정보 분석 능력

수집된 정보는 그대로 두어서는 아무런 의미가 없다. 주재관은 확보된 자료를 맥락 속에서 해석하고, 현지 정치·사회·범죄 구조와 연결해 전략적 의미를 추출해야 한다. 예를 들어 특정 지역에서 한국인을 대상으로 한 범죄가 반복된다면, 이는 단순한 우연이 아니라 조직범죄나 제도적 허점의 징후일 수 있다. 주재관은 이를 분석하여 본부에 보고하고, 필요할 경우 국제공조나 ODA 협력으로까지 연결될 수 있도록 조율해야 한다. 또한 분석은 개별 사건을 넘어서 범죄 패턴을 도출하는 과정이다. 특정 항로를 통한 마약 사건이 반복된다면 이는 국제 네트워크의 존재를 보여주는 신호이며, 이러한 인사이트를 제공하는 것은 주재관 분석의 핵심적인 가치라 할 수 있다.

▸ 준비 노하우

이러한 정보수집·분석 능력은 단기간에 형성되지 않는다. 따라서 선발을 준비하는 경찰관은 평소부터 관련 훈련과 학습을 꾸준히 이어가야 한다. INTERPOL이나 UNODC에서 운영하는 정보분석 과정, 국내 경찰청·정보기관에서 제공하는 전문교육은 주재관에게 필수적인 교육 기회다. 더 나아가 OSINT 도구나 데이터 시각화 기법과 같은 최신 분석 기술을 익히는 것은 수집된 정보를 단순 보고서가 아니라 전략적 자산으로 재가공하는 데에 큰 도움이 된다. 또한 해외 도피사범 검거, 테러 사전 차단과 같은 성공 사례의 분석 과정을 연구하는 것도 실질적 학습 효과를 높인다.

핵심 메시지: 경찰주재관은 현장 감각을 국익 전략으로 연결하는 정보 설계자다

> '정보수집'은 단순한 사실 전달이 아니라, 대한민국 치안외교의 방향을 잡는 나침반이다. 경찰주재관은 감각적이고 직관적인 분석력을 기반으로, 현지에서 감지한 변화와 기회를 전략 문서로 승화시킬 수 있는 실전 전문가가 되어야 한다.

5) 문화적 감수성과 다문화 역량

경찰주재관이 현지에서 성공적으로 임무를 수행하기 위해서는 단순한 전문지식이나 기술만으로는 충분하지 않다. 그 나라의 역사, 문화, 사회적 맥락을 존중하고 이해하려는 태도가 필요하다. 이를 우리는 문화적 감수성과 다문화 역량이라고 부른다. 문화에 대한 이해가 부족하면 사소한 행동이나 발언이 현지 경찰이나 시민들에게 부정적인 인상을 줄 수 있으며, 이는 곧 협력의 신뢰를 약화시킬 수 있다. 따라서 주재관은 법과 제도뿐 아니라 문화와 정서를 읽어내는 능력을 갖추어야 한다.

① 문화적 감수성

문화적 감수성이란 타 문화권에서 발생하는 행동과 의사소통의 차이를 존중하고, 이를 배려하는 태도를 의미한다. 예를 들어 어떤 국가에서는 직접적이고 직설적인 화법이 신뢰를 의미하는 반면, 다른 국가에서는 완곡하고 간접적인 표현을 선호하기도 한다. 이러한 차이를 이해하지 못하고 국내 방식 그대로 대응한다면, 상대방에게 무례하게 보일 수 있다. 또한 종교적 의례, 전통 의상, 사회적 금기 등에 대한 무지가 불필요한 갈등을 초래할 수 있다. 따라서 주재관은 현지의 기본 예절과 문화적 맥락을 사전에 학습하고, 일상 속에서 존중의 태도를 보여야 한다. 작은 제스처 하나가 협력 관계를 강화하는 열쇠가 될 수 있다.

② 다문화 역량

다문화 역량은 단순한 감수성을 넘어, 실제로 다양한 문화적 배경을 가진 사람들과 효과적으로 소통하고 협력하는 능력을 의미한다. 주재관은 현지 경찰뿐 아니라 외교관, 국제기구 직원, 다른 국가의 경찰 등 다국적 파트너들과 함께 일하게 된다. 이 과정에서 문화적 차이를 극복하고 공동의 목표를 향해 협력하는 능력이 필요하다. 예를 들어 국제회의에서 의제를 논의할 때, 한국의 관점을 강하게 주장하면서도 타국의 입장을 수용하는 균형 잡힌 태도가 요구된다. 또한 위기 상황에서는 다문화적 팀워크를 발휘해 빠른 의사결정을 이끌어내야 한다. 이는 곧 주재관의 리더십과 조정력으로 평가된다.

▸ 준비 노하우

문화적 감수성과 다문화 역량은 타고나는 것이 아니라 꾸준한 경험과 학습을 통해 키울 수 있다. 파견을 준비하는 경찰관은 파견 예정국의 역사와 사회문화, 종교적 전통을 공부하고, 가능하다면 단기 연수나 교류 프로그램에 참여해 현지 문화를 직접 체험하는 것이 좋다. 또한 외국인과의 교류, 다문화 가정 지원 활동, 국제 행사 자원봉사 등 국내에서도 다문화 역량을 쌓을 기회는 많다. 나아가 외국 경찰·국제기구 인사와의 비공식 교류를 통해 다양한 커뮤니케이션 방식을 경험하는 것도 도움이 된다.

핵심 메시지: 문화적 감수성은 경찰주재관이 갖추어야 할 첫 번째 '외교 언어'이다

> 법적 지식과 제도 이해는 후천적으로 익힐 수 있지만, 문화적 감수성과 상대에 대한 존중은 '신뢰외교의 본능'으로 길러져야 한다. 경찰주재관은 대한민국의 법집행력을 대표하는 동시에, 신뢰와 공감을 기반으로 국제사회의 문을 여는 '사람 중심의 치안외교관'이어야 한다.

면접 포인트

> 실제 외국기관과의 갈등 사례가 발생했을 때 어떻게 대응할 것인지, 또는 민감한 이슈를 외교적으로 중립적으로 설득할 방법을 질문받을 수 있다.

면접 포인트

> 실제로 발생할 수 있는 갈등상황(예: 재외국민 체포 사건, 치안정보 요청 거절 등)에 대해 '외교적으로 어떻게 대응할 것인가'를 논리적으로 설명할 수 있어야 한다.

면접 포인트

외국 경찰관, 공관 관계자, 한인사회, 민간기업 등 다양한 이해당사자 사이에서 균형 잡힌 태도를 유지할 수 있는지에 대한 질문이 나올 수 있다.

면접 포인트

"K-Policing이란 무엇이며, 이를 주재국 경찰에 어떻게 설명하고 협력으로 연결시킬 것인가?" 라는 형태의 질문이 출제될 수 있다.

면접 포인트

"주재국 정세가 불안정할 때 한인 사회 안전 확보를 위한 대응 방안은?", "외사정보를 확보하고 대사관과 공유하는 방식을 설명하라."

면접 포인트

"국외도피사범이 현지에서 체포되었을 때 어떤 절차로 인도 요청을 진행하겠는가?", "INTERPOL 수배와 인도요청은 어떤 점에서 다른가?" 등의 사례 기반 질문이 예상된다.

면접 포인트

"주재국에서 치안불안 사태가 발생했을 경우 재외국민 보호를 위한 행동계획을 말해보시오."

제 3 절 INTERPOL 경찰협력관

INTERPOL 경찰협력관은 전 세계 196개 회원국이 참여하는 세계 최대의 국제경찰기구인 INTERPOL의 사무총국 및 지역사무소에 파견되는 한국 경찰대표이다.

이들은 국제공조수사의 최전선에서 각국 경찰과 협력하며, 범죄정보 공유, 국제수배자 대응, 글로벌 수사협력 프로젝트 등을 수행함으로써, 대한민국 경찰의 존재감과 신뢰도를 국제사회에 각인시키는 핵심 역할을 맡고 있다.

INTERPOL 협력관 제도는 단순한 파견근무를 넘어, 한국 경찰이 국제 범죄 거버넌스의 실질적인 일원으로서 책임과 영향력을 행사하고, 장기적으로는 국제기구 진출과 글로벌 리더십 실현을 위한 교두보 역할까지 수행하는 전략적 자산이다.

INTERPOL의 조직과 기능, 협력관 파견의 역사와 임무, 선발 및 준비 과정 등은 이어지는 제5장에서 보다 심층적으로 다루기로 하겠다.

제 4 절 코리안데스크(Korean Desk) 담당관

코리안데스크(Korean Desk) 담당관은 우리 국민이 다수 거주하거나 여행하는 국가의 치안환경에 대응하여, 해외 현지 경찰청 내에 설치된 한국 전담 경찰 협력 창구를 의미한다.

이 제도는 경찰청, 해당 국가 경찰당국 등의 협력 아래 추진되며, 해당 국가의 경찰기관 내에 한국어 가능한 현지 경찰관이 배치되거나, 한국 경찰이 파견되어 공동업무를 수행하는 방식으로 운영된다.

코리안데스크 담당관은 외교관도, 단순한 연결관도 아니다. 그들은 현지 경찰청 내에서 한국과 관련된 치안정보를 분석·공유하고, 재외국민 사건에 대해 신속한 협조를 유도하며, 더 나아가 형사공조, 범죄정보 교류, 해외도피사범 검거·송환 등 양국 간 치안외교의 실질적 실행자 역할을 수행한다.

1 제도의 개요

21세기 글로벌 시대에 한국인의 해외 진출이 급증하면서, 현지에서 발생하는 범죄나 사건사고에 효과적으로 대응하기 위한 직접적 경찰 협력 채널의 필요성이 대두되었다. 이러한 필요를 바탕으로 탄생한 것이 바로 '코리안데스크(Korean Desk)' 담당관 파견 제도이다.

코리안데스크 담당관이란 주재국에 파견되어 주재국 사법기관과 수사 공조 및 국제범죄 자료 수집 등을 수행하는 경찰공무원을 말한다.[9] 즉 주요 국가 경찰청 내에 한국 경찰이 직접 상주하며 실시간 공조·협력을 수행하는 제도적 장치이다. 특히, 한국인 방문객이 많거나 교민 사회가 밀집해 있는 국가에서 범죄피해 예방, 사건 대응, 공조수사, 치안외교 기능을 종합적으로 수행하기 위해 도입되었다. 한국인 범죄피해사건에 적극 대응하고 중요 도피사범을 조기에 송환하고자 외국 경찰청에서 설치한 한국인 사건 전담반을 의미한다.

코리안데스크 담당관 제도는 단순히 치안 수요의 대응 차원을 넘어, 한국 경찰이 직접 글로벌 파트너와 현장에서 범죄 정보를 공유하고, 수사·예방·외사 업무를 포괄적으로 수행하는 새로운 모델로 출발하였다. 이 제도는 다음과 같은 핵심적 배경에서 탄생하였다.

① 해외 사건·사고 대응 역량의 구조적 필요

해외에서 한국 국민이 연루된 사건·사고에 대해 신속하고 전문적인 대응이 필요하다는 인식이 확대되었고, 특히 재외공관의 외교적 역할만으로는 치안 대응의 한계가 존재했다. 이에 따라 한국에서 파견된 전문 경찰관이 현지 경찰과 직접 협력하는 방식이 모색되었다.

② 수사협력 수요의 증가

초국경범죄, 마약·사이버 범죄 등의 증가로 인해 현지 경찰과의 실시간 정보 공유 및 공조 수사 수요가 급증하였다. 특히 다수의 한국인이 피해자 또는 피의자인 경우, 수사 공조의 정확성과 속도를 높이기 위한 구조적 기반이 필요했다.

이러한 코리안데스크 제도의 시초는 필리핀 경찰청이다. 필리핀 내 한국인 피살 등 범죄피해 증가에 따라 2010년 10월 필리핀 경찰청 형사국에 코리안데스크를 최초로 설치했다. 이후 한–필 치안총수 회담시 필리핀 경찰청 코리안데스크에 한국 경찰관 1명 파견을 합의하여 2012년 5월 최초로 마닐라에 경감 1명이 파견되었고 2015년 2월 앙헬레스에 경감 1명이 추가로 파견되었으며 우리 국민 피살사건이 잇따르자 마닐라, 바기오, 세부, 카비테에 4명을 추가 파

9) 코리안데스크 담당관 운영에 관한 규칙 제2조(정의)에 규정되어 있으나 '25년 경찰청 훈령 개정 작업에 의해 경찰협력관으로 명칭이 통일되었다.

견하여 총 6명을 운영하였다. 이후 정부의 해외 인력 감축 방침에 따라 2025년 현재 마닐라, 앙헬레스, 세부 3명이 근무 중이다.

두 번째로 코리안데스크가 설치된 국가는 베트남이다. 2010년 중반 이후 베트남 내 우리 교민 및 기업관련 치안수요가 증가함에 따라 2014년 한-베 정상회의시 베트남 당서기장에게 조속한 설치를 요청함에 따라 2015년 11월 베트남 공안부 대외국에 현지 경찰관 4명으로 코리안데스크가 설치되었다.

코리안데스크 파견자는 한국인 관련 사건에 대해 현지 경찰과 공동수사를 진행하고 국외도피사범 송환 관련 현지 경찰과 긴밀히 협력하도록 하고 있다. 이미 대사관에 파견되어 있는 경찰주재관과 업무 중복이 있을 수 있는데 경찰주재관은 중요사건 발생시 현장임장 및 전문보고, 현지 경찰에 신속 공정한 수사를 촉구한다면 코리안데스크담당관은 현지 경찰수사에 직접 참여하여 공동수사를 하고 한국인 관련 범죄첩보 수집 공조수사를 하는 게 큰 차이라고 할 수 있다. 또한 도피사범 송환 업무에 있어서도 경찰주재관은 교민사회 홍보 등을 통해 피의자 소재 파악 및 이민관서에 피의자 소재 정보 제공 및 검거를 요청할 수 있다면 코리안데스크 담당관은 현지 당국과 공동으로 피의자 소재 추적 및 검거에 직접 참여하는 등 실질적인 활동을 하도록 하고 있다.

2 주요 임무와 역할

코리안데스크 담당관은 한국 경찰의 국제협력 전략 중에서도 가장 현장 밀착형의 역할을 수행하는 파견 인력이다. 현지 경찰기관 내에 상주하며, 범죄예방에서부터 국제공조 수사, 재외국민 보호, 그리고 한국의 치안외교 실현에 이르기까지, 폭넓고도 복합적인 임무를 담당한다. 무엇보다 중요한 점은, 이들이 단순한 연락창구를 넘어서 '공동 대응의 파트너'이자 '현장형 외교관'으로서의 역할을 수행한다는 데에 있다.

첫째, 한국인 대상 강력사건에 대한 수사공조는 코리안데스크 담당관의 핵심 임무 중 하나다. 해외에서 발생하는 살인, 성폭력, 납치, 강도 등 중대 범죄사건은 한인사회와 국내 여론에 큰 영향을 미친다. 이때 코리안데스크는 신속하게 사건 정보를 입수하고, 현지 경찰과 직접 접촉하여 수사의 초기단계부터 적극 관여한다. 피해자 보호, 용의자 특정, 증거 확보, 수사 진행 상황의 실시간 공유 등 전 과정에서 현지 경찰과의 수사 협력은 물론, 한국 경찰과의 연결고리 역할까지 수행하게 된다.

둘째, 해외도피사범의 추적 및 송환 업무 또한 중요한 기능이다. 형사사법 공조 차원에서 INTERPOL을 통한 적색수배 발부 후, 현지에 은신 중인 도피사범이 발견될 경우, 코리안데스크는 해당국 경찰과 협조하여 체포 및 신병 확보를 주도하게 된다. 이후에는 인도요청 절차 또는 자진귀국 유도 방식에 따라, 송환을 위한 법적·외교적 조율 과정을 밀착 지원한다. 이는 INTERPOL과 한국 경찰청 간 공조의 연장선에서 이루어지며, 코리안데스크는 그 실질적 실행자로 기능한다.

셋째, 초국경 범죄에 대한 정보수집 및 분석 활동은 예방과 대응 양 측면에서 점차 중요성이 커지고 있다. 현지에서 활동 중인 보이스피싱 조직, 마약 밀거래 네트워크, 불법도박 운영자 등 한국과 연결된 범죄조직에 대한 첩보를 수집하고, 이를 구조화하여 본국에 보고하는 임무는 고도로 전문화된 역량을 요구한다. 코리안데스크는 현지 경찰과의 비공식 네트워크를 통해 수사 초기 단계에서부터 신속한 정보 수집과 상황 판단을 가능하게 하며, 이를 토대로 다자적 공동수사 체계를 설계하는 데에도 기여한다.

넷째, 현지 경찰기관과의 협력체계를 안정적으로 유지하고, 양국 간 치안외교 기반을 강화하는 것도 코리안데스크의 중요한 역할이다. 이는 단지 현장 대응을 넘어서, 전략적 수준의 파트너십 형성과 공동기획, 치안정책 교류까지 포괄한다. 상시 회의체 운영, 경찰관 교류, 공동 교육프로그램 등을 통해 현지 경찰 내에서 신뢰받는 파트너로 자리매김할 때, 실질적 공조가 가능해진다.

마지막으로, 코리안데스크는 재외국민 보호와 치안서비스 제공의 최전선에서 있는 경찰관이다. 교민사회, 유학생, 관광객 등을 대상으로 치안설명회, 사건사고 대응요령 안내, 범죄예방 홍보물 배포 등 예방 활동을 수행하며, 사건 발생 시에는 피해자의 법적 권리 보호, 수사절차 안내, 대사관과의 긴급조치 연계까지 책임진다. 이처럼 코리안데스크는 한국 경찰의 치안 서비스를 해외에서 실현하는 창구이자, 재외국민의 안전을 지키는 현장 지휘관이라 할 수 있다.

이와 같은 코리안데스크의 임무 수행은 개별 사건 대응을 넘어, 한국형 치안모델의 국제 확산과 전략적 외교관계 강화라는 더 큰 목표로 이어진다. 단순한 경찰 파견이 아닌, 치안외교의 실행 플랫폼으로서 코리안데스크의 역할은 앞으로도 계속 진화하고 확장될 것이다.

3 선발 절차 및 요건

1) 모집 공고

코리안데스크 담당관의 임기는 기본적으로 2년이며 필요시 1년 연장, 총 3년 근무할 수 있다.

선발 일정은 통상적으로 교체 직위에 대한 모집공고를 시작으로 서류심사, 어학면접, 면접심사, 결과공고 순으로 진행된다. 계급은 보통 경감급(재직기간 5년 이상/승후자 포함)이 대상이며, 원서접수 마감일 기준 유효한 어학 성적을 제출해야 한다.

2) 서류심사 및 면접심사

서류심사에서는 어학능력, 유관경력, 성과평가 등 종합 검토하여 객관적 평가를 한다. 유관경력은 수사경력, 외사경력, 선발직위 특정경력[10)]으로 구분한다. 이어 외국어 원어민 인터뷰를 통한 어학면접을 실시한다. 면접심사에서는 전문지식, 문제해결, 국제공조역량, 실제사례 등을 종합적으로 평가하게 된다. 이러한 정량평가와 면접평가를 종합하여 최종 적임자를 선발한다.

■ 어학성적 기준 ■

영어			
TOEFL	TOEIC	TEPS	FLEX(읽기·쓰기)
PBT 567 CBT 227 iBT 86	790	385	700

10) 경찰청 과학수사심의관실, 형사국 강력범죄수사과 강력범죄수사계·폭력범죄수사계, 마약조직범죄수사과, 시도경찰청 과학수사과·형사과·광역수사대·강력범죄수사대·마약범죄수사대, 경찰서 형사과 근무경력을 합산

4 코리안데스크 담당관의 필요 역량과 실전 준비 가이드

코리안데스크는 단순한 파견직이 아니다. 현지 경찰청에 상시 배치되어 수사공조, 정보교류, 국민보호, 범죄예방 등 다양한 임무를 수행하는 복합직무이며, 때로는 '외교관보다 현지 사정을 더 잘 아는 협상가'로, 때로는 '정보망을 다루는 정보분석가'로, 때로는 '한류와 범죄를 함께 아우르는 문화중재자'로 활동한다.

즉, 코리안데스크 담당관은 치안외교의 전위부대이자, 현장과 본부를 연결하는 전략적 허브이다. 그렇기에 해당 보직을 준비하는 이들은 사전에 다음과 같은 역량을 체계적으로 점검하고 훈련할 필요가 있다.

1) 강력범죄 수사공조 대응 역량

코리안데스크의 하루는 예측 불가능하다. 한국인을 대상으로 한 강력범죄 사건이 발생하면, 담당관은 현지 경찰과 즉시 공조하여 수사 초기 단계를 조율해야 한다. 피해자 보호와 사건 대응은 단순한 절차를 넘어, 피해자 가족과 교민 사회의 신뢰 형성에도 직결된다. 따라서 담당관은 신속성·정확성·공감 능력을 동시에 발휘해야 하며, 이는 사건의 결과뿐 아니라 한국 경찰에 대한 국가적 신뢰로 이어진다.

2) 해외도피사범 송환 및 INTERPOL 공조 역량

해외도피사범 송환은 코리안데스크 담당관의 대표적인 고난도 임무다. 적색수배 발령, 현지 체포 지원, 인도 절차 협상, 귀국 조율까지 전 과정이 법률·외교·설득의 복합 작업으로 이루어진다. 이 과정에서 경찰, 검찰, 외교부 등 국내 기관은 물론, 현지 사법·출입국·외교 당국과의 다층적 협업이 필요하다. 결국 송환 성공 여부는 담당관의 전략적 조율력과 실무 경험에 달려 있다. 이는 단순한 수사 성과를 넘어, 한국 경찰의 국제적 위상과 협력 신뢰도를 강화하는 결정적 계기가 된다.

3) 국제범죄 정보 수집 및 분석 능력

현지 마약 조직, 불법도박 네트워크, 보이스피싱 집단은 종종 한국 관광객이나 교민 사회를 표적으로 삼는다. 코리안데스크는 이러한 위협을 조기에 포착하고 본청과 공유하는 정보 경보 시스템의 역할을 한다. 정보는 단순 수집이 아니라, 패턴을 분석하고 수사 및 외교 전략과 연결될 때 가치가 있다. 특히 비공식 채널과 인적 네트워크를 관리하는 신뢰 구축 능력이 결정적 순간의 성패를 좌우한다.

4) 현지 법제도·문화 이해 및 협상 감각

각국의 수사 절차와 경찰 권한은 다르고, 이러한 차이는 종종 오해와 갈등의 요인이 된다. 코리안데스크 담당관은 상대국 제도와 문화를 존중하면서도, 한국 경찰의 입장을 설득력 있게 전달하는 외교적 균형감각을 가져야 한다. 조직문화와 커뮤니케이션 방식 등 눈에 보이지 않는 문화적 맥락을 이해할 때 협상이 원활해지고, 불필요한 마찰을 줄일 수 있다. 따라서 문화 감수성은 협상 기술만큼 중요한 역량이다.

5) 재외국민 보호 및 치안서비스 제공 역량

코리안데스크의 역할은 단순 사건 대응에 그치지 않는다. 평소 교민 사회와의 접점을 유지하며, 예방 홍보·민원 응대·안전 프로그램 기획 등 현장형 치안서비스를 제공해야 한다. 위기 상황에서 교민과 피해자 가족에게 공감과 신뢰를 주는 태도는 사건 해결 못지않게 중요한 성과다. 예방 활동 자체도 치안외교의 일부이자, 한국 경찰의 신뢰도를 높이는 전략적 행위이다.

결국 코리안데스크 제도는 한국 경찰이 단순히 외국에 파견되어 지원하는 단계를 넘어, 상호호혜적 협력의 구조를 제도화한 대표적 플랫폼이다. 이는 치안외교가 '파견과 요청' 중심에서 '공동 문제 해결과 제도 공유' 중심으로 진화하고 있음을 보여준다. 특히 한류 확산, 관광객 증가, 경제 교류 확대 등으로 국민 보호 수요가 증가하는 상황에서, 코리안데스크는 치안과 외교를 결합한 선제적 대응 플랫폼으로 기능하고 있다.

따라서 이 보직을 준비하는 경찰관은 단순히 수사 능력을 넘어, 협력·분석·외교·문화 감수성을 종합적으로 갖춘 치안외교관으로 성장해야 하며, 이는 곧 대한민국의 신뢰 자산을 현장에서 구현하는 과정이다.

코리안데스크 면접 대비 예상 질문포인트

■ **재외국민 보호**
- "현지 경찰이 교민을 부당하게 체포했다면 주재관·코리안데스크로서 어떻게 대응하겠는가?"
- "범죄 피해를 입은 교민 가족과의 신뢰를 어떻게 확보하겠는가?"

■ **수사공조 · 도피사범 송환**
- "도피사범 송환 과정에서 상대국이 협조를 거부한다면 어떤 설득 전략을 쓰겠는가?"
- "INTERPOL 적색수배 발령 이후 단계별 절차를 설명해 보라."

■ **국제범죄 정보 수집 · 분석**
- "비공식 네트워크를 활용한 정보 수집의 장단점을 말해보라."
- "마약·보이스피싱 등 국제범죄 동향을 현지에서 어떻게 감지 · 보고할 수 있는가?"

■ **문화 · 외교 감각**
- "현지 경찰의 수사 절차와 한국 경찰의 방식이 충돌한다면 어떻게 조율하겠는가?"
- "문화적 차이로 갈등이 생긴다면 어떤 태도로 협상에 임하겠는가?"

■ **위기 상황 대응**
- "대형 재난으로 교민 피해가 발생했을 때 초기 대응 우선순위를 어떻게 설정하겠는가?"
- "테러 발생 시 한국 경찰과 현지 경찰 간 공조체계를 어떻게 가동할 수 있는가?"

제 5 절 경호경찰주재관

1 제도의 의의

경호경찰주재관은 2000년대 초반 후세인 사형, 미국의 추가 파병, 석유법 승인 등으로 테러위협이 고조되고 있는 이라크 치안상황을 감안하여 한국대사관 공관원의 안전 확보와 외교활동 지원을 위해 처음 경찰경호요원 파견을 추진하게 된 것이 시초이다. 2005년 주이라크 대사와 대사관 공관원에 대한 군 경호요원 파견을 검토하였으나 국방부 측의 반대로 시행이 보류되었다. 계속 현지 치안상황이 악화되자 외교부에서는 경찰청에 경호요원 파견을 요청하였고 2007년 1월 경호경찰관 파견이 결정되고 그 해 9월 경호경찰관 5명을 직무파견 형식으로 처음으로 파견되었다.

이후 2013년 9월 주아프간 대사관의 철군 및 경찰관 파견 결정에 따라 공관방호 및 공관원 보호를 위해 2014년 5명이 두 번째로 파견되었다. 2019년 경호단 정원·예산의 안정적 근거를 위해 한시직제 주재관으로 전환되었으며 2021년 탈레반의 아프간 장악으로 아프간 경호경찰주재관은 그 해 8월에 전부 철수하였다.

세 번째 경호경찰주재관 파견국은 리비아이다. 2014년 내전 및 무장괴한의 공관에 대한 총격사건으로 폐쇄되었던 주리비아대사관이 우리 기업의 진출 재개 및 치안상황 개선에 따라 재개소됨에 따라 재외공관의 외교활동 보호를 위해 2022년 6월 경호경찰주재관 5명이 파견되었다.

따라서 2025년 현재 이라크, 리비아에 각 5명씩 경호경찰주재관이 파견되어 활동하고 있다. 경호경찰주재관은 근접경호–공관방호–대테러–위기대응–대피지원을 통합 수행하는 '치안·안보 결합형 외교 인력'으로서, 전통 경호 범위를 넘어 공관 생존성을 보장하는 역할을 맡는다.

즉, 고위험국 공관의 지속 가능한 외교활동을 보장하고 주재국 치안·대테러 기관과의 상시 협력채널 확보함과 동시에 위기 발생 시 신속대응·대피·의무후송의 임무를 수행한다.

2 선발절차 및 자격요건

경호경찰주재관의 파견 기간은 3년이며, 보수 및 처우는 외교관에 대한 기준과 동일하며 여행금지국가로 열악한 근무환경과 테러 등 위험성을 고려, 가족동반은 불가하다.

1) 자격요건 및 우대요건

경호주재관이 필요로 하는 직무수행 능력을 갖추고 투철한 국가관과 사명감, 외교역량, 도덕성을 구비한 자이며 구체적인 요건은 다음과 같다.

- 경찰경력 5년 이상인 경사~경감(승진후보자는 지원 불가)
- 경호·경비업무 경력자, 해외파견 및 해외에서 경호·경비·대테러 교관요원 경력자
- 어학능력은 영어 또는 아랍어 공인어학성적 보유자[11)]

11) 자세한 어학기준은 선발공고문을 참고

- 무도의 경우 대한체육회 등 무도 단체에서 발행한 단증에 한함
- 자격증 가점 사유로 경비지도사, 신변보호사, 응급구조사, 응급처치강사, 경호관련 학위, 사격마스터 취득자

2) 결격사유

- 징계요구 또는 처분 중인 자
- 강등·정직 18개월 감봉 12개월 견책 6개월이 경과되지 않은 자[12)]
- 직무관련 금품 또는 향응수수, 공금의 횡령·유용, 음주운전, 성관련 비위 등의 사유로 징계를 받은 자[13)]
- 최근 5년간의 근무성적평정 결과, 최하위 등급을 3회 이상 받지 않은 자 또는 연속하여 최하위 등급을 받지 않은 자
- 파견근무 제한 사유가 있는 자(경비부서 의무복무, 순환 보직근무 등)
- 기타 국외파견 근무가 부적절하다고 인정되는 자

3) 선발절차 개요

모집공고 후 서류 심사를 거쳐 실기 평가(사격 및 체력 측정), 선발심사위원회의 면접심사 과정을 거친다. 면접심사는 직무수행능력, 전문지식, 문제해결능력, 국가관·사명감 등을 종합 심사하며 세 부분의 심사 결과를 최종 합산하여 최종 후보자를 선발 후 외교부에 추천하게 된다. 경찰청에서 후보자를 선발하여 단수추천하면 외교부에서는 적격심사를 하여 최종 선발한다. 최종선발자는 경호·전술 등 실무교육 진행 후 파견을 개시한다.

3 경호주재관의 임무

경호주재관은 해외 공관의 안전을 책임지는 최전선의 경호 전문가이자 치안외교 실무자이다. 그 임무는 단순한 경호 활동에 머물지 않고, 국가 외교활동의 기반을 보장하는 핵심적 역할로 확장된다.

첫째, 공관원 신변 보호이다. 경호주재관은 대사를 비롯한 공관원의 외교활동이 원활히 이루어질 수 있도록 근접 경호, 이동 경호, 행사 경호 등을 수행

12) 공무원임용령 제32조(승진임용의 제한), 공무원임용규칙 제31조(파견의 제한)
13) 재외공관 주재관 임용령 시행세칙 제2조 제2호

한다. 외부 활동 시 발생할 수 있는 돌발 상황에 대비하여 응급 대응 능력을 갖추고 있으며, 경호 및 방호 과정에서는 국제법규와 현지 법령에 따라 합법적이고 효율적으로 무기와 장비를 운용할 수 있어야 한다. 이는 단순한 개인 보호 차원을 넘어, 외교 활동의 지속성과 안전성을 보장하는 임무라 할 수 있다.

둘째, 테러 예방 및 대응이다. 경호주재관은 주재국 내 테러 정세와 테러단체의 동향을 상시적으로 모니터링하며, 폭발물·드론 등 최신 위협 수단에 대한 정보를 파악한다. 위협 징후가 발견되면 즉시 공관과 공관원을 보호하기 위한 대응조치를 강구하며, 실제 테러 상황 발생 시에는 신속한 응급 대응을 통해 피해를 최소화한다. 이 과정은 경찰청 대테러 정책과도 긴밀히 연계되어, 현장에서 수집된 정보와 경험이 국내 대테러 치안정책 개선으로 환류된다.

셋째, 위기상황 대비 및 비상대피 계획 수립이다. 경호주재관은 주재국의 치안 상황 변화에 맞추어 비상대피안을 마련하고 주기적으로 점검한다. 위기 발생 시에는 신속한 대피 지휘와 보호 활동을 통해 공관원과 재외국민의 생명과 안전을 지킨다. 이러한 역할은 재난·분쟁·정치적 불안 등 예측 불가능한 상황 속에서 한국 외교공관의 안정적 기능을 유지하는 위기관리 컨트롤타워로서의 의미를 갖는다.

마지막으로, 국제 협력과 네트워크 구축이다. 경호주재관은 주재국 치안기관 및 주요 우방국 경호부서와 상시 협조체계를 유지하며, 정기적인 정보 교류와 합동 훈련 등을 통해 다층적 협력망을 확립한다. 또한 현장에서 얻은 경험과 분석을 토대로 경찰청에 제도적 개선을 건의하고, 새로운 치안정책 수립에 기여한다. 이는 경호주재관이 단순한 현장 수행자가 아니라, 정책 제안자이자 제도 발전의 동력임을 보여준다.

제 6 절 국제기구 협력관 파견제도

1 제도의 의의 및 개요

국제기구 협력관은 한국 경찰이 치안외교의 무대를 양자 협력에서 다자 협력으로 확장하는 핵심 제도다. 단순히 외국 경찰과의 정보 교환에 머무르지 않고, 다국적 범죄 대응, 국제 규범 형성, 정책 개발 과정에 직접 참여함으로써 한국 경찰의 위상을 높이고 국제 기준 수립에도 기여한다.

경찰청은 INTERPOL에 가장 많은 협력관을 파견하고 있으며, 유로폴(Europol), 유엔 마약범죄사무소(UNODC), 태국 마약통제청(ONCB) 등 주요 지역 치안기구에도 협력관을 두고 있다. 이들은 한국형 치안모델을 다자 플랫폼에 연결하고, 글로벌 치안 거버넌스의 제도적 토대를 확장하는 실질적 교두보로 기능한다.

2 주요 파견사례

1) 유로폴(Europol) 경찰협력관

유로폴은 유럽연합(EU) 소속의 형사사법 협력기구로, 테러리즘, 사이버범죄, 마약조직, 불법이민 등 초국경 범죄에 대응하는 EU 차원의 경찰 정보조정 및 분석기관이다. 한국 경찰은 2018년부터 유로폴과 공식 협력관계를 수립하고, 헤이그에 위치한 유로폴 본부에 2024년부터 경찰협력관을 파견하고 있다.

▸ 주요 역할

- 유로폴 내 한국 경찰 접점 담당(Liaison Office 기능)
- 유럽 경찰과의 정보 공유 및 공조사건 조율
- 한국–유럽 간 수사공조의 창구 역할 수행
- 사이버범죄, 아동 성착취물, 불법마약 유통 등 분야의 전략적 대응 참여

▸ 의의

유로폴은 협약 체결국과의 정보연계 및 공동수사를 중점 운영하고 있어, 협력관은 한국 경찰의 유럽 치안 네트워크 확장의 전초기지 역할을 하고 있다. 특히 2020년 이후 아시아 국가 중에서도 적극적인 정보공조 국가로서 한국의 위상이 높아지고 있으며, 협력관의 활동이 실질적 수사성과로 이어지는 사례도 증가하고 있다.

2) UNODC 경찰협력관

UNODC는 국제사회의 마약범죄, 조직범죄, 인신매매, 반부패, 테러 대응을 위한 정책과 기술지원을 제공하는 유엔 산하 기구다. 한국 경찰은 유엔 치안분야의 규범 형성과 현장 지원에 참여하기 위해, UNODC(오스트리아 비엔나)에

2024년부터 경찰협력관을 파견하고 있다.

▸ 주요 역할

- 마약, 조직범죄, 테러리즘 대응 등 분야별 국제프로그램 협력
- UNODC와의 공동 프로젝트 개발 및 한국 치안모델 전파
- UNODC 회의 및 다자협의체 참여를 통한 정책 의견 개진
- 한국 경찰의 글로벌 파트너십 확대 및 신뢰 구축

▸ 의의

UNODC는 글로벌 치안 규범의 제안자이자 조정자로서, 한국 경찰이 향후 국제기준 형성에 영향력을 행사할 수 있는 중요 창구다. 특히 마약·조직범죄 대응 국제 기준 논의 과정에서 한국의 수사 경험과 제도를 제시함으로써, 단순 정보 공유를 넘어 국제 규범 형성에 기여하는 외교 주체로 활동한다. 이는 치안 ODA, K-Policing 등 국가 브랜드를 확산시키는 전략적 외교 활동과도 직결된다.

3) 태국 경찰청 및 태국 ONCB 협력관

태국은 한국 경찰의 동남아시아 협력 전략에서 중심적인 위치를 차지하고 있다. 특히 태국 경찰청과의 양자 협력은 물론, 마약통제청(ONCB)과의 협력은 역내 마약 및 인신매매 대응 거버넌스를 구축하는 핵심 기반이다. 이에 따라 경찰청은 태국 경찰청 및 ONCB에 협력관을 파견하여 현지 정부 및 국제기구와의 3자 협력 모델을 운용하고 있다.

▸ 주요 역할

- 태국 경찰청과의 정보공조 및 양자치안협력 창구
- ONCB와의 마약·마약밀매 대응 공동사업 조정
- ASEANAPOL 등 역내 협의체와 연계한 다자협력 수행
- 한국 경찰 치안역량 전파 및 역내 치안공공재 기여

▸ 의의

태국은 UNODC, ASEANAPOL, AIPA 등 주요 치안 관련 회의가 집중되는 국가로, 경찰협력관은 한국 경찰의 아세안 치안외교의 전진기지로서 활동한다. 태국 경찰과의 수사공조 창구 역할을 하면서, ONCB와는 마약·인신매매 대응

공동사업을 조율한다. 나아가 ASEANAPOL 등 역내 협의체와의 연계를 통해 다자협력을 촉진하고, 한국 경찰의 치안기술과 수사기법을 전파하여 지역 전체의 치안역량 강화를 지원한다. 특히 동남아에서 심각한 마약 문제 대응에 있어 한국의 과학수사 기법과 ICT 기반 치안 시스템은 파급력 있는 자산으로 작동하고 있다.

3 정책적 의미와 확대방향

국제기구 협력관은 단순한 해외 파견 인력이 아니라, 한국 경찰이 다자외교 무대에서 주체적으로 발언하고 글로벌 치안 거버넌스의 규칙 형성에 참여하는 전략적 전위부대다. 이들은 현장에서 정보를 수집·분석하는 역할을 넘어, 정책 토론과 프로젝트 기획 과정에 직접 참여하며 한국 경찰의 입장과 경험을 제도화한다.

예컨대, UNODC 협력관은 국제 기준 제정 과정에서 한국의 마약·조직범죄 대응 경험을 제시하며, 유로폴 협력관은 유럽 국가들과의 정보공유를 실질적 공조로 연결한다. 이는 치안외교가 단순한 양자 협력에서 국제 규범외교, 제도 설계 외교로 확장되는 과정이다.

또한 협력관은 국제무대에서 쌓은 신뢰를 기반으로 한국 치안시스템과 정책에 대한 수요를 확산시킨다. 이는 K-Policing 확장, 치안 ODA 연계, 국제기구 내 정책 주도력 확보로 이어져, 결과적으로 한국 경찰의 브랜드를 강화하는 효과를 낳는다.

이러한 점에서 향후 국제기구 협력관 제도는 보다 전략적이고 체계적인 방식으로 확대되어야 한다. 우선, 파견 대상 기관의 다변화가 필요하다. 현재 유로폴, UNODC, ASEAN 지역기구에 집중되어 있는 협력관 파견을 IOM, UNDP, CTED, FATF 등으로 확대함으로써, 치안 외에도 인권, 개발, 테러, 금융범죄 등 다양한 이슈에 대응하는 복합형 인재 운영이 가능해질 것이다.

둘째, 단순한 협력관 파견에 그치지 않고, 이를 국제기구 진출 전략과 연계시켜야 한다. 협력관은 국제기구에서 근무하는 실질 경험과 네트워크를 쌓는 데 유리한 위치에 있는 만큼, 이들을 국제기구 정규직 진출의 예비단계(pre-positioning stage)로 설계하고, 귀국 후에도 이를 바탕으로 국제정책 자문, 교육,

후속 진출 등으로 이어질 수 있도록 제도적 선순환 구조를 구축해야 한다.

셋째, 협력관 활동성과의 체계적인 환류체계를 마련해야 한다. 파견 기간 중 축적된 정보와 경험이 조직 내에 축적되지 않고 개인에 머무르는 한계가 반복되지 않도록, 활동 종료 후에는 지식 아카이빙, 사례집 발간, 정책보고서 공유, 후배 대상 멘토링 등 다양한 형식으로 활용될 수 있도록 해야 한다. 이를 통해 협력관 활동은 단발성 업무가 아닌, 경험기반의 정책역량으로 전환되는 지식자산이 될 수 있다.

마지막으로, 경찰청 내부에 국제기구 협력관 제도를 전담하고 지속적으로 관리할 수 있는 전담조직 또는 코디네이터 체계가 필요하다. 지금까지의 파견은 일회적 사업 성격이 강했지만, 이제는 이를 국가 치안외교 전략의 핵심축으로 삼고, 장기적 로드맵에 따라 설계·운영할 수 있는 조직적 기반이 요구된다. 이를 통해 협력관은 단순한 연결자 또는 파견인력의 차원을 넘어, 한국 치안외교의 구조적 실천 기반이자 국제무대에서의 영향력 확보 수단으로 확고히 자리매김할 수 있을 것이다.

국제기구 협력관은 다자 치안외교의 최전선에서 규범 설계·공조 창출·브랜드 확산이라는 세 축을 동시에 수행하는 전략 자산이다. 제도의 성패는 파견국 다변화, 국제기구 진출 연계, 성과 환류, 전담조직화라는 네 가지 전략축을 얼마나 강화하느냐에 달려 있다. 한국 경찰이 글로벌 치안 거버넌스의 실질적 설계자로 자리 잡기 위해, 국제기구 협력관 제도는 앞으로도 지속적 확장과 정교화가 필요하다.

제 7 절 UNPKO 파견

1 일반 개황

1) UNPKO의 정의와 목적

전쟁이 끝났다고 해서 평화가 저절로 찾아오는 것은 아니다. 물리적 충돌이 멈춘 이후에도, 무너진 법과 제도의 복원, 주민 간 갈등의 치유, 사회적 안정을 위한 치안 유지 등 평화를 '지속 가능하게 만드는' 과정이 반드시 뒤따라야 한다. 이러한 목적을 실현하기 위한 국제사회의 제도적 장치가 바로 유엔 평화유지활동(UN Peacekeeping Operations, 이하 UNPKO)이다.

UNPKO는 국제사회가 분쟁 지역에서의 평화와 안정을 회복하기 위해, 유엔 회원국의 군·경찰·민간 인력을 파견하여 수행하는 다자 협력형 임무다. 그 궁극적 목적은 무력충돌 재발 방지, 치안과 법치의 확립, 인권 보호, 분쟁 이후 사회의 안정적 재건에 있다.

UNPKO는 단순한 군사 작전이 아니라, 군·경찰·민간 전문가가 함께 참여하는 통합임무(Integrated Mission)의 성격을 갖는다. 특히 경찰 파견은 현지 치안기관의 역량을 보강하고, 법질서 확립과 공공안전 유지에 기여하는 핵심 축으로 자리잡고 있다.

UNPKO는 UN헌장 제7장에 근거 UN 안전보장이사회의 결의에 따라 생성·운영·소멸된다. 1948년 이스라엘 정전감시단(UNTSO)을 시작으로 90년대 이후 내전이 빈발한 코소보 및 동티모르 사태(1999년)를 계기로 참여 인원 및 예산이 대폭 증가하였다. 탈냉전 이후 전통적 PKO 활동이 정전 감시에서 국가재건 인도적 지원 등으로 확대하면서 기존 군주도에서 경찰, 민간전문가 등 참여 주체 및 형태가 다변화 되었다.

특히 국가재건 과정에서 UN경찰 활동이 사회질서 회복, 치안유지에 효과적인 것으로 평가되어 상대적으로 역할이 확대되는 추세이다.

우리나라는 유엔의 핵심활동인 평화유지활동에 적극 참여한다는 방침 아래 1993년 소말리아 상록수부대 파견이래 7차례 부대 단위로 파견을 하였으며 총 17,000여 명의 경·군을 파견하였다. 이는 회원국 중 PKO 인적기여 37위, 재정기여 9위 수준이다.[14)]

UNPKO는 분쟁 지역의 휴전 감시, 평화협정 이행, 치안 및 행정 복구, 선거 지원, 인도적 보호 등 다양한 임무를 수행한다. 통상 군인, 경찰, 민간 전문가로 구성되며, 그중 경찰 파견 인력은 '유엔 경찰(UNPOL: United Nations Police)'로 분류되어, 무력 개입보다는 법 집행, 공공치안 회복, 현지 경찰 훈련 및 제도 재건을 주 임무로 한다.

한국 경찰은 1994년 소말리아에 경찰관을 최초로 파견함으로써 UNPKO에

14) 최근 UNPKO 정책변화 분석과 한국 경찰의 역할 확대 방안 연구, 한국국방외교협회(2022)

의 참여를 시작하였다. 이들은 유엔경찰로서 소말리아 내 치안 회복과 법 질서 재건을 지원하였으며, 이는 한국 경찰의 첫 국제 평화 임무 수행이자 국제 치안외교의 실질적 출발점이라 할 수 있다. 이후 동티모르, 라이베리아, 아이티, 남수단 등 총 47명(여경 11명)을 파견해왔으며,[15] 경찰의 평화유지 임무는 군 중심의 전통적인 PKO 구조에서 점차 시민 안전 중심의 다차원적 안정화 전략으로의 전환을 반영하고 있다.

UNPKO에서 활동하는 경찰은 단지 파견된 외국인의 위치에 머무는 것이 아니라, 현지의 법치 질서를 복원하고 지속가능한 평화를 정착시키는 협력자의 역할을 수행한다. 이러한 점에서 UNPKO는 국제 경찰외교의 전형적인 무대이자, 한국 경찰이 '치안외교'를 실천할 수 있는 대표적인 플랫폼이라 할 수 있다.

오늘날 UN은 세계 여러 분쟁지역에 평화유지 임무단을 운영하고 있으며, 그중 상당수는 경찰 기능이 포함된 복합 임무를 수행한다. 유엔 경찰은 단순한 순찰이나 범죄 대응을 넘어, 현지 경찰의 조직 구조를 재편하고, 인권 중심의 치안 문화를 확산시키는 전환적 역할까지 맡고 있다. 이에 따라 한국 경찰의 경험과 역량은 UNPKO 현장에서 특히 교육, 조직관리, 디지털 치안 분야에서 주목받고 있는 영역이다.

이처럼 UNPKO는 국제 치안외교 무대로서의 상징성과 실천성을 함께 갖추고 있으며, 한국 경찰의 글로벌 위상 제고와 경험 확장의 기회이자, K-Policing이 국제공공재로 진화할 수 있는 중요한 발판이기도 하다.

다음에서는 한국 경찰의 실제 파견 이력과 주요 활동 성과를 중심으로 UNPKO 참여의 현황을 구체적으로 살펴본다.

2) UNPOL의 역할과 위임명령

UN경찰(United Nations Police, 이하 UNPOL)은 유엔 평화유지활동(Peacekeeping Operations)에서 군(peacekeepers)과 민간(civilian components)을 연결하며, 분쟁 이후 사회에서 치안 질서 회복과 법치 확립을 위한 핵심 역할을 수행한다.[16] UNPOL은 1960년대 초반 콩고 평화유지활동(ONUC)에 처음 배치된 이후, 오늘

15) 경찰청 국제협력관실 참고자료

16) United Nations, *United Nations Police: Serving for Peace*, UNPOL Factsheet, 2023.

날에는 약 90여 개 회원국에서 파견된 1만 명 이상이 세계 각지의 임무단(Mission)에 소속되어 활동하고 있다.17)

유엔 안전보장이사회는 UNPOL의 임무를 결의안 형태로 부여하며, 이는 위임명령(mandate)이라 불린다. 위임명령은 임무단이 설립될 때의 안보리 결의에 기초하며, 주로 ▲임시 치안 집행(Interim Law Enforcement), ▲현지 경찰의 역량 강화(Capacity–Building), ▲치안·사법 제도 개혁 제안(Institutional Reform) 세 가지 범주로 나뉜다.18)

첫째, 임시 치안 집행은 분쟁 직후 국가의 공권력이 마비된 상황에서 UNPOL이 직접 치안 유지 업무를 수행하는 것이다. 예를 들어, 동티모르(UNTAET)에서는 독립 이전까지 UNPOL이 순찰, 사건 수사, 체포·구금 등 사실상 경찰 기능 전반을 수행하였다.19)

둘째, 역량 강화는 현지 경찰의 훈련, 장비 지원, 운영 매뉴얼 개발 등을 통해 지속 가능한 치안 체계를 구축하는 것이다. 이는 단순한 기술 이전이 아니라, 인권 기준 준수, 여성·아동 보호, 지역사회 치안 모델 등 유엔 표준에 부합하는 치안 문화로의 전환을 포함한다.20)

셋째, 제도 개혁은 부패 척결, 경찰–검찰 협력 체계 개선, 법률·절차 개정 등 구조적 변화를 지원하는 활동이다. 이러한 개혁은 국가의 사법 시스템 전체를 포괄하므로, UNPOL은 법률 전문가, 치안 정책 자문관 등과 협력하여 다층적 접근을 시도한다.21)

최근 안보리 결의안 2185(2014)는 처음으로 UNPOL의 독립된 전략적 중요성을 명시하며, 평화유지활동뿐 아니라 평화구축(Peacebuilding) 단계에서도 경

---

17) Dwan, R., "Police in Peacekeeping Operations," *International Peacekeeping*, Vol. 8, No. 4, 2001.

18) United Nations Security Council, *Mandates of United Nations Police Components in Peacekeeping Operations*, UN Doc. S/RES/2185 (2014).

19) Goldsmith, A., "UNPOL and State–Building in East Timor," *Policing & Society*, Vol. 15, No. 2, 2005.

20) UN Department of Peace Operations, *Policy on Police in Peacekeeping Operations and Special Political Missions*, 2020.

21) Hansen, A., "Police Reform in Post–Conflict Societies," Council on Foreign Relations Special Report, 2006.

찰의 역할을 강조하였다.[22] 이어서 결의안 2382(2017)와 2447(2018)은 인권 보호, 성폭력 예방, 테러 대응, 사이버 범죄 대응 역량을 UNPOL의 필수 과제로 규정하였다.[23] 이러한 위임은 단순한 분쟁 종결이 아닌, 지속가능한 평화(sustainable peace)와 법치 기반 회복을 목표로 한다는 점에서 의의가 크다.

2 파견 현황

대한민국은 UN의 핵심활동인 평화유지활동에 적극 참여한다는 방침 아래 '93년 소말리아 상록수부대를 최초로 파견 이래 7차례 군 부대단위 파견을 수행하였고 총 17,000여 명의 경찰과 군을 파견했다.[24]

대한민국의 UNPKO 참여는 그간 군 위주로 이루어져 왔다는 점을 부인하기 어렵다. 이는 전통적으로 평화유지활동에 군을 투입하는 관행과 군의 역할에 대한 고정관념, 그리고 당장의 분쟁 해결과 분쟁 당사자 분리에 중점을 두어 온 유엔의 정책 기조와 맞닿아 있다. 그러나 최근 유엔은 평화구축(peacebuilding)의 중요성을 강조하며, 분쟁의 근원을 제거하고 재발을 방지하기 위해 사회질서 회복과 치안유지 활동에 점차 더 많은 비중을 두고 있다. 이에 따라 경찰의 역할은 과거보다 한층 확대되고 있다.

한국 경찰은 아직까지 유엔 경찰부대(FPU)를 파견한 전례는 없으나, 개별 경찰관(IPO) 파견을 통해 UNPKO에 지속적으로 참여해 왔다. 대한민국 경찰의 첫 UNPKO 참여는 1994년 소말리아 평화유지임무단(UNOSOM II)에 국제법 교육 교관 2명을 파견한 것이었다.[25] 이후 1999년 동티모르임무단(UNAMET)에서 선거 감시 임무를 수행했고, 2006년 동티모르임무단(UNMIT)에서는 치안 자문 역할을 맡았다. 이 과정에서 현지 지휘부로부터 파견 연장을 요청받을 정도로 긍정적인 평가를 받았다.[26]

2006년에는 UN이 동티모르임무단에 1개 중대 규모의 경찰기동대(FPU) 파

22) United Nations Security Council, Resolution 2185 (2014), S/RES/2185.
23) United Nations Security Council, Resolution 2382 (2017), S/RES/2382; Resolution 2447 (2018), S/RES/2447.
24) 최근 UNPKO 정책변화 분석과 한국 경찰의 역할 확대 방안 연구, 한국국방외교협회(2022)
25) 경찰청 국제협력관실 참고자료
26) 박종현, "국제 분쟁지역에서 한국 경찰의 효과적인 평화유지활동에 관한 연구," 「융합보안 논문지」 제20권 4호 (2020), pp. 227-236.

견을 공식 요청했으며, 경찰청은 총경급 단장을 중심으로 순경 이상 경찰관을 편성하고 훈련을 거쳐 2007년 초 파견을 추진했다. 그러나 현지 치안 불안과 국내 여론의 반대로 실제 파견은 무산되었다.[27)]

이후에도 소규모 인원 파견은 꾸준히 이어졌다. 2014년 서아프리카 라이베리아임무단(UNMIL)에 파견된 한국 경찰은 직무 수행과 인사·평정·인사관리 시스템을 현지에 도입하고, 여성·청소년 보호를 위한 '안전드림' 프로그램을 운영하는 등 현지 경찰조직에 선진 치안 시스템을 접목했다. 또한 상원의원 선거 과정에서 선거관리 매뉴얼을 전수하고 투표함 호송 업무를 지원하여 혼란을 예방했으며, 뇌물 수수 방지 교육을 통해 부패 감소라는 가시적 성과를 거두었다. 이처럼 한국 경찰의 활동은 현지 실정에 부합하는 치안임무 수행의 모범 사례로 평가받았다.

이 밖에도 집회시위 관리기법, 경비작전계획 수립, 컴퓨터 활용 수사기법 등 다양한 전문 치안 기술을 전수했으며, 경무·기획·법률자문·수사자문 부서에서 현지 경찰 역량강화를 지원했다. 남수단, 수단 아비에이, 아이티 등지에서도 파견 경찰은 선거 범죄 수사, 교육훈련 프로그램 개발과 운영, 주요 사건 자문 등에서 성과를 냈다.[28)]

특히 2018~2019년 아이티임무단(MINUJUSTH) 파견에서는 현지 경찰조직 발전, 사법·검찰·교정 분야 강화, 인권 보호촉진 등 종합적 임무를 수행했으며, 파견 경찰은 UN 근무평가에서 매년 '만족' 또는 최고등급인 '기대 이상'을 받았다. 일부는 UN 요청으로 근무 기간이 연장될 만큼 임무 수행 능력을 인정받았다.[29)]

그럼에도 불구하고, 대한민국의 경찰 파견 규모는 2016년 첫 UN 경찰청장 회의(UNCOPS)에서 100명까지 확대를 선언한 이후에도 크게 늘어나지 못했다.[30)] 현재까지 총 47명(여성 11명 포함)이 7개 임무단, 13회에 걸쳐 파견된 것

27) 동아일보, 「유엔, 한국에 경찰기동대 파견 요청」, 2006.09.04.,
https://www.donga.com/news/Politics/article/all/20060904/8347185/1?comm.

28) 대한민국 경찰청 블로그, 「UN 평화유지활동 현장 이야기」,
https://blog.naver.com/polinlove2/221125796260

29) United Nations Peacekeeping, "MINUJUSTH Factsheet",
https://peacekeeping.un.org/en/mission/minujusth

30) 연합뉴스, 「경찰, 유엔 평화유지활동 파견 100명으로 확대 추진」, 2016.06.07.,
https://www.yna.co.kr/view/AKR20160607160700004.

이 전부이며, 이는 향후 경찰 기여 확대와 전략적 참여 방안을 모색해야 할 필요성을 시사한다.

▪ 주요 파견 지역 및 임무 유형 ▪

파견국가	임무단 명칭	주요 임무	파견 시기
소말리아	UNOSOM II	치안 안정화, 기초 수사 협력	1994년 (최초)
동티모르	UNMIT	선거 지원, 공동순찰, 경찰 훈련	2007년~2012년
아이티	MINUSTAH	재난 이후 치안 회복, 공공질서 유지	2010년~2013년
남수단	UNMISS	경찰행정 자문, 성폭력 대응, 캠프 경비	2013년~2022년
남수단	UNISFA (임시 배치)	아비에이 지역 안정화 지원	간헐적 참여

▪ [표 8] 대한민국 경찰의 UN 평화유지활동 참여현황[31] ▪

기간	'94.4~10	'99.6~9	'06.12 ~'12.12	'14.4 ~'18.3	'18.3 ~'19.3	'20.2~ '21.8	'21.3~ '22.2	'21.12 ~22.12	총계
임무단 지역	소말리아	동티모르	동티모르 (1~5차)	라이베리아 (1~2차)	아이티	남수단	수단 아비에이	남수단	7개 임무단 13회 파견
파견 인원	2	5	18(여1)	10(여4)	4(여3)	4(여1)	1	3(여2)	47(여11)

한국 경찰은 특히 수사 행정, 조직관리, 범죄예방, 여성·아동보호 분야에서의 전문성을 인정받아 왔으며, 다양한 유엔 임무단 내에서 교육훈련관, 경찰 자문관, 기획담당관 등의 역할로 활동했다. 유엔과 국제사회는 한국 경찰의 높은 조직력, 청렴성, 기술력, 훈련 역량을 긍정적으로 평가하고 있으며, 특히 범죄예방 중심 치안모델(K–Policing)과 성인지 감수성 기반 접근이 주목받고 있다.

또한 한국 경찰은 UNPKO 활동 이후 귀국한 경찰관들의 경험을 바탕으로 치안외교 역량을 국내에 환류시키며, 다자 경찰 협력의 선도국으로 점차 자리매김하고 있다. 다만, 여전히 파견 규모나 연속성 면에서는 타 선진국 대비 제한적이라는 평가도 있으며, 이 부분은 향후 제도적 보완이 필요한 영역이다.

31) 경찰청 참고자료

이와 같은 참여 이력을 바탕으로, 다음 항목에서는 UNPKO 현장에서 한국 경찰이 구체적으로 수행하는 임무와 역할을 보다 세부적으로 살펴본다.

3 임무 및 역할

UN 평화유지활동(UNPKO)에 파견된 경찰은 유엔 공식 조직체계 내에서 'UNPOL(United Nations Police)' 소속으로 활동하며, 군 병력과 달리 비무장·비전투 상태에서 치안 전문가(policing expert)로서의 역할을 수행한다.

UNPOL의 임무는 단순한 범죄 대응을 넘어, 분쟁 이후의 법치 회복, 공공치안 확립, 현지 경찰 역량 강화 등 장기적인 치안 안정화에 초점을 맞추고 있다.[32] 특히 2014년 채택된 UN 안보리 결의안 제2185호는 UNPOL이 국가 치안기관의 개혁과 재건을 핵심 임무로 수행해야 함을 명확히 하고 있으며[33], 2017년 결의안 제2382호와 2018년 결의안 제2447호에서는 평화유지활동의 경찰역할 강화와 법치·인권 보호를 중점 과제로 재확인하였다.[34]

UNPOL의 임무는 다음과 같이 요약할 수 있다.

1) 공공치안 유지와 범죄 대응

UNPOL은 분쟁으로 붕괴된 치안질서를 회복하기 위해 지역사회 순찰, 범죄 예방, 주민 민원 처리 등 기초 치안업무를 수행한다. 이는 무기를 사용하지 않는 비무장 치안활동으로, 주민과의 신뢰 형성을 핵심으로 한다.

예를 들어, 야간 공동 순찰, 범죄다발지역 집중 대응, 가정폭력·성범죄 피해자 보호 활동 등이 포함된다. 특히 여성 경찰관은 성폭력 피해자 상담, 여성·아동 보호 업무에 적극 투입된다.[35]

2) 현지 경찰훈련 및 제도 자문

UNPOL은 단기 치안유지에 머물지 않고 현지 경찰기관의 제도 개혁과 역량

32) United Nations, *United Nations Police: Roles and Responsibilities*, UNPOL Factsheet, 2022.

33) United Nations Security Council Resolution 2185 (2014), S/RES/2185.

34) United Nations Security Council Resolutions 2382 (2017), 2447 (2018).

35) UN Department of Peace Operations, *Handbook on United Nations Multidimensional Peacekeeping Operations*, 2020.

강화를 지원한다. 범죄 수사 절차, 사건 기록·보고서 작성, 인권 중심 수사기법, 여성 경찰관 양성 등 실무 교육이 대표적이며, 경찰관 선발·인사·감독 시스템 자문까지 폭넓게 수행한다.

한국 경찰은 교육 친화적 치안 접근(Education-Oriented Policing)으로 호평을 받았으며, 동티모르와 남수단 임무단에서는 유엔 현장책임자로부터 모범사례로 언급되었다.

3) 선거 지원 및 공공행정 협력

분쟁 후 치러지는 선거에서는 치안 공백으로 인한 폭력 사태를 방지하는 것이 핵심이다. UNPOL은 선거관리기구와 협력하여 투표소 경비, 시위·충돌 대비, 후보자 및 유권자 보호, 투표함 안전 확보 등을 지원한다. 한국 경찰은 라이베리아 임무단에서 선거관리 매뉴얼 전수, 투표함 호송, 선거범죄 수사자문 등을 통해 선거의 공정성과 안전성을 높인 바 있다.36)

4) 난민·민간보호구역 경비

난민캠프, 유엔 거점시설, 보건소 등 민간 보호시설의 경비와 위기대응도 UNPOL의 중요한 역할이다. 무력충돌 우려 시 주민 대피 유도, 질서유지, 긴급 구조활동을 수행하며, 고위험 지역에서는 UN 군부대 및 NGO와 긴밀히 협력한다.37)

5) 다국적 협력 및 전략기획

UNPKO 현장은 다양한 국가 출신의 경찰들이 함께 근무하는 다문화·다언어 환경이다. UNPOL은 이러한 팀 내에서 임무 조율, 작전 계획 수립, 정책보고서 작성, UN 본부와의 전략 연계 등 국제 조정역할을 수행한다.

한국 경찰은 특히 기획·법률자문·수사자문 부서에서 두각을 나타내며, 다국적 작전의 효율성을 높이는 중간관리자·전략기획자로 활약해 왔다.

이처럼 UNPOL은 단순한 치안 유지자가 아니라, 분쟁 이후의 평화적 전환과 제도 회복을 설계·실행하는 경찰외교의 최전선에서 활동한다. 한국 경찰의

36) 박종현, "국제 분쟁지역에서 한국 경찰의 효과적인 평화유지활동에 관한 연구," 「융합보안논문지」, 제20권 4호, 2020.

37) United Nations, *Protection of Civilians Mandates in Peacekeeping*, Policy Brief, 2021.

참여는 이러한 국제경찰 임무 수행 경험을 통해 K-Policing 브랜드를 확산시키고, 국제사회에서의 신뢰와 영향력을 확대하는 중요한 발판이 되고 있다.

4 성과와 과제

1) 주요 성과

한국 경찰의 UNPKO 참여는 단순한 국제 파견을 넘어, K-Policing 브랜드의 확산과 국가 치안외교 역량 강화에 실질적인 성과를 거두었다. 특히 2014년 라이베리아 파견단은 유엔의 공식 업무평가에서 최고등급(A)을 받으며, 파견 연장을 요청받았다. 이는 정규 임무 수행뿐만 아니라, 휴무를 활용한 무료 급식 봉사, 현지 경찰 대상 선진 치안기법 전수, 지역사회 봉사활동 등 민간외교 활동이 긍정적 평가를 이끈 결과였다.[38)]

첫째, 현장 친화적 K-치안모델의 긍정적 평가가 이루어졌다. 동티모르, 아이티, 남수단 등에서 한국 경찰은 교육·상담 중심의 접근을 통해 주민 신뢰를 형성했고, 이는 '교육 친화형 치안접근(Education-Oriented Policing)' 모델로 정립되었다. 이 모델은 인권 존중, 범죄 예방, 주민 보호를 동시에 실현한 사례로 유엔 현장 사령부로부터 모범사례로 언급되었다.[39)]

둘째, 여성 경찰관 파견 확대와 젠더 평등 실현에 기여하였다. UNPKO가 여성 평화유지요원 비율 확대를 주요 정책 목표로 삼는 가운데, 한국 경찰은 여성 파견 비율을 꾸준히 늘려왔다. 이는 유엔 안보리 결의 1325호(여성과 평화·안보)의 이행에도 부합하는 성과다.

셋째, 유엔과의 협력 플랫폼 확장을 통해 다자 치안외교 성과를 확대했다. UNPKO는 단순 파견이 아닌 정책·전략 교류의 장으로 기능하고 있으며, 한국 경찰은 UNPOL 자문회의, 포스트 분쟁국가 정책제언 등 다자 협력 구조에서 기여를 확대하고 있다.

2) 과제와 도전 요인

UNPKO는 국제 분쟁 해결과 평화 구축을 위한 제도적 플랫폼이자, 한국 경

---

38) 경찰청 참고자료

39) United Nations, *United Nations Police: Strategic Guidance Framework*, 2019.

찰이 치안외교를 실천할 수 있는 중요한 무대이다. 그러나 다음과 같은 한계와 도전 과제가 존재한다.

① 파견 규모의 제한성과 지속성 부족

한국 경찰의 UNPKO 참여는 동티모르, 아이티, 남수단 등 다양한 국가에서 소중한 성과를 창출한 바 있다. 특히, 주민 밀착형 치안활동, 교육 중심 접근, 여성 경찰관 파견 등은 국제사회로부터 긍정적인 평가를 받았다.

그러나 전체적인 참여 규모는 여전히 제한적이며, 주기적인 파견 지속성이 결여되어 있다는 점이 가장 기본적인 문제로 지적된다. 대부분 소수 인력 중심의 단기 파견에 머물렀으며, 후속 파견이 단절되는 사례도 다수 존재한다.

이는 곧 유엔 현장에서 지속적인 전문성 확보와 영향력 축적, 정책 형성에의 참여 등에서 한국 경찰이 불리한 입장에 놓이게 되는 구조를 의미한다. UN DPKO는 중견국 이상의 기여국에 대해 지속 가능하고 전략적인 파견체계를 요구하고 있으며, 한국의 국제적 위상에 비해 현재의 경찰 파견은 양적·질적으로 미흡하다는 평가를 받고 있다.[40]

② 언어·문화 장벽과 고위직 진출 한계

파견지역은 아프리카·중남미·중동 등 비영어권이 많아 불어·스페인어·스와힐리어 등 다언어 능력이 필요하지만, 한국 경찰 내 제2·제3 외국어 인재풀은 제한적이다. 이로 인해 UNPOL 내 부서장급·지휘관급 진출이 드물고, 정책 조율자·전략기획자 역할로 도약하는 데 한계가 있다. 현재까지 UNPOL 최고위직(Commissioner급)이나 UN 사무국 간부급에 진출한 사례는 없다.[41]

최근에는 UN 평화활동(PKO·SPM) 경력이 고위직 선발의 중요한 자산이 되고 있으며, P-5 조정관(Coordinator)이나 과장급(Chief) 이하 직위 파견을 통해 잠재 역량을 가진 인력을 체계적으로 육성·관리하는 전략이 필요하다. 이를 위한 방법으로는 첫째, 국가별로 배정된 경찰 파견 규모를 유지·확대하고, 특히 FPU 부대 파견을 통한 지휘관 경력자 배출 및 관리, IPO 규모 확대와 유경험자 인력풀의 체계적 관리가 필요하다. 둘째, UN 본부(DPO, DPPA)나 임무단·특별정치임무단이 공개 모집하는 경찰 직위에 적극적으로 지원하는 방안이 있다.

---

40) UN Department of Peace Operations, *Contribution Data by Country*, 2021
41) International Peace Institute(2020), *UN Police Leadership Trends Report*.

이는 국가 배정 인원과 별도로 이루어지며, 2022년 9월 말 기준 전 세계적으로 26개 직위가 공개경쟁 형태로 선발되었다.[42)]

P-3~P-5 직위 공개 모집에서는 평화유지·UN·국제기구 근무 경험자를 우대하며, 특히 최근 WPS(여성·평화·안보) 의제와 군·경 젠더 평등 전략에 따라 여성 지원자 우대 경향이 강하다. 이에 대응하기 위해서는 경쟁력 있는 인력풀을 사전에 조성하고, 파견 경험자를 중심으로 상시 관리·추천할 수 있는 시스템이 필요하다. 또한 UN DPO가 특정 회원국에 주요 직위 파견을 요청하는 경우가 있어, 요청 시한이 임박했을 때도 즉시 대응할 수 있는 절차 마련이 요구된다.[43)]

마지막으로, 군 중심으로 인식되는 UN 평화유지활동에서 벗어나 경찰의 참여 폭을 넓히기 위해, 주 UN 대한민국대표부에 경찰 주재관을 파견하는 방안을 검토할 필요가 있다. 이는 UN 경찰 및 평화활동 관련 연락망 구축, 최신 정보 획득·전파, 그리고 한국 경찰의 국제적 위상 제고와 고위직 진출 기반 마련에 기여할 수 있을 것이다.

③ 국내 인프라와 제도적 지원 부족

UNPKO 참여는 단순히 개인 경찰관의 역량에 의존할 수 없는 복합적 구조를 지닌다. 국제 파견을 준비하기 위해서는 사전 교육, 언어 훈련, 유엔 규범·업무 프로토콜 이해, 귀국 후 인사관리 및 후속 활용 체계까지 아우르는 전주기적 인력관리 시스템이 필요하다.

하지만 현실은 다음과 같은 구조적 한계를 보인다. 먼저 유엔 파견에 특화된 전문화 교육과정이 일관되게 운영되지 않고 있다. 둘째, 귀국 후 국제활동 경험이 승진·보직 연계에 반영되지 않는다. 셋째, 유엔 현장에서의 정책 변화, 위기 대응 경험 등이 조직 내 환류되지 않는다.

이는 결국 현장에서 우수한 개인이 성과를 내더라도, 조직 차원의 전략적 자산으로 축적되지 못하고 단절되는 결과를 초래한다. 특히 파견 경험이 치안외교 역량 개발로 이어지지 못하는 구조는 인재 유출, 사기 저하 등으로도 연결될 수 있다.

---

42) United Nations Police, “Vacancies,” https://police.un.org/en/vacancies

43) 같은 글; United Nations Department of Peace Operations, “Uniformed Gender Parity Strategy 2018-2028.”

④ 국제무대에서의 가시성·전략 부재

국제무대에서의 영향력은 단순한 숫자가 아니라, 브랜드와 정체성, 전략적 설계 여부에 따라 결정된다. 일본, 독일, 캐나다 등은 유엔 경찰 파견을 국가 외교전략의 일환으로 삼아, 관련 전담 조직 운영, 치안 ODA와의 연계, 정책 홍보 등 종합적 전략을 실행하고 있다.

반면 한국 경찰은 아직까지 '치안외교 마스터플랜'의 부재, ODA·외교·국방과 연계된 다자전략의 결핍 등으로 인해 국제무대에서의 브랜드 인식도가 제한적이다.

이는 유엔이 주도하는 국제 치안교육, 인권보호형 수사제도, 범죄 대응 규범 형성 등 정책 담론에서 한국이 규범 수용자에 머무를 뿐, 규범 형성자로 진입하지 못하는 구조적 한계로 작용할 수 있다.

이상과 같은 과제는 단순히 경찰조직 차원의 문제가 아니라, 국가 전체의 외교전략, 국제기구 진출정책, 공공외교 역량과도 직결되는 복합적인 도전이며, 중장기 전략적 접근이 요구된다.

5 발전 방안 및 제언

UN 평화유지활동(UNPKO)은 단순히 해외 치안 현장에 경찰을 파견하는 수준을 넘어, 국제 치안질서와 규범 외교의 주체로 도약할 수 있는 전략 무대다. 최근 유엔이 추진하는 Action for Peacekeeping(A4P) 이니셔티브와 UNPOL Strategic Guidance Framework는 경찰 파견의 전문성, 지속성, 다양성을 한층 강화하는 방향으로 재정립되고 있다. 이러한 흐름은 앞으로 한국 경찰이 UNPKO에서 어떤 전략적 기여를 할 것인가에 대한 새로운 과제를 제시한다. 한국 경찰이 단순한 참여국을 넘어 영향력 있는 리더국으로 자리 잡기 위해서는 단순 인력 확대를 넘어선 구조적 준비와 장기 전략이 필수적이다.

1) 국가 차원의 중장기 전략 수립과 전문인력풀 운영

무엇보다 중요한 것은 국가 차원의 중장기 전략 수립과 전문인력풀 운영이다. 지금과 같이 단기·단발성 파견으로는 국제무대에서 전문성을 축적하고 네트워크를 확장하기 어렵다. 따라서 경찰청은 외교부, KOICA, 국방부 등 관계

부처와 긴밀히 협력하여 파견 지역과 임무 유형, 연차별 목표, 인력 배치 로드맵을 포함하는 국가 차원의 UNPKO 파견계획을 수립할 필요가 있다. 이를 뒷받침하기 위해 저자가 본 저서에서 새롭게 제시하는 *K－PED(Korea Policing Experts in Diplomacy)[44]*와 같은 국제치안 전문인력풀을 제도화하고, 파견 유경험자·국제기구 연수 수료자·다언어 구사자 등 국제 역량을 보유한 인재를 상시 관리해야 한다. 이를 통해 유엔의 긴급 요청이나 전략적 파견 상황에서 즉각 대응 가능한 예비 전문가 시스템을 갖출 수 있을 것이다.

2) 표준화된 사전훈련과 국제교육 체계 확립

다음으로, 표준화된 사전훈련과 국제교육 체계가 반드시 필요하다. UN 경찰의 임무는 단순한 치안 유지가 아니라 국제 규범과 인권 기준에 입각한 전문 활동을 요구한다. 따라서 경찰청은 외교부와 KOICA와 연계하여 UN 경찰의 역할, 인권 중심 수사기법, 분쟁지역 문화 이해와 적응 전략, 유엔 공용어 회화, 다국적 팀워크와 민군 협력 모의훈련 등을 포함한 종합적 교육체계를 마련해야 한다. 특히 경찰대학이 2018년부터 UN 통합훈련처와 협력해 운영해온 UN 경찰 파견자 기본교육과 아동보호 전문교관 과정, 그리고 DPKO 공식 인증 경험은 향후 전국 단위·부처 연계형 프로그램으로 확대·정착시켜야 할 중요한 자산이다.

3) 다부처 협력과 국가 치안외교 전략 연계

UNPKO는 본질적으로 외교·안보·개발이 융합된 국가 외교 프로젝트이기 때문에 다부처 협력과 국가 치안외교 전략과의 연계도 필수적이다. 경찰청의 노력만으로는 한계가 있으며, 외교부와 정책 연계 및 고위직 진출 전략을 설계하고, KOICA의 ODA 사업과 UNPKO 현장을 연결하며, 국방부와 민군 치안협력 훈련을 공동 운영하고, 행안부·법무부와 국제치안규범 대응 공동 TF를 운영해야 한다. 이러한 다부처 협력이 뒷받침될 때 한국은 단순한 참여국이 아니라 국제 치안외교의 리더국으로 도약할 수 있다.

---

44) 저자가 본 저서에서 치안외교 전문 인력양성 프로그램으로 처음 제시하는 내용이며 9장에서 자세하게 다룰 예정이다.

4) 귀국 경찰관의 역량 환류 체계 구축

귀국 경찰관의 역량을 조직적으로 환류하는 체계가 마련되어야 한다. 지금까지 파견 경험은 개인의 경력으로만 남는 경우가 많았지만, 앞으로는 이를 조직의 전략 자산으로 전환해야 한다. 귀국 경찰관의 활동과 성과를 체계적으로 기록하고 데이터베이스화하며, 국제협력·정책기획·교육훈련 분야에 우선 배치해 활용해야 한다. 더 나아가 승진에 반영하고, 신규 파견자를 위한 멘토링과 사례 기반 OJT를 강화하며, 국제협력 아카이브를 구축하는 것도 필요하다. 이렇게 한다면 UNPKO 경험이 일회성 활동에 그치지 않고 조직 전체의 지속가능한 국제역량 강화로 이어질 수 있을 것이다.

5) K-Policing의 국제화와 규범 제안국으로의 도약

마지막으로, 한국형 치안모델(K–Policing)의 국제화를 통해 규범 제안국으로 자리매김해야 한다. 한국 경찰이 보유한 ICT 기반 스마트 치안, 공동체 중심 예방치안, 교육 중심 치안 접근은 이미 국제적으로 주목받는 자산이다. UNPKO 현장은 이러한 모델을 실증하고 국제 규범으로 제안할 수 있는 최적의 무대다. 공동체 중심 모델과 여성친화적 치안 교육, 스마트 순찰 시스템을 시범적으로 적용하고, UNPOL 워킹그룹을 통해 K–Policing 협력 프레임워크를 제안하며, ISO·UNODC 등과 연계하여 치안 기준을 정립한다면 한국은 규범 수용국에서 규범 제안국으로 전환할 수 있다. 이는 한국 치안외교의 정체성과 위상을 결정짓는 중요한 전환점이 될 것이다.

제 8 절 치안전문가 제도

1 제도의 의의: 치안외교의 실천적 선봉장

한국 경찰이 치안외교의 실천 기반을 확립하기 위해 선택한 가장 전략적인 수단 중 하나가 바로 치안전문가 제도이다. 1980년대 중동지역에 태권도교관, 2000년대 중남미지역에 사이버교관 등으로 치안전문가를 실질적으로 운영해

왔으며 2011년, 경찰청은 치안 ODA 사업의 핵심 실행인력을 양성하고 국제 현장에서 전문성과 대표성을 동시에 갖춘 경찰 인재를 선발·파견하기 위해 '치안전문가 제도'를 출범시켰다. 이 제도는 단순한 기술 전수 차원을 넘어, 한국형 치안시스템을 글로벌 기준으로 전환하고, 개발도상국을 대상으로 한 국제협력사업을 정책외교로 승화시키는 플랫폼의 역할을 수행해 왔다.

이들은 한국 경찰의 선진 치안기법을 직접 전수하며, 수원국과의 신뢰 기반을 강화하고, 국제사회에서 한국 경찰의 위상을 제고하는 치안외교관(policing diplomat)으로 활동하고 있다.

2 제도의 운영과 성장: 수치로 증명된 글로벌 기여

2011년 10개 분야 17명으로 시작된 치안전문가 제도는, 2025년 현재 21개 분야, 총 116명의 전문가들이 국제협력사업의 최전선에서 활동하고 있는 제도로 성장하였다.[45] 이들은 KOICA, 외교부, 경찰청 등 유관기관과 연계된 ODA 및 국제치안협력사업을 통해 다양한 지역에 파견되고 있으며, 그 영향력은 수치로도 명확히 드러난다.

- 해외 파견국가: 44개국
- 현지 경찰 대상 교육인원: 8,000명 이상
- 국내 초청 연수 대상국: 84개국
- 국내 초청 연수생 규모: 5,000명 이상

치안전문가들은 과학수사, 치안정책, 성인지 감수성 교육, 사이버범죄 대응, CCTV 분석, 경찰교육 커리큘럼 설계 등 분야별 특화 역량을 갖추고 활동 중이며, 매년 수요 기반 신규 분야가 발굴되어 추가 선발이 이루어지고 있다.

3 선발체계: 전문성과 사명감을 갖춘 인재 양성

치안전문가의 선발은 단순한 인력 충원이 아니라, 국가 브랜드를 대표하는 공공외교 인재의 선별과정이다. 경찰청은 국제협력관실 주관으로 연 1회 선발 절차를 운영하며, 그 과정은 다음과 같다:

---

45) 경찰청 국제협력관실 참고자료

- **1차 서류평가**: 실무경력, 강의경험, 파견적합성, 외국어 능력 등 정량·정성 평가
- **2차 면접심사**: 강의계획서 발표, 전문성 검증, 직무이해도, 국제감각, 치안외교 사명감 평가

선발된 인력은 국제협력사업별 사전 교육을 거쳐 현지 상황에 맞는 맞춤형 치안기법 전수를 수행한다. 이와 같은 체계적인 관리와 심사를 통해 치안전문가는 기술전수 전문가 + 정책외교 실천자라는 이중의 정체성을 확보하고 있다.

4 성과사례: 현지 치안 해결의 실질적 기여

치안전문가의 활동은 단지 교실에서의 강의에 머무르지 않는다. 이들은 현장에서 발생한 중대한 사건 해결에도 실질적인 공헌을 하고 있으며, 수원국 경찰의 요청과 평가가 이를 증명한다. 주요한 사례를 들면 다음과 같다.

- **온두라스**: KOICA 사업을 통해 설치된 CCTV 분석기법을 활용, 차량 동선 파악을 통해 살인사건 용의자 검거. 온두라스 경찰청은 "한국 경찰의 기술이 범인을 잡았다"고 공식 사의 표명.
- **엘살바도르**: 언론인 피살 사건 수사 과정에서 한국의 CCTV 추적기법이 결정적인 단서 제공. 해당 사례는 CCTV 활용의 중요성을 현지 언론과 경찰이 공동 평가하며 '상징적 사건'으로 보도.
- **베트남·캄보디아**: 과학수사 역량강화 사업이 3차례에 걸쳐 진행되며, 현지에 맞춤형 시스템을 공동 설계. DNA 분석, 디지털 포렌식 등 기술이전 진행 중.
- **키르기스스탄, UAE, 과테말라, 코스타리카 등**: 한국형 치안모델에 대한 높은 신뢰를 바탕으로 매년 치안전문가 파견을 공식 요청.

이러한 사례는 단순한 기술이식의 차원을 넘어 국가 간 신뢰구축과 협력거버넌스 형성의 기초가 되고 있다.

5 발전방향: 글로벌 플랫폼으로의 도약을 위한 제도 고도화 전략

치안전문가 제도는 지난 10여 년간 한국 경찰의 선진 치안역량을 세계 각국

에 전파하고, 치안외교의 실천 인프라로 자리매김하는 데 중대한 역할을 해왔다. 그러나 향후 이 제도가 보다 전략적으로 작동하고, 국제사회에서 실질적 영향력을 확대하기 위해서는 몇 가지 중요한 발전 방향이 필요하다.

1) 예산 기반과 제도적 플랫폼의 확충

현재 치안전문가 파견은 경찰청 자체 예산이나 KOICA 연계 사업에 크게 의존하고 있어 규모와 범위에서 한계가 존재한다. 앞으로는 치안 ODA 예산을 구조적으로 확대하고, 외교부·KOICA 등 관계부처와 협력하여 복합형 협력사업(패키지 ODA)을 기획·운영할 필요가 있다. 이를 통해 다양한 분야의 전문가를 다수 국가에 파견할 수 있는 제도적 환경을 조성하고, 한국형 치안모델 수출의 전략 기반을 보다 튼튼히 다질 수 있을 것이다.

2) 치안전문가 양성체계의 고도화

현재 치안전문가 선발 과정은 간단한 사전교육 중심으로 운영되지만, 국제현장에 적응하고 수원국의 요청에 맞춤 대응하기 위해서는 보다 정교한 교육과정이 필요하다. 구체적으로는 경찰 교육기관 내에 치안외교 및 국제협력 전문과정을 정규적으로 개설하고, 국제법·다문화 이해·국제기구 구조·공공외교·현장사례 기반 실습 등을 포함하는 모듈형 교육체계를 마련해야 한다. 이를 통해 단순히 단기 파견 인력이 아니라, 장기적으로 국제무대에서 정책적·전략적 역할까지 수행할 수 있는 진정한 의미의 치안외교 전문가를 육성할 수 있다.

3) 국제기구 및 다자네트워크와의 전략적 연계

최근 UNDP가 한국 경찰 치안전문가들을 자문관 인력풀에 등재하고 일부 선발을 통보한 것은 매우 의미 있는 진전이다. 이를 계기로 UNODC, IOM, ASEANAPOL 등 국제기구와의 협력 관계를 더욱 구조화하고, 경찰청이 중심이 되어 국제기구 파견 경로와 전략적 진출 로드맵을 수립해야 한다. 더불어 경찰청 내부에 국제기구 파견을 관리·지원하는 전담체계를 마련하여, 치안전문가들이 외교무대에서 지속적으로 활동할 수 있도록 제도적 뒷받침을 강화할 필요가 있다.

4) 활동 성과와 노하우의 제도적 환류

치안전문가들의 해외 활동은 개인적 경험에 머물 것이 아니라, 국가 차원의 지식 자산으로 축적되어야 한다. 이를 위해 각국에서 활동한 전문가들의 보고서와 사례를 데이터베이스화하고, 향후 사업 기획과 정책 수립에 반영하는 국제협력 정책 아카이브를 구축해야 한다. 또한 귀국 전문가들을 중심으로 정책 자문단, 국제협력 멘토단, 교육 강사진 등을 조직화하여, 후속 세대 양성과 지속적 역량 활용의 선순환 구조를 만들어야 한다.

5) 국가 차원의 치안외교 인재전략 통합

마지막으로 치안전문가 제도는 경찰청 단일 차원의 사업이 아니라, 국가 전체의 외교전략과 ODA 전략 안에서 명확히 자리매김해야 한다. 외교·안보 분야의 핵심 인재군으로 통합 관리되고 양성되어야 하며, 이를 통해 한국 경찰은 단순한 국제기술협력 차원을 넘어 국가 치안외교의 중추 플랫폼으로 도약할 수 있다. 이러한 제도 고도화 노력은 장기적으로 한국 경찰이 글로벌 치안 거버넌스를 선도하는 핵심 동력으로 자리 잡는 기반이 될 것이다.

제 9 절 국제 주요 행사 안전지원팀 파견

1 개요

국제 주요 행사 안전지원팀 파견은 한국 경찰이 재외국민 보호와 국제 치안 협력을 동시에 실현할 수 있는 대표적인 치안외교 수단이다.

이는 개최국 또는 외교부의 요청에 따라 ▲국제경찰협력센터(IPCC) 파견과 ▲신속대응팀 파견이라는 두 가지 형태로 운영된다.

IPCC 파견은 국제 스포츠·외교행사 개최국의 요청에 따라 한국 경찰관이 현지 경찰과 함께 치안정보를 공유하고 현장 안전관리를 지원하는 활동으로, 2008년부터 2025년까지 9회, 총 22명이 파견되었다.

신속대응팀 파견은 외교부 요청에 따라 재외국민 사건·사고 대응 및 국제행사 기간 중 안전 확보를 위해 약 90명이 단기 파견된 바 있다.[46] 최근에는 한국 관광객들이 많이 방문하는 해외 여행지에 경찰관을 단기 파견하여 범죄예방활동을 실시함으로써 선제적인 재외국민 보호 활동에 많은 기여를 하고 있다.[47]

2 파견 절차

IPCC 파견은 행사 개최국으로부터 요청을 접수한 뒤 해당 직위에 대해 공고를 한뒤 서류심사 면접심사 등을 거쳐 최종 적임자를 선발하여 개최국에 통보한다.

신속대응팀은 외교부의 요청에 따라 해당 임무에 적임자를 신속대응팀 인재풀에서 선정하여 통보한다.

3 역할과 발전 방안

안전지원팀 파견은 국제 행사 현장과 사건사고 현장에서 신속하고 전문적인 대응을 가능하게 하며, 동시에 개최국 경찰과의 네트워크 형성, 국제 치안 정보 교류, K－Policing 이미지 제고라는 부가적 효과를 창출한다. 그러나 현재의 파견 형태는 행사별 개별 대응이 많아, 전문성 축적과 제도적 안정성 측면에서 한계가 존재한다.

이에 따라 향후 발전방향은 다음과 같이 제시될 수 있다.

▸ 상시적·선제적 파견체계 확립

현행 방식은 요청 접수 후 개별 선발·파견이 이루어지지만, 향후에는 연간 주요 국제행사 일정과 위험분석을 반영한 '국가 차원의 연간 파견계획'이 필요하다.

경찰청·외교부·문체부·행안부가 공동 참여하는 국제행사 안전지원 TF를 구성하여 행사별 위험도 분석, 인력 배치 로드맵, 역할 분담을 사전에 마련함으로써 선제적 대응이 가능해진다.

▸ 전문인력풀 제도화

IPCC와 신속대응팀 파견 경험자를 중심으로, 다언어 능력·국제행사 경호·

46) 경찰청 참고자료
47) 경찰청, "경찰관 2명 크로아티아 파견…관광지 합동순찰 실시," 뉴스핌, 2025.08.11. (검색일: 2025.08.11)

재외국민 보호 역량을 갖춘 경찰관을 상시 관리하는 International Event Policing Pool을 운영해야 한다.

이 인력풀은 개최국 요청이 접수되는 즉시 파견 가능하며, 동일 인력이 반복적으로 투입되어 숙련도와 현장 적응력이 지속적으로 향상된다.

▸ 표준화된 전문훈련과정 운영

국제행사 안전지원은 군중관리, 테러 대응, 다국적 경호, 재외국민 보호법규, 외교의전, 국제범죄 정보공유 절차 등 복합 역량을 요구한다.

이에 경찰대학·경찰인재개발원을 중심으로 표준화 교육과정을 운영하고, IPCC 예정자와 신속대응팀 인력풀 대상 연 1회 합동 모의훈련을 정례화해야 한다.

이러한 교육·훈련은 국제 기준에 맞춘 'K－Policing 행사안전 매뉴얼'의 기반이 된다.

▸ 경험 환류와 제도 개선

파견 종료 후에는 활동보고서, 위협 분석, 우수·실패 사례를 체계적으로 데이터베이스화하고, 이를 경찰청 국제협력·경비·정보부서와 공유해야 한다.

이 자료는 차기 파견 임무 준비와 제도 개선에 직접 반영되어, 경험의 조직적 자산화를 가능하게 한다.

▸ 국제 네트워크 확장과 전략 활용

국제행사 안전지원은 단순한 안전관리 차원을 넘어, 개최국 경찰 및 국제기구와의 신뢰 형성, 장기적 정보교류, K－Policing 홍보 기회로 적극 활용되어야 한다. 행사 종료 후에도 지속적 연락·협력체계를 유지하여 향후 양자·다자 치안외교 협력으로 발전시킬 수 있다.

국제 주요 행사와 사건사고 현장 안전지원팀 파견은 재외국민 보호와 국제 치안협력이라는 두 축을 아우르는 전략 플랫폼이다. 상시 계획, 전문인력풀, 표준화 훈련, 경험 환류, 네트워크 강화라는 다섯 가지 전략 요소를 유기적으로 결합한다면, 이 제도는 단발적 지원을 넘어 국제행사 치안외교의 핵심 채널로 자리매김할 수 있다.

이는 곧 한국 경찰이 세계무대에서 신뢰받는 행사안전 선도국가(Event Security Leader Nation)로 도약하는 발판이 될 것이다.

참 고 문 헌

1. 법령 및 제도 관련

외교부. 「재외공무원 복무규정」 대통령령 제24489호 (최종 개정 2023.12.26). 국가법령정보센터.

경찰청. 「해외주재관 운영에 관한 규칙」 경찰청 예규 제100호.

United Nations. Vienna Convention on Diplomatic Relations (1961). UN Treaty Series.

United Nations. Vienna Convention on Consular Relations (1963). UN Treaty Series.

2. 국제기구 및 협력체 자료

INTERPOL. Constitution of the ICPO–INTERPOL. Lyon: INTERPOL, 2019.

Europol. (2018–2023). Consolidated Annual Activity Report (CAAR). The Hague: Europol.

UNODC. (2022). Annual Report 2022: Global Action against Transnational Crime. Vienna: UNODC.

ASEANAPOL. (연례). ASEANAPOL Annual Conference Reports. Jakarta: ASEANAPOL Secretariat.

United Nations. Action for Peacekeeping (A4P). UN Department of Peace Operations, 2018. https://peacekeeping.un.org/en/action–for–peacekeeping–a4p

United Nations Police. Strategic Guidance Framework for International Policing. UNPOL, 2020. https://police.un.org/en/strategic–guidance–framework

United Nations. "MINUJUSTH – United Nations Mission for Justice Support in Haiti." https://peacekeeping.un.org/en/mission/minujusth

3. 학술·연구 자료

Brodeur, J. P. (2010). The Policing Web. Oxford: Oxford University Press.

Sheptycki, J. (2004). Police cooperation and the new security agenda in Europe. European Journal of Criminology, 1(4), pp. 369–381.

Cottey, A., & Forster, A. (2004). Reshaping Defence Diplomacy: New Roles for Military Cooperation and Assistance. Oxford: Oxford University Press.

박종현. (2020). 「국제 분쟁지역에서 한국 경찰의 효과적인 평화유지활동에 관한 연구」. 『융합보안논문지』, 20(4), pp. 227－236.

손대선. (2019). 「중견국 대한민국의 UN 평화유지활동 리더십 발휘방안: 고위직 직책 배출을 중심으로」. 『PKO 저널』, p. 19, pp. 21－27.

김재홍·이정은. (2022). 「국제기구 파견제도의 현황과 과제」. 『국제안보연구』, 29(2).

4. 언론 및 정책자료

경찰청 보도자료. (2023.9). 「제4회 서울국제경찰청장회의(IPS) 개최 결과」.

외교부 보도자료. (2022). 「UN PKO 한국 경찰 파견 확대 방안」.

연합뉴스. (2016.06.07.). "韓, 유엔경찰청장회의서 파견인원 100명까지 확대 선언." https://www.yna.co.kr/view/AKR20160607160700004

동아일보. (2006.09.04.). "한국, 유엔 요청에 1개 중대 규모 경찰파견 검토." https://www.donga.com/news/Politics/article/all/20060904/8347185/1

대한민국 경찰청 블로그. (2017.11.20.). 「UN 평화유지활동 속 한국 경찰의 활약」. https://blog.naver.com/polinlove2/221125796260

경향신문. (2020.12.03.). "UN 평화유지활동 속 한국 경찰의 역할 확대."

제 5 장

INTERPOL과 INTERPOL 경찰협력관

제 1 절 INTERPOL 개황: 글로벌 국제협력의 중심 허브

1 역사와 설립 배경

INTERPOL(국제형사경찰기구, International Criminal Police Organization)은 196개 회원국이 가입한 세계 최대의 경찰 협력 기구다. 초국경 범죄에 대한 공동 대응과 실시간 정보 교환, 수사 역량 공유를 통해 각국 경찰기관 간 협력을 촉진하는 중립적 플랫폼으로 기능한다.

공식 명칭은 국제형사경찰기구(International Criminal Police Organization, INTERPOL)이며, 이는 196개 회원국이 참여하는 국제범죄 대응 경찰기구이다. INTERPOL은 전 세계 경찰이 협력하여 보다 안전한 세상을 만들 수 있도록 지원한다.

INTERPOL 회원국들은 국제범죄의 예방과 진압을 위해, INTERPOL 헌장과 자국의 국내법이 허용하는 한도 내에서 국제범죄에 관한 각종 정보를 교환하고 범죄자 체포 · 인도에 대해 상호 협력하는 것을 주요 활동으로 하고 있다.

그 기원은 1914년 4월 모나코에서 열린 제1차 국제형사경찰회의(International Criminal Police Congress)에서 등장했으나, 제1차 세계대전 발발로 계획이 중단되었다. 이후 오스트리아 빈 경찰청장 요하네스 쇼버(Johannes Schober)의 주도로 1923년 제2차 회의가 개최되었고, 이 자리에서 20개국 대표단이 국제형사경찰위원회(ICPC)를 창설하였다.[1)]

1) INTERPOL. *History of INTERPOL.*

1950년 INTERPOL의 엠블럼과 깃발이 공식적으로 사용되기 시작하였다. 깃발에는 엠블럼을 중앙에 배치하고, 경찰 활동의 신속성과 통신을 의미하는 4개의 번개 문양을 포함하고 있다. 엠블럼의 의미는 다음과 같다.

- 지구본: INTERPOL의 국제적 활동을 상징
- 올리브 가지: 평화의 의미
- 저울: 정의의 상징
- 수직 검: 경찰 활동을 의미

1956년 국제형사경찰위원회는 현대화된 헌장의 채택과 함께 국제형사경찰기구(International Criminal Police Organization, ICPO)로 공식 개편되었다.[2)]

https://www.interpol.int/Who-we-are/Our-history

2) INTERPOL. *Constitution of the ICPO-INTERPOL.*
https://www.interpol.int/en/Who-we-are/Legal-framework

INTERPOL 헌장 채택(1956년 오스트리아 빈)

STATUT

DISPOSITIONS GÉNÉRALES

Article premier

L'Organisation dite : « COMMISSION INTERNATIONALE DE POLICE CRIMINELLE » se dénomme, désormais : « ORGANISATION INTERNATIONALE DE POLICE CRIMINELLE » (INTERPOL). Son siège est fixé à Paris.

Article 2

Elle a pour buts :

a) d'assurer et de développer l'assistance réciproque la plus large de toutes les autorités de police criminelle dans le cadre des lois existant dans les différents pays, et dans l'esprit de la Déclaration Universelle des Droits de l'Homme;

b) d'établir et de développer toutes les institutions capables de contribuer efficacement à la prévention et à la répression des crimes et délits de droit commun.

Article 3

Toute activité ou intervention dans des questions ou affaires présentant un caractère politique, militaire, religieux ou racial sont rigoureusement interdites à l'Organisation.

Article 4

Chaque pays peut désigner comme Membre de l'Organisation tout organisme officiel de police dont les fonctions entrent dans le cadre des activités de l'Organisation.

La demande d'adhésion doit être présentée au Secrétaire Général par l'autorité gouvernementale compétente. L'adhésion ne deviendra définitive qu'après approbation par l'Assemblée Générale à la majorité des deux tiers.

Les délégués.

INTERPOL의 가장 큰 특징은 '글로벌 연결성'이다. 각국의 국가중앙사무국(National Central Bureau, NCB)을 통해 INTERPOL 네트워크에 실시간으로 연결되어 있고, 이를 통해 수배자 정보, DNA·지문 등 바이오메트릭 자료, 사이버범죄 IP 정보, 환경범죄 데이터 등 수많은 범죄 정보를 공유하고 수사 공조를 요청할 수 있다.

이와 같은 연결성은 '경계를 넘어서는 경찰외교'의 대표적인 모델로 평가받는다. INTERPOL은 단순한 정보전달의 허브를 넘어, 범죄에 대응하기 위한 글로벌 거버넌스의 실천 무대가 되고 있다.

INTERPOL은 세계 196개 회원국이 참여하는 세계 최대의 경찰 네트워크이자, 다자 치안협력과 범죄정보 공유의 중심 허브이다.

오늘날 INTERPOL은 단순히 수배 정보를 주고받는 기구를 넘어, 글로벌 범죄 대응 전략의 방향을 설정하고, 회원국 간의 신뢰와 규범을 형성하는 중요한 무대로 기능하고 있다.

따라서 이 무대에서의 위상 제고는 곧 대한민국 경찰이 국제 범죄 대응, 규범 제정, 글로벌 수사 네트워크의 주도권을 확보하는 것을 의미한다. 결국,

INTERPOL이라는 다자무대에서의 존재감은 단순한 외교 활동이 아닌, 국가 안보와 국익을 뒷받침하는 전략적 치안외교의 한 축이라 할 수 있다.

특히 최근 국제범죄의 양상은 테러, 사이버범죄, 마약·무기 밀매, 인신매매 등 초국경·다영역 범죄로 확장되고 있으며, 이에 대응하기 위해 INTERPOL은 데이터·정보 기반 수사, 글로벌 작전(Operation), 전문 인력 교류를 강화하고 있다.

이러한 변화 속에서 대한민국 경찰의 전략적 목표는 글로벌 치안리더십(Global Policing Leadership)을 실질적으로 확보하는 것이다.

이를 위해서는 국제무대에서 영향력을 발휘할 수 있는 전문 인력의 파견과 적극적인 정책 기여가 필수적이며, 그 핵심적 위치가 바로 'INTERPOL 협력관'이다.

2 INTERPOL 조직 구조

INTERPOL의 사무총국(General Secretariat)은 다양한 범죄 대응 활동을 조정하는 역할을 수행하며 사무총장 지휘 아래 경찰관과 민간 전문가들로 구성된다. 본부는 프랑스 리옹(Lyon)에 위치하며, 싱가포르 글로벌 혁신단지(INTERPOL Global Complex for Innovation, IGCI) 및 여러 지역 사무소가 이를 지원한다.

각 회원국에는 INTERPOL 국가중앙사무국(National Central Bureau, NCB)이 설치되어 있으며, 이는 해당 국가 경찰 조직 내에서 INTERPOL과 각국 NCB 간 협력을 조율하는 핵심 창구 역할을 하고, 보통 경찰을 관할하는 정부 부처 소속으로 운영된다.

총회(General Assembly)는 INTERPOL의 최고 의사결정 기구로서 회원국 대표들이 한자리에 모여 주요 정책과 방향을 결정하는 연례 회의를 개최하며, 집행위원회는 총회의 결정이 이행되도록 감독하는 역할을 한다. INTERPOL의 회원국들은 매년 총회에 모여 INTERPOL의 활동과 정책에 대해 투표한다. 총회는 INTERPOL의 최고 의결기관으로, 각 회원국의 대표들로 구성된다.

집행위원회(Executive Committee)는 총회의 결정이 이행되도록 감독하며, 사무총국의 운영과 업무를 관리한다. 집행위원회는 연 3회 회의를 개최하며, 총회에서 선출된 13명의 위원으로 구성되며, 조직의 총재(President), 부총재(Vice-President) 3명, 대표(Delegate) 9명으로 이루어진다. 이외에도 자문단, 파일통제위원회, 다른 위원회와 지역회의 등이 INTERPOL을 구성하고 있다.

INTERPOL은 회원국 기반의 조직이며, 사무총국은 모든 경찰 및 행정 활동을 조정하는 핵심 기구이다. INTERPOL의 운영을 관리하며, 회원국들이 국제 경찰 활동을 수행할 수 있도록 지원한다.

사무총국은 365일 24시간 운영되며, 지휘·조정센터(Command and Coordination Centre, CCC)를 통해 수사 지원이 필요한 모든 국가에 연락 창구를 제공한다. 이 센터는 프랑스 리옹, 아르헨티나 부에노스아이레스, 싱가포르에 위치한 사무소에서 운영된다.

사무총장은 사무총국의 수장으로서 사실상의 최고경영자(CEO) 역할을 수행한다. 현재 INTERPOL 사무총장은 브라질 출신의 발데시 우르퀴자로, 2024년 11월 영국 글래스고에서 열린 제92차 총회에서 임명되었다.

사무총장은 전 세계 사무총국의 모든 근무지에서 전반적인 의사 결정을 내리고 운영을 총괄할 책임이 있다. 여기에는 국제 범죄 대응을 지원하기 위해 INTERPOL이 196개 회원국에 제공하는 모든 경찰 활동, 전문 지식, 데이터베

INTERPOL 사무총국 구성

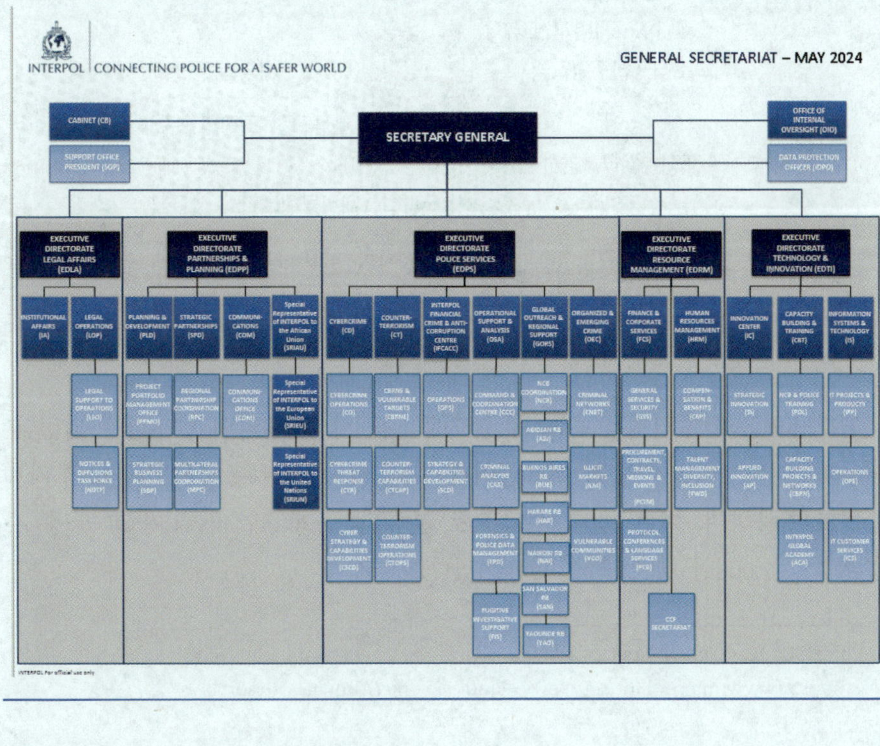

이스 및 서비스의 감독이 포함된다. 그는 INTERPOL의 주요 대변인이며, 경찰 및 정부 지도자들과 협력하고, 기자 회견 및 브리핑에서 조직을 대표하여 발언한다. 또한, INTERPOL 대표단을 이끌고 다양한 국제 회의 및 컨퍼런스에 참석한다.

사무총장은 INTERPOL의 예산을 관리하고 총회에서 결정된 사항이 이행되도록 보장한다. 그는 다음 해의 INTERPOL 활동 프로그램을 제안하며, 모든 활동이 총회 결의안과 일치하도록 조정할 책임이 있다.

부서	국	역할
사무총장	비서실, 감사관실, 총재 지원실, 정보보호담당관실	- 사무총장 정책 보좌, 행정 · 행사 지원 - 집행위원회 사무국, 대변인 업무 등
기술혁신 차장	혁신센터국, 역량강화교육국, 정보시스템기술국	- 첨단 기술과 미래 분야 담당 - 회원국 교육 훈련 진행
치안서비스 차장	사이버범죄국, 대테러국, 금융반부패범죄국, 작전지원분석국, 국제원조 · 지역지원국, 조직 · 신종범죄국	- INTERPOL의 핵심 부서 - INTERPOL 주요 프로젝트 · 작전 등 활동 주도 - 회원국 수사 · 검거 등 지원 및 데이터베이스 운영 - 상황실(CCC) · 지역별 데스크(5개) 등 운영
자원관리 차장	재정총무국, 인사국	- 인사 · 재정 등 조직의 운영 및 행정관리 담당 - 파일통제위원회(CCF) 사무국 역할
협력기획 차장	기획 · 개발국, 전략협력국, 연락국, 특별대표국(3개)	- 전략적 목표 설정 및 UN 등 국제기구와 협력 - INTERPOL 프로젝트 관리 · 홍보 등 담당

INTERPOL의 수입원은 크게 두 가지로 나뉜다. 회원국이 납부하는 법정 분담금과 활동을 위한 자발적 기부금이다. INTERPOL 사무총국은 소규모의 자체 수익도 창출하며, 이는 '기타 수익'으로 분류된다. 2023년 INTERPOL의 총 수입은 1억 7,600만 유로(약 2,650억원)였다.[3)]

3) INTERPOL. *Annual Report 2023.* https://www.interpol.int/en/News-and-Events/Annual-Reports

3 INTERPOL 주요 업무와 활동

INTERPOL은 '경찰을 연결하여 보다 더 안전한 세상을 만든다'(Connecting Police for a Safer World)를 비전으로 제시하고 있다. 이러한 비전은 전 세계 모든 경찰과 법집행 전문가들이 언제 어디서든 필요할 경우 INTERPOL을 통해 중요한 경찰 정보를 안전하게 교환 및 공유하고, 이에 접근하게 하여 전 세계 시민들의 안전을 확보하는 것이다.

INTERPOL은 '경찰과 안전 문제에 대하여 협력과 혁신을 강화하여 범죄를 예방하고 대응한다'(Preventing and fighting crime through enhanced cooperation and innovation on police and security matters)를 목표로, 모든 법집행기관들 사이의 상호 협조를 최대한으로 확대해 가고 있다.

INTERPOL 헌장 제2조는 각국의 현행법률의 범위 내에서 그리고 '세계인권선언'의 정신에 입각하여 모든 형사경찰 당국 간에 최대한의 협조를 보장하고 증진하며 일반법 범죄의 예방과 억제에 효과적으로 기여할 수 있는 모든 제도를 확립 · 발전시키는 것이라고 규정하고 있다. 또한 INTERPOL 헌장 제3조는 '정치적·군사적·종교적·인종적 성격을 띤 어떠한 개입이나 활동을 금지하고 있다.

급변하는 경찰 환경 속에서, 전략 및 사업 계획 수립 과정은 INTERPOL이 전 세계 법집행 기관을 지속적으로 지원하고, 조직의 비전을 실현할 수 있도록

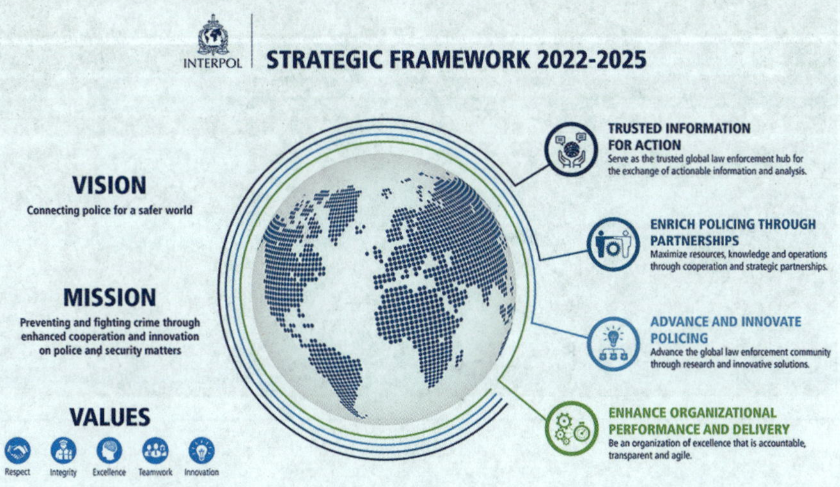

보장하는 데 필수적이다.

전략적 프레임워크 2022–2025는 INTERPOL이 네 가지 전략적 목표를 달성하기 위한 로드맵이다. INTERPOL의 전략적 프레임워크는 특정 기간(4년)에 대한 조직의 전략적 방향을 설정하고, 성과 및 성공을 보고할 수 있는 틀을 제공한다. 이 프레임워크는 INTERPOL의 프로그램과 활동에 집중적이고 효과적인 방향을 제시한다.

현재, INTERPOL 사무총국에서는 전략 체계 2026–2030 작성 검토에 착수하였으며, 치안 환경 분석, 위협 평가, 미래 예측 등을 통해 INTERPOL 핵심 전략을 마련할 예정으로, 대한민국 경찰청도 INTERPOL 전략 체계 수립에 적극적으로 참여하여 치안 의제를 공유하고, 이를 계획에 반영함으로써 INTERPOL 치안 정책을 선도하는 글로벌 치안강국으로서의 역할을 더욱 공고히 하고 있다.

INTERPOL은 범죄 및 치안과 관련된 다양한 문제를 해결하기 위해 일곱 가지 글로벌 경찰활동 목표(Global Policing Goals, GPGs)를 개발하였다. 이 목표는 2017년 회원국들의 승인을 얻어 2018년 공식 수립되었다.

INTERPOL의 글로벌 치안활동 목표

- 국제 협력을 통해 전 세계 경찰이 테러를 보다 효과적으로 대응하고 예방할 수 있도록 지원
- 전 세계 국경 보안 강화
- 취약 계층 보호를 위한 법집행 대응 능력 향상
- 사이버 범죄로 인한 피해와 영향 감소
- 모든 형태의 부패 및 금융 범죄 대응 강화
- 중범죄 및 마약 밀매 조직 대응 강화
- 환경 범죄 및 기후 변화에 영향을 미치는 범죄를 단속하여 환경 안보를 강화하고 지속 가능한 생태계 촉진

4 수배서(Notice)

INTERPOL의 색상 코드가 지정된 수배는 각국이 전 세계적으로 경고 및 정보 요청을 공유할 수 있도록 지원한다. INTERPOL 수배는 회원국 경찰이 범죄와 관련된 중요한 정보를 공유할 수 있도록 하는 국제적인 협력 요청 또는 경고이다.

수배는 회원국의 INTERPOL 국가중앙사무국이 요청하면, INTERPOL 사무총국이 발행하며, 모든 회원국이 INTERPOL 수배 데이터베이스에서 조회할 수 있다. 또한, 수배는 국제형사재판소의 요청에 따라 발행될 수 있으며, 해당 기관의 관할 내에서 범죄를 저지른 수배자(특히 집단학살, 전쟁범죄, 반인도적 범죄)를 추적하는 데 활용된다.

뿐만 아니라, 수배는 유엔 안전보장이사회가 부과한 제재 조치의 이행과 관련하여, 유엔의 요청에 따라 발행될 수도 있다. 대부분의 수배는 경찰 전용이며 일반에 공개되지 않는다.

그러나, 요청 국가가 대중에게 경고하거나 협조를 요청하기를 원하는 경우, 해당 수배의 일부 내용이 이 웹사이트에 공개될 수 있다. 모든 유엔 특별 수배는 공개 대상이다.

종류	목적
적색	▸ 수배자 체포 및 인도 - 체포 · 구속영장이 발부된 범죄자(장기 2년 이상) 체포 · 인도 요청
청색	▸ 범죄 관련자 소재확인 - 피의자, 피해자, 참고인 등 범죄관련자 소재확인 요청
녹색	▸ 우범자 정보제공 및 경고 - 공공안전에 위협이 될 것으로 예상되는 인물에 대한 경고
황색	▸ 실종자 소재 확인 - 경찰에 신고된 실종자 소재 또는 신원미확인자 신원확인 요청
흑색	▸ 변사자 신원 확인 - 사진 · DNA · 지문을 통한 변사자 신원확인 요청
오렌지색	▸ 급박한 위험 경고(사람·물질·수법·사건) - 공공안전에 급박한 위험 (폭발물 등)에 대한 경고
보라색	▸ 범죄수법 정보 제공 - 범죄예방을 위한 신종수법 공유(개인정보는 제외, 수법만 전달)
UN 특별 수배	▸ UN안보리 제재대상 정보 제공 - 자산동결 · 출국금지 · 무기거래금지 등 제재대상 정보제공
은색 (시범)	▸ 해외은닉자산 확인 - 범죄와 관련된 해외 은닉 자산을 확인하고 동결 · 환수 목표

최근에는 기존 8개 수배서 외에, 은색 수배서(Silver Notice)가 새롭게 등장하였다. 은색 수배서는 초국경 범죄 시대에 피의자들이 범죄로부터 발생한 각종

자산(부동산, 차량, 고가 미술품, 골동품 등)을 해외에 은닉하는 경우를 대비하여 해당 자산의 위치 파악·동결·환수를 목적으로 도입되었다. INTERPOL 사무총국은 2015년 총회에서 최초로 은색 수배서 도입을 의결한 이래 여러 해에 걸친 실무회의를 마치고 2025년 1월부터 11월까지 시범운영을 시작하였다. 특히 은색 수배서(Silver Notice)는 범죄 수익 및 자산 추적을 목적으로 제작된 신종 유형으로, 한국 사건 최초로 투자사기 조직의 총책 2명에게 발부되었다는 점에서 의미가 크다.[4)]

제 2 절 대한민국 국가중앙사무국(NCB SEOUL)

1 개요

INTERPOL 헌장 제32조에 따르면, 각 회원국은 국가중앙사무국(National Central Bureau, 이하 NCB)을 설치하여 자국 경찰과 INTERPOL 사무총국, 그리고 타국 NCB 간의 유일하고 공식적인 국제 경찰공조 채널 역할을 수행하도록 규정되어 있다.

NCB는 회원국 경찰의 국제 범죄 대응을 총괄하는 핵심 기관으로, 전용 보안통신망인 I－24/7 시스템을 통해 범죄정보, 수배서, 생체정보, 도난자산 자료 등을 실시간으로 교환하며 전 세계 치안협력 허브로 기능한다.

이 시스템은 국경을 초월한 수사·작전·체포 활동의 기반이 되며, 각국 법령이 허용하는 범위 내에서 신속하고 안전한 국제공조를 가능하게 한다.

2 대한민국 INTERPOL 역사

대한민국은 1964년 4월 INTERPOL 가입을 신청하고, 같은 해 9월 30일 베네수엘라 카라카스에서 열린 제33차 INTERPOL 총회에서 만장일치로 가입이 승인되었다. 이는 전 세계 87번째, 아시아에서는 16번째 가입 사례였다.

4) 경찰청은 2025년 6월 23일, 주식 투자 리딩 사기로 83명으로부터 약 14억 원을 편취한 투자사기 조직의 한국인 총책 2명에 대해 INTERPOL이 국내 최초로 은색 수배서를 발부했다고 밝혔다.

이후 대한민국은 아시아 지역 경찰협력의 거점으로 부상하며, 1979년 제5차 INTERPOL 아시아지역회의를 서울에서 개최했고, 1990년 1월에는 사무총국에 최초로 협력관을 파견했다.

특히, 1999년 제68차 서울 총회는 136개국 900여 명의 대표가 참석한 대규모 행사로, 대한민국이 국제 치안외교의 중심국으로 자리매김하는 전환점이 되었다.

2024년 11월, 영국 글래스고 총회에서 2029년 INTERPOL 총회 개최지가 한국으로 확정되면서, 대한민국은 30년 만에 다시 한번 전 세계 경찰 외교무대의 중심에 서게 되었다.

3 대한민국 국가중앙사무국(NCB SEOUL) 조직 및 임무

우리나라는 현재 경찰청 국제협력관실(국제공조담당관실)에 INTERPOL 국가중앙사무국(NCB)을 설치하고, 국제협력관이 NCB 국장을 겸임케 함으로써 INTERPOL을 통한 국제 경찰 공조의 중심 역할을 수행하고 있다.

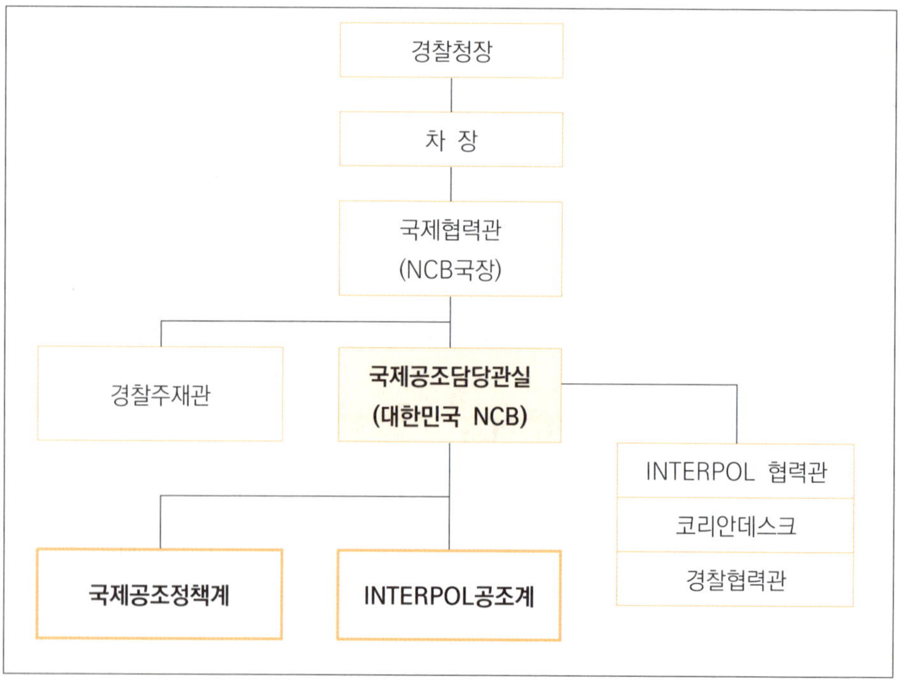

※ 출처: 경찰청 참고자료

1) 초국경 범죄 대응 강화를 위한 국제공조

우리나라 INTERPOL은 최근 급증하는 초국경 범죄에 대한 대응력 강화를 목표로 각국 INTERPOL 및 해외 법집행기관과 협력하여 INTERPOL 국제공조 업무를 수행하고 있다.

INTERPOL 전용통신망(I-24/7) 등 INTERPOL 채널을 통해 INTERPOL 헌장과 자국법이 허용하는 한도 내에서 국제범죄에 관한 각종 정보를 서로 교환하고, 범죄자의 체포와 인도를 위해 상호 협력한다.

INTERPOL 적색수배를 활용하여 세계 법 집행 기관에 국제적으로 수배된 도주자를 발견하고 임시 체포할 것을 요청한다. 적색 수배는 요청 국가의 사법 당국이 발행한 체포 영장 또는 법원 명령을 기반으로 한다. 회원국들은 각국의 법률에 따라 해당 개인을 체포할지 여부를 결정한다. 각 회원국은 적색수배가 법적으로 어떤 효력을 가지는지, 그리고 자국 경찰이 이를 근거로 체포할 수 있는지를 자체적으로 결정한다.

자국법상 적색수배서를 '긴급인도구속 요청'으로 볼 수 있다는 규정 등이 있는 국가의 경우(독일, 프랑스 등 유럽국가) 적색수배서를 근거로 대상자를 체포하기도 하며, 싱가포르 등 일부 국가에서는 입국 자체를 거부하기도 한다. 회원국마다 적색수배서에 대한 효력 인정 범위에는 다소 차이가 있으나, 공통적으로 피의자에 대한 출입국 심사에 활용을 하는 등 자국법 적용 시 중요한 참고 자료로 활용하고 있다.

우리나라의 경우에도 적색수배 정보를 경찰청에서 법무부(출입국·외국인정책본부)와 공유하여 다른 나라 INTERPOL에 적색수배된 대상이 우리나라에 입국을 시도할 때, 적색수배 자료를 통해 입국 허용 여부 판단에 활용하고 있다.

또한, 이미 국내에 합법 체류 중에 발부된 적색수배 대상자의 경우에는 비자 연장 여부를 결정하는 데 참고하고 있으며, 불법 체류로 전환된 적색수배자의 경우에는 법무부와 협력하여 대상자를 검거·추방하는 등 국가 안전 확보를 위해 적색수배를 다방면으로 활용하고 있다.

또한 INTERPOL 데이터베이스 시스템을 활용하는 데 가장 핵심적인 INTERPOL 데이터 시스템은 I-24/7이다. 196개 회원국의 국가중앙사무국(NCB)과 법집행기관이 직접 연결된 폐쇄형 네트워크로, INTERPOL의 모든 공조 수배서(Red, Blue, Yellow, Green 등), 생체 정보, 도난 여권, 테러 인물 정보, 지문 및

DNA 데이터가 연계되어 있다. 이 시스템을 통해 각국 수사기관은 실시간으로 국제 수배자 정보나 특정 인물의 과거 기록, 연계 수배 정보를 확인할 수 있으며, 'HIT' 발생 시 즉시 추적에 착수할 수 있다.

2) 국외도피사범 검거 · 송환

한국 경찰은 국내 수사기관은 물론, 각국 INTERPOL · 해외 법집행기관과 협력을 강화하면서 사회적 이목이 집중된 중요한 국외도피사범들에 대한 검거 · 송환을 강화하기 위해 다양한 국제공조 전략 · 제도를 마련하여 운영하고 있다.

2024년부터 유관 기능이 합동 선정한 중요 도피사범들에 대하여 중요도 · 긴급성 · 피해 정도 등을 기준으로 핵심 > 중점 > 일반 등급 등 3단계 관리 등급을 부여한 후 집중 추적 · 검거를 추진하는 '주요 국외도피사범 집중검거 체계'를 운영하고 있으며, 아울러, 국가 간 긴급한 공조 상황이 발생하는 경우 경찰청 국제공조담당관실을 중심으로 유관 기능이 즉각적으로 총력 대응하는 '긴급공조 체계'도 운영하고 있다.[5)]

이와 같은 다양한 전략으로 국외도피사범 검거 · 송환은 지속적으로 증가 추세를 보이고 있으며, 2024년도에는 역대 최고치인 691명의 국외도피사범을

최근 10년 간 국외도피사범 송환 인원

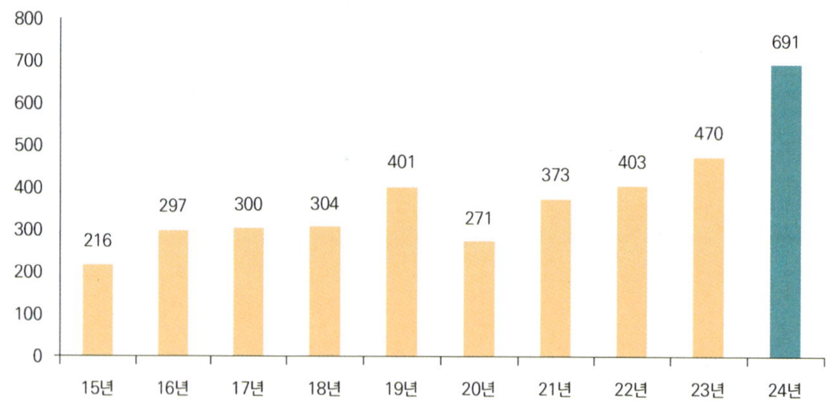

출처: 경찰청 국제협력관실 참고자료

5) 경찰청 국제협력관실 참고자료

국내로 송환하는 성과를 거두었다. 이는 최고치를 경신했던 2023년도의 470명에 비해서도 47% 증가한 수준으로, 이러한 실적은 한국 경찰이 국제 도피사범 추적·송환 업무에서 강력한 역량을 보유하고 있음을 보여준다.

3) INTERPOL 펀딩 프로젝트 운영·참여

INTERPOL 사무총국에서는 회원국별로 이해관계와 관심 분야에 따라 INTERPOL에 사업을 제안하거나 이미 추진 중인 사업에 기부하는 형태의 펀딩을 운영하고 있다. 2023년 기준으로 각 회원국 및 국제기구의 펀딩을 통해 테러·사이버·금융·신흥조직범죄 등 분야에서 총 8,700만 유로(약 1,300억 원) 규모의 사업을 운영 중이다.

대한민국 INTERPOL에서는 2018년 펀딩 예산을 확보한 이후, 경찰청과 INTERPOL이 MOU를 체결하고, 2020년부터 2023년까지 연 15억 원을 투자하여 1기 펀딩 프로젝트를 시작하였다. 경제범죄(HAECHI), 아동 성착취물 범죄(FACE－ASIA) 대응 등 총 2개의 프로젝트를 진행하였으며, 경제범죄 대응 펀딩은 ▲수사기법 공유 ▲지역 내 합동 검거 ▲보이스피싱 해외 거점 범죄 차단 등을 추진하였고, 아동 성착취물 범죄 대응 펀딩은 ▲온라인 아동 성착취물 피해자의 신원 확인 및 구출 ▲배포자 특정 및 검거 활동에 주력하였다.

2023년도에 1기 펀딩 종료 후 성과를 바탕으로 INTERPOL 사무총국과 협의하여 2기 펀딩 프로젝트를 시작하였다. 2기 펀딩은 국내외 치안·현안 이슈를 고려하여 총 3개의 프로젝트로 추진하였는데, 기존 경제범죄(HAECHI) 대응 펀딩은 범죄수익 작전을 포함하는 것으로 확장하였으며, 아동 성착취물 범죄(FACE－ASIA) 대응 펀딩은 주요 현안인 도피사범 검거(Infra－SEAF) 및 마약범죄(MAYAG) 대응 펀딩으로 변경하였다. 이를 통해 한국은 아시아·태평양 지역에서 전략 분야 주도권을 강화하며, INTERPOL 글로벌 네트워크 내 영향력을 확대하고 있다.

▪ 대한민국 INTERPOL 펀딩으로 진행 중인 프로젝트(2025년 기준) ▪

구분	기간	펀딩금액		대상	운용부서 및 참여국
경제범죄 (HAECHI)	'20. 3월 ~ '26. 5월	1기	17.2억원 (年 5.72)	보이스피싱 등 사이버 기반 경제범죄	• 금융·반부패센터 (IFCACC) • 40개국
		2기	14.4억원 (年 4.8)		

도피사범 검거 (INFRA-SEAF)	'23. 4월 ~ '26. 3월	14.4억원 (年 4.8)	아태지역 주요 도피사범 추적	• 작전지원국 도피사범추적과 (OSA/FIS) • 13개국 참여
마약범죄 (MAYAG)	'23. 4월 ~ '26. 3월	17.2억원 (年 5.73)	마약 제조, 밀수, 공급	• 조직신흥범죄국 범죄네트워크과 (OEC/CNET) • 84개국 참여

출처: 경찰청 참고자료

제 3 절 INTERPOL 협력관

1 INTERPOL 협력관 개요

한국 경찰은 1990년 1월 30일, 처음으로 프랑스 리옹에 소재한 INTERPOL 사무총국에 경위급 1명을 협력관으로 파견하였다. 이후 1999년 제68차 INTERPOL 서울 총회의 성공적 개최[6]와 INTERPOL에 대한 재정 기여도 증대, 그리고 한국인 총재 선출 등의 성과를 계기로 사무총국에 대한 협력관 파견을 지속적으로 확대해왔다.

2025년 현재, 프랑스 리옹 사무총국에 3명, 싱가포르 글로벌혁신단지(IGCI)에 3명 등 총 6명의 협력관이 활동하고 있으며[7], 특히 2020년부터는 대한민국 주도로 추진된 INTERPOL 사무총국 펀딩 프로젝트에 적극 참여하면서 그 비중을 점차 확대하였다. 이에 따라 프로젝트별로 1년 단위의 단기 파견도 병행하는 등 협력관 활동은 한층 활발해지고 있다. 이러한 규모와 활동 수준은 한국 경찰의 INTERPOL 분담금 비율을 고려할 때 결코 적지 않은 수준으로, 대규모 국제기구에서 한국 경찰의 역량과 위상을 국제사회가 인정한 결과라 할 수 있다.

6) 제68차 INTERPOL 총회 서울 개최, 경찰청 보도자료, 1999.
7) 경찰청 국제협력관실 참고자료

INTERPOL 협력관은 사무총국 경쟁선발 직위에 추천된 한국 경찰청 소속 후보자가 면접 등 엄격한 심사를 거쳐 선발된다. 주요 임무는 국제범죄 수사와 정보 교환, 사무총국과 각국 국가중앙사무국(NCB) 간 협조, 국제 수배자 검거 지원, 총회·지역회의 등 국제회의 참석 등이며, 한국 경찰청과 INTERPOL 사무총국을 잇는 중추적 연결고리 역할을 수행한다.

INTERPOL 협력관은 대한민국 경찰이 국제 범죄 대응 현장에서 전략적 주도권을 확보하고, K－Policing 모델과 국가 이미지를 확산하는 데 있어 핵심 역할을 수행한다. 이들은 국제범죄 수사와 정보 교환을 비롯하여, 각종 다자회의·글로벌 작전에 참여하고, INTERPOL 본부 및 회원국 간의 외교적 가교 역할을 맡는다. 즉, INTERPOL 협력관은 단순한 해외 파견직이 아니라 국제 경찰외교관(Police Diplomat)으로서, 글로벌 치안 거버넌스의 규범 형성에 기여하고, 대한민국 경찰의 전략적 이해를 대변하며, 국제사회에서의 신뢰와 영향력을 확대하는 전략적 자산이다.

2 자격요건 및 선발 절차

1) 자격요건[8]

INTERPOL 협력관은 치안외교 전문성을 갖춘 인재에게 부여되는 상징적인 자리로, 한국 경찰 내에서도 국제 감각과 외사 경험이 뛰어난 인물 중 선별된 인사가 임명된다. 선발 과정은 공정성과 전문성을 원칙으로 하며, 파견자의 역량은 곧 INTERPOL이라는 국제무대에서의 성과로 직결된다. 파견기간은 3년이다. 다만, 연장의 필요성이 특별히 인정되는 경우 1년 단위로 연장할 수 있으며 이때 총 파견기간은 5년을 초과할 수 없도록 되어 있다.[9]

협력관은 다음과 같은 자격요건을 구비하여야 한다.

- 경찰 경력 5년 이상의 경감 이상의 경찰공무원(경감 승진후보자 포함)
- 영어 구사능력 우수자(스페인어·아랍어·프랑스어 등 INTERPOL 공용어 구사 가능한 자 우대)
- 투철한 국가관과 사명감이 있는 자

8) INTERPOL 협력관 업무처리 규칙 제3조(자격요건)
9) INTERPOL 협력관 업무처리 규칙 제15조(파견기간 등)

- 사무총국에서 요구하는 자격을 갖춘 자
- 기타 국제협력관이 필요로 하는 사항

2) 선발절차

INTERPOL 협력관은 INTERPOL 사무총국의 직위공모에 따라 일반적으로 경찰청 국제협력관실에서 파견 인력 수요를 요청하고, 인사담당 부서와 협의하여 다음과 같은 절차로 선발된다.

① 내부 공모

해당 직위에 대한 공지가 이루어지며, 국제협력 등 유관 업무 경험자를 중심으로 직접 지원할 수 있다.

② 서류 심사

지원자의 국제협력경력, 수사·정보업무 이력, 외국어 능력, INTERPOL 관련 업무 이해도 등을 종합적으로 평가한다.

③ 면접 및 역량 검증

국제협력관을 위원장으로 하는 선발심사위원회에서 면접을 통해 직무 이해도, 국제협상 능력, 현장 적응력, 외국어 활용 능력 등이 검증되며, 때에 따라 외국어 인터뷰 또는 사례 기반 질의가 병행될 수 있다.

④ 최종 선정 및 교육

선발심사위원회의 최고 득점자가 최종 선발되며 INTERPOL 관련 직무 교육이 제공된다. 파견 전 외교부와의 협의를 통해 해당 국가 또는 INTERPOL 본부에 대한 외교 절차도 함께 이행된다.

3 INTERPOL 협력관의 임무 및 역할[10)]

INTERPOL에 파견된 협력관은 한국 경찰을 대표하여 세계 경찰사회와 직접 소통하고, 국제공조의 중심 허브 역할을 수행한다. 이들은 단순한 파견 직원이 아닌, 한국 경찰의 글로벌 리더십을 실현하는 '국제무대 속 경찰외교관'으로서 아래와 같은 다양한 역할을 수행하고 있다.

10) INTERPOL 협력관 업무처리 규칙 제13조(협력관의 직무)

1) 사무총국 내 담당 업무 수행

INTERPOL 협력관은 리옹(프랑스), 싱가포르(IGCI), 부에노스아이레스(글로벌 혁신사무소) 등 INTERPOL 사무총국 본부 및 지역사무소에 파견되어 사무총국의 핵심 실무를 담당한다. 일반적으로 INTERPOL 사무총국 사이버범죄부서, 조직신흥범죄국, 대테러국 등에 배치되며, 테러, 사이버범죄, 마약, 인신매매, 경제범죄 등 특정 주제별 전문 부서에서 각종 국제 사건의 정보 분석, 공조 요청 대응, 프로젝트 운영 등을 수행한다.

한국 경찰 출신 협력관은 통상 한국어를 포함한 동아시아 언어권에 특화된 범죄 정보 분석 업무나, 아시아·태평양 지역의 공조 프로젝트를 담당하게 되는 경우가 많으며, 이러한 역할을 통해 한국 경찰의 수사역량과 조직력을 글로벌 치안 네트워크 속에서 인정받는 데 기여하고 있다.

2) 테러, 사이버범죄, 국제범죄 등에 대한 첩보 수집 및 분석

INTERPOL 협력관은 현장에서 다루는 사건의 단순 행정 지원을 넘어, 한국 내 유관 부서와의 긴밀한 정보공유 채널을 유지하며 국제 첩보의 전초기지 역할을 한다.

특히 전 세계를 무대로 움직이는 테러 조직, 사이버 범죄 네트워크, 마약 카르텔, 무기 밀매 조직 등에 대한 경보 발령, 수배자 정보 갱신, 트렌드 분석 등 첨단 정보의 획득과 활용이 중요한 업무 중 하나다.

INTERPOL 글로벌 데이터베이스에 접근해 실시간으로 정보를 검색하고 필요한 경우 한국 경찰청 및 수사기관에 분석 정보를 제공함으로써, 국내 수사의 효율성과 정확성을 높이는 데 기여한다. 이는 곧 국가 안보와 직결되는 역할로, 협력관의 분석력과 판단력은 국제적인 범죄 대응에 있어 매우 중요한 자산이다.

3) INTERPOL 회원국과의 협력 업무 수행

전 세계 196개국이 가입한 세계 최대의 치안 네트워크 속에서, 협력관은 국제공조의 전면에 서 있다. 한국 경찰이 요청한 수배자 정보의 처리, 외국으로부터 요청받은 해외도피사범에 대한 중계, 또는 다국적 범죄 수사에서의 정보 조정 역할까지 폭넓은 업무를 수행한다.

또한, 다자간 수사협력 회의, 글로벌 프로젝트, NCB 간 협력 TF 등에도 참여하여, 국제적 연대감을 강화하고 경찰 외교의 실질적 성과를 이끌어내는 중개자로서 활동한다.

INTERPOL 협력관의 외교적 감각과 소통능력은 이 과정에서 결정적인 역할을 하며, 한국 경찰의 신뢰도와 위상을 제고하는 데 있어 매우 중요한 요소가 된다.

4) 한국 경찰청 지시사항의 이행 및 전략적 역할 수행

협력관은 INTERPOL 사무총국 소속이지만, 동시에 대한민국 경찰청 소속의 공무원으로서 본청의 전략적 방향에 따라 다양한 임무를 수행한다.

예를 들어, 한국이 주최하는 국제행사(예: INTERPOL 총회 유치, 미래치안회의 등)의 홍보 및 협력 지원, 사무총국 주요 간부와의 접촉을 통한 협력관계 구축, 긴급한 공조 요청에 대한 현지 파트너 설득 등 실질적인 외교 활동도 포함된다.

특히 최근에는 한국 경찰의 디지털 수사기법이나 K-Policing 모델을 INTERPOL 네트워크 내에서 확산시키는 역할도 요구되고 있으며, 협력관은 치안한류(K-Policing)의 전도사로서 의미 있는 성과를 창출하고 있다.

이처럼 INTERPOL 협력관의 존재 자체가 한국 경찰의 국제적 위상을 대변한다. INTERPOL 내에서의 활발한 활동과 신뢰 확보는 한국 경찰에 대한 평판 형성에 결정적 영향을 미친다.

INTERPOL 협력관은 '치안외교관(policing diplomat)'으로서, 한국 경찰의 전략적 이미지와 신뢰를 쌓아가는 중요한 주체다. 단순히 수배 정보를 주고받는 수준을 넘어, 전략적 치안외교의 실무자이자 국제 공조의 조율자로서 활동하는 중대한 역할을 맡고 있다.

4 실전 준비 가이드: INTERPOL 협력관의 길을 걷기 위한 실천 전략

INTERPOL 협력관은 단순한 해외 파견직이 아니다. 국제 치안협력의 최전선에서 대한민국 경찰을 대표하며, 글로벌 무대에서 활동하는 '국제경찰 외교관'으로 기능한다. 따라서 준비 과정은 단순한 어학이나 지식 축적에 그치지 않고, 언어·전문성·외교 감각·조직 경험을 통합적으로 아우르는 장기적 전략이 필요하다. 다음은 INTERPOL 협력관을 목표로 하는 경찰관이 반드시 준비해야 할 핵심 영역이다.

1) 국제 감각과 언어 능력의 강화

INTERPOL 협력관에게 가장 기초적이면서도 결정적인 자산은 언어 능력이다. 영어는 기본이며, 불어·스페인어·아랍어 등 INTERPOL 공식어 중 하나 이상을 구사할 수 있다면 협상력과 경쟁력이 눈에 띄게 향상된다. 특히 INTERPOL 본부(리옹)나 IGCI(싱가포르)에서 근무할 경우, 회의 발언, 보고서 작성, 현장 협상 등 거의 모든 업무가 외국어 능력을 전제로 이루어진다. 따라서 공인 성적 확보에만 머무르지 않고, 실무 현장에서 즉시 활용 가능한 커뮤니케이션 능력을 갖추는 것이 관건이다. 이를 위해 다자회의에서 직접 발표 경험을 쌓고, INTERPOL 보고서나 법집행 협약문을 번역·분석하며 전문 용어에 익숙해지는 학습이 요구된다. 또한, 실제 상황을 설정해 영어·불어로 롤플레잉을 반복하며 긴급 상황에 대응할 수 있는 언어 감각을 훈련하는 것이 효과적이다.

2) 국제범죄와 INTERPOL 업무에 대한 전문성 강화

협력관은 국제 범죄의 흐름을 이해하고, 이를 토대로 회원국과 실질적 공조를 설계해야 한다. 사이버범죄, 인신매매, 환경범죄, 테러리즘 등은 INTERPOL이 중점적으로 다루는 분야이자 국제사회가 긴급히 대응해야 할 과제들이다. 따라서 이들 범죄 유형에 대한 심층 지식과 함께, I-24/7 시스템, INTERPOL 수배서 발부 절차, 국제공조 프로토콜 등 실무적 경험이 필수적이다. 이를 준비하기 위해 경찰청 국제협력과, 사이버수사과, 형사과 등 관련 부서에서의 근무 경험이 유용하며, 과거 국제공조 사례를 면밀히 분석하여 협력관의 역할과 한계를 파악하는 것도 필요하다. 더 나아가, INTERPOL Virtual Academy, UNODC SPARK e-러닝 프로그램 등 국제교육 과정을 활용하면 글로벌 기준에 맞춘 전문 훈련을 받을 수 있어 협력관으로서의 역량을 한층 강화할 수 있다.

3) 외교 감각과 소양의 겸비

INTERPOL 협력관은 단순히 정보를 전달하는 연락관이 아니라, 다자적 이해관계를 조율하고 갈등을 중재하는 외교적 행위자다. 회원국 경찰, INTERPOL 사무국, UN·EU 등 국제기구, 나아가 민간 파트너와도 원활히 협력해야 한다. 이 과정에서 외교적 균형 감각과 설득력이 핵심이다. 외교 의전과 국제행사의 세부 절차에 익숙해져야 하고, 다양한 문화권 인사와의 소통을 통해 다문화 감수성을 키워야 한다. 실제로 국제 현장에서 협상은 종종 제도나 절차보다 인간관계와 문화적 이해에 좌우된다. 따라서 외국 공관 지원 경험, 다국적 회의 운영 경험을 통해 외교적 소양을 쌓는 것이 협력관의 경쟁력을 좌우한다.

4) 선발 대비 전략과 경쟁력 포인트

INTERPOL 협력관 선발 과정에서 중점적으로 평가되는 요소는 ▲외국어 능력 ▲국제협력 및 수사공조 경험 ▲업무역량과 자세 ▲정책기획 및 문서작성 능력이다. 특히 면접에서는 INTERPOL 최신 현안에 대한 이해, 국제범죄 대응 전략, 한국 경찰의 기여 방안을 논리적으로 설명하는 역량이 요구된다. 따라서 INTERPOL 뉴스와 보도자료를 토대로 현안 브리핑 훈련을 반복하고, 전·현직 협력관과의 멘토링을 통해 실제 경험과 조언을 확보하는 것이 중요하다. 또한 정책 제안서, 국제협력 계획서, 사건 분석 보고서를 작성하며 서면 설득력을 키워야 한다. 예상 질문으로는 "한국 경찰이 INTERPOL을 통해 국제사회에 기여할 수 있는 분야는 무엇인가?", "사이버범죄 대응에서 INTERPOL 플랫폼을 어떻게 활용할 것인가?" 등이 있으며, 이에 대비한 논리적 답변 준비가 필요하다.

5) 장기적 경력관리와 멘토링 전략

협력관은 단기간 준비로 만들어지지 않는다. 국제협력 관련 부서 근무, 해외 파견 경험, 국제 포럼 발표, 전문 교육 이수 등 3~5년에 걸친 계획적 경력관리가 요구된다. 국제협력과 근무 → 해외 연수 → 국제 포럼 참가 → INTERPOL 관련 업무 집중 경력 등 치안외교 로드맵을 구성해야 하며, 그 과정에서 성과를 기록하고 조직과 공유하는 습관을 가져야 한다. 또한 귀국 후 후배 지원자에게 멘토링을 제공하며 경험을 환류시키는 문화가 정착되면, 조직 전체의 국제역량이 강화된다. 결국 협력관 준비는 개인의 도전인 동시에 조직적 학습 체계의 일환이 되어야 한다.

INTERPOL 협력관은 단순한 파견직이 아니라, 대한민국 경찰의 위상을 국제사회에서 증명하는 치안외교의 최전선이다. 언어와 지식, 외교와 협상, 현장과 정책을 아우르는 복합적 역량을 요구하는 만큼, 준비 과정 자체가 곧 국제 경찰로 성장하는 길이다. 이를 통해 개인은 전문성과 경력을 쌓고, 조직은 국가 전략 외교의 기반을 강화하며, 나아가 한국 경찰은 글로벌 치안외교의 리더로 자리매김할 수 있다.

참고문헌

1. INTERPOL 규범 · 전략 문서

INTERPOL. Constitution of the ICPO–INTERPOL. Lyon: INTERPOL General Secretariat, 2024.

INTERPOL. Rules on the Processing of Data (RPD). Lyon: INTERPOL, 2024.

INTERPOL. Strategic Framework 2022–2025: Connecting Police for a Safer World. Lyon: INTERPOL, 2021 (발효: 2022–2025).

INTERPOL. Global Policing Goals. Lyon: INTERPOL, 2018 (2023 재검토).

INTERPOL. International Notices System: Factsheet. Lyon: INTERPOL, 2025.

INTERPOL. Legal Framework Governing the Silver Notice Pilot. Lyon: INTERPOL, 2025.

INTERPOL. Global Counter–Terrorism Strategy 2022–2025. Lyon: INTERPOL, 2022.

INTERPOL. Global Cybercrime Strategy 2022–2025. Lyon: INTERPOL, 2022.

2. 보고서

INTERPOL. Annual Report 2023. Lyon: INTERPOL General Secretariat, 2024.

3. 교육 · 훈련

INTERPOL. I–Learn Catalogue (June 2025). Lyon: INTERPOL, 2025.

INTERPOL. Virtual Academy – E–learning Courses. Lyon: INTERPOL.

United Nations Office on Drugs and Crime (UNODC). Global eLearning Programme: Course Catalogue. Vienna: UNODC, 2023.

4. 국내 법령 · 정책

법제처 국가법령정보센터. 「범죄인 인도법」

법제처 국가법령정보센터. 「국제형사사법 공조법」

5. 언론 · 보도자료

한겨레. “INTERPOL, 한국 사건에 첫 ‘은색 수배’… 해외로 빼돌린 범죄수익 추적.” 2025.06.25.

조선일보. “INTERPOL, 한국에 첫 ‘은색 수배’ 내렸다….” 2025.06.25.

PART

III

치안외교의 현장과 경험

제6장

현장에서 만난 치안외교

- '국경을 넘는 공감과 협력의 기록'

◆

제7장

치안외교의 또 다른 얼굴 국제공조

제 6 장

현장에서 만난 치안외교 - '국경을 넘는 공감과 협력의 기록'

외교는 반드시 넥타이를 매고 회담장에 앉아야만 가능한 일일까? 나는 늘 그 질문 앞에 서 있었다. 외교관여권을 소지한 정식 외교관이면서, 동시에 경찰 제복의 정체성을 지닌 경찰관으로서, 나는 국제 무대의 중심에 서 있었다.

태국 방콕의 우리국민 사고 현장, 미주리 퍼거슨의 격렬한 시위, INTERPOL 총회의 협상 테이블에서 나는 언제나 경찰이자 외교관이었다. 이 장은 내가 경찰주재관, 국제협력관, INTERPOL 국가중앙사무국장 등으로 활동하며 직접 체득한 치안외교의 얼굴을 풀어낸 기록이다.

여기서 소개하는 경험은 단순한 업무 에피소드가 아니다. 각각은 국제 현장에서 '한국 경찰'이 어떤 언어로 소통하고, 어떤 방식으로 신뢰를 쌓으며, 어떤 결과로 대한민국의 존재감을 높였는지를 보여주는 증거다.

나는 현장에서 깨달았다. 치안외교는 힘의 외교가 아니라 신뢰의 외교였다. 총을 겨누는 대신 손을 내밀고, 자료를 주고받는 대신 마음을 얻는 일이었다. 위기에 처한 교민을 구하던 순간에도, 국제 회의장에서 우리의 기준을 하나의 제안으로 만들어내던 순간에도, 본질은 다르지 않았다. 그것은 곧 신뢰의 축적이었다.

이 장은 직책 순으로 경험을 배열했지만, 단순한 회상이 아니다. 각 사례는 오늘의 치안외교가 어디에서 출발했고, 어떤 철학과 전략적 함의를 담고 있는지를 보여준다.

독자 여러분이 이 장을 통해, 경찰이 어떻게 외교의 주체로서 움직이는지를 생생하게 느끼고, 그 의미를 함께 사유하길 바란다. 치안외교는 거창한 개념이 아니라 바로 현장에서, 사람 사이에서 시작된다.

그리고 그 시작은 언제나 같은 질문으로부터였다.

“나는 지금 경찰인가, 외교관인가?”

제 1 절 제복 외교의 첫걸음 - 태국 경찰주재관 시절

처음 방콕에 도착하던 날을 아직도 기억한다. 무덥고 습한 공기에 휩싸인 채, 공항을 나서던 그 순간 나는 익숙한 경찰의 세계를 떠나 전혀 다른 차원의 역할을 앞두고 있다는 것을 직감했다. 이제 나는 대한민국을 대표하는 ‘경찰 외교관’이었다.

경찰 주재관이라는 직책은 그때까지만 해도 다소 생소한 개념이었다. 현지 공관의 일원으로 파견되었지만, 무장을 한 것도 아니고 체포장을 집행할 권한도 없었다. 하지만 내게 주어진 임무는 결코 작지 않았다. 재외국민의 생명과 안전을 지키고, 외국 치안기관과 협력하며, 필요할 때는 대한민국의 치안 수준을 설명하고 설득하는 일. 경찰 업무라는 이름 아래에, 나는 외교관의 언어로 세상과 소통하는 법을 배워야 했다. 현지의 언어는 서툴렀고, 관료제의 문화는 익숙하지 않았다. 그러나 위기는 예고 없이 찾아왔고, 나는 그 속에서 경찰의 본능과 외교의 감각을 동시에 호출해야 했다. 때로는 사고 현장에 가장 먼저 도착한 사람으로, 때로는 국제회의장에서 국제기구 관계자들과 나란히 앉은 대표로서, 내 발언은 국가를 대표하는 말이 되었다.

태국은 나에게 있어 현장에서 배우는 치안외교의 학교였다. 나는 그곳에서 비로소 깨달았다. 경찰 외교관이란 단지 명함 속의 직함이 아니라, 국가의 신뢰를 현장에서 구현하는 사람이라는 것을. 이 절에서 나는 태국에서 겪은 몇 가지의 중요한 경험들을 나누고자 한다. 하나의 사건, 하나의 만남 속에, 한국 경찰이 국제사회에서 어떤 방식으로 존재감을 드러내는지를 되짚어보고자 한다. 그리고 무엇보다, ‘사건’ 뒤에 숨은 ‘외교의 메시지’를 함께 나누고자 한다. 치안외교는 어쩌면 제복의 색깔보다 더 선명한 신뢰와 공감의 언어로 쓰이는 외교다.

그 첫 문을 나는 태국에서 열었다.

1 "이름을 지킨다는 것 - 현장에서 마주한 국가의 얼굴" - 재외국민 보호, 그 처음의 외교

태국은 찬란한 햇살과 이국의 매력으로 많은 이들을 끌어들이는 관광대국이다. 해마다 100만 명이 넘는 우리 국민이 이곳을 찾는다. 그러나 즐거운 여행의 그림자에는 언제나 예기치 못한 사건사고가 숨어 있다. 그리고 그 뒤편에는, 조용히 휴대폰을 손에 쥔 채 긴급 통화를 기다리는 한 사람이 있다. 바로, 경찰주재관이었다. 그 시절 나의 하루는 사건으로 시작해 사건으로 끝났다. 전화벨 소리가 곧 재난의 신호음이었고, 문자 한 줄이 외교적 협의의 시작이었다. 시간이 정지된 듯한 공항 출입국장, 낯선 법정의 낡은 의자, 병원의 냉담한 복도.

이국의 땅에서 불행을 마주한 국민 곁에 '대한민국'이라는 이름으로 서 있는 일은 결코 가볍지 않았다.

2008년 4월 12일, 그 날도 마찬가지였다. 태국 최대의 명절인 송끄란 축제를 하루 앞두고, 가족과 짧은 여행을 계획하고 퇴근하려던 참이었다. 그때 걸려온 전화 한 통. 파타야 영사협력원에서 걸려온 그 짧은 통보.

"해변가에서 변사체 두 구가 발견됐습니다. 한국 여권이 나왔습니다."

무겁고 차가운 예감이 심장을 꿰뚫었다. 가족에게는 "출장이 생겼다"는 말만 남긴 채, 나는 파타야로 향했다. 해가 뉘엿한 해변, 차가운 모래 위에서 발견된 여성의 시신 두 구, 그리고 그 곁에 놓인 한 권의 여권. 익숙한 짙은 남색의 표지였다.

현지 경찰은 초기부터 자살로 사건을 종결하려 했다. 사망 원인을 대충 유추하고, 조서를 간단히 마무리하려는 흐름이 뚜렷했다. 하지만 나는 멈출 수 없었다. 진실은 그리 단순하지 않다는 직감 때문이었고, 무엇보다 그들이 내 국민이었기 때문이었다. 목격자를 찾기 위해 숙소 주변을 돌고, 사건 현장을 여러 차례 재방문하며 시신의 상태를 직접 살펴봤다.

의료소견을 요청하고, 타살 가능성을 검토하기 위한 새로운 각도에서의 질문을 반복했다. 그러나 끝내 수사는 현지 당국의 시각에서 멈췄고, 나는 내심 품고 있던 '다르게 끝날 수도 있었을 가능성'을 묻어둬야 했다. 그 무렵부터 나는 경찰이라는 이름만으로는 충분하지 않다는 사실을 절감했다.

저자가 사건현장에서 현지 경찰과 현장검증을 하고 있다(가운데 흰색 셔츠가 저자)

여기서는, 국가를 대리하는 '태도'와 '신뢰'의 수준이 더 중요했다. 그리고 또 하나의 현장이 있다. 심각한 교통사고를 당한 한 국민이 현지 운전자에게 책임을 묻고자 소송을 제기했으나, 상대방의 경제력이 부족해 제대로 된 보상도 받지 못한 채 병원비와 법적 비용까지 감당해야 했던 사건이었다. 그를 위해 나는 경찰서뿐 아니라 태국 법원을 오가며 판사와 직접 대화했고, 피해자의 억울함이 공정하게 반영되도록 돕기 위해 경찰이자 '조력 외교관'으로 행동해야 했다.

이 과정에서 나는 명확히 깨달았다. '법적 보호'는 법률의 언어로만 이뤄지지 않는다. 국가의 진심이 개입할 때, 그것이 '외교'가 된다. 그렇다고 보호 대상이 피해자에게만 국한되는 것도 아니었다.

경찰주재관의 또 하나의 책임은, 가해자로 구금된 우리 국민을 위한 보호였다. 때로는 죄를 지었을지언정, 현지 수사 시스템과 절차에 대한 이해 없이 불공정한 처우를 받는 국민을 보호하는 것도 국가의 품격이자 경찰외교의 중요한 역할이었다. 나는 현지 경찰에 공정한 수사를 강하게 요청했고, 수감 중인 국민에게는 정기적으로 면담을 나가 영사보호의 원칙에 따라 애로사항을 듣고, 그들이 잊히지 않도록 작은 위로를 건네며 국가의 존재를 확인시켰다.

수감 중의 국민들이 이런 말을 한 적이 있다.

"면회 올 사람이 아무도 없는데, 선생님이 오셔서 그래도 아직 저는 국민이구나 싶었어요."

그 말은 지금도 내 마음에 깊은 울림으로 남아 있다.

외교란, 때로는 대사관 회의실보다 병원 복도, 경찰서 안뜰, 교도소 면담실에서 더 진하게 피어난다. 경찰주재관은 바로 그곳에서 국가의 신뢰와 존재감을 지키는 최전선의 외교관이었다. 피해자든 가해자든, 생존자든 고립자든, 대한민국이라는 이름으로 해외에 있는 이들을 보호하는 것은 단순한 의무가 아닌 치안외교의 첫 실천이자 인간안보의 출발이었다.

태국에서의 경험은 내게 치안외교의 본질을 선명하게 새겨주었다. 치안외교란 단순히 국경을 넘어 범죄를 해결하는 기술이 아니라, 국가의 이름으로 국민을 끝까지 지켜내는 약속이다. 피해자 보호와 가해자 인권 보장은 서로 배타적인 가치가 아니라, 국제사회에서 대한민국이 신뢰받기 위해 함께 지켜야 할 두 축이었다.

결국 국민이 해외에서 어려움에 처했을 때 가장 먼저 찾는 존재는 '자기 나라'다. 그 순간 경찰주재관은 단순한 수사관이 아니라, 외교관 여권과 제복을 동시에 지닌 국가의 얼굴이 된다. 태국에서의 첫 치안외교는 내게 분명히 가르쳐 주었다.

"국가의 얼굴은 곧 현장에 선 주재관의 태도에서 드러난다."

이 '태도의 외교'는 훗날 미국 주재관, 국제협력관, INTERPOL 국가중앙사무국장으로 이어지는 모든 자리에서 나의 원칙이 되었다.

2 마지막 이름을 지키다 - 캄보디아 항공기 참사 현장의 치안외교

2007년 6월 25일 오전, 평소처럼 경찰 협력 일정을 검토하던 중이었다. 하지만 캄보디아발 속보가 떴다는 보고가 들어온 순간, 공기의 온도가 바뀐 듯한

느낌이 들었다. "시아누크빌행 국내선 항공기 실종… 한국인 탑승객 포함." 잠시 후 외교부를 통해 공식 지시가 내려왔다. "외교부 신속대응팀에 배속되었으니 즉시 현장으로 출동하십시오." 나는 서류를 덮고, 곧장 캄보디아 프놈펜행 비행기에 올랐다.

태국 경찰주재관으로서 맡은 이례적인 임무. 그곳은 인접국인 캄보디아였다. 그 안에서 우리는 '경찰 외교관'으로 기능해야 했다.

사고기 수습은 캄보디아 정부와 군경이 맡았다. 정글 속 깊은 곳에 추락한 기체의 잔해를 수습하고, 희생자들의 유해를 찾는 작업은 치열하고도 비극적인 과정이었다. 그들이 고군분투하는 동안, 내게 주어진 임무는 그 이후였다. 시신 확인, 유족 응대, 본국 과학수사팀과의 협력, 그리고 현지 경찰에 대한 사고원인 진상 규명의 외교적 촉구.

사망자는 전원 사망으로 확인되었고, 그중 13명은 한국 국민이었다.[1] 나는 국립과학수사연구원 신원확인팀과 함께, 안치된 시신 중 한국인 희생자들의 지문 채취와 신원 확인 작업에 착수했다. 열악한 영안 시설, 비위생적 환경, 전기조차 불안정한 공간. 하지만 그 속에서도 우리는 오차 없는 절차를 고수했다. 그들의 손끝에 남은 마지막 흔적이, 국가가 책임을 다하고 있다는 증거가 되었기 때문이었다.

확인 절차가 끝나자, 유족들은 비로소 흐느끼기 시작했다.

"정말 우리 아이가 맞는 건가요…"

나는 조심스럽게 고개를 끄덕이며, 손에 쥔 채취 지문과 기록지를 보여주었다.

"지문은 거짓말을 하지 않습니다. 분명합니다."

말이 끝나기 전, 어머니는 조용히 내 팔을 붙들었다.

그 손길은 감사와 절망을 전하는 동시에, 국가라는 이름이 인간을 지켜준 순간에 대한 울림이었다.

물리적으로는 캄보디아 영토에서 발생한 사고였지만, 희생자는 한국인이었고, 그들의 마지막 순간에 대해 대한민국은 명확한 설명을 요구할 권리가 있었

1) 연합뉴스, 「캄보디아 여객기 추락…한국인 13명 포함 전원 사망」, 2007.06.26.; 한겨레, 「캄보디아 여객기 추락…한국인 13명 사망 확인」, 2007.06.27.; 조선일보, 「캄보디아 추락 여객기서 한국인 시신 확인」, 2007.06.27.; 동아일보, 「캄보디아 여객기 추락…유족 오열 속 시신 인도」, 2007.06.28.

다. 이러한 순간, 나는 단순히 사건 현장을 관리하는 사람이 아니라, 한 국가의 경찰로서, 외교의 언어로 진실을 요청하는 협상자이자 신뢰의 대표자였다.

해외에서의 대형 사고는 단순한 사건이 아니라, 국가 신뢰의 시험대다. 경찰 주재관의 역할은 구조자가 아닌 진실을 기록하고 인간의 존엄을 지키는 외교관이다. 처참한 항공기 사고속에서도 경찰의 손끝은 과학이었고, 그 태도는 외교였다. 우리는 시신을 맞이한 것이 아니라, 국민의 마지막을 책임졌던 것이다.

이 사건은 내게 한 가지 분명한 진실을 남겼다. 치안외교는 국경의 안과 밖을 가르지 않는다. 현장은 캄보디아였지만, 피해자는 우리 국민이었고, 그 순간 국가의 손길은 반드시 그곳에 닿아야 했다. 유해를 수습하는 손끝에서, 유족에게 진실을 전하는 목소리에서, 국제사회와의 협상 테이블에서—그 모든 순간이 곧 '국가의 얼굴'이었다.

정글 한가운데서 나는 분명히 깨달았다. 국가의 품격은 위기 속에서 드러난다. 위기 때조차 국민의 마지막을 지켜주는 나라, 그것이 국민이 믿고 의지할 수 있는 나라다. 그리고 그 약속을 실천하는 것이 바로 경찰외교의 사명이다. 이 경험은 이후 내가 어떤 현장에서든 치안외교를 국가 신뢰의 외교로 실천해야 한다는 원칙을 굳게 세우는 출발점이 되었다.

3 정상의 길을 지켜낸 그림자: 한-아세안 정상회의 경호의 기록" - 치안외교의 위기 대응력과 현장 리더십

2009년 5월, 한-아세안 특별정상회의가 태국 파타야에서 개최되었다. 평소 같았으면 아세안과의 외교적 진전을 보여주는 환영할 만한 국제회의였겠지만, 당시 태국의 정세는 그리 녹록지 않았다. 정치 혼란이 극심했고, 연이어 이어진 반정부 시위는 무장 점거 사태와 사회 기능의 마비를 일으킬 정도였다. 불과 몇 달 전, 수완나품 국제공항이 시위대에 의해 점거되는 초유의 사태가 벌어진 것도 이즈음이다.[2)]

2) 연합뉴스, 「태국 시위대, 수완나품 국제공항 점거… 국제사회 충격」, 2008.11.26. https://www.yna.co.kr/view/AKR20081126074200009

나는 그 당시 태국 경찰주재관으로서, 이 비상한 국제행사에 한국 대통령 경호업무를 현지 경호기관과 긴밀한 협력을 바탕으로 한국 경호처와 합동으로 경호업무를 하게 되었다.

이 원칙은 단순한 행정 분담이 아니라, 위기 앞에서 누가 국가의 신변을 책임지는가라는 상징적 위치를 의미한다.

경호 현장에선 '누가 가장 먼저 판단하고 행동하느냐'가 곧 국가의 위기를 결정한다. 그리고 해외에서는 경찰주재관이 오롯이 그 역할을 하게 된다. 행사를 준비하는 내내 긴장감은 살을 에는 칼날처럼 날카로웠다. 혹시라도 행사장에 시위대가 접근할 경우, 혹시라도 공항이나 숙소 주변이 봉쇄될 경우, 나는 머릿속에서 수십 개의 시나리오를 그렸다. 태국 경찰청 경호처장과는 이미 평소에도 긴밀한 협조 관계를 유지하고 있었기에, 나는 비공식 채널로 사전정보를 수집하고, 시위 동향을 파악하며, 대통령 경호처와 함께 우회 동선, 긴급 탈출 루트까지 검토했다.

행사 당일, 불길한 예감은 현실이 되었다. 시위대 수백 명이 행사장을 향해 진입했고, 각국 정상들이 대피를 감행하는 전무후무한 사태가 벌어졌다.[3] 수행원이 혼란에 휩싸이고, 일부 대표단은 탈출 과정에서 부상을 입는 아찔한 순간들. 그러나 우리의 대통령은 그 어떤 위협에도 노출되지 않았다. 행사장 위협 정보를 사전에 파악하고, 행사장 대신 다른 안전한 곳에서 정상회의를 이어갈 수 있었던 것은 우리가 이미 모든 상황을 예측하고 준비했기 때문이다. 나는 현장을 누구보다 잘 알고 있었고, 태국 경찰과의 신뢰 속에 실시간으로 정보를 주고받았다. 이 사건은 훗날 대통령 경호처에서도 모범 사례로 교육되었고, 나는 경찰주재관 최초로 경호처장 표창을 받았다. 그러나 무엇보다 의미 있었던 것은 행사 직후, 외교부 고위 관계자가 내게 남긴 한 마디였다.

"정말 고맙습니다. 이건 우리 외교관도, 어떤 다른 주재관도 못한 일이었습니다. 오직 경찰주재관만이 할 수 있었던 일이었어요."

그 말을 들으며, 나는 '치안외교'라는 단어의 의미를 다시 되새겼다. 그것은 회담장에서 손을 맞잡는 것이 아니라, 현장에서 위험을 막아내는 실천이자, 국가의 신뢰를 그늘에서 지켜내는 묵직한 역할이었다.

3) 경향신문, 「태국 아세안 정상회의, 시위대 난입으로 무산」, 2009.04.11.
https://www.khan.co.kr/politics/foreign-affairs/article/200904110100004670

해외에서의 경호는 단지 물리적 안전 확보의 문제가 아니라, 국가 이미지와 외교적 신뢰를 지켜내는 종합 행위다. 특히 위기 상황에서의 경호는 그 나라의 위기 대응 역량과 정보 네트워크, 현지와의 신뢰 관계를 시험하는 리트머스 시험지다.

결국 이 사건은 '치안'과 '외교'가 분리된 것이 아니라, 현장에서 하나로 결합되어야 한다는 사실을 명확히 보여주었다. 경찰주재관은 위기의 최전선에서 국가를 대표해 신뢰를 실현하는 존재이며, 이 경험은 치안외교가 추상적 개념이 아니라 위기를 막아낸 손끝과 실시간 판단 속에서 살아 움직이는 국가전략임을 보여준 결정적 사례였다.

4 치안외교의 첫 실천에서 배운 것들

태국에서의 경찰주재관 경험은 단순한 해외 근무가 아니었다. 그곳은 대한민국 경찰이 국경을 넘어 어떻게 국민을 지키고, 국가를 대표하며, 신뢰를 쌓아가는지를 온몸으로 체득한 치안외교의 시작점이었다.

첫째, 재외국민 보호는 곧 외교였다.

캄보디아 항공기 추락사고와 각종 사건사고 대응에서, 경찰은 피해자의 이름을 끝까지 지키는 존재였고, 때로는 구금된 국민 곁을 지키며 국가의 품격을 증명하는 외교관이었다.

둘째, 위기 대응은 신뢰에서 비롯되었다.

한-아세안 정상회의와 같은 국가적 위기 속에서 대통령의 안전을 확보할 수 있었던 배경에는 평소 쌓아온 태국 경찰과의 신뢰 네트워크가 있었다. 위기 때 치안외교는 추상적 개념이 아니라, 곧바로 눈앞의 실천으로 나타났다.

셋째, 치안외교는 현장과 관계 속에서 완성되었다.

문서와 제도만으로는 충분치 않았다. 사람 사이의 신뢰, 문화에 대한 존중, 작은 성과의 축적이 외교의 실질적 힘이 되었다.

태국 경찰은 전국 치안 기능을 단일 국가경찰청에 집중시킨 구조를 가지고 있었다. 강력한 지휘 체계 덕분에 일사불란했지만, 외부 협력의 유연성은 제한적이었다. 나는 바로 그 틈에서 신뢰와 설득, 공감을 통한 관계 중심의 치안외교가 필요함을 배웠다. 이 경험은 이후 미국 주재관, 국제협력관, INTERPOL

NCB 국장으로 이어지는 나의 치안외교 철학의 기초가 되었다.

그 철학은 세 문장으로 요약된다.

- 사람이 먼저다 – 문서보다 관계가 우선이다.
- 문화 존중 – 속도보다 방향이 중요하다.
- 작은 성과의 힘 – 한 건 한 건이 미래 신뢰의 기반이 된다.

태국에서 배운 이 원칙들은 훗날 모든 현장에서 '국가의 이름을 지키는 경찰외교관'으로서의 나침반이 되어 주었다.

제 2 절 치안외교, 제도와 문화를 건너다: 미국주재관 시절

치안외교는 단지 국경을 넘는 일이 아니다. 그것은 사고방식의 차이를 이해하고, 제도의 틈을 건너며, 문화의 문턱을 넘는 일이다. 2014년 8월 중순, 나는 미국 시카고 오헤어공항에 도착함으로써 경찰주재관으로서 두 번째 해외근무의 첫 발을 내딛었다. 한 차례 태국에서의 주재관 근무를 경험했기에 낯선 환경에 대한 막연한 두려움은 덜했지만, 미국이라는 나라가 주는 강렬한 압도감은 전혀 달랐다. 사실 미국 근무를 앞두고 꽤 오랫동안 망설이기도 했다. 세계 최강국, 법치주의의 최전선, 복잡한 연방제와 다문화 환경…

경험한 적 없는 시스템 속에서 내가 경찰주재관으로서 얼마나 의미 있는 역할을 할 수 있을지 스스로에게 묻고 또 물어야 했다.

하지만 결국 나는 선택했다. 이 나라를 간접이 아닌 직접으로 경험하고 싶다는 강한 욕구가, 내 미국행을 결정지은 이유였다. 우리가 한국에서 접하는 미국은 대부분 미디어나 책 속에서 나온다. 그것만으로는 절대 알 수 없는, 현장감 있는 경험과 구조적 복합성을 나는 이곳에서 체득하고 싶었다. 처음엔 뉴욕 주재관 근무를 희망했지만 시기가 맞지 않아 시카고로 부임하게 되었고, 결과적으로는 "미국을 가장 미국답게 이해할 수 있는 도시"가 바로 이곳이라는 것을 알게 되었다. 시카고는 미국인들 사이에서도 가장 자랑스러워하고 사랑받는 도시 중 하나였다.

주재관으로서의 기본 임무는 익히 경험했기에 낯설지는 않았지만, 나는 이 도시에서 “제도로 말하고, 관계로 설득하며, 공동체 속으로 들어가는” 새로운 치안외교의 방식을 배워야 했다. 여기서의 치안외교는 더 이상 현장 대응 중심의 위기 관리만이 아니었다. 미국이라는 거대한 시스템 안에서 어떻게 한국 경찰이 제도적 신뢰를 구축하고, 공공 파트너로서의 위상을 확보할 것인가에 대한 본질적인 도전이었다.

이제부터 소개할 내용은, 내가 시카고 주재관 시절 직접 설계하고 실행했던 대표적인 치안외교 사례들이다. 위기를 예방하고, 제도를 협약으로 전환하며, 공동체를 지키고, 미국 내 치안외교 네트워크를 확장해 나갔던 기록이다. 그리고 그 모든 과정 속에서 나는, 치안외교가 제도·신뢰·사람을 중심으로 어떻게 진화하는지 몸소 확인할 수 있었다.

미국 주재관 시절 집무실에서

1 멀리서 온 당신을 지키기 위해 - 한인 유학생 안전지킴이 프로그램 - 공공외교로서의 치안외교 실천

시카고총영사관이 관할하는 14개 주는 미국의 심장부라 불린다. 시카고대학교, 노스웨스턴대학교, 일리노이대학교(UIUC), 퍼듀대학교, 미시간대학교(UM), 미네소타대학교, 위스콘신대학교 등 세계적으로 이름난 대학들이 촘촘히 자리 잡아 있다. 학비는 합리적이고 교육 수준은 높아, 수많은 한국 청년들이 이곳으로 건너와 꿈을 키운다.

그러나 기회의 땅은 동시에 낯선 제도와 문화의 장벽이 도사리고 있는 곳이기도 했다. 사건사고 대응 과정에서 나는 한인 유학생들이 범죄 피해자나 행정·법률 절차의 미숙한 당사자로 너무 자주 등장하는 것을 목격했다. 성추행, 기물파손, 절도, 폭행 사건에서부터 불법체류, 이민 관련 행정 문제까지 다양했다. 더 큰 문제는 그들이 미국의 치안·사법 시스템에 익숙하지 않아 적절한 대응 경로를 찾지 못한 채 홀로 감당해야 한다는 점이었다.

그때 나는 깨달았다. 경찰주재관의 역할은 단순히 사건을 처리하는 사람이 아니라, 사건을 미리 예방하고 안전망을 설계하는 사람으로 진화해야 한다는 것을. 바로 그 순간, '한인 유학생 안전지킴이 프로그램'이라는 아이디어가 태어났다.[4]

대학 경찰과의 협약, 새로운 외교의 문을 열다

나는 관할 지역 내 한인 유학생이 많은 10개 주요 대학을 직접 찾아다녔다. 넓은 캠퍼스를 걸으며 대학 경찰서장들을 만나 설득했다. 협약(MOU)을 체결하고, 감사패를 전달하며, 향후 협력 계획을 논의했다. 이는 단순한 서류 절차가 아니었다. 한국 경찰이 자국민 보호를 위해 얼마나 진심으로 움직이는지를 보여주는 외교적 설득의 과정이었다.

대학 경찰서장들은 하나같이 놀란 표정으로 말했다.

---

4) "많은 나라에서 유학생들이 오지만, 이렇게 공식적으로 와서 협약을 맺고 학생 보호를 약속하는 경우는 처음입니다." 대학 경찰 관계자의 이 말은, 현장에서 진행된 안전지킴이 프로그램의 외교적 의미를 상징적으로 드러냈다. 실제로 당시 시카고 교민 언론은 이 프로그램을 집중 보도하며, *"한국 경찰이 직접 나서 유학생 안전을 제도화한 것은 전례 없는 일"*이라 평가했다. 【중앙일보 시카고, 2010.05.12】

"많은 나라에서 유학생들이 오지만, 이렇게 공식적으로 와서 협약을 맺고 학생 보호를 약속하는 경우는 처음입니다."

그 한마디는 경찰주재관이라는 직책의 의미와 무게를 다시 일깨워 주었다.

미시간 주립대학교 대학경찰서장과 MOU 체결

협약 체결과 함께 나는 한인 유학생들과 간담회를 열고, 멘토-멘티 결연식을 진행했다. 비상 연락망을 구축해 위기 상황 발생 시 즉시 경찰과 영사관이 개입할 수 있도록 매뉴얼을 마련했으며, 각 대학에는 한인 유학생 전담 경찰관을 지정했다.

이제 학생들은 낯설고 멀게만 느껴졌던 대학 경찰이 자신들을 위한 '가까운 안전망'임을 실감했다. 한 유학생은 이렇게 말했다.

"선생님, 이젠 무슨 일이 있어도 어디로 연락해야 할지 알 것 같아요. 정말 든든합니다."

그 말은 나에게 이 프로그램의 진짜 가치를 일깨워 주었다. 그것은 단순히 사건 발생률을 낮추는 효과가 아니라, '마음의 안전'을 심어주는 것이었다.

정책적 의미와 확장성

이 프로그램은 단순한 현장 대응을 넘어, 한국 경찰이 재외국민 보호를 국가 전략의 일부로 제도화한 사례였다. 현지 대학과의 협약은 곧 공공외교적 행위였고, 이는 K–Policing의 초기 모델로 자리매김할 수 있었다. 이후 이 경험은 다른 주재관 파견지에서도 안전 프로그램이나 예방적 치안모델을 설계하는데 활용될 수 있는 표준 모델이 되었다.

또한 이 사례는 외교부·교육부와의 연계를 통해 국가 차원의 재외국민 보호 정책으로 확장될 가능성을 보여주었다. 즉, 개별 경찰의 노력에 머무르지 않고 제도와 정책으로 연결되는 지속가능한 외교 자산으로 발전할 수 있었던 것이다.

치안외교의 교훈

재외국민 보호는 단순히 위기 대응의 문제가 아니다. 그것은 신뢰의 구조를 설계하는 일이며, 한 사람의 안전을 지키는 동시에 대한민국이라는 국가의 품격을 세계 속에서 증명하는 외교 행위다. 경찰주재관은 단순한 사건 해결자가 아니라, 제도와 공동체, 사람과 사람을 잇는 신뢰 설계자였다.

'한인 유학생 안전지킴이 프로그램'은 현장에서 시작된 작은 약속이 어떻게 치안외교의 모델이 될 수 있는지를 잘 보여준다. 멀리서 공부하는 청년들이 느낀 든든함은 곧 대한민국이라는 국가의 신뢰로 환원되었다. 그리고 나는 확신하게 됐다.

치안외교의 첫걸음은, 먼 곳에서 나를 지켜줄 '누군가가 있다는 확신'을 심어주는 것에서 시작된다.

2 1년의 설득, 3일 전의 약속: 위스콘신 운전면허 상호인정 협정 체결기 – 제도와 제도를 연결하는 경찰 외교관의 시간

협상의 출발 – 제도의 다리를 놓다

유학생 안전지킴이 프로그램을 통해 '관계와 신뢰'의 토대를 쌓았다면, 그다음 단계는 그 신뢰를 '제도'로 전환하는 일이었다. 위기 대응과 범죄 예방은 물론 중요했지만, 미국이라는 거대한 법치 시스템 안에서 우리 국민이 일상에서 누릴 수 있는 편익을 제도적으로 보장하는 것, 그것이야말로 지속 가능한 치안 외교의 한 축이었다. 그리고 그 대표적 결실이 바로 한국과 미국 위스콘신 주(州) 간 운전면허 상호인정 협정 체결이었다.

경찰주재관으로 일하다 보면 수많은 사건을 처리하고, 회의에 참석하며, 끝없이 공문을 작성한다. 그러나 그 중에서도 가장 오래 걸렸고, 가장 버거웠지만, 결국 가장 보람 있었던 일을 꼽으라면, 나는 주저 없이 "위스콘신 주와의 운전면허 상호인정 협정 체결"을 말할 것이다. 이 협정은 단순한 행정 서류 서명이 아니었다. 그것은 두 나라의 제도와 문화, 그리고 신뢰가 교차하는 '정책 외교'의 현장이었다.

협정의 핵심은 단순했다. 만 18세 이상 유효한 운전면허를 가진 국민은 별도의 필기·실기 시험 없이 상대국의 면허를 발급받을 수 있도록 하자는 것이다. 이를 통해 한국인은 위스콘신 주의 D등급 운전면허를, 위스콘신 운전자는 한국의 제2종 보통면허를 시험 없이 취득할 수 있게 되었다.

긴 설득의 시간 – 1년의 인내와 전략

당시 경찰청은 미국 여러 주와 운전면허 상호인정 확대를 추진 중이었다. 미 중서부 14개 주를 관할하는 시카고 총영사관의 경찰주재관이었던 나는, 가장 협력 가능성이 높아 보이는 위스콘신 주를 1순위 목표로 삼았다. 그러나 현실은 만만치 않았다. 위스콘신 주의 첫 반응은 냉담했다.

"왜 굳이 외국 정부와 이런 협정을 맺어야 합니까?"

이해 부족, 관심 결여, 그리고 '미국 제일주의'에 가까운 문화적 거리감이 벽이 되었다.

나는 그 벽을 넘기 위해 발로 뛰었다. 주정부 도로교통국(DMV), 법률팀, 주 경찰 관계자들을 수차례 만나 한국 운전면허 제도가 얼마나 과학적이고 신뢰성 있는지 설명했다. 한국은 이미 세계 최저 수준의 교통사고 사망률 개선 성과를 내고 있었고, 운전면허 시험 과정은 전자채점과 실시간 평가 시스템을 갖춘 과학적 제도였다. 나는 이러한 수치와 사례를 근거로 신뢰를 쌓아갔고, 더 나아가 교민과 유학생 수, 상호 방문객 규모, 경제적 파급 효과를 들어 제도의 필요성을 설득했다. 회의가 연기되거나 담당자가 교체될 때마다 처음부터 설명을 반복해야 했지만, 그때마다 상대의 시각에 맞춘 맞춤형 설득을 이어갔다.

미국 행정은 속도보다 절차의 완결성을 중시했기에, 포기하지 않는 인내심과 관계 유지가 무엇보다 중요했다.

결실의 순간 - 귀임을 앞둔 3일 전

그 길고 느린 협상은 1년이나 이어졌다. 그리고 귀임을 불과 3일 앞둔 날, 마침내 우리는 위스콘신 주를 매디슨의 주정부 청사 협정식에서 마주했다. 주지사와 악수를 나누고 협정문에 서명하는 순간, 지난 1년의 모든 시간이 한 장의 종이에 응축되는 듯했다. 그 자리에서 주정부 실무 국장은 내게 이렇게 말했다.

"우리가 프랑스, 독일과도 이런 협정을 맺었지만, 준비에만 10년이 넘게 걸렸습니다. 그런데 한국은 1년 만에 마무리되었군요. 정말 이례적인 일입니다."

나는 웃으며 답했지만, 속으로는 1년 동안의 끈질긴 설득과 신뢰 축적의 장면들이 영화처럼 스쳐갔다.

치안외교의 교훈 - 제도는 신뢰 위에서 완성된다

치안외교는 사건을 해결하는 데 그치지 않는다. 그것은 국가와 국가의 제도를 잇는 다리를 놓는 일이다. 이 다리는 시간과 사람, 언어와 논리, 공공성과 설득이 모두 필요하다. 운전면허 상호인정 협정은 그 모든 요소가 맞물려 완성된 현대적 정책 외교의 결정판이었다.

이 경험은 내게 중요한 교훈을 남겼다. 제도는 협정을 통해 움직이고, 협정은 신뢰를 통해 가능해진다. 그리고 그 신뢰는 현장에서 꾸준히 쌓아가는 것이다. 결국 외교는 책상 위에서만 이뤄지는 협상이 아니라, 현장에서 발로 뛰며 만들어낸 신뢰가 제도로 완성되는 과정이라는 것을 나는 이 협정을 통해 확신하게 되었다.

운전면허 상호인정 협정 체결식에서

3 하나의 무대, 많은 제복 - 미국 법집행기관과의 치안협력 세미나

미국의 치안 시스템은 한국과는 근본적으로 다르다.

한국이 국가경찰 체제라는 단일 지휘라인을 통해 움직인다면, 미국은 연방수사국(FBI), 마약단속국(DEA), 이민세관단속국(ICE), 주경찰(State Police), 카운티 셰리프국(Sheriff's Office), 시경찰(Police Department) 등 수많은 기관이 권한을 나누어 행사한다. 이처럼 분절된 구조 속에서 한 사건을 해결하려면, 마치 오케스트라 지휘자가 여러 악기를 동시에 조율하듯 섬세한 협력과 신뢰의 네트워크가 필요했다.

시카고에 부임한 직후 나는 곧 깨달았다. 사건은 하나지만 관할은 여럿이고, 협력 없이는 해결도 없다는 사실을. 도난사건은 시경찰, 마약사건은 DEA, 연방범죄는 FBI, 이민문제는 ICE… 기관별로 나눠진 권한을 연결하기 위해 나는 매일같이 전화와 이메일, 회의와 방문을 반복했다. 그러나 이 파편적 접촉만으로는 충분하지 않았다. "이렇게 흩어진 네트워크를 한 번에 묶을 방법은 없을까?"라는 질문이 머릿속을 떠나지 않았다. 그리고 나는 답을 찾았다. "무대를 만들자."

무대를 만드는 외교

아이디어는 단순했지만, 실행은 쉽지 않았다. 미국의 법집행기관은 권한과 자부심이 강해, 외부 기관이 제안하는 모임에는 "왜 필요한가?"라는 회의적 시선이 먼저였다. 그래서 나는 초청장을 들고 직접 찾아다녔다. 폭설이 내리던 날에도 셰리프 사무실을 두드렸고, 짧은 미팅이라도 잡기 위해 수차례 메일을 보냈다. 회의실에서 커피 한 잔을 나누며, 한국 경찰의 치안역량과 국제공조 경험을 설명했고, 이 세미나가 미국 현지 치안에도 도움이 될 수 있다는 점을 차근차근 설득했다. 그 과정은 행정 절차가 아니라, 분명히 외교였다. 문서 한 장으로는 얻을 수 없는, 마음과 신뢰를 쌓기 위한 끈질긴 시간이었다.

2016년 9월, 마침내 시카고에서 '한·미 치안협력 세미나'의 무대가 열렸다. 한인 밀집지역을 관할하는 경찰서장, 카운티 셰리프, FBI와 DEA 요원, 연방수사기관 관계자들… 다양한 제복과 배지가 한 공간에 모였다. 행사장을 들어서는 순간, 나는 이 장면을 평생 잊지 못할 것임을 직감했다. 연단에 선 나는 한국 경찰의 선진 수사·치안 시스템을 소개하며 이렇게 말했다.

"우리가 오늘 나누는 정보와 경험은 내일 서로의 국민을 지키는 힘이 될 것입니다. 이것이 치안외교의 진짜 얼굴입니다."

발표가 끝나자 참석자들의 태도가 달라졌다.

"한국 경찰은 단순한 제3국의 경찰이 아니라, 함께 협력할 수 있는 파트너입니다."

FBI 요원 한 명은 이렇게 평가했다.

"한국 경찰의 단일 시스템, 현장 중심 대응, 예방 중심 정책은 우리가 배울 만한 가치가 있습니다."

치안외교 교훈

세미나는 단순한 '이벤트'로 끝나지 않았다. 이후로 기관 간 연락 속도는 빨라졌고, 재외국민 사건 발생 시 정보 공유와 공동 대응은 한층 원활해졌다. 한인 커뮤니티의 권익 보호도 체계적으로 강화되었다. 그날 만든 무대 위에서, 미국 내 다양한 법집행기관과 한국 경찰이 공공 파트너로 나란히 서기 시작한 것이다.

이 사례는 치안외교가 '사람과 제도를 잇는 무대를 설계하는 과정'임을 잘 보여준다. 반복된 설득과 신뢰의 축적을 통해 열린 세미나는 단순한 행사가 아니라, 제도적 신뢰를 남긴 지속 가능한 플랫폼으로 확장되었다. 경찰주재관은 그 무대를 기획하고 완성한 '치안외교의 무대 감독'이었다.

세미나 현장에서 현지 경찰서장들과 함께

4 불타는 도시, 지켜야 할 사람들 - 퍼거슨 흑인폭동 현장에서 - 현장에서 체감한 갈등, 그리고 치안외교의 본질

2014년 늦여름, 미국 전역은 분노와 불신의 소용돌이에 휘말렸다. 미주리주 퍼거슨에서 비무장 흑인 청년 마이클 브라운이 경찰의 총격으로 숨진 사건이 발생한 것이다. 이어진 대배심의 불기소 결정은 단순한 사법 판단을 넘어, 미국 사회에 켜켜이 쌓여 있던 인종 갈등의 화약고를 폭발시켰다.

불타는 상점, 산산조각 난 유리창, 거리에서 울부짖는 사람들… 퍼거슨은 전장이었다. 약탈과 방화가 이어지고, 무장 경찰과 시위대가 정면으로 대치하는 장면은 전 세계 언론을 통해 실시간으로 전파됐다. '제2의 LA 폭동'이라는 표현이 낯설지 않을 만큼, 도시 전체가 충격과 공포에 잠겼다.

나는 시카고 경찰주재관으로 부임한 직후였다. 임지 적응도 끝나지 않은 상태에서 총영사의 지시가 떨어졌다.

"퍼거슨 현장으로 급히 가주십시오."

그 길 위에서, 나는 곧 깨달았다. 퍼거슨은 단순한 사건의 현장이 아니라, 미국 사회가 가진 구조적 모순이 응축된 갈등의 무대라는 것을.

갈등의 현장 속으로

퍼거슨의 인구 80% 이상은 흑인이었지만, 시 행정과 경찰 조직은 거의 전적으로 백인이 장악하고 있었다. 불균형한 권력 구조, 누적된 차별, 반복된 사망 사건… 이번 폭동은 우발적 분노가 아니라 오랜 상처의 폭발이었다.

현장에 들어섰을 때, 나는 한인 미용용품 가게 앞에서 발걸음을 멈추었다. 문짝은 찢겨 나가고, 내부는 불길에 그을려 있었다. 가게 주인은 타다 남은 영수증을 손에 쥔 채 망연히 서 있었다.

"TV에서 보던 폭동이… 제 가게에서 벌어질 줄은 몰랐습니다."

그분의 떨리는 목소리가 내 마음 깊은 곳을 무겁게 울렸다.

그 순간 나는 단순히 '사건 현장에 나온 경찰'이 아니라, 국경 너머에서 국민을 지켜야 하는 치안외교관이라는 사실을 절실히 느꼈다.

나는 현장에서 피해 업소들을 확인하고, 현지 경찰과 협의해 순찰 강화를 요청했다. 긴급 연락망을 가동해 영사관과 연결했고, 한인사회 대표들과 만나 복구와 공동 대응 방안을 논의했다.

이 과정은 단순한 피해자 지원을 넘어선 일이었다. 다문화 사회 속에서 발생한 갈등 구조를 이해하고, 한인사회의 불안감을 최소화하며, 동시에 미국 경찰과의 신뢰를 유지하는 복합적 조율이었다. 즉, 사건 대응과 외교적 소통이 동시에 요구되는 현장형 치안외교였다.

치안외교 교훈

퍼거슨에서 목격한 것은 단순한 폭동의 장면이 아니었다. 그것은 미국 법집행의 이면—흑백 갈등과 인종 편향적 법집행이라는 고질적 문제가 여전히 현재형임을 보여주는 무대였다. 경찰의 과잉 대응, 불투명한 수사 절차, 지역사회의 불신… 이는 미국만의 문제가 아니었다. 법집행의 공정성이 무너질 때 세계 어디서든 나타나는 보편적 위험이었다.

나는 그 속에서, 경찰주재관이 단순한 사건 해결자가 아니라, 타국의 제도와 문화, 그 빛과 그림자를 함께 이해하는 관찰자이자 중재자여야 한다는 사실을 배웠다.

퍼거슨의 거리는 혼란 그 자체였지만, 그 속에서 나는 대한민국을 대표해서 있었다. 한인 공동체의 대변인, 미국 치안당국과의 조율자, 그리고 국가 신뢰의 전달자. 회의실의 외교보다도, 폭발 직전의 거리에서 국민을 지켜내는 일이야말로 치안외교의 가장 선명한 모습이었다.

퍼거슨 사례는 치안외교란 가장 어두운 순간에, 가장 가까이 서 있는 것임을 보여준다. 국민을 지키고, 공동체와 제도를 연결하며, 현장에서 신뢰를 만들어내는 것이 곧 국가의 얼굴이자 외교의 본질이라는 교훈을 남겼다.

◈ 미국 치안시스템에 대한 구조적 성찰

퍼거슨 사태는 단지 하나의 사건이 아니라, 미국 치안시스템이 안고 있는 구조적 현실을 집약적으로 보여주는 장면이었다. 그 현장에서 내가 목격하고, 체감한 핵심 교훈은 다음과 같다.

▸ 다원화된 법집행 구조의 양면성

미국의 치안 체계는 연방, 주, 카운티, 시 등 다층적 기관이 병렬적으로 운영된다. 이는 전문성과 다양성을 보장하지만, 사건 대응의 일관성 부족과 관할 충돌이라는 구조적 한계를 동시에 안고 있다. 위기 상황에서 통합 지휘 체계의 부재가 대응 속도를 늦출 수 있다.

▸ 인종과 계층에 따른 법집행의 불균형

퍼거슨과 같이 권력 구조와 인구 구성의 불균형이 심한 지역에서는, 법집행이 사회적 불신을 심화시킬 위험이 크다.

경찰에 대한 신뢰는 단순한 범죄 예방이나 검거 실적이 아니라, 공정성과 투명성 위에서만 유지된다.

▸ 사회갈등의 누적은 '치안 문제'가 아니라 '공공 외교 과제'

인종·문화 갈등은 단기적 법집행으로는 해결할 수 없으며, 공동체와의 장기적 신뢰 구축이 필요하다. 경찰주재관에게도 이러한 구조적 갈등 이해는 필수적이다. 이는 단순한 범죄 대응을 넘어, 갈등 완화와 문화 간 조율의 역할로 확장된다.

▸ 한국 경찰 외교의 가치

공정하고 투명한 법집행 경험을 가진 한국 경찰은, 미국 내 다문화 공동체에서 신뢰를 얻는 중요한 자산이 될 수 있다.

현지 제도와 문화의 '빛과 그림자'를 모두 이해할 때, 비로소 한국 경찰은 협력 파트너로서 의미 있는 제안과 변화를 만들어낼 수 있다.

정리하며: 제도 속에서 설계한 치안외교의 확장

미국에서의 경찰주재관 경험은 단순한 치안협력 차원을 넘어, 치안외교가 제도와 네트워크, 문화와 전략의 언어로 작동할 수 있음을 온몸으로 증명한 시간이었다. 한국 경찰은 미국 사회에서 아직 낯선 존재였다. 그러나 그 낯섦 속에서 나는 치안외교의 좌표를 다음과 같이 확장할 수 있음을 배웠다.

첫째, 사람을 위한 외교는 공동체 속에서 시작된다(한인 유학생 안전지킴이 프로그램). 이 프로그램은 단순한 예방 활동이 아니라, 타국에서 불안에 떠는 청년들에게 '정서적 안전망'을 제공했다. 어두운 캠퍼스를 걸어가는 학생, 문화적 차이로 억울한 상황에 놓인 청년에게 경찰이 직접 다가가 제도와 연계망을 만들어주었을 때, 그들의 말 한마디—"이젠 무슨 일이 있어도 어디로 연락해야 할지 알겠다"—는 외교의 의미를 제도보다 더 깊게 각인시켰다.

둘째, 제도화는 치안외교의 지속 가능성을 만든다(위스콘신 운전면허 상호인정 협정). 이 협정은 단순한 서명 행위가 아니라, 언어와 법, 행정 절차, 문화적 관성을 넘어선 '협상의 예술'이었다. 1년간의 인내와 설득 끝에 체결된 협정은 양국 국민에게 실질적 편의를 제공했고, 이는 우연이 아닌 꾸준한 관계와 신뢰가 만들어낸 결실이었다. 제도는 협정으로 움직이고, 협정은 신뢰로 가능해지며, 신뢰는 현장에서 쌓인다.

셋째, 위기의 현장에서도 경찰은 국가의 얼굴이다(퍼거슨 폭동). 불타는 상점과 긴장한 시민들 속에서 경찰주재관은 단순한 사건 처리자가 아니라, 공동체의 방패이자 국가 신뢰의 전달자였다. 인종·계층·문화의 경계가 충돌하는 현장에서, 한국 경찰은 '중립적 조정자'이자 '연대의 증명'이 될 수 있음을 확인했다.

넷째, 전략은 플랫폼으로 완성된다(한·미 치안협력 세미나).

이 세미나는 한국 경찰이 미국의 복잡한 치안 시스템 속에서 정식 파트너로 인정받는 무대였다. 서로 다른 제복과 기관이 한자리에 모여 공통의 목표를 확인하고, 지속적인 공조의 틀을 만든 것은 단순한 이벤트가 아니라 '협력 생태계'의 설계였다. 그날 이후 미국 내 법집행기관과의 연락은 빨라졌고, 재외국민 보호 체계는 한층 견고해졌다.

이 모든 경험을 통해 확인한 사실은 단순하다. 사람－제도－위기－플랫폼은 치안외교가 나아가야 할 네 개의 축이었다. 미국에서의 시간은 "치안외교는 실천이며, 실천은 설계에서 시작된다"는 진리를 온전히 보여준 여정이었다.

그리고 나는 그 여정 속에서 한 가지 잊지 못할 장면을 만났다. 출장길에 과속 단속에 걸려 미국 주경찰(State Trooper)에게 "I'm a diplomat."라고 말했을 때 그는 무표정했지만, "Actually, I'm a police officer from Korea."라고 정정하자 환하게 웃으며 말했다.

"Oh! You're one of us."

그 순간 나는 깨달았다. 국가와 제도, 문화는 달라도 '경찰'이라는 이름은 공감과 연대의 언어가 될 수 있다는 것. 외교관이라는 신분보다, 때로는 경찰이라는 정체성이 더 강한 신뢰를 만들고 더 깊은 설득력을 발휘한다는 사실이었다.

미국에서의 시간은 '치안외교는 실천이다'라는 진리를 제도와 사례, 그리고 사람 간 신뢰로 증명한 여정이었다. 그리고 나는 그 현장에서 설계했고, 실행했고, 무엇보다 현장이야말로 외교의 가장 생생한 교과서임을 체득했다.

제 3 절 전략의 중심에서 외교를 설계하다: 국제협력관의 시간 - 치안외교의 두뇌가 된 자리에서

2024년 8월, 한여름의 열기 속에서 나는 경찰청 국제협력관으로 부임했다. 햇볕은 뜨거웠지만 내 마음은 더 뜨거웠다. 30년 넘는 경찰공직 생활 동안 수많은 보직을 거쳤지만, 국제협력 분야야말로 나에게 가장 드라마틱한 성장과 변화의 길이었다고 자부한다. 그 정점에 선 국제협력관이라는 직책은, 마치 그동안 꿈꿔온 치안외교 구상을 현실로 구현할 수 있는 무대처럼 느껴졌다.

당시는 경찰청 직제 개편 직후로, 기존의 외사국이 국제협력관 체계로 전환되는 과도기였다. 표면적으로는 조직 규모가 축소된 것처럼 보였지만, 내부적으로는 오히려 국제협력과 공조 업무를 중심으로 집중화시키는 방향이었다. 불확실한 조직 전환기 속에서 방향을 설정해야 하는 책임은 막중했지만, 그만큼 전략을 설계할 여지도 컸다.

내 책상 위에는 전 세계에서 날아온 회의 초청장과 양자 협정서, 파견제도 개선안, ODA 요청 자료, 국제기구와의 실무 협의안이 쌓여 있었다. 외연의 축소가 아니라, 기능의 집중과 정교화. 이제 한국 경찰의 국제공조, 치안 ODA, 해외 파견, 국제기구 협력 등 치안외교의 모든 흐름이 한 자리에서 설계되고 연결되는 구조로 바뀌고 있었다.

치안외교의 수많은 결들이 이 한 자리로 모여드는 자리—바로 국제협력관이었다. "국제협력관(Director General of International Cooperation Bureau)"이라는 직책은 그 명칭만큼이나 다층적인 의미를 지닌 자리다. 나는 그 자리를 "한국 경찰의 외교 사령탑"이라 불러도 무방하다고 생각했다.

단순히 해외기관과의 연락을 주고받는 창구가 아니라, 치안외교의 전략을 기획하고, 협력의 지도를 그리며, 미래를 준비하는 중심이기 때문이다. 그곳에서 나는 대한민국 경찰의 글로벌 파트너십을 설계하고, 외교 무대에 우리의 메시지를 올리는 일에 몰두했다.

1 치안외교의 플랫폼을 설계하다: 전략은 관계로부터

“전략 없는 활동은 반복일 뿐이고, 관계 없는 전략은 공허하다.”

국제협력관으로 재직하던 시기, 나는 단순한 국제행사나 양자회담의 반복이 치안외교의 전부가 되어서는 안 된다고 강하게 느꼈다. 각종 활동은 많았지만, 그것들이 유기적으로 연결되어 ‘국가 치안외교 전략’이라는 하나의 흐름으로 통합되지 않는다면, 그 효과는 제한적일 수밖에 없었다.

이때부터 나는 각 활동을 플랫폼의 요소로 재배열하는 데 주력했다. IPS(국제경찰청장회의), 한-아세안 치안협력포럼, 한중일 경찰협력회의, 그리고 각국과의 치안 MOU 체결과 같은 정기적 외교 행사를 하나의 다자 플랫폼으로 설계하고자 했다. 단순한 일회성 행사가 아니라, 정례화·제도화된 협력채널이자 정책협의의 장으로 전환시키는 데 집중했다.

이러한 플랫폼화의 핵심은 ‘관계’의 전략적 구조화에 있었다. 치안외교는 결국 사람과 사람, 기관과 기관 간의 신뢰 위에서 작동한다. 따라서 각국 경찰 간 신뢰를 구축하고 이를 유지하는 체계, 즉 ‘관계 기반 외교 아키텍처’를 구축하는 것이 필요했다. 이를 위해 해외파견 인력과의 연계, 다자 포럼을 통한 관계망 확장, 그리고 양자 회의의 전략적 기획을 병행했다.

그 중에서도 내가 가장 중점적으로 추진한 과제가 해외파견 인력 양성체계의 제도화였다. 당시까지 경찰 해외파견은 치안외교 자원이라는 위상에 맞게 섬세하고 정교하게 설계된 절차에 의해 진행되기보다는 그동안의 축적된 관행과 개인 역량에 크게 의존하여 진행되는 경우가 많았다. 나는 인재개발원과 협력하여 해외파견자 양성과정을 신설하고, 언어능력, 외사 감각, 국제범죄 대응 역량, 치안 ODA 이해 등 실질적인 콘텐츠를 중심으로 프로그램을 구성했다.

이 과정은 단지 교육과정 개설을 넘어, 치안외교의 실행 자산을 구조화하는 작업이었다. 경찰이 외교무대에서 정당한 행위자로 자리매김하기 위해서는, 단기적 수요 대응이 아닌, 장기적 인력 플랫폼과 전략적 역량 설계가 필요했다. 치안외교의 미래는 결국, 이 시스템 위에서 실현되는 것이기 때문이다.

이처럼 국제협력관 시절 내가 추구한 방향은 다음과 같다:

- **개별 활동의 전략화**: 모든 국제협력 사업과 활동을 하나의 전략적 어젠다 아래 재구성

- 관계의 제도화: 회의, 포럼, 양자 외교를 반복 가능한 구조로 설계
- 인력 시스템의 내재화: 치안외교가 사람에 의존하지 않고 지속가능하도록 인재 양성 제도 확립

자세한 치안외교 전문 인력 양성 로드맵과 K-PED 모델 등은 제9장에서 다시 상세히 다루고자 한다. 이 절에서는 '관계를 전략으로 만드는 치안외교'라는 철학을 실천하기 위한 첫 단추를 어떻게 꿰었는지를 강조하고자 한다.

2 IPS - 세계 속의 한국 경찰을 선포하다

부임 직후, 가장 먼저 마주한 프로젝트는 IPS(International Police Summit)였다. 이름만으로도 부담이 느껴졌다. 전 세계 경찰 최고책임자들이 모여 글로벌 치안 현안을 논의하는 자리, 그것을 한국 경찰이 주도한다는 것. 단순한 국제 행사가 아니었다. 국가 브랜드와 위상, 그리고 미래 전략까지 함께 걸어야 하는 무대였다.

처음 맞닥뜨린 현실의 벽은 예산이었다. 6억 원이 넘는 사업비를 확보해야 했지만, 국회 상임위원회의 문턱은 결코 낮지 않았다. 수치와 통계만으로는 의원들을 움직일 수 없었다. 나는 PPT와 자료를 내려놓고, 한 사람 한 사람의 눈을 마주했다.

"한국 경찰은 이제 더 이상 치안을 '수입'하는 나라가 아니라, 제안하는 나라가 되어야 합니다."

그 말 속에 나의 절박함을 담았다. 몇 차례의 냉담한 반응, 곧장 끊기는 대화에 마음이 무너질 때도 있었지만, 다음 날이면 또다시 문을 두드렸다. 회의실을 나오며 느꼈던 회의감, 밤늦게까지 동료들과 대책을 논의하던 순간들이 쌓여갔다. 그래서 최종적으로 예산 반영 소식을 들었을 때, 단순히 '돈을 따낸' 것이 아니었다. 한국 경찰이 세계로 나아가는 문을 연 열쇠를 손에 쥔 것 같았다.

2015년 이후 IPS가 정례화되면서, 한국 경찰은 더 이상 손님이 아니라 '주최자'로 자리 잡았다. 초국경범죄 대응, 사이버 위협, 테러와 조직범죄… 우리가 제안한 의제가 각국 경찰 수뇌부의 입에서 다시 회자될 때마다, 그 무게는 말로 다 할 수 없었다.

2025년 10월 제5차 IPS 준비 과정에서도 그 긴장감은 여전했다. 의제를 정하는 순간부터, 세션 구성, 발언 순서 하나까지 전략이었다. 수십 번의 내부 회의를 거듭하며 나는 늘 상상했다. 회의장에 앉아 있는 세계 각국 경찰청장들의 표정, 발표 뒤 이어지는 악수, 그리고 세션 종료 후 시작될 양자 회담… 그 모든 장면이 곧 대한민국 경찰의 얼굴이었다.

IPS는 단순한 이벤트가 아니었다. 그것은 국가 간 신뢰와 협력의 새로운 공식이자, 한국 경찰이 '수용자'에서 '제안자', 더 나아가 협력의 설계자로 거듭나는 장이었다.

나는 그 과정을 통해 배웠다. 회의장 연단에 선 연설문은 문장이 아니라 선언이었다. 한 나라 경찰의 철학과 방향, 그리고 미래를 전 세계에 선포하는 언어였다.

"IPS는 한국 경찰의 현재를 보여주는 무대이자, 미래를 설계하는 도면이다."

그 믿음은 지금도 내 안에 남아 있다. 치안외교는 문서가 아니라 사람, 사건이 아니라 관계 속에서 완성된다. IPS는 그 사실을 가장 선명하게 증명한 무대였다.

3 외교의 지도를 새기다: 다자·양자회담의 외연 확대

국제치안 환경이 갈수록 복잡해지고 범죄의 초국경성이 강화되면서, 경찰의 활동은 국가 내부를 넘어 외교의 전면으로 확대되고 있다. 이제 경찰은 단순한 수사 공조를 넘어서, 글로벌 거버넌스를 설계하고 규범을 창출하는 행위자(Actor)로 자리매김하고 있다. 이러한 흐름 속에서 다자 및 양자 회담은 경찰외교의 전략을 실현하는 핵심 무대다.

다자회담(Multilateral Meetings)은 복수의 국가가 참여하여 공동의 이슈를 논의하고, 협력의 틀과 규범을 만들어가는 과정이다. 경찰은 이를 통해 글로벌 의제를 주도하거나 규범 형성에 참여할 수 있는 전략적 통로를 확보하게 된다.

양자회담(Bilateral Meetings)은 보다 신속하고 구체적인 협의를 가능하게 하며, 국가 간 신뢰 형성과 실질적인 수사 협력의 초석이 된다. 때로는 다자 회담의 이면에서 결정적인 외교적 돌파구를 마련하는 기능도 수행한다.

이러한 회담을 통해 경찰은 "법집행 기관"에서 "외교의 행위자"로 진화하고 있으며, 이는 곧 치안외교가 공공외교, 정책외교와 어깨를 나란히 하는 외교 전략의 한 축으로 작동하고 있음을 보여준다.

국제협력관으로서 나는 수십 차례의 양자 및 다자 회담을 직접 기획하고 주관했다. 그 회담들은 단순히 의례적인 인사말을 나누는 자리가 아니었다. 오히려 그것은 한국 경찰이 가진 전략과 비전을 국제 사회에 설득하는 자리였고, 협력의 언어를 실질적인 제도로 전환시키는 외교의 실험장이었다.

다자외교는 국가 간 문화, 제도, 가치가 서로 충돌하고 조율되는 공간이다. 그 안에서 경찰은 단순한 정보교환자가 아닌 협력의 구조를 설계하는 외교의 주체로 자리해야 한다. 나는 항상 이렇게 되뇌었다.

"한국 경찰은 초청자가 아니라, 설계자가 되어야 한다."

1) 다자회담 - 전략의 큰 그림을 그리다

다자무대는 늘 긴장과 역동으로 가득했다. 각국 경찰 수장들의 표정에는 저마다의 이해와 정치적 계산이 담겨 있었고, 발언 한 줄의 뉘앙스가 곧 외교 선언이 되곤 했다.

서울에서 열린 IPS, 한·아세안 치안협력포럼, 한·중·일 경찰협력회의… 모두 다른 무대였지만, 그 안에서 내가 목격한 것은 같았다. 경찰은 더 이상 단순한 '정보 교환자'가 아니라, 협력 구조를 설계하는 외교 주체라는 사실이었다.

회의장에 앉아 의제를 제안할 때마다 느낀 떨림은 단순한 발표가 아니었다. 그것은 대한민국 경찰의 미래를 전 세계 앞에서 선포하는 일이었다. 의자에 앉은 상대방이 고개를 끄덕이거나, 회의 후 비공식 석상에서 "한국이 제안한 방안이 현실적이다"라는 평가를 들을 때마다, 나는 치안외교의 전략적 힘을 확인할 수 있었다.

무대 뒤편에서는 치열한 준비가 있었다. 의제 조율, 발언 순서, 각국 대표단의 특성을 고려한 맞춤 전략까지. 그 과정은 흡사 장대한 악보를 맞추는 지휘자의 작업과 같았다. 경찰 외교는 회의장에서 마이크를 잡는 순간보다, 그 마이크를 잡기까지의 땀방울 속에서 완성되고 있었다. 주요한 다자협의체를 소개한다.

① 국제경찰청장회의 (IPS)

IPS(International Police Summit)는 한국 경찰이 주도적으로 창설하고 운영해 온 세계 경찰 총수급 회의체로, 2015년 제1회 회의를 서울에서 성공적으로 개최하며 치안외교의 정점을 보여주었다.

- **의의:** 전 세계 경찰 수장이 함께 모여 미래 치안 이슈(디지털 치안, 사이버 위협, 인권 기반 경찰 등)를 논의하는 고위급 다자무대
- **전략:** 어젠다 선점 → 치안 ODA · K-Policing 확산 → 경찰 리더십 외교 정당화
- **성과:** 30개국 이상 경찰 수장과 국제기구 수장이 직접 참여, 한국의 전략 모델에 대한 국제적 신뢰 확보

IPS는 단순한 포럼이 아닌, 국제치안 리더십을 발휘할 수 있는 한국 경찰의 대표 전략 플랫폼으로 성장하고 있다.

② 한-아세안 치안협력포럼

한-아세안 포럼은 동남아 지역과의 지속적 협력을 위한 다자회담으로, 아세안 각국의 경찰 수뇌부와 한국 경찰이 정기적으로 모여 공동 이슈를 발굴하고 정책적 제안을 교환하는 플랫폼이다.

- **전략적 접근:** K-Policing 모델 소개 → 각국 상황에 맞춘 맞춤형 협력 제안 → 치안 ODA 연계
- **성과:** 아세안 국가 내 해외도피사범검거 송환 업무협력, 재외국민보호 및 한국 경찰 이미지 제고, 연수 · 장비 · 기술 협력 체계 정착

이 포럼은 치안한류(K-Policing)의 아세안 확산 교두보이자, 정책외교형 플랫폼으로 자리매김했다.

③ 한 · 중 · 일 경찰협력회의

동북아의 정치적 긴장 속에서도 지속되고 있는 한중일 경찰협력회의는 세 나라의 치안기관이 정례적으로 협의하며, 공동 과제에 대해 의견을 교환하는 상징적 다자외교 사례다.

- **주요 의제:** 국제범죄 공동 대응, 재외국민 보호, 사이버 범죄 대응
- **상징성:** 외교적으로 민감한 3국이 치안이라는 공통 어젠다로 협력을 지속하고 있다는 점에서 외교적 평화의 상징

이 회의는 치안외교가 전통 외교의 공백을 메우는 역할을 수행할 수 있음을 보여준다.

2) 양자회담 - 신뢰를 새기는 자리

반면 양자회담은 훨씬 더 섬세했다. 커다란 회의장보다 작은 방 한 칸, 두 개의 의자와 한 잔의 커피가 전부일 때도 있었다. 하지만 그곳에서 나눈 대화가 오히려 더 큰 변화를 만들어냈다.

한 번은 캄보디아 국민 수십 명이 온라인 범죄조직에 감금·착취당한 사건이 터졌다. 단순 공문 교환으로는 해결이 어렵다는 판단 아래, 나는 캄보디아 경찰청 고위 인사를 한국으로 초청했다. 서울에서 열린 회담은 어렵게 꼬여있는 사안을 풀어가는 실마리가 되었다. 이후 이어지는 총수 회담으로 긴급 구조와 수사 공조가 원활히 진행되었고, 이후 유사 사건에서도 양국 경찰 간 고위급 핫라인이 작동하는 구조가 자리 잡았다. 그때 나는 절감했다.

"양자회담은 공문 수십 장보다 강하다. 외교는 결국 사람의 일이다." 서울에서도 양자외교는 이어졌다. 주한 대사들을 정기적으로 만나 한국 경찰의 정책과 철학을 직접 설명했다. 캐나다와 뉴질랜드 대사와는 자국민 안전 대책을,

뉴질랜드 대사에게 기념패를 전달하고 있다

아르헨티나와 태국 대사와는 K-Policing 전수와 치안 ODA 협력을 논의했다. 때로는 짧은 만남이었지만, 그 후속 효과는 놀라웠다. 본국 경찰기관에 한국과의 협력을 공식 요청하거나, 실무자 초청으로 이어지는 경우가 잇따랐다. 서울에서의 신뢰가 해외에서 확장되는 입체적 외교 모델이 완성된 것이다.

돌아보면, 다자회담은 전략의 큰 그림을 그리는 무대였다. 글로벌 의제를 선점하고, 한국 경찰을 제안국으로 자리매김시키는 공간이었다. 반면 양자회담은 그 그림에 생명을 불어넣는 붓이었다. 단 한 번의 악수, 단 한 마디의 약속이 수년간 풀리지 않던 문제를 해결하기도 했다.

나는 국제협력관 시절 늘 마음속에 새겼다.
"치안외교에서 가장 강력한 무기는 문서가 아니라, 사람의 신뢰다."

4 치안 ODA와 K-Policing - 외교의 진화

"현장을 밟는 순간, 전략은 숨을 쉰다."

치안외교는 회의실의 종이 위에서만 존재할 수 없다. 국경 너머의 거친 바람과 낯선 언어, 그리고 파트너 국가의 치안 현실 속에 뿌리 내려야 한다. 종이에 적힌 계획이 현장에서 실행되고, 사람과 사람 사이의 신뢰를 만들고, 삶을 바꾸는 변화를 이끌어낼 때 비로소 완성된다.

국제협력관 시절, 나는 치안 ODA와 K-Policing을 단순한 지원사업이나 이미지 홍보가 아닌 한국형 치안가치를 심는 '외교의 플랫폼'으로 만들고자 했다.

1) 몽골 디지털 포렌식랩 및 마약관리시스템 구축 - 기술이 신뢰가 되는 순간

2025년 6월 나는 몽골 치안 ODA 사업의 성과 점검을 위해 울란바토르를 방문했다. 이번 사업은 디지털 포렌식랩과 마약류 관리 시스템을 통합 구축하는 중장기 프로젝트였다. 몽골 경찰은 급증하는 사이버범죄에 대응하기 위한 디지털포렌식 기술에 많은 어려움을 겪고 있었고 아울러 마약 범죄 수사에 있어 체계적인 관리가 이루어지지 않은 상황이었다.

현장에 도착하여 낯선 사막 기후 속에서도 차곡차곡 성실하게 진행되고 있는 디지털포렌식랩 구축 사업과 전산화된 마약범죄 관리시스템 도입을 위한 기반 시설을 둘러보았다. 몽골 현지 경찰관계자들의 열띤 설명은 그들이 얼마나 이러한 시설을 그동안 원했는지를 미루어 짐작할 수 있었다.

몽골 경찰 고위 관계자는 “한국이 도와준 것은 단지 장비가 아니라, 수사의 방식 그 자체였다”고 말했다.

나는 이 자리에서 기술만이 아니라 운영시스템, 인력, 교육, 정책 등 통합형 치안모델의 중요성을 강조했고, 이후 협력 범위는 사이버수사, 데이터베이스 공유, 추적기법 훈련으로 확대되었다.

이 사례는 치안 ODA가 기술전수가 아닌 치안외교 플랫폼의 전략적 구현임을 증명해준 전환점이었다.

2) 우즈베키스탄 시뮬레이션 기반 경찰교육훈련시설 - 교육을 통한 공감 외교

우즈베키스탄과의 협력은 전혀 다른 양상으로 전개되었다. 이 국가는 치안 인프라보다 교육훈련 체계의 부재에 대한 절박함이 더 컸다. 우리는 시뮬레이션 기반 경찰교육훈련센터 구축이라는 새로운 유형의 ODA를 설계했다.

우즈베키스탄 경찰고위관계자와의 면담에서 경찰교육의 중요성을 절감하고 한국의 선진 경찰교육 시스템을 전수하게 된 것이 우즈벡키스탄 경찰의 큰 행운이라고 거듭 감사를 표하였다.

현지 경찰전문학교를 찾았을 때, 막 골조 공사가 끝난 훈련동 내부에는 미래에 펼쳐질 훈련 장면이 그려지는 듯했다. 범죄 현장을 그대로 재현한 모의훈련실, 시민과 함께 문제를 해결하는 공동체 경찰 시뮬레이션, 위기상황 대응 VR 프로그램까지… 그 모든 것에 한국 경찰의 ‘시민 중심 치안철학’이 스며 있었다. 이 시설에는 상황별 시뮬레이션, 범죄현장 재현, 공동체 경찰활동 모의훈련 등이 포함되었으며, 한국 경찰의 시민 중심 치안철학이 자연스럽게 녹아들었다.

치안 ODA는 장비보다 사람을 남기는 외교여야 한다. 이 훈련센터는 기술적 지원을 넘어 문화적 공감과 제도 전파를 실현한 대표 사례였다.

현지 경찰전문학교 공사현장에서 관계자로부터 설명을 듣고 있다

국제협력관으로서 나는 치안 ODA를 설계하고, K－Policing을 전파하는 일이 단순한 사업 집행이 아니라, 국가 브랜드와 치안 철학을 심는 외교라고 믿었다.

그 첫 번째 역할은 설계자다. 치안 ODA의 기획 단계에서 가장 중요한 것은 '우리가 주고 싶은 것'이 아니라 상대가 절실히 필요로 하는 것이었다.

몽골은 급증하는 사이버 범죄와 마약 확산에 시달리고 있었지만, 이를 분석·추적할 기술과 관리 시스템이 부족했다. 그래서 우리는 디지털 포렌식랩과 마약류 관리시스템을 통합 구축하는 중장기 프로젝트를 설계했다.

우즈베키스탄은 첨단 장비보다 경찰관의 '훈련'이 더 시급했다. 그래서 범죄현장을 재현하고 시뮬레이션 훈련이 가능한 교육훈련센터를 계획했다.

이 과정에서 나는 외교부, KOICA, 현지 공관, 파트너 국가 경찰 간의 이해관계를 조율하며 단계별 로드맵을 만들었다. 사업이 끝난 뒤에도 유지·확산될 수 있도록 제도화 방안과 후속 협력 채널까지 설계하는 것이 필수였다.

또한 조율자로서 현장에서는 예상치 못한 변수들이 늘 발생한다. 일정 지연, 인허가 문제, 언어와 문화의 차이 등은 단지 기술로는 해결되지 않는다. 나는 공관, 시공업체, 한국 경찰 전문가와 협의하여 유연하게 상황을 조율하며, 전략적 실현 가능성을 유지하려 애썼다.

그리고 대변자로서 현지 언론 인터뷰나 고위급 회담에서는 '왜 한국이 이 협력을 하는가'에 대한 명확한 메시지를 전해야 했다. 단순 원조가 아닌, 파트너십을 기반으로 한 치안공공외교임을 설명하고, 한국 경찰의 국제적 비전과 철학을 전달했다. 치안 ODA는 기술을 넘어, 관계와 철학을 심는 외교라는 것을 현장에서 또 한번 느꼈다.

몽골과 우즈베키스탄의 사례는 단지 치안 ODA 사업의 성공을 넘어, K-Policing이 치안외교의 중심 전략으로 작동할 수 있음을 보여준다.

치안 ODA는 끝이 아니라 시작이었다.

몽골과 우즈베키스탄의 프로젝트는 곧 K-Policing 전파의 교두보가 됐다. 두 나라의 경찰 최고위 관계자들은 모두, 자국 내 한국인의 안전 보장을 약속했다. 이는 시설 준공식의 악수보다 훨씬 강력한 외교적 성과였다. 기술과 시스템, 교육과 철학이 만나면 그것은 곧 재외국민보호라는 치안외교의 핵심 목표로 연결된다.

이 모든 과정에서 가장 큰 고민은 "한국 경찰의 치안가치를 어떻게 하면 현지 문화와 제도 속에 자연스럽게 스며들게 할 것인가"였다. 너무 강하게 주입하면 거부감을 산다. 너무 느슨하면 변화를 만들지 못한다.

그래서 나는 상대의 필요와 우리의 철학이 만나는 지점을 찾으려 했다. 치안 ODA는 사업이 아니라 대화였고, K-Policing 전파는 가르침이 아니라 함께 만드는 여정이었다.

5 사람을 보내는 외교 - 파견제도의 설계자

나는 국제협력관으로 부임하던 첫날부터 스스로에게 되물었다.

"지금 이 순간, 우리는 누구를 세계로 보내고 있는가?"

해외파견제도는 단지 제도의 문제가 아니었다. 사람을 보내는 일은 곧 국가를 대표할 '얼굴'을 설계하는 일이기 때문이다.

경찰주재관, INTERPOL 협력관, UNPKO 파견 경찰, 코리안 데스크 담당관 등 세계 곳곳에서 활동할 경찰 외교관들을 선발하고 교육하며, 이들이 현장에서 국가의 품격을 실현할 수 있도록 지원하는 일은 치안외교의 시작이자 완성이라 해도 과언이 아니었다.

해외파견은 단순한 인사 절차가 아니다. 그것은 국기를 접어서 가슴에 품고, 국가의 품격을 어깨에 메고, 한 사람을 세계의 현장으로 보내는 일이다. 파견된 경찰은 그곳에서 국가를 대표하는 얼굴이자, 현지 사회가 만나는 한국의 첫인상이다. 그래서 해외파견제도를 설계하는 일은 곧 사람을 만드는 일이고, 전략을 보내는 일이며, 국격을 파견하는 일이었다.

1) 전략적 인재를 파견하라 - 시스템은 사람에서 시작된다

해외파견제도는 오래전부터 존재했지만, 그 속을 들여다보면 형식은 있었어도 방향과 철학은 희미했다. 누가 나가야 하는지, 어떤 역량을 기반으로 임무를 수행해야 하는지, 그리고 귀임 후 그 경험이 어떻게 조직 전체의 자산으로 환류되어야 하는지에 대한 장기적 사고가 부족했다. 나는 그 빈틈에서 문제를 보았고, 동시에 기회를 보았다.

"제도는 종이 위에서 시작되지만, 외교는 사람 위에서 완성된다."

그래서 나는 해외파견제도를 단순한 인사 절차가 아닌 전략적 인력 운용 시스템으로 바꾸기로 했다.

① 선발 기준의 재설계 - '누가 나가는가'에서 '왜 그 사람이 나가는가'로

기존 기준은 어학능력과 경력부분이 중심이었다. 그러나 나는 그것만으로는 국제 현장에서 신뢰를 얻기 어렵다고 판단했다. 다음의 핵심 역량을 적극적으로 반영하고 평가하기로 했다.

- **언어 능력**: 단순 회화가 아닌 협상·설득·위기대응이 가능한 수준
- **직무 전문성**: 해당 분야에서 국제적으로 통용될 만한 수사·치안 역량
- **국제 감각**: 문화와 제도의 차이를 이해하고 유연하게 대응하는 능력
- **외교적 대응력**: 돌발 상황에서 국가의 입장을 품격 있게 대변할 수 있는 태도
- **국가대표 품격**: 모든 행동과 말이 '한국 경찰의 얼굴'로 평가받는 자리에서 요구되는 품위와 책임감

이 기준은 단순히 '조건을 충족하는 사람'을 찾는 것이 아니라, 미션의 본질에 맞는 전략형 인재를 찾아내는 필터였다.

② 미션 맞춤형 배치 – '현장 과제를 수행할 사람'을 보내다

과거에는 "갈 수 있는 사람"이 갔지만, 나는 "그 임무를 수행해야 하는 사람"이 가도록 했다.

예를 들어, 치안 ODA 프로젝트가 많은 국가에는 국제개발 경험과 프로젝트 관리 역량이 있는 인재를, INTERPOL 파견에는 글로벌 수사공조 경험이 풍부한 인재를 배치하려고 노력했다. 이 과정에서 파견자의 인재풀을 확보하고 개인별 전문분야·성과이력·국제협력 네트워크를 데이터베이스화 해서 지속적으로 활용할 수 있도록 하였다.

결국, 나는 깨달았다. "사람을 뽑는 게 아니라, 전략을 뽑는 것이다."

그렇게 선발된 인재는 단순한 '파견 직원'이 아니라, 국가 전략을 실행하는 살아 있는 플랫폼이 되었다.

③ 파견 지역의 전략적 확대 – 사건 대응에서 가치 확산으로

그동안 해외파견은 주로 사건·사고 다발 지역에 집중됐다. 이는 재외국민 보호와 범죄 대응 차원에서 당연한 선택이었다. 그러나 이제는 여기에 더해, 치안외교적 가치가 높은 지역으로의 확대가 필요하다.

먼저 가자 우선 고려되어야 할 지역은 동유럽 국가들이다. 러시아·중앙아시아와 접경한 전략적 요충지로, 마약·무기 밀매, 불법이민, 사이버범죄 등 초국경범죄의 주요 경유지로 의미가 있다. 이 지역 경찰과의 긴밀한 네트워크 구축은 한국의 유라시아 치안안보 벨트를 형성하는 초석이 될 수 있다.

다음은 북유럽지역 국가이다. 치안·경찰행정 선진국들이 밀집한 지역으로, 공동체 경찰활동·디지털 치안·환경 범죄 대응 등 미래 치안정책의 벤치마킹이 가능한 국가라는 중요성이 있다. 북유럽 경찰기관과의 제도·기술 협력은 한국 경찰의 K–Policing 고도화와 국제 표준화 작업에 직결된다.

이처럼 파견지역의 전략적 확대는 '사건 대응형'에서 '가치 확산형'으로의 전환이며, 이는 한국 경찰이 글로벌 규범을 만들어가는 리더십을 확보하는 필수 과정이다.

2) 교육은 철학이다 - 파견자 육성체계의 제도화

나는 경찰인재개발원과 협력하여 '해외파견 예정자 사전교육과정'을 신설하였다. 이 교육은 단지 형식적 연수가 아니었다.

외교 관례, 국제기구 운영방식, 문화 이해, 글로벌 이슈, 현장 적응력, 위기관리, K-Policing 전략 등 현장에서 진짜 필요한 내용을 담기 위해 조직내외 전문가를 초빙하고, 현직 파견자들과의 멘토링 시스템도 병행하였다.

이 과정은 그 자체로 '작은 치안외교 학교'의 역할을 할 수 있도록 설계하였다. 나는 이곳에서 파견 예정자들이 한국을 대표하는 국제 외교관으로 거듭나는 모습을 보며, 교육이 곧 전략이라는 신념을 더욱 확고히 했다.

3) 파견 이후가 더 중요하다 - 지속 가능한 관리체계

파견은 시작에 불과하다. 더 중요한 것은 그 이후의 운영과 성과 관리였다. 나는 파견자들이 현장에서 외롭지 않도록 정기 보고 체계와 화상 간담회 시스템을 마련했고, 국가별 치안 현안이나 외교적 상황이 급변할 때는 즉시 소통하여 중앙의 전략 방향과 현장의 실행이 단절되지 않도록 설계하였다.

귀임 이후에도 파견 경험이 일회성으로 끝나지 않도록, 경력관리 반영, 우수사례 성과 공유, 재파견 기회 부여 등 순환형 경로 관리체계를 제안하고 운영하였다.

이러한 일련의 제도는 해외파견자들이 소모성 자원이 아니라, 경험이 누적된 '글로벌 치안외교 전문가'로 성장할 수 있도록 돕는 시스템이었다.

4) 플랫폼으로서의 인력관리 - 치안외교의 본체

해외파견자는 단지 기능 수행자가 아니다. 그들은 K-Policing, 치안 ODA, 국제공조의 전초기지이며, 한국 경찰의 철학과 신뢰를 직접 몸으로 구현하는 치안외교의 핵심 플랫폼이다. 나는 이 모든 제도를 하나의 시스템으로 통합하고자 했다.

'치안외교 인재 풀(Pool)'을 구성하고, 선발-교육-파견-성과관리까지 이어지는 플랫폼화된 인력관리 체계는 국제협력 행정의 혁신이자, 한국 경찰의 국제화 전략의 중심축이 되는 핵심요소라고 생각했기 때문이다.

국제협력관으로 재임하는 동안, 해외 파견제도의 운영만이 아니라 그 제도의 미래를 떠받칠 사람들을 양성하는 일에 집중하고자 했다.

단발적 파견이 아니라, 지속 가능한 국가 치안외교 자원을 구축하려면 체계적인 교육이 반드시 필요하다고 판단했다. 그래서 경찰청과 경찰인재개발원 간 협의를 통해 '해외파견자 양성과정'[5]을 별도 과정으로 신설하고, 국제기구 진출, 주재관·협력관 파견, 치안 ODA 사업 등에 투입될 수 있는 전문 인력군을 체계적으로 육성하는 기반을 마련하고자 하였다. 이 프로그램은 단지 이론 교육이 아니라, ▲언어 및 국제 커뮤니케이션 ▲국제법 및 치안외교 사례 ▲INTERPOL·UN·KOICA 등 기관별 실무 대응법 등을 통합하여 구성하고자 했으며, 이는 경찰청 최초의 '치안외교 인재양성 로드맵'으로 자리잡도록 집중했다.

결국 해외파견제도의 핵심은 '사람'이다.

경찰주재관이든, INTERPOL·국제기구 협력관이든, 그들이 현지에 도착하는 순간 한국이라는 국가는 그들의 언어와 행동, 선택과 성과로 평가받는다. 한 사람의 품격과 역량이 곧 국가의 외교 자산이 된다.

나는 국제협력관으로 있으면서, 해외파견을 단순한 인사 제도가 아니라 국가 치안외교의 전략적 무기로 다루어야 한다는 확신을 가졌다. 선발에서 교육, 파견, 그리고 귀임 이후까지 이어지는 전 생애주기 관리는 그 자체로 하나의 외교 플랫폼이었다.

이제 해외파견의 방향은 분명하다.

위기 대응이 필요한 지역에 인력을 보내는 것을 넘어, 치안외교적 가치를 창출할 수 있는 국가와 기구로의 전략적 확대가 필요하다. 동유럽의 초국경범죄 대응 거점, 북유럽의 미래지향 치안모델 협력지대, 그리고 국제 규범을 설계하는 국제기구의 본부까지—그곳에서 우리는 단순한 참여자가 아니라 의제를 주도하는 제안자가 되어야 한다.

사람을 보내는 외교는 곧 전략을 보내는 외교다. 그리고 그 전략은 결국, 사람의 눈빛과 손길, 말 한마디에서 살아난다.

나는 그들이 현장에서 당당하게 국기를 세우고, 세계 속에 한국 경찰의 이

5) 2025. 6월 경찰인재개발원에서 처음 시작하였으며 이 과정을 수료하면 미래에 해외파견 지원에 인센티브를 줄 수 있도록 설계하였다.

름을 새길 수 있도록 제도를 설계하고, 길을 닦는 일을 나의 소임으로 삼았다.

그 길 위에서, 파견제도는 더 이상 인사행정의 한 항목이 아니라 국격을 구축하는 외교 자산이 된다고 믿었다.

6 관계를 제도화하다: 국제기구 및 각국과의 MOU 체결

국제 협력의 세계에서 신뢰는 말보다 문서로 남아야 지속된다. 치안외교 역시 예외는 아니다. 한국 경찰이 세계 각국의 경찰기관 및 국제기구와 체결하는 양해각서(MOU)는 단순한 의향 표명이 아니라, 국가 간 협력 의지를 제도화하고 실행력 있는 외교 관계로 발전시키는 핵심 수단으로 기능한다.

경찰청은 1996년 중국 공안부와 치안협력 MOU를 최초 체결한 이래 30개국 외국경찰기관과 MOU를 체결하였다.[6] 외국경찰기관과의 MOU체결은 치안협력의 제도적 기반으로서 실질적 국제공조 및 교류협력 확대의 바탕이 되었으며 경찰청은 ▲도피사범 검거·송환 ▲국제협력사업(ODA) ▲지역별 거점국가 등 현안을 중심으로 MOU 대상국을 선정하고 체결을 확대하고 있다. 2023년에는 캐나다·에콰도르, 2024년에는 앙골라·IACP(국제경찰장협회) 등 치안협력 필요성이 높은 국가·기관과 MOU를 체결하고 2025년에는 베트남·말레이시아·라오스 등 초국경범죄 척결을 위한 경찰협력 핵심국가와 MOU체결을 준비중이다.

경찰청은 아시아 지역에 편중된 체결국에서 나아가 미주·유럽 및 아프리카 등 다양한 국가의 경찰기관과 치안협력 MOU 체결을 추진하여 치안외교의 기반을 확대해 나가고 있다.

6) 경찰청 국제협력관실 참고자료

경찰청 치안협력 MOU 체결 현황(2025년 기준)[7]

구분	계	아시아	중동	유럽	미주	태평양	아프리카	기타
체결 기관	31개 기관	중국 일본 몽골 인니 베트남 태국 필리핀 싱가포르 캄보디아 홍콩 우즈벡 인도 키르기스	카타르 UAE 사우디	러시아 이탈리아 튀르키예 크로아티아	멕시코 과테말라 미국 온두라스 코스타리카 캐나다 에콰도르	호주 뉴질랜드	앙골라	IACP

저자는 국제협력관 재직 시절, 여러 국가 및 기관과의 MOU 체결을 주도하면서 이 문서 하나가 얼마나 많은 외교적 의미를 내포하고 있는지를 실감할 수 있었다. 특히 2025년 5월, 오스트리아 빈 유엔본부에서 체결된 UNODC(유엔마약범죄사무소)와의 협약은 한국 경찰 역사상 처음으로 이뤄진 유엔 기구와의 공식 파트너십이었고, 치안외교의 외연을 획기적으로 확장시킨 사례로 남았다.

이 협약은 UNODC와 동남아 지역 인신매매·마약 등 초국경 범죄 대응을 위한 양 기관 간 협력관계를 최초로 공식화한 것으로 초국경 조직범죄·마약범죄·사이버범죄·테러리즘·인신매매 등 다양한 분야에서의 양 기관 간 포괄적 협력 강화를 추진하겠다는 내용을 담고 있다.[8] 단지 의향을 주고받는 수준을 넘어, 한국 경찰이 국제 범죄 대응의 설계자로 나아가는 상징적 선언이었다.

7) 경찰청 국제협력관실 참고자료
8) 「경찰청, 유엔 마약·범죄 사무소와 동남아 지역 초국경 범죄 공동 대응한다.(2025.5.23.)」 題下 연합뉴스 등 언론보도 13건

경찰청 – UNODC 업무협약 체결…초국경 조직범죄 공동대응

이준형 경찰청 국제협력관(INTERPOL 대한민국 국가중앙사무국장)과 캔디스 웰치 유엔 마약·범죄사무소(UNODC) 정책분석홍보국장이 동남아 지역에서 발생하고 있는 초국경 조직범죄에 협력하는 내용의 업무협약(MOU)을 체결하고 있다(경찰청 제공).

MOU는 이러한 외교적 의미 외에도 협력의 지속 가능성과 정책 연속성을 보장하는 실질적 장치로 작동한다. 문서에 명시된 조항은 협력 내용과 이행 주체를 분명히 하고, 당사자 간의 책임을 제도적으로 분배함으로써 협력이 인사나 상황 변화에 흔들리지 않도록 구조화해 준다.

또한 MOU는 연수, 장비 지원, 공조 수사, 기술 협력 등 다양한 치안외교 프로그램의 진입로로 기능하며, K–Policing, 치안 ODA, 국제공조 등 주요 전략 플랫폼을 실질적으로 연계하는 기반이 되기도 한다.

특히 국제기구와의 MOU는 한국 경찰이 단순한 협력 수혜자를 넘어, 규범을 함께 설계하고 이행하는 주체로 자리매김하는 계기를 만들어 준다. UNODC와의 협약 이후 우리는 국제범죄 정보 분석, 정책 기획, 공동 훈련 등 다층적인 실무 협력을 이어가며, 규범 형성자로서의 책임과 위상을 동시에 확보해 나갔다.

국제치안 분야에서 MOU는 외교부의 조약이나 국방부의 군사협정과는 또 다른 실용적 외교의 도구로, 경찰 조직의 기능 외교(Function Diplomacy)와 공공외교(Public Diplomacy)를 실현하는 대표적 수단으로 자리 잡고 있다.

그러한 맥락에서 MOU 체결식은 단순한 행정 절차가 아닌, 언론 보도와 대외 홍보, 파트너십 형성의 계기로도 적극 활용되며, 치안외교의 외연을 넓히는 중요한 장면이 된다. 경찰 조직 내부의 전략 수립에도 영향을 미치며, 협력 파트너 국가의 요청이나 공동 프로젝트 발굴 시에도 '서명된 관계'는 강력한 근거로 작용한다.

결국 MOU는 작은 서명이 만들어내는 거대한 외교의 시작점이다. 서류 한 장에 담긴 문장들이 실제 현장의 협력으로 이어지고, 전략의 실행 기반이 되며, 나아가 한국 경찰이 국제사회의 규범 형성에 참여하는 문을 여는 열쇠가 된다. 신뢰는 문서로 증명되고, 외교는 제도로 지속된다. 그런 점에서 치안외교에서 MOU는 말보다 강한 외교의 언어이며, 전략보다 앞선 실천의 구조라 할 수 있다.

7 공간을 바꾸니, 인식이 바뀌었다 – 'GLOBAL HUB OF POLICING DIPLOMACY'로 다시 태어나다

국제협력관으로 부임하고 얼마 지나지 않아, 나는 매일 출근하며 마주하게 되는 국제협력관실 입구 풍경이 무언가 아쉽고 답답하게 느껴졌다. 그곳은 경찰청에서 전 세계 경찰과의 협력과 교류를 총괄하는 공간, 그야말로 한국 경찰의 국제외교가 시작되는 전략 본부였지만 겉모습은 여전히 '외사국 사무실'의 틀에서 벗어나지 못한 듯 보였다. 이곳이 대한민국 치안외교의 컨트롤타워임을 알릴 그 무엇도 없었다.

나는 생각했다.

"치안외교를 세계에 말하기 전에, 먼저 우리 조직 안에서 그 상징성을 보여줘야 한다."

그래서 공간에 가치를 입히는 작업을 시작했다.

국제협력관실의 상징성과 존재감을 공간 자체에 담아내는 리모델링을 시작하자. 단순한 인테리어 변경이 아니었다.

우리가 무엇을 위해 이 공간에 모이고, 무엇을 세계에 전달하고 있는지를 말해주는 상징 만들기였다. 출입문 위에는 새로운 슬로건을 걸었다.

"GLOBAL HUB OF POLICING DIPLOMACY"

세계 치안외교의 허브, 대한민국 경찰청 국제협력관실.

슬로건 하단 벽면에는 대한민국 경찰의 상징 엠블럼과 함께 세계 주요 경찰기관의 로고와 다자간 협력 현장 사진들을 함께 배치해 '세계로 뻗어나가는 한국 경찰 외교의 좌표'를 시각적으로 구현했다. 국제협력관실 복도에는 디지털 사이니지를 통해 INTERPOL, ASEANAPOL, 한중일 협의체, KOICA 연계 활동 등 치안외교의 다양한 플랫폼이 순환 영상으로 소개되도록 했다.

그 사진 한 장, 입구 벽에 새겨진 그 슬로건 한 줄이 치안외교가 단순한 교류가 아니라 국가의 신뢰를 형성하는 전략행위임을 설명해 주는 상징물이 된 셈이다. 돌이켜 보면, 공간은 조직의 철학을 담는 그릇이다.

국제협력관으로서 나는 늘 생각했다.

"외교란 보여주는 것만이 아니라, 보이도록 설계하는 것이다."

조직의 철학과 사명을 시각화하고 글로벌 치안리더십의 출발점이 되는 이 공간은 단지 사무실이 아닌, 대한민국 치안외교를 상징하는 곳이다. 결국 공간은 조직의 철학을 담는 그릇이다. 국제협력관실은 더 이상 '국제업무 부서'가 아니라, 한국 경찰이 세계와 만나 규범을 논의하고, 신뢰를 설계하고, 행동을 연결하는 심장으로 다시 태어났다.

그 문을 들어서는 모든 이들이, 이곳이 단지 '국제협력관 사무실'이 아닌 전 세계를 향한 치안외교의 심장임을 느끼기를 바란다.

8 치안외교의 설계자로 남다 - 국제협력관의 전략적 책무

1) 국제협력관, 치안외교의 건축가

국제협력관의 시간은 외부에서 보기에 화려하지 않다. 매일같이 이어지는 회의 준비, 수십 통의 공문 교환, 해외 경찰기관과의 교섭, 국제기구와의 실무 조율은 언론에 비칠 일도, 화려한 조명을 받을 일도 없었다. 그러나 나는 알았다. 바로 그 소박하고 치열한 일상에서 대한민국 경찰의 국제적 위상이 차곡차곡 세워지고 있었다는 것을.

국제협력관은 단순한 국제행사 집행자가 아니다. 그는 한국 경찰의 얼굴을 디자인하고, 경찰외교의 지평을 넓히는 설계자이자 건축가였다. 내가 서명한 협약 한 줄, 내가 기획한 의제 하나, 내가 조율한 회의 절차 하나가 곧 한국 경찰의 외교적 신뢰로 남았다.

나는 국제협력관으로 일하면서 한 가지를 확신하게 되었다. 치안외교의 본질은 기술이나 제도가 아니라 신뢰라는 사실이었다. 회의장의 연설보다 더 강력한 것은, 같은 문제를 두고 꾸준히 만나고 설득하며 끝내 손을 잡는 과정이었다.

UNODC와의 협력 체결은 그 대표적 사례였다. 단순히 '협약서'에 서명하는 행위가 아니라, 한국 경찰이 국제 범죄 대응에서 규범의 수용자에서 제안자로 전환되는 순간이었다. 한-아세안 치안협력포럼, 한중일 경찰협력회의, IPS와 같은 다자 무대 또한 의례적 행사가 아니라 한국 경찰이 전략적 의제를 제안하고 국제적 공감대를 형성하는 플랫폼으로 진화했다. 신뢰는 하루 만에 쌓이지 않는다. 반복된 제안, 진심 어린 파트너십, 끈질긴 설득 속에서만 형성된다.

2) 양날개로 비상하는 체계

국제협력관의 핵심은 국제협력담당관과 국제공조담당관이라는 두 개의 기능 축을 통해 움직인다. 전자는 경찰 파견과 외국 경찰 초청, 국제 포럼 운영, 치안 ODA의 집행 등을 통해 전략적 파트너십과 공공외교의 통로를 확장하고, 후자는 INTERPOL, 유엔 등과의 협력, 해외도피사범 추적, 초국경범죄 대응을 통해 형사사법 공조의 정밀한 기제를 작동시킨다. 이 둘은 방향은 달라도, 결국은 대한민국의 치안외교라는 동일한 비행을 위한 양날개의 역할을 수행한다.

나는 그 중앙에서 언제나 치안외교의 전략을 기획하고, 제도를 설계하며, 사람을 연결하는 컨트롤타워로서의 책임을 다하고자 했다. 국제 무대에 서 있는 한국 경찰의 얼굴이 흐릿해지지 않도록, 그들의 활동이 전략과 철학 안에서 지속 가능하도록 조율하는 일은 단순한 외사 행정이 아니라, 국가 브랜드를 설계하는 외교 활동이었다.

3) 미래 세대에게 건네는 언어 - 경찰대학 특강

국제협력관으로서의 여정은 전략을 기획하고 협력을 설계하는 실무의 연속이었지만, 어느 날은 문득 '이 길이 어디를 향하고 있는가'를 되묻게 되는 순간이 있다.

나는 국제협력관으로 수많은 일을 하면서 기억에 남는 또 꼭 하고 싶었던 일이 두 가지가 있었다.

먼저 치안외교의 내용을 미래의 경찰세대에게 알리는 일이었다. 치안외교를 고민하고 설계하면서 이제 대외적으로 나의 포부와 계획을 알려야겠다고 결심하고 있었다. 그래서 경찰대학에서 미래의 치안주역을 대상으로 치안외교를 주제로 특강을 맡게 되었다. 단순한 강의가 아니었다. 치안외교의 이론과 정책이, 실무자의 경험과 철학이, 그리고 미래 세대의 꿈이 한자리에 교차하는 무대였다.

국제협력관으로 일하며 수많은 회의와 파견, 전략기획의 자리를 거쳤지만, 경찰대학 강단에 서는 순간만큼은 사뭇 다른 긴장감이 감돌았다. 그날 나는 단지 하나의 강의를 하러 간 것이 아니었다. 나의 경험을 통해 정립해 온 치안외교라는 개념을 처음으로 제도권 교육을 통해 소개하는 자리, 즉 미래 세대에게 처음 그 언어를 건네는 순간이었다.

강의실에는 대한민국의 미래 경찰 리더들이 앉아 있었다. 나는 단순히 국제협력이 무엇인지 설명하는 것이 아니라, 국제 무대에서 경찰이 수행해야 할 공공외교의 사명, 그리고 대한민국 경찰이 '세계 경찰의 파트너'로서 서야 할 이유를 이야기했다.

"치안외교란 단순한 협력의 기술이 아닙니다.

그것은 신뢰의 언어이고, 대한민국 경찰이 세계와 나누는 철학입니다."

나는 국제협력관으로서 수년간 직접 기획한 포럼, 파견제도, K-Policing, 치안 ODA의 흐름이 어떻게 하나의 전략적 플랫폼으로 작동하는지를 설명하며, 이를 실현해 나갈 주역이 바로 강단 아래의 학생들이라는 사실을 강조했다.

이 강의는 단순한 지식의 전달이 아니라, 경찰 외교의 시대를 여는 첫 목소리였다. 나에게도, 그들에게도 이 자리는 한 권의 책보다, 한 편의 보고서보다 훨씬 더 강력한 치안외교의 출발선이었다.

강연을 마친 후, 한 학생이 조용히 말했다.

"경찰이 외교를 한다는 생각에 너무 신선했고 경찰에서 꼭 하고 싶었던 일을 찾은 것 같아 너무 감사합니다."

그 말 한 마디에, 나는 그동안의 노력들이 누군가에게 방향을 제시했다는 확신을 얻었다. 치안외교의 실천은, 제도보다 사람에게서 시작된다는 깨달음이었다.

저자가 경찰대학에서 경찰대학생 경위공채후보자들을 대상으로 특강을 하고 있다

4) 새로운 시대의 선언 - 치안외교 원년 선포식

2025년, 나는 경찰청 국제협력관으로서 또 하나의 상징적인 기획을 추진했다. 바로 '치안외교 원년 선포식'이다. 이 행사는 단지 하나의 캘린더 이벤트가 아니었다. 경찰의 치안외교의 시대가 본격적으로 개막되었음을 내부적으로 공유하고, 대외적으로 선언하는 자리였다.

행사의 중심에는 한 가지 메시지가 있었다:

"치안외교는 이제 선택이 아닌 필수이며, 한국 경찰의 새로운 정체성이다."

나의 메시지는 명확하고 담대했다.

"이제 대한민국 경찰은 글로벌 파트너로서의 사명을 가지고, 전 세계 시민의 안전에 기여할 것입니다."

이 선언은 곧, 그간 흩어져 있던 다양한 국제협력 활동들을 하나의 전략적 틀로 엮어내겠다는 내부 정책 전환의 상징이자, 한국 경찰이 '협력의 수신자'에서 '규범 제안자'로 도약하겠다는 대외적 외교 선언이었다.

이 선포식은 치안외교라는 개념은 정책과 조직, 교육, 인사, 예산 등 실질적 운영체계 속에 보다 명문화되고 구체화되는 기반의 시작점이었다.

경찰대학 특강은 치안외교가 처음으로 미래의 주역들에게 전해진 상징적 출발점이었고, 치안외교 원년 선포식은 그것이 공식적, 국제적 언어로 천명된 상징적 분기점이었다.

저자가 치안외교 원년을 선포하면서 특강을 진행하고 있다

5) 출발선에 남긴 흔적

돌이켜보면 경찰대학 특강과 치안외교 원년 선포식은 서로 다른 장소, 다른 청중을 대상으로 했지만 모두 출발선이었다. 하나는 미래 세대에게 건넨 출발선이었고, 다른 하나는 조직내외부에 천명한 출발선이었다.

국제협력관의 사명은 단순히 협정을 맺고 제도를 설계하는 데 있지 않다. 그것은 새로운 외교 문화를 만드는 일이며, 정책과 조직, 사람들의 마음에 그 문화를 뿌리내리게 하는 것이다. 이 두 장면은 나에게 한 가지 사실을 확실히 일깨워주었다.

국제협력관의 사명은 단순히 제도를 설계하고 협정을 맺는 데 있지 않다. 그것은 새로운 외교 문화를 만들고, 그것이 정책과 조직, 그리고 사람들의 마음속에 깊이 뿌리내리게 하는 것이다.

나는 그 순간을 '출발선'이라 부른다.

문화적 출발선, 정책적 출발선. 그리고 그것이야말로 내가 떠나고도 남을, 진정한 설계자의 흔적이라고 믿는다.

제 4 절 INTERPOL 국가중앙사무국장(HNCB)으로 세계를

서론 - 세계를 잇는 문 앞에 서다

경찰 외사·국제협력 분야에서 오랜 시간을 보내온 나에게도, "INTERPOL 국가중앙사무국장(Head of NCB SEOUL)"이라는 직책은 남다른 울림으로 다가왔다. 그 자리는 단순한 국제부서의 책임자가 아니었다. 196개국이 하나의 네트워크로 연결된 세계 최대 형사사법 협력 플랫폼—INTERPOL에서 대한민국을 대표하는 자리, 곧 글로벌 치안외교의 심장에서 뛰는 맥박이었다.

NCB 서울은 단순한 연락창구가 아니다. 국경을 넘어 흐르는 범죄정보가 모이고 흘러가는 교차로이며, 국제형사공조의 시작과 끝을 동시에 조율하는 국가의 전초기지다. 그 수장인 HNCB는 법 집행과 외교의 경계에서 주권과 협력을 절묘하게 조율하는 형사외교의 지휘자였다.

나는 부임 첫날, 스스로에게 질문을 던졌다.

▲국제형사공조는 어떻게 단순한 대응이 아니라 전략이 될 수 있을까? ▲범죄정보의 흐름 속에서 우리는 어떤 신뢰를 구축해야 하는가? ▲한국 경찰은 이 거대한 네트워크 속에서 단순히 수신자에 머물 것인가, 아니면 새로운 규범과 흐름을 만들어내는 발신자가 될 것인가?

이 질문들은 곧 나의 임무가 되었다. 책상 위 한쪽에는 해외도피사범 송환 요청과 INTERPOL 수배 청구 문건이, 다른 한쪽에는 사이버범죄 공동대응 전략안과 INTERPOL 총회 유치 계획서가 함께 놓여 있었다. 하루는 범죄자를 추적하는 수사공조 책임자, 다른 하루는 국제회의장에서 전략을 설계하는 외교관으로 살아야 했다.

그 자리에서 나는 깨달았다. INTERPOL 국가중앙사무국장의 일은 단순히 범죄자를 잡는 일이 아니었다. 그것은 국가의 신뢰를 설계하고, 국제 무대에서 한국 경찰의 얼굴을 그려내는 치안외교의 실천이었다.

이 절에서는 내가 그 직책에서 직접 경험한 국제형사공조의 현장, INTERPOL 총회 유치라는 국가적 프로젝트, 국제무대에서의 전략적 발언과 협상 과정, 그리고 국경을 넘어 쌓아 올린 신뢰의 순간들을 나누고자 한다. 그 이야기를 통해, 치안외교가 종이 위의 개념이 아니라 정보와 관계, 전략과 신뢰 위에 세워지는 살아 있는 외교 행위임을 함께 살펴보고자 한다.

1 미래를 말하는 경찰 – 제1회 INTERPOL 미래치안회의 개최기

2024년 10월, 대한민국 인천 송도에서는 INTERPOL 역사상 최초로 '미래'를 주제로 한 국제회의, 제1회 INTERPOL 미래치안회의(INTERPOL Global Policing Futures Conference)가 개최되었다. 나는 당시 INTERPOL 국가중앙사무국장(HNCB)으로서 이 회의를 직접 기획하고 주도하였다.

이 회의는 단순히 또 하나의 국제행사가 아니었다. 그것은 전 세계 경찰이 머리를 맞대고 미래의 위협을 정의하고, 대응 전략을 그리는 역사적 자리였다. 그리고 그 중심에 한국 경찰이 있었다는 사실 자체가 이미 치안외교의 새로운 장을 열고 있었다. 이제 우리는 사건 발생 후 움직이는 '수신자'가 아니라, 국제 규범과 의제를 제안하는 '발신자'로 나아가고 있었다.

준비 과정과 전략적 설계

2024년 1월, INTERPOL 사무총국은 경찰청에 '미래치안'을 주제로 한 국제회의를 공동 개최하자는 제안을 해왔다. 당시 나는 국제치안산업대전(KPEX), 사이버범죄 대응 심포지엄 등과의 연계를 검토하며 INTERPOL 본부, 각 기능 부서와 긴밀히 협의했고, 그 결과 KPEX와의 연계 개최를 확정지었다.

행사의 성공을 위해 철저한 준비가 이뤄졌다. 참석자 비자 발급, 공항 영접, 숙소 예약은 물론이고, 고위 인사 축사 섭외, 회의장 설계, 통역, 의전 등 전방위적 외교 역량이 총동원되었다. 이는 단순한 국제행사 준비가 아니라, 한국 경찰의 치안외교 컨트롤타워로서의 실력을 세계에 증명하는 과정이었다.

회의의 전개와 핵심 성과

2024년 10월 23일, 개회식과 함께 회의의 막이 올랐다. INTERPOL 사무총장 위르겐 스톡, 38개국 고위 경찰대표단, 국제기구 관계자 등이 참석하여 성대하게 개막하였다. 경찰청장, INTERPOL 총재, 행정안전부 장관, 반기문 前 UN사무총장 등 국내외 인사들의 축사로 회의의 권위를 더했다.

회의는 '경찰기관이 마주하게 될 미래 위기와 선도적 치안전략'이라는 주제를 중심으로 2일간 진행되었고, 글로벌 메가트렌드, 디지털 전환, 딥페이크 성범죄, 미래 수사기법 등 현안이 집중적으로 논의되었다.

나는 개회사에서 다음과 같이 선언했다.

"경찰은 더 이상 과거의 정보를 수집하는 조직이 아닙니다. 우리는 미래의 질서를 설계하는 전략적 행위자입니다. 이 회의가 그 미래를 말하는 첫 번째 경찰 회의가 되기를 바랍니다."

회의에서 경찰청은 딥페이크 성범죄 대응 전략을 발표했다. 이 발표는 기술 기반의 탐지·차단 시스템, 수사사례, 국제공조 프레임워크를 종합적으로 담아냈으며, 여러 국가로부터 모범사례로 언급되며 높은 평가를 받았다.

저자가 회의 첫날 개회식에서 환영인사를 하고 있다

외교의 장으로서 미래치안회의

이번 회의는 회의장을 넘어 국제외교의 무대로도 기능했다. INTERPOL 사무총장, 몽골 경찰청장, 홍콩 부처장, 독일 대표단 등과 고위급 양자회담을 연속적으로 진행했다. 회담에서는 공조수사 확대, 사이버범죄 대응 협력, 집행위원 선거 협조 등이 논의되었고, 국제협력관으로서의 외교 실무와 전략의 정점이 구현된 자리였다.

특히 독일 NCB와의 회담에서는 집행위원 선거 상호지원이라는 신뢰의 합의가 도출되었고, 이는 향후 유럽권 국제 네트워크 확대의 기폭제가 되었다.

치안산업 연계와 K-Policing 외교

이번 회의는 국제치안산업대전(KPEX)와 연계 개최되며 외교적 파급력을 극대화했다. 방한한 각국 경찰 대표단은 한국의 치안 기술, 산업 전시, 정책 보고서에 큰 관심을 보였고, K−Policing 수출의 기반을 넓히는 데 크게 기여했다.

이는 단순한 학술교류를 넘어 기술 외교·공공외교·산업 외교가 결합된 새로운 형태의 치안외교 플랫폼이었다.

후속 성과와 영향력 확장

제1회 INTERPOL 미래치안회의는 단순한 이벤트가 아니었다. 그것은 치안외교의 패러다임을 미래 중심으로 전환시킨 첫 번째 국제회의였으며, 한국 경찰이 단지 정보 수용자가 아닌 국제 규범 설계자, 외교적 의제 제안자로 거듭났음을 알리는 상징적 사건이었다.

이 회의 이후 INTERPOL 사무총국은 향후 회의의 정례화를 제안했고, 한국 경찰은 '미래치안'이라는 의제 영역에서 글로벌 리더십을 확보하는 계기를 마련했다. 이 회의는 나에게도 상징적인 이정표였다.

단지 회의를 주최한 것이 아니라, 국제경찰협력의 방향성을 제시한 치안외교의 진화된 모델을 보여준 자리였다.

회의가 끝난 뒤, 가장 먼저 나타난 변화는 INTERPOL 본부의 인식 변화였다. 과거 한국 경찰은 우수한 수사협력국이었지만, 국제규범 형성 논의에서는 다소 후발 주자라는 인식이 존재했다. 그러나 이번 회의는 한국이 '국제 의제를 제안하고 설계할 수 있는 국가'라는 이미지를 각인시켰다.

회의와 KPEX 연계 개최는 K-Policing 수출 기반을 구체화했다. 각국 대표단은 K-스마트치안 기술, 디지털 포렌식 장비, CCTV 분석 시스템, 범죄예방 빅데이터 플랫폼 등에 강한 관심을 표명했고, 일부 국가는 구매·도입 협의를 현장에서 바로 시작했다.

이 과정에서 나는 단순히 기술을 '파는' 것이 아니라, 기술 속에 담긴 한국형 치안철학과 운영 모델을 함께 전파하는 외교를 실감했다.

2 INTERPOL 총회 한국 유치전 - 보이지 않는 외교의 치열함

2024년 11월, 영국 글래스고에서 열린 제92회 INTERPOL 총회는 대한민국 경찰청에게 있어 단순한 행사 참여가 아닌, 치안외교의 성패가 걸린 국제 무대였다.

INTERPOL 총회는 세계 196개 회원국의 경찰대표들이 한자리에 모이는 가장 권위 있는 국제 형사사법 회의다.

이 자리에서 새로운 수사기법이 국제규범이 되고 글로벌 치안 전략이 합의되고 각국의 리더십이 교차된다.

즉, 총회를 유치한다는 것은 단지 손님을 맞이한다는 것이 아니라, 세계 경찰의 미래 설계를 주도하는 '무대'를 확보한다는 의미였다. 나는 당시 INTERPOL 국가중앙사무국장(HNCB)이자 대한민국 대표단의 단장으로서, 이 총회를 '정책과 외교의 격전지'로 바라보았다.

이 총회에서는 두 가지 중대한 과제가 걸려 있었다. 첫째, 대한민국의 2029년 제97차 INTERPOL 총회 유치 여부가 결정되는 자리였고, 둘째, 경찰청 고위 간부의 집행위원 선거 출마가 예정되어 있었다. 이 두 사안은 한국 경찰의 국제적 위상 강화와 전략적 외교력 실현을 위한 핵심 과제였다.

치밀한 준비, 외교의 설계

경찰청은 1년 전부터 총회를 대비한 유치 전략을 가동했다. 국제협력관 중심의 전담팀은 전 세계 196개 INTERPOL 회원국에 지지요청 전문을 발송하고, 미국·튀르키예 등 주요국과는 화상회의를 통한 개별 접촉을 병행했다. 외교부, 경찰주재관, INTERPOL 협력관 등의 대외채널을 총동원하여, 주한 외교공관과 재외공관을 통한 지원 활동도 추진되었다.

또한, 경찰청이 주최한 INTERPOL 미래치안회의, 국제치안산업대전(KPEX) 등의 국제행사는 유치 홍보의 전략적 창구로 활용되었다. 이러한 전방위적 외교 활동은 단순한 요청이 아니라, "우리는 이미 준비가 되어 있다"는 메시지를 현장에서 증명하는 설득의 과정이었다.

현장 외교의 작동 – INTERPOL 총회장에서의 활동

총회가 열리기 전날부터 우리 대표단은 총력을 다해 움직였다. INTERPOL 총재와의 회담, UAE·독일·필리핀·아르헨티나·태국 등과의 양자회담, INTERPOL 사무차장들과의 고위급 네트워킹이 연일 이어졌다. 각국의 협력 요청에 응답하고, 한국의 공조모델과 사이버 대응 역량을 적극 홍보하는 것이 우리의 전략이었다.

특히 브라질, 프랑스, 레바논, 미국 등 주요국과의 회담에서는 구체적인 협력 어젠다가 논의되었으며, 사이버 성범죄 대응 공동펀딩 추진, 마약·테러 대응 플랫폼 구축, 경찰 ODA 협력 확대 등 실질적 안건들이 도출되었다. 이는 한국 경찰이 단순 참여국이 아니라 제안국으로서의 위치를 차츰 공고히 해나가고 있음을 보여주는 장면이었다.

2024년 11월 4일부터 시작된 글래스고 총회

전 세계 175개국, 800여 명의 경찰 대표단이 한자리에 모였다. 백파이프 연주로 개회식이 시작됐고, 순직 경찰관을 위한 전 세계 경찰의 묵념이 이어졌다.

그 순간, 인종과 언어를 넘어선 공공안전이라는 공동 신념이 느껴졌다. 우리 대표단은 하루에도 수차례씩 회담장을 오가며 필리핀, 아르헨티나, 태국, 미국, 독일, 레바논 등 다양한 양자회담을 통해 유치 지지와 공조 협력 강화 논의를 진행했다. 밤이면 호텔 로비에서, 행사장 사이에서, 한 번이라도 더 우리의 진심을 전하기 위해 움직였다.

백미(白眉): 2029년 INTERPOL 총회 한국 유치 확정

총회 마지막 날, 나는 대한민국 대표단의 단장 자격으로 무대에 올라 2029년 총회 유치 연설을 진행했다. 긴장된 분위기 속에서 175개국 대표들이 투표를 진행했고, 만장일치의 찬성으로 대한민국 서울 유치가 확정되었다. 이는 1999년 서울 총회 이후 30년 만의 유치 성공이자, 한 세대에 걸친 한국 경찰의 국제화 노력의 결실이었다.

저자가 마지막날 INTERPOL 총회 유치 연설을 하고 있다

유치 결과는 단지 회의 장소가 한국이 된다는 의미를 넘어, 한국 경찰이 세계 경찰사회에서 신뢰받는 파트너이자 중심축으로 인정받았다는 외교적 선언이었다.

아쉬움 속 교훈 - 집행위원 선거 도전

아울러 아시아 지역 집행위원직에 출마하였으나, 치열한 외교전에 밀려 중국과 카타르 후보가 당선되었다. 결과는 아쉬웠지만, 이번 선거를 통해 우리는 무엇을 준비하고, 어떻게 싸워야 하는지 명확한 교훈을 얻었다. 단순한 인사추천을 넘어선 국제 전략 외교로의 접근이 필요하다는 사실을 절감한 순간이었다.

외교의 정점에서, 전략의 정밀도를 높이다

2024년 글래스고 INTERPOL 총회는 그 자체로 대한민국 경찰의 외교 실력 시험장이자 성과의 장이었다. 170여 개국 대표단과의 교류, 고위급 외교 네트워킹, 전략적 회의장 연출, 선거지원 전술 등 모든 외교 수단이 집약된 실전의 현장이었다.

이 경험을 통해 나는 다시 확신하게 되었다.

"국제 무대는 단순한 참여의 공간이 아니다. 존재를 증명하고, 전략을 설계하며, 관계를 다지는 정교한 외교의 공간이다."

2029년 INTERPOL 총회의 성공 개최를 위한 연차별 마스터플랜 수립, 예산 확보, 개최도시 인프라 조성, 국가 브랜드 외교전략 수립 등 후속작업이 이미 시작되었다. 경찰청은 이번 총회를 통해 얻은 신뢰와 경험을 바탕으로, INTERPOL과 세계 경찰사회에서 실질적 리더십을 갖춘 치안외교의 중심국가로 도약할 값진 결실을 거두었다.

치안외교적 함의

2024년 글래스고에서의 INTERPOL 총회 유치전은 단순히 한 국제행사의 개최지를 확보한 사건이 아니었다. 그것은 대한민국 경찰이 국제 치안 무대에서 어떤 위치를 점하고, 앞으로 무엇을 지향할 것인지를 분명하게 보여준 외교적 분수령이었다. 총회 유치는 곧 국제 규범의 형성과정을 주도할 수 있는 '무대'를 확보하는 것이며, 이는 규범의 수용자에서 설계자로 전환하는 의미를 가진다. 이 자리를 통해 한국 경찰은 세계 경찰사회의 중심축이자 의제 제안국으로 자리매김할 수 있는 발판을 마련했다.

또한, 이번 경험은 정책외교와 네트워크외교의 결합이라는 치안외교의 핵심 메커니즘을 확인시켜 주었다. 총회장에서 이뤄진 수십 건의 양자·다자 회담은 단발적 인사 교류가 아니라, 사이버 성범죄 대응 공동펀딩, 경찰 ODA 확대, 마약·테러 대응 플랫폼 구축 등 실질적인 정책 성과와 연결되었다. 외교의 장은 단순히 존재감을 드러내는 공간이 아니라, 정책을 제안하고 협력의 틀을 구체화하는 전략적 무대임이 입증된 것이다.

그러나 집행위원 선거에서의 아쉬운 결과는 또 다른 교훈을 남겼다. 국제 선거는 하루아침의 로비나 일시적 지지 요청만으로 승리할 수 없다. 그것은 수년간의 신뢰 축적, 인적 네트워크의 유지, 후임자와의 체계적인 인계 등 '지속 가능한 외교자산 관리'가 전제되어야 가능한 성과다. 이 경험은 향후 장기적이고 구조적인 치안외교 인프라의 필요성을 분명하게 일깨워 주었다.

더 나아가, INTERPOL총회 유치 확정은 대한민국 경찰이 국제사회에서 신뢰받는 파트너임을 공식적으로 확인받은 순간이었다. 치안외교는 국방·경제·문화외교와 달리, 국민 보호능력과 공공안전 관리역량이라는 실질 신뢰를 기반으로 한다. 이러한 신뢰는 국가 이미지를 안정감 있게 강화시키고, 국제사회에서 대한민국의 발언권을 높이는 기반이 된다.

마지막으로, 이번 성과는 단지 우리 세대의 업적에 그치지 않는다. 2029년 INTERPOL 총회는 차세대 치안외교관과 국제경찰관들이 현장에서 국제 무대를 직접 경험하며 성장할 수 있는 장이 될 것이다. 이 유치는 미래 세대가 국제 치안 리더십을 이어받아 확장할 수 있도록 하는 외교적 유산이며, 대한민국 경찰이 글로벌 리더십을 지속적으로 발전시켜 나갈 토대가 될 것이다.

3 국제무대에서 외친 이름 - INTERPOL HNCB 회의와 딥페이크 대응

2025년 2월, 나는 대한민국 경찰 대표단장으로 프랑스 리옹에서 열린 제20차 INTERPOL NCB(국가중앙사무국) 국장회의에 참석하였다. 이 회의는 2005년부터 개최되어 온 INTERPOL의 주요 연례 회의 중 하나로, 전 세계 196개 회원국이 각국의 치안 우선 과제를 공유하고 글로벌 공조 방안을 논의하는 치안외교의 정점이라 할 수 있는 자리였다.

대한민국 대표단은 나를 단장으로 5인으로 구성되었고, 단순한 참여를 넘어 전략적 성과 창출을 목표로 INTERPOL 사무총국과의 고위급 회담, INTERPOL 펀딩 프로젝트의 협의, 주요 공조국과의 양자 회담, 그리고 새로운 글로벌 이슈 제안 등 다층적 전략을 세밀하게 실행해 나갔다.

대한민국의 현안을 국제의제로 만들다

회의의 가장 큰 의미는 대한민국 경찰청이 준비한 '딥페이크 성범죄 대응' 발표가 본회의 공식 의제로 채택되었다는 점이다. 나는 이 발표를 통해 단순한 국내 치안 현황 공유를 넘어, AI 기술의 악용에 따른 국제적 피해 양상과 공동 대응의 필요성을 설파했다.

저자가 한국경찰의 딥페이크 성범죄 대응방안을 발표하고 있다

디지털 기술이 진화하면서, 이제 가짜가 진짜보다 더 진짜처럼 보이는 시대가 도래했다. 딥페이크는 그 중심에 있다.

특히 여성·청소년을 대상으로 한 음란물 합성, 협박, 명예훼손 사례는 국경을 넘어 빠르게 확산되고 있었다.

나는 발표 서두에서 이렇게 말했다.

"이 범죄는 단지 기술의 문제가 아닙니다. 인간의 존엄을 파괴하는 디지털 폭력이며, 국제사회가 함께 나서야 할 새로운 위협입니다."

이 자리에서 나는 딥페이크 성범죄가 단지 기술 문제에 그치지 않고, 개인의 존엄과 인권을 파괴하는 디지털 성착취의 새로운 얼굴임을 강조하며, 한국의 법적 대응과 수사역량, 그리고 경찰청이 주도할 신규 INTERPOL 펀딩 프로젝트 추진계획을 소개하였다. 이 발표는 단지 현안을 알리는 데 그치지 않고, 글로벌 공동 대응의 촉매제로서 대한민국이 역할을 하겠다는 선언이었다.

고위급 회담과 치안외교의 설계

회의 기간 중 나는 INTERPOL 사무총장 발데시 우르퀴자와의 양자 회담을 포함해 다양한 고위급 외교를 수행하였다. INTERPOL 사무총장은 대한민국의 분담금 9위, 펀딩 7위라는 기여와 미래치안회의, 총회 유치 등 외교적 성과에 대해 높은 평가를 전했고, 대한민국 경찰이 주도하는 딥페이크 범죄 대응을 위한 펀딩 프로젝트를 적극 지지하겠다는 입장을 밝혔다.

또한, 경제범죄 대응 펀딩 'HAECHI', 도피사범 추적 프로젝트 'INFRA-SEAF' 등 한국이 직접 펀딩하여 운영 중인 INTERPOL 프로젝트에 대해 긍정적인 피드백이 이어졌으며, 우리 대표단은 프로젝트의 성공적 마무리를 위한 실무적 협의와 향후 파견 인력 확대를 제안하였다.

특히 회담 중 나는 가습기 살균제 사건과 같은 반인륜 범죄의 국제적 공조수사의 필요성을 역설하며, INTERPOL이 인류보편의 정의 실현에 앞장서 줄 것을 요청했다. 이는 대한민국 경찰이 단지 자국민 보호를 넘어, 국제사회의 정의 구현에 기여하는 외교적 경찰임을 상징적으로 드러낸 순간이었다.

국제 네트워크 확대와 실질적 진전

이번 회의의 또 다른 성과는 미국, 일본, 캄보디아, 필리핀, 터키, 폴란드 등 주요 공조국과의 양자 회담을 통해 공조수사 확대와 경찰협력 체계를 실질적으로 진전시킨 점이다. 특히, 필리핀 도피사범 관련 제도적 악용 사례에 대한 문제제기, 캄보디아의 공동수사 제안, 사이버범죄 공동 교육과정 협의 등은 각국과의 공조 수준을 한 단계 끌어올리는 결과로 이어졌다.

또한, INTERPOL 인사국과의 실무 회담을 통해 FIS(도피사범추적과) 파견 절차의 실질적 진전, 즉 후보자 선정 서한(Selection Letter) 접수를 이끌어낸 점도 중요한 외교적 성과였다. 파견자 확보는 단기성과는 물론, 국제기구 내 한국 경찰의 실질적 존재감 강화를 위한 기반이기도 하다.

폐회 이후, 다시 설계하는 미래치안 전략

3일간의 회의에서 한국 대표단은 총 14개 세션 중 핵심 안건 대부분에 직·간접적으로 참여하며, 대한민국 경찰의 브랜드를 각인시켰다. 회의 종료 후 채택된 결정서에는 디지털 범죄, AI 기반 범죄 대응, 공조 역량 강화 등 한국이 주장한 다수의 제안이 반영되었다.

이번 제20차 INTERPOL NCB 국장회의는 단지 회의 참석을 넘어, 대한민국 경찰이 국제사회에서 외교적 역할을 설계하고 전략적 발언권을 행사할 수 있다는 것을 증명한 사례였다. 특히 딥페이크 범죄와 같은 미래 치안이슈를 선점하고, INTERPOL과의 협력 기반을 제도적으로 확장한 점에서 실천적 치안외교의 진수로 평가할 수 있다.

나는 이 회의에서, 경찰이 단지 수사기관이 아니라 외교의 주체이며, 국제적 가치 실현의 중심축이 될 수 있음을 실감했다. 많은 사람들은 INTERPOL NCB 국장을 단순히 국가 간 범죄정보를 주고받는 연락책 정도로 생각한다.

그러나 나는 이 자리를 '치안외교의 설계자'라 믿었다.

"우리가 먼저 제안할 수 있을 때, 한국 경찰은 세계 경찰이 된다."

마치고 돌아오는 비행기 안에서 나는 그 말을 스스로 되뇌었다. 회고하면 치안외교는 눈에 보이지 않는 범죄에 눈에 띄는 제안을 던질 수 있어야 완성된다. 딥페이크 성범죄는 국가의 법과 제도만으로는 대응이 불가능한 범죄다. 피해자는 국경 안에 있지만, 가해자와 서버, 유포 구조는 모두 해외에 있다. 나는 이 회의에서 확신했다.

"치안외교의 다음 단계는 제안이다. 그리고 대한민국은 제안할 자격과 역량을 동시에 갖춘 나라다."

INTERPOL의 무대 한복판에서, 나는 한국 경찰의 이름으로 이 메시지를 던졌다.

치안외교적 함의

이번 제20차 INTERPOL NCB 국장회의에서 대한민국 경찰이 보여준 행보는, 단순한 회의 참석이나 기술 교류를 넘어선 치안외교의 실질적 전형이었다. 무엇보다도 국내 치안 현안을 국제무대에서 공식 의제로 승격시켜 논의의 장에 올린 것은, 한국 경찰이 더 이상 규범의 '수용자'가 아니라 규범의 '제안자'로 자리매김했음을 상징한다. 딥페이크 성범죄 대응을 국제사회에 제안한 것은 기술적 위협에 대한 공동 방어선 구축이라는 실질적 효과뿐 아니라, 한국 경찰이 글로벌 치안 의제 설정 과정에서 주도적 발언권을 확보할 수 있다는 가능성을 보여주었다.

또한, 고위급 회담과 양자 네트워킹을 병행한 다층 외교 전략은 치안외교의 본질이 단일 접촉이나 일회성 이벤트가 아니라, 정책외교·네트워크외교·자원외교가 맞물려 작동하는 종합전임을 잘 보여주었다. 딥페이크 펀딩 프로젝트 설득, FIS 파견 절차 진전, 주요 공조국과의 제도적 협력 합의 등은 각기 다른 외교 채널이 유기적으로 연결될 때 비로소 실질적 성과로 이어질 수 있음을 증명했다.

이번 성과는 단기적 실익에 그치지 않는다. 국제기구 인력 파견과 펀딩 프로젝트 참여, 의제 제안이라는 세 축은 장기적으로 한국 경찰의 존재감과 영향력을 구조적으로 확대시키는 기반이 된다. 이는 국가 브랜드 제고와도 직결되며, 글로벌 치안 거버넌스 내에서 한국이 '핵심 파트너'로 자리잡을 수 있는 토대를 마련하는 과정이다.

결국 이번 회의가 남긴 가장 큰 교훈은, 경찰이 곧 외교의 주체가 될 수 있다는 확신이다. 수사와 범죄 대응을 넘어, 국제 규범을 설계하고, 글로벌 협력 구조를 주도하며, 나아가 인류 보편의 가치 실현에 기여하는 존재로서 경찰의 위상은 분명히 확장되고 있다. 리옹에서의 경험은 한국 경찰이 향후 치안외교의 다음 단계, 즉 '지속가능한 국제 리더십'을 향해 나아가야 할 방향을 명확히 제시한 순간이었다.

4 INTERPOL 내 한국의 위상 제고 전략 - 파견 확대에서 고위직 진출까지

INTERPOL은 단순한 수배 협력 기구를 넘어, 국제 치안 거버넌스를 설계하고 글로벌 규범을 형성하는 플랫폼이자 외교의 무대다. 대한민국 경찰의 목소리를 실질적으로 반영하고 국익을 확보하기 위해서는, 단편적 활동을 넘어 장기 로드맵에 따른 위상 제고 전략이 필요하다.

1) 파견 협력관의 확대 - 실무 외교의 최전선 강화

2025년 기준 한국 경찰은 INTERPOL에 총 7명의 협력관을 파견 중이나, INTERPOL 기여금 순위, INTERPOL 내 펀딩 프로젝트 지원 규모 등에 비교해서 인적 자원이 충분하지 않다. 실제로 HAECHI(해외 금융사기 대응), INFRA-SEAF(국외도피사범 추적) 등 주요 프로젝트가 한국 펀딩으로 운영되고 있음에도, 이를 주도할 실질적 인력 참여는 제한적이다.

이는 곧 기여와 영향력 간 불균형으로 이어진다. 따라서 다음과 같은 단계별 접근이 필요하다.

- 단기: 경제·사이버·테러·전략기획 등 핵심 부서별 협력관 추가 파견
- 중기: 파견 인력의 전략적 순환 배치와 국제기구 경험 인력 풀(pool) 확보
- 장기: 파견 경험자를 차세대 국제기구 고위직 후보군으로 육성

이러한 확대는 단순한 인원 보강이 아니라, 한국 경찰이 글로벌 규범 제안자로 발언권을 확보하기 위한 전제 조건이다.

2) 고위직 진출 - 외교적 리더십의 상징 확보

근본적인 위상 제고는 고위직 진출을 통한 리더십 확보에서 가능하다. 2024년 INTERPOL 총회에서 브라질 출신의 '발데시 우르퀴자'가 사무총장으로 선출되었는데, 그는 경찰 실무자 출신으로 개발도상국의 목소리를 반영한 대표적 사례였다. 이는 외교부 소속이 아닌 현장 경찰의 노력만으로도 국제기구의 리더에 오를 수 있음을 증명하는 사례였다.

한국 경찰 역시 이러한 흐름 속에서 사무차장급 이상 고위직 진출을 목표로 전략적 경로를 설계해야 한다. INTERPOL 집행위원 선거만이 아닌, 중장기적으

로 사무총국 고위간부 등재, 기술자문단 참여, 국제 네트워크 연계 고문단 확보 등 입체적 진출 구조가 필요하다. 이러한 진출은 단지 개인의 경력 성취를 넘어, 대한민국 경찰의 전략적 위상을 외교무대에서 실현하는 상징적 도약이다.

3) INTERPOL을 통한 치안외교의 영향력 확대

국가 외교전략의 주요 플랫폼이 UN이나 WHO뿐이라는 고정관념을 넘어서야 한다. INTERPOL은 대한민국이 가장 실질적 영향력을 발휘할 수 있는 국제기구 중 하나이다. 수사·치안 전문성을 바탕으로 이미 형성된 네트워크, 펀딩을 통한 주도권 확보, 그리고 디지털·사이버치안의 리더십은 INTERPOL을 통한 '한국형 치안외교 모델 수출'의 가능성을 열어주고 있다.

이제 우리는 INTERPOL을 단지 '협조요청의 통로'로 보는 시각에서 벗어나야 한다. 한국 경찰은 INTERPOL 내 규범 제안자, 프로젝트 주도자, 의사결정자로 기능하며, 나아가 INTERPOL 체계를 통해 아시아권 치안공조의 허브이자 글로벌 거버넌스의 중견국으로서 역할을 확대해 나가야 한다.

INTERPOL 내 위상 제고는 단순히 국제 경찰력의 외연 확대가 아니다. 이는 곧 대한민국이 글로벌 치안 거버넌스에서 규범을 제안하고, 의제를 형성하며, 인류 보편의 안전에 기여하는 국가로 자리매김하는 과정이다. 파견 확대는 실무 네트워크를, 고위직 진출은 외교적 상징성을, 규범 제안은 국제적 리더십을 의미한다.

이 세 가지 축이 맞물릴 때, 한국 경찰은 세계 경찰 무대에서 '참여자'가 아니라 '설계자'로 자리잡게 된다.

5 INTERPOL 치안외교의 본질 - 규범을 설계하는 외교

1) 범죄정보 연락창구를 넘어, 규범의 장으로

INTERPOL은 단지 수배서를 발부하는 범죄정보 기관이 아니다. 그것은 글로벌 치안 질서를 구성하는 '규범의 장'이자, 각국 법집행기관들이 외교의 언어로 협력과 방향성을 설계해 나가는 공간이다. 국제 규범이란 단순히 절차나 매뉴얼을 의미하지 않는다. 그것은 범죄 대응의 공통 언어이자, 국가 간 신뢰의 기준이며, 인권과 법치의 최소 공약수를 형성하는 장기적 국제질서의 기반이다.

2) NCB, 한국 경찰 외교의 전진기지

나는 INTERPOL과의 관계를 단순한 수사 공조가 아닌, '규범을 제안하고 설계하는 치안외교'의 무대로 인식했다. 경찰청의 국가중앙사무국(NCB)은 더 이상 단순히 INTERPOL의 정보 요청을 송수신하는 통로가 아니다. NCB는 한국 경찰의 국제협력 전략을 실행하고, 규범과 제도의 흐름에 영향을 주는 외교 전진기지다. 특정 범죄 대응 지침 문안을 협의하거나, 새로운 글로벌 표준 절차를 제안하는 과정에서 NCB는 실무 외교관이자 정책 설계자의 역할을 수행한다.

특히, 사이버범죄 대응·금융사기 대응·성범죄 관련 국제 펀딩 프로젝트에서 한국 경찰이 의제 설정자이자 실행 주체로 두각을 나타냈다는 점은, 기술력과 정책 역량이 결합된 치안외교 모델의 가능성을 보여주었다.

3) "딥페이크 성범죄" 의제화 – 규범 설계자의 순간

2025년 NCB 국장회의에서 NCB 서울이 주도한 "딥페이크 성범죄"의 공식 의제화는 이러한 흐름의 결정판이었다. 이는 단순한 범죄 현안 공유가 아니라, INTERPOL 전체의 정책 어젠다에 한국이 던진 메시지를 제도화한 사례였다. 기술 발전이 범죄 생태계에 미치는 파급력을 선제적으로 다루고, 인권과 프라이버시 보호의 필요성을 명확히 제시했으며, 이를 통해 다수 국가의 공감대를 형성했다.

INTERPOL 사무총장과의 직접 회담에서 해당 이슈를 전략적으로 제안하고, 관련 결의문에 반영시킨 과정은 한국 경찰이 규범 설계자로서 자리매김한 상징적 순간이었다.

4) 수신자에서 발신자로 – 치안외교의 전환

나는 경험을 통해 깨달았다. 진정한 외교는 권한이 아니라 역할에서 나온다. INTERPOL 안에서 한국 경찰이 보유한 디지털 수사기술, 금융범죄 대응 경험, 경찰교육 역량은 단순한 기술이 아니라, 협력과 신뢰를 설계하는 핵심 자산이었다. 또한, 규범 외교의 본질은 '무엇을 줄 수 있는가'가 아니라 '어떻게 함께 갈 것인가'에 있다. INTERPOL 협력관 파견, 펀딩 프로젝트 운영, 총회 및 고위급 회담에서의 제안은 모두 이러한 철학과 맞닿아 있다.

수신자에서 발신자로, 지원자에서 제안자로, 참여자에서 설계자로의 전환

— 이것이 바로 내가 몸으로 체득한 INTERPOL 치안외교의 본질이었다.

향후 한국 경찰은 INTERPOL을 통해 더 넓은 외교적 공간을 설계할 수 있다. 단순한 참여를 넘어, 글로벌 치안 규범을 제안하고 리드하는 플랫폼의 설계자로서, 국제 형사사법 공조를 이끄는 진정한 파트너가 되어야 한다. 그리고 그 길은 전략, 관계, 전문성, 그리고 신뢰를 축으로 한 치안외교에서 시작된다.

세계 치안의 심장부에서, 한국 경찰의 길을 새기다

INTERPOL 국가중앙사무국장은 단순한 국제 공조의 관문이 아니었다. 그 자리는 INTERPOL이라는 세계 경찰공동체 속에서 국가의 전략을 설계하고, 리더십을 제안하며, 현장의 언어로 외교를 실천하는 자리였다.

제1회 INTERPOL 미래치안회의는 '기술과 윤리, 공공안전의 미래'를 논의하는 전례 없는 국제치안 담론의 출발점이었고, 2029년 INTERPOL 총회 유치는 한국 경찰이 글로벌 치안 무대의 설계자로 공식적으로 인정받은 상징적 순간이었다.

저자가 INTERPOL 총회에 참석해서 발언을 경청하고 있다

또한 NCB 국장회의에서의 딥페이크 범죄 대응 제안은, 한국 경찰이 단순한 공조를 넘어 국제 규범의 제안자이자 실행 주체로 나아가고 있음을 증명한 사례였다. 나는 이 일련의 여정을 통해 확신하게 되었다.

"치안외교란 단지 국제협력의 기술이 아니라, 국가의 신뢰와 비전을 세계 무대에 새기는 일이다."

그리고 그 중심에서 한국 경찰이 남긴 발자국은 분명히 존재한다. 그 발자국은 앞으로 후속 세대의 경찰외교관들이 걸어갈 제도화된 경로가 될 것이며, 한국 경찰의 글로벌 치안외교 역사를 이어가는 든든한 토대가 되리라 믿는다.

마라케시의 도전, 아쉬운 결과에서 얻은 교훈과 국제기구 선거의 본질

2025년 11월 24일부터 27일까지 모로코 마라케시에서 열린 제93차 INTERPOL 총회에서, 저자는 INTERPOL 집행위원 후보로 출마하였다. 그동안 쌓아온 다채로운 경력과 성과를 바탕으로 회원국들과의 적극적인 소통을 통해 선거운동에 임했지만, 아쉽게도 최종적으로 당선되지 못했다. 이 경험은 저자에게 큰 교훈과 성찰을 안겨주었으며, 국제기구 선거에서의 역학 관계, 외교적 준비, 국가 간 정치적 영향력의 중요성을 더욱 깊이 깨닫게 되었다.

INTERPOL 총회에서 후보자 정견발표를 하고 있다

INTERPOL 집행위원의 역할과 중요성

INTERPOL 집행위원은 국제 경찰 협력의 핵심적인 역할을 수행하는 중요한 직위다. 집행위원은 INTERPOL의 전략적 방향성 설정과 중요 정책 결정에 큰 영향을 미치며, 경찰과 법 집행 기관들의 국제적인 협력을 촉진하고, 회원국들의 경찰 시스템을 지원하는 여러 주요 업무를 담당한다. 또한, 집행위원은 INTERPOL의 재정 운영, 중장기 계획 수립, 그리고 국제법과 협약의 해석과 같은 중요한 사안에 대해 결정적인 역할을 한다.

따라서 INTERPOL 집행위원이 맡는 책임과 영향력은 단순한 명예직에 그치지 않으며, 글로벌 치안 및 법 집행 시스템에 큰 변화를 이끌어낼 수 있는 위치인 것이다. 이는 단순히 개인의 역량이나 경험만으로 결정되는 것이 아니라, 각국의 정치적 환경과 외교적 네트워크가 중요한 역할을 한다는 점에서 매우 복잡하고 섬세한 과정이다.

총회 현장에서 회원국 상대로 지지 활동을 하고 있다

한국 후보자의 역량과 자질

이번 선거에서 저자는 한국 후보자로서, 그동안의 국제경찰 협력 경험, 다양한 국제기구와의 협력, 범죄 예방과 대응을 위한 글로벌 전략 등의 역량을 바탕으로, 많은 회원국들과의 접촉을 통해 비전과 계획을 전달하고자 했다. 한국은 세계적인 치안 기술과 범죄 예방을 위한 혁신적인 접근법을 자랑하는 국가로, 이러한 점은 후보자로서의 강력한 자질이었다.

회원국들 대부분은 역량과 비전에 공감하며, 나의 경험과 능력이 INTERPOL 집행위원직을 수행하는 데 충분하다는 점을 인정해 주었다. 다수의 지지국들은 나의 비전과 정책을 지지하고, 선거운동 과정에서 따뜻한 위로와 응원을 보내 주었다. 이와 같은 지지는 나에게 큰 힘이 되었고, 앞으로 국제사회에서의 협력과 관계를 더욱 강화할 수 있는 계기가 되었다고 자부한다.

총회 현장에서 회원국 상대로 지지 활동을 하고 있다

국제기구 선거에서 외교적 정치적 역학관계의 결정적 영향

하지만, 국제기구 선거는 그 어떤 선거보다도 복잡한 외교적 역학관계와 국제 정치적 구도에 크게 영향을 받는다. 이번 INTERPOL 집행위원 선거에서도, 개인적인 역량이나 비전만으로는 충분히 승리를 거두기 어려운 점을 실감할 수 있었다. 선거의 결과는 결국 각국의 외교적 이해관계와 정치적 동맹에 의존하게 되며, 후보자의 개인적인 경험이나 비전 외에도, 국가 간의 외교적 지지와 정치적 연대가 선거 결과에 매우 중요한 영향을 미친다는 사실을 절실히 느꼈다.

각국의 후보자들은 단지 경험과 비전뿐만 아니라, 자국의 외교적 입장과 지지 기반을 기반으로 선거운동을 펼친다. 이 과정에서 국제기구의 선거는 단순히 기술적 경쟁이나 정책적 경쟁을 넘어서, 각국의 외교적 연대와 협력을 강화하는 중요한 장이 된다.

결국, 선거운동의 기간과 각국의 지원에 따라 결과가 좌우되며, 그 과정에서 중립성과 신뢰성을 유지하는 것이 얼마나 중요한지를 깨달았다. 저자는 이번 경험을 통해, 국제기구 선거는 외교적 협상의 연대 과정이자, 각국의 정치적 역학관계를 어떻게 잘 형성하느냐에 따라 승패가 갈리는 경쟁임을 깨달았다.

총회 현장에서 선거 전략 회의를 하고 있다

지지국들의 위로와 교훈

비록 선거에서의 결과는 아쉬웠지만, 많은 지지국들의 역량에 대한 공감과 위로는 저자에게 큰 위안이 되었다. 그들은 경험과 비전을 충분히 인정하며, 선거운동을 하면서 얻은 교훈과 네트워크가 매우 중요한 자산이 될 것이라고 말해주었다. 이는 단순히 선거 결과를 넘어서, 국제사회에서의 입지와 향후 활동에 대한 긍정적인 평가로 이어질 수 있음을 깨닫게 해주는 시간이었다.

이번 경험을 통해, 저자는 국제기구 선거에 대한 새로운 시각을 얻게 되었으며, 그 과정에서 얻은 지지와 교훈들을 미래의 외교적 노력에 적극적으로 활용할 것이다. 앞으로의 선거에서는 외교적 준비와 전략적 접근이 중요함을 다시 한 번 확신하게 되었고, 그 어떤 경쟁에서도 지속적인 관계 유지와 신뢰 구축을 통해 성공적인 결과를 얻기 위한 노력을 다짐할 수 있었다.

더 나은 미래를 위한 교훈과 다짐

이번 INTERPOL 집행위원 선거에서의 경험은 아쉬운 결과로 끝났지만, 그 과정에서 얻은 교훈은 향후 국제기구 선거뿐만 아니라, 치안외교 분야에서의 미래 전략과 방향성을 설정하는 데 큰 도움이 될 것으로 확신한다. 이 경험을 바탕으로, 국제기구 선거의 복잡한 정치적 환경을 이해하고, 외교적 역학관계와 장기적인 네트워크 관리의 중요성을 깊이 인식하게 되었다.

앞으로도 국제기구와의 협력을 강화하고, 장기적인 외교적 준비와 전략적 관계 구축을 통해 더욱 효과적인 치안외교를 실현할 수 있도록 끊임없이 노력할 것이다. 이 경험은 단순한 실패가 아닌, 더 큰 성공을 위한 디딤돌이 될 것임을 확신한다.

참 고 문 헌

1. 국제기구 및 공식 자료

INTERPOL. (2023). Annual Report 2023. Lyon: INTERPOL General Secretariat.

INTERPOL. (2022). Future Policing: Strategic Report. Lyon: INTERPOL.

UNODC. (2022). Handbook on Police Accountability, Oversight and Integrity. Vienna: United Nations.

United Nations. (2018). Action for Peacekeeping (A4P). New York: UN Department of Peace Operations.

ASEANAPOL Secretariat. (2023). ASEANAPOL Annual Report. Jakarta: ASEANAPOL.

2. 해외 학술 문헌

Brodeur, J. P. (2010). The Policing Web. Oxford: Oxford University Press.

Deflem, M. (2002). Policing World Society: Historical Foundations of International Police Cooperation. Cambridge: Cambridge University Press.

Nye, J. S. (2004). Soft Power: The Means to Success in World Politics. New York: Public Affairs.

Sheptycki, J. (2004). Police cooperation and the new security agenda in Europe. European Journal of Criminology, 1(4), pp. 369–381.

Slaughter, A.–M. (2004). A New World Order. Princeton: Princeton University Press.

3. 국내 학술·정책 문헌

외교부. (2020). 『공공외교 전략 2030』. 서울: 외교부.

4. 언론 및 보도자료

연합뉴스. (2024.11.27.). "한–아세안 치안협력 포럼 개최…도피사범 협력 강화."

헤럴드경제. (2025.5.21.). "경찰청–UNODC, 초국경 범죄 공조 확대 업무협약 체결."

뉴시스. (2023.10.18.). "'35개국 경찰' 한 자리에…2023 서울 국제경찰청장 회의."

경찰청 보도자료. (2023.10.19.). "경찰청, '초불확실성 시대의 치안 전략'을 주제로 2023 서울 국제경찰청장 회의 개최."

제 7 장

치안외교의 또 다른 얼굴 국제공조

제 1 절 초국경범죄의 확산과 국제공조의 시대적 요청 - 수사를 넘어선 외교, 경찰의 국경 없는 책임

1 왜 지금 '국제공조'인가?

범죄는 이제 국경을 가볍게 뛰어넘는다.

나는 경찰주재관, 국제협력관 업무를 맡으며 직접 목격해왔다. 한때 국내에 국한되던 수사 지형은, 어느새 지구 반대편까지 연결된 초국경 네트워크로 확장되었다. 한국에서 범죄를 저지르고 태국, 필리핀, 중동, 유럽을 거쳐 남미로 도피하는 피의자들. 피해자는 국내에 있지만, 가해자와 단서는 해외에 흩어져 있는 복합적 구조. 이는 단순한 출입국 문제나 INTERPOL 수배만으로 해결될 수 없는 '치안의 글로벌화'라는 새로운 질서였다.[1)]

이제 경찰은 단지 수사기관이 아니라, 국제 협력의 외교적 설계자로 진화해야 한다.

사이버공간에서 벌어지는 랜섬웨어 공격, SNS를 통해 유포되는 딥페이크 영상, 전 세계를 무대로 한 인신매매와 조직적 마약 밀수—그 어느 것도 한 국가의 수사권만으로 다다를 수 없다. 경찰의 국제공조가 필요한 시대라는 말은 이제 너무 평범한 언어가 되었다.

1) Deflem, M. (2016). *Policing World Society: Historical Foundations of International Police Cooperation.* Oxford University Press.

진짜 질문은 '어떻게 공조할 것인가'에 있다.

한국 경찰은 이러한 변화의 흐름을 빠르게 체감한 조직 중 하나였다. 특히 INTERPOL 국가중앙사무국장으로 일하던 시절, 나는 수많은 국제공조 요청서를 직접 다뤘다. 도피사범을 추적하며, 한정된 시간 안에 수배국과 체류국, INTERPOL 본부와의 협조를 동시에 조율해야 했다. 하루 수차례 각국 경찰과의 직접 통화, 현지 경찰주재관과의 실시간 조정, 주재국 공관과의 협의까지—'국제공조'는 결국 시간, 신뢰, 전략이 결합된 종합운영 시스템이었다.

그러나 국제공조의 현실은 결코 간단하지 않다.

법제도의 차이, 사법주권의 민감성, 외교관계, 인권 이슈 등은 공조의 장애물이 되곤 했다. 내가 직접 경험했던 한 사건에서는, 특정 국가에서 한국의 수사요청에 대해 자국의 정치사범을 송환하는 조건으로 협력하겠다는 반응을 보였고, 이로 인해 도피사범의 송환이 교착에 빠진 적도 있었다. 반면, 오랜 신뢰관계를 바탕으로 실시간 공동작전을 벌인 필리핀, 태국, 베트남 등의 사례는 공조의 성공 모델로 기억된다. 이러한 경험은 국제공조가 단순한 수사기술의 문제가 아님을 일깨워준다.

국제공조는 곧 치안외교의 확장판이며, '신뢰', '조율', '제도화'가 삼박자로 작동해야 가능한 영역이다. 따라서 한국 경찰의 대응 전략도 수사권 중심에서 벗어나, 외교·전략·조직 간 연계를 포함한 통합적 플랫폼 구축으로 나아가야 한다. 그것이 바로 이 장 전체가 말하고자 하는 핵심이다.

2 국제공조란 무엇인가: 단순한 수사협조를 넘어선 신뢰의 외교

국제공조란 국경을 넘어 범죄에 대응하기 위해 각국의 경찰 및 사법기관이 상호협력하는 일체의 행위를 의미한다. 협의로는 수사 또는 재판에 필요한 형사사법적 공조[2]를 의미하며 광의로는 범죄인 인도, 국제형사사법공조, INTERPOL 등을 활용한 범죄의 예방·진압을 위한 모든 국제협력 활동을 말한다.[3]

국제공조는 여러 가지 기준으로 분류할 수 있는데 법적 근거를 기준으로 조약 또는 법률에 근거한 형사사법공조조약, 범죄인 인도조약 등의 공식적 공조

2) 국제형사사법공조법
3) 국제형사사법공조에 관한 연구, 대검찰청, 1993

와 국제기관 간 공조, 실무 협의 등으로 추진되는 INTERPOL 국제공조, MOU 체결 등의 비공식적 공조로 나뉜다. 지역 또는 목적을 기준으로 두 국가가 상호협정 또는 조약을 기반으로 상호 협력, 범죄인 인도, 형사사법공조, MOU체결 등의 양자간 공조와 특정지역 또는 목적을 중심으로 여러 국가가 맺는 협력체계, INTERPOL, 유로폴, 아메리폴, 유럽연합 등의 다자간 공조가 있다.

'국제공조'는 단지 국가 간 협조로 범인을 잡는 기술로 보이지만, 그 본질은 국가 간 신뢰를 축적하고 실현하는 외교적 작용에 가깝다.[4)]

하나의 적색수배서를 발부하려면, 범죄사실 입증자료부터 국제형사절차 준수, 현지 법률 검토, 외교적 설득, 인권적 고려까지 수많은 요소가 동시에 작동해야 한다.

그 수배 하나가 실제 송환으로 이어지려면, 경찰–외교부–법무부–주재국 경찰 간의 협업이 필요하고, 평소 쌓아둔 관계와 신뢰, 국가 이미지, 대응의 품격이 복합적으로 작용한다.

국제공조는 단순한 수사 행위가 아니다.

경찰이 주도하는 '치안외교의 실천 무대'이자, 대한민국 국격을 지키는 전략적 대외활동이다. 범죄자가 도피한 국가는 대한민국과 범죄인 인도조약이 없는 나라일 수도 있고, 심지어 한국의 법체계나 인권 기준에 대한 이해가 부족한 지역일 수도 있다. 그렇기에 국제공조의 핵심은 법과 제도가 아니라, 사람과 사람 사이의 신뢰, 현장 감각, 치밀한 외교력이다.

나는 INTERPOL 총회장에서, 국제공조 수사회의에서, 주재관 시절 외국 경찰과의 회의에서 국제공조의 이면에 있는 진짜 본질을 보았다.

"국가는 멈출 수 있지만, 범죄는 멈추지 않는다."

이 불균형을 메우는 유일한 수단이 바로 국제공조이고, 경찰이 외교의 최전선에 서야 하는 이유이기도 하다.

국제공조는 '범죄인을 잡는 기술'이 아니라, 신뢰를 축적해가는 외교의 과정이다. 따라서 경찰은 이제 단순한 수사관이 아니라, 국가의 품격을 지키는 치안외교관으로 변화하고 있다. 그리고 이 변화의 핵심에는 '국제공조'라는 무대가 있다.

---

4) Sheptycki, J. (2004). "Police Cooperation and the New Security Agenda in Europe." *European Journal of Criminology*, 1(4), pp. 369–381.

3 한국 경찰의 국제공조 경험과 도전

한국 경찰이 국제공조의 무대에 본격적으로 뛰어든 것은 불과 수십 년 전의 일이다. 그러나 그 짧은 기간 동안 축적된 경험은 결코 가볍지 않았다. 초기에는 단순히 해외도피사범을 특정하고, INTERPOL을 통해 적색수배를 요청하는 수준이었다. 하지만 시간이 흐르면서 한국 경찰은 점차 "수배 의뢰자"에서 "공조의 설계자"로 변모해 갔다.

내가 경험한 수많은 사건은 그 과정을 잘 보여준다. 태국, 필리핀, 베트남 등지에서 발생한 마약 사건이나 도피사범 검거 작전은 언제나 국제공조의 시험장이었다. 피의자의 신원은 한국에서 확인되었지만, 실제 검거는 현지 경찰의 협조 없이는 불가능했다. 이때 경찰주재관의 역할은 단순한 연락자가 아니라, 신뢰를 만들어내는 조정자였다.

현지 경찰청 고위 인사와의 비공식 대화, 반복되는 서류 교환, 사건의 중대성을 설득하기 위한 자료 제시—이 모든 과정이 범죄인 송환의 전제 조건이었다. 결국 한 건의 송환이 성사될 때마다, 그것은 법과 제도의 결과이자 동시에 치안외교의 결실이었다.

그러나 모든 과정이 성공적이었던 것은 아니다. 어떤 국가는 자국민 보호를 이유로 범죄인 인도를 거부했고, 또 다른 국가는 정치적 이유로 사건을 지연시키기도 했다. 특히 인권 문제나 자국의 정치상황과 연계된 범죄 공조는 민감한 갈등을 불러왔다. "범죄인을 잡아야 한다"는 경찰의 직관적 요구와 "국제 규범을 존중해야 한다"는 외교적 현실 사이에서 균형을 잡아야 했던 순간도 많았다.

나는 이때 비로소 깨달았다. 국제공조는 단순히 절차를 따라가는 행정이 아니라, 문화와 제도, 정치와 외교의 교차로에서 신뢰를 조율하는 고도의 전략 행위라는 것을.

이 경험은 동시에 한국 경찰의 가능성을 보여주었다. 협력 과정에서 한국 경찰이 보여준 치밀한 수사력과 투명한 절차, 그리고 상대국을 존중하는 태도는 종종 현지 경찰에게 깊은 인상을 남겼다. 그들은 "한국 경찰은 약속을 지킨다"는 말을 반복했고, 이는 새로운 협력의 문을 여는 비공식 보증처럼 작동했다.

결국 국제공조의 성과는 범죄인 한 명의 송환이 아니라, 신뢰가 쌓이고 네트워크가 확장되는 과정에 있었다.

이처럼 한국 경찰의 국제공조 경험은 성과와 도전, 성공과 좌절이 교차하는 여정이었다. 하지만 그 모든 과정 속에서 한 가지 분명히 얻은 교훈이 있다. 국제공조는 법과 제도의 문제를 넘어, 신뢰와 관계를 구축하는 치안외교의 과정이라는 것이다.

4 치안외교적 함의

국제공조는 단순히 범죄인을 검거하는 기술적 과정이 아니라, 국가 간 신뢰를 설계·유지하는 외교 행위이다.

특히 초국경범죄의 특성상 사건 해결은 법과 제도의 경계를 넘어, 골든타임 확보와 사전 신뢰 구축에 달려 있다. 이는 국제형사사법공조 조약이나 INTERPOL 네트워크와 같은 제도적 기반 위에, 경찰주재관·협력관·국제기구 활동을 통해 형성된 인적 네트워크가 긴밀히 결합될 때 비로소 작동한다.

또한 국제공조의 성패는 사법권 행사와 외교적 설득이라는 이중의 과제를 동시에 해결하는 능력에 달려 있다. 각국의 법률·문화·정치적 이해가 충돌하는 상황에서, 절차적 정당성과 인권 보장을 확보하면서도 신속성을 잃지 않는 균형 감각이 요구된다. 이를 위해서는 국제공조를 단기 성과 중심이 아닌, 지속 가능한 외교적 자산으로 바라보는 시각이 필요하다.

궁극적으로 국제공조는 대한민국 경찰이 세계 치안공동체에서 신뢰받는 파트너로 자리매김하게 하는 전략적 무대다. 사건 해결 과정에서 축적된 신뢰는 곧 한국 경찰의 브랜드가 되고, 이는 미래의 공조 요청이나 다자 협력에서 영향력을 발휘하는 토대가 된다. 따라서 국제공조를 수행하는 모든 과정은 곧 치안외교의 현장이며, 그 축적된 경험과 신뢰가 향후 대한민국의 국제적 위상과 직결된다.

제 2 절 국제공조의 제도적 기반 - 국경을 넘어 작동하는 치안의 질서

국제공조는 단순한 우호적 협력을 넘어서, 법률과 기술, 조직과 신뢰가 교차하는 구조적 시스템으로 작동할 때에만 그 실효성을 확보할 수 있다. 특히 초국경범죄가 일상화된 오늘날의 국제질서 속에서 공조의 효율성과 정당성을 담보하기 위해서는, 명확한 법적 기반과 제도적 틀, 그리고 이를 뒷받침하는 디지털 정보 인프라가 필수적이다.

이러한 공조의 구조는 크게 세 가지 축으로 설명할 수 있다. 첫째는 국제기구를 통한 제도적 공조 구조, 둘째는 형사사법공조 및 범죄인 인도조약과 같은 법률적 기반, 셋째는 실시간 정보 공유와 기술 기반 협력 시스템이다. 이 세 축은 각기 다른 영역이지만, 서로 맞물리며 국제공조라는 하나의 거대한 톱니바퀴를 돌려간다.

1 국제기구 기반의 공조 플랫폼: 다자협력의 설계도

INTERPOL, EUROPOL, UNODC, WCO 등은 경찰과 형사사법기관 간의 협력을 제도화하고 조율하는 글로벌 중간기지 역할을 수행하고 있다. 특히 유럽연합 소속 국가들 간 형사 협력을 이끄는 EUROPOL은 통합 정보시스템(SIENA)을 기반으로 공동 수사팀(JITs)을 운영하며, 다국적 범죄 대응의 모범사례를 제시하고 있다.

INTERPOL은 I-24/7 시스템을 통해 수배자, 실종자, 도난차량, 위조문서 등의 정보를 실시간 공유할 수 있도록 하며, 각국 경찰이 동일한 기준 아래 협력할 수 있도록 기술적·절차적 통일성을 제공한다. 이러한 국제기구들은 단지 정보 제공자에 그치지 않고, 각국의 국가중앙사무국(NCB)을 통해 공조의 실행기지로서의 역할을 확대하고 있다.[5]

5) Nadelmann, E. (1993). *Cops Across Borders: The Internationalization of U.S. Criminal Law Enforcement*. Penn State Press.

2 형사사법공조 및 범죄인 인도조약: 국제공조의 법적 근간

수사 공조와 범죄인 송환은 반드시 각국의 법체계와 인권 기준을 존중하면서 이루어져야 한다. 이를 위해 존재하는 제도적 장치가 바로 형사사법공조조약(Mutual Legal Assistance Treaty, MLAT)과 범죄인 인도조약(Extradition Treaty)이다.

MLAT는 수사기관이 외국 수사기관에 증거 제출, 증인 조사, 자산 추적 등을 요청할 수 있도록 법적 절차를 규정한 제도로, 디지털 증거 수집과 금융 계좌 추적 등 현대 범죄 대응에 필수적이다. 그러나 MLAT는 일반적으로 절차가 복잡하고 소요 시간이 길다는 단점이 있어, 최근에는 이를 보완한 신속 공조 체계의 개발이 강조되고 있다.

범죄인 인도조약은 피의자가 국외로 도피했을 때 그를 송환할 수 있는 법률적 기반을 제공한다. 인도 요청이 수용되기 위해서는 이중범죄성 원칙, 상호주의, 정치범 제외, 인권보장 등의 조건이 충족되어야 하며, 일부 국가는 헌법상 자국민 인도를 금지하기 때문에 '자국 내 기소'와 같은 대체 수단이 활용되기도 한다. 결국, 조약의 존재 여부와 발효 수준이 국제공조의 실효성을 좌우하는 핵심 조건이 된다.

3 디지털 기반의 정보 공유와 공동 수사 시스템

국제공조가 실질적으로 작동하기 위해서는 단순한 법적 합의만으로는 부족하다. 정보의 속도와 정확성이 성패를 좌우하는 만큼, 기술 기반의 실시간 정보 공유 시스템은 공조의 핵심 인프라로 기능한다.

INTERPOL의 I-24/7 시스템, EUROPOL의 SIENA, UNODC의 SHERLOC, 미국의 CLOUD Act 등은 정보 공유의 표준화, 자동화, 보안성을 크게 향상시켰으며, 이제는 단순한 데이터 전달을 넘어 '사건 설계 초기부터 함께 협력하는 구조'로 진화하고 있다.

예를 들어, 공동수사팀(JITs)[6]은 특정 사건에 대해 다국적 수사기관이 동일

---

6) JITs(Joint Investigation Teams, 공동수사팀): 두 개 이상의 국가가 특정 사건을 위해 한시적으로 수사팀을 구성하는 제도. 각국 수사관이 현장에 직접 참여하여 증거를 공동 확보·활용할 수 있으며, 사이버범죄·마약밀매·테러·인신매매 등 초국경범죄 대응에서 활발히 운용된다. 유럽연합(EU) 협약과 EUROPOL 주도로 제도화되었으며, 기존 공문-회신

현장에서 수사에 함께 참여할 수 있도록 허용하는 방식으로, 단순한 요청–응답 관계를 넘어선 적극적 공조모델을 구현하고 있다. 이는 특히 사이버범죄, 마약밀매, 인신매매와 같은 구조적 범죄에서 공조 속도와 수사 일관성을 확보하는 데 매우 유효하다.[7)]

4 제도적 기반의 통합과 한국 경찰의 대응

대한민국 경찰도 최근 들어 이러한 국제공조 시스템을 적극적으로 정비해 나가고 있다. 경찰청 국제협력관실은 INTERPOL NCB 기능을 통합 운영하며, 국제 형사공조 및 정보협력 업무를 단일 채널에서 조율하는 시스템을 운영 중이다. 또한, INTERPOL 적색수배 활용 확대, 경찰주재관 및 협력관 네트워크 강화, 사이버범죄 전담 공조라인 구축 등 다양한 방면에서 공조 기반 인프라의 내실화를 꾀하고 있다.

최근 베트남, 태국, 미국, 중국 등과의 성공적인 공조 사례들은 바로 이러한 제도적 기반 위에서 이루어진 성과들이며, 이는 곧 한국 경찰이 국제무대에서 신뢰할 수 있는 파트너로서 인정받고 있다는 반증이기도 하다.

5 공조의 성패는 '관계'와 '신뢰'

INTERPOL 수배서 한 장으로 범죄자를 송환하는 과정은 단순히 서류를 넘기고 기다리는 일이 아니다. 수사 초기 단계부터 대상국 수사기관과의 연락, 사건 성격에 대한 설명, 인권적 논의, 송환 후 수사계획까지 모두 포함된 '전방위적 설득'이 필요하다. 이때 가장 중요한 것은 경찰 간 신뢰, 그리고 평소의 대응 태도다.

한국 경찰이 축적한 국제적 신뢰 자산은 "대한민국은 끝까지 간다"는 이미지로 응축되어, 도피사범 검거와 재외국민 보호에 있어 가장 강력한 무기가 되어주고 있다. 국제공조는 더 이상 '외교적 협조'가 아니다. 경찰이 주도하는 수사형 외교이며, 현장에서 실현되는 국익의 전략이다. INTERPOL과 경찰주재

방식보다 신속성과 효율성이 크게 향상되는 장점이 있다.

7) Andreas, P., & Nadelmann, E. (2006). *Policing the Globe: Criminalization and Crime Control in International Relations*. Oxford University Press.

관, 그리고 전 세계 수사기관과의 연결고리 속에서, 한국 경찰은 지금 이 순간도 국경을 넘는 정의와 신뢰를 설계하고 있다.

6 치안외교적 함의

국제공조의 제도적 기반은 단순히 범죄 대응의 도구가 아니다. 그것은 국가 간 신뢰를 설계하고, 국제사회에서 한국 경찰의 외교적 정체성을 형성하는 기초 구조다. 형사사법공조조약, 범죄인 인도조약, INTERPOL·EUROPOL·UNODC와 같은 국제기구의 네트워크, 그리고 I-24/7이나 SIENA 같은 디지털 플랫폼은 모두 "치안의 기술적 장치"로 출발하지만, 그 활용 방식에 따라 곧 "외교의 언어"로 작동한다.

첫째, 제도는 규범이 된다. 법적 틀과 정보시스템은 단기적으로는 범죄인을 추적·송환하는 수단이지만, 장기적으로는 국가 간 합의된 규범을 축적해 나가는 과정이다. 이 규범은 국제치안질서의 기본 문법이 되어, 개별국 경찰의 활동을 넘어선 공동 대응의 토대를 마련한다.

둘째, 기술은 외교 자산으로 전환된다. 디지털 수사기술, 사이버 범죄 대응 경험, 금융범죄 추적 능력은 단순한 치안역량을 넘어, 협력 파트너 국가가 신뢰할 수 있는 "공적 자산"이 된다. 한국 경찰이 축적한 전문성과 기술은 곧 국가 브랜드이자, 외교적 설득력을 지탱하는 핵심 요소다.

셋째, 신뢰는 외교의 최종 산물이다. 조약과 제도, 시스템이 아무리 잘 설계되어도 결국 이를 운용하는 것은 사람이다. 수사관 개인의 태도, 사건 대응에서 보여준 진정성, 파트너 기관과의 일상적 소통이 쌓여야만 제도가 실제로 작동한다. 국제공조의 성패가 '관계'와 '신뢰'에 달려 있다는 사실은 곧 치안외교의 본질을 보여준다.

따라서 국제공조의 제도적 기반은 곧 치안외교의 골격이다. 형식적 절차로 보일 수 있는 MLAT 문서 한 장, INTERPOL 적색수배서 한 건, 디지털 플랫폼에 입력된 데이터 한 줄이 사실상 외교적 메시지이자 국제적 약속이 된다. 한국 경찰은 이 구조 속에서 단순한 참여자가 아니라, 규범을 제안하고 신뢰를 구축하는 설계자로 자리매김해야 한다.

제 3 절 국외도피사범 검거 및 송환의 실제 - 치안외교의 정점, 경찰청 주도의 국제공조수사

1 확산되는 국외도피사범과 대응 필요성

범죄는 국경을 넘고, 정의는 그것을 추적한다. 한국 경찰의 국제공조 활동에서 가장 긴박하고 복합적인 영역은 단연 '국외도피사범의 추적·검거 및 송환'이다. 이 과제는 단순한 수배의 차원을 넘어, 외교적 협상, 국제법적 절차, 인권과 주권 사이의 민감한 균형이 요구되는 고차방정식이다.

최근 수년간 한국 경찰이 INTERPOL을 통해 발부한 적색수배서(Red Notice)는 연간 700건에 달하며, 거의 대부분은 중대 범죄 피의자의 국외도피에 따른 조치였다. 도피국은 동남아시아, 미주, 유럽, 심지어 아프리카까지 광범위하다. 범죄유형 역시 살인, 성범죄, 경제범죄에서 최근 급증한 사이버 범죄에 이르기까지 다양화되고 있다.

범죄자들은 법망을 피하기 위해 무비자 입국 가능 국가, 범죄인 인도조약 미체결 국가, 국내 법제도가 취약한 지역을 택해 도피한다. 이에 대응하기 위해 한국 경찰은 INTERPOL, 경찰주재관, 현지 치안당국과의 직통 협력을 바탕으로 국제공조 네트워크를 강화해왔다.

대한민국 경찰의 국제공조는 단지 정보교환이나 서면 요청을 넘어서, 실제로 범죄인을 추적하고 송환하는 실질적 역량으로 진화해왔다. 특히 국외도피사범 검거와 송환은 국제공조수사의 핵심 축이자, 한국 경찰의 치안외교 역량을 가장 생생하게 보여주는 현장이다. 이 절에서는 도피사범 검거와 송환의 실태, 절차, 대표적 사례를 중심으로 한국 경찰의 국제공조 역량과 그 함의를 살펴본다.

2 국외도피사범 검거 · 송환 절차

국외도피사범 검거·송환은 단순한 형사적 사건 처리를 넘어, 국가가 자국의 법과 국민을 보호하고 끝까지 책임진다는 의지를 세계에 보이는 과정이다.

국외도피사범을 검거하고 국내로 송환하기 위한 절차는 크게 두 가지 방식으로 구분된다. 첫째는 외교부와 법무부가 중심이 되는 '범죄인 인도조약'에 따른 공식 인도청구 절차이며, 둘째는 경찰청이 주도하는 INTERPOL 수배와 경찰 간 직접 공조를 통한 송환 절차이다.

특히 후자는 긴급성과 효율성이 요구되는 사건에서 더욱 선호되는 방식이다. INTERPOL 적색수배(Red Notice)를 기반으로 현지 경찰에 수배정보를 전달하고, 경찰청 국제협력관실이 주축이 되어 경찰주재관과 INTERPOL 협력관이 중재·조율을 통해 검거와 신병 인도까지를 이끌어낸다. 실제로 많은 국가에서는 우리나라와 범죄인 인도조약이 체결되어 있지 않거나, 조약은 있으나 사법제도가 복잡해 시간이 많이 소요되는 경우가 많다. 이에 따라 경찰청 주도의 공조는 절차적 융통성과 즉응성을 바탕으로 빠르고 효율적인 대응을 가능케 한다.

한국 경찰은 INTERPOL 채널과 경찰주재관의 현장역량을 활용하여 국외로 도피한 범죄자를 추적하고 체포해 송환하는 '국제공조수사'를 주도하고 있다.

국외도피사범은 단순히 도망친 범죄자가 아니다. 그들은 국가의 법질서와 국민의 신뢰를 회피하려는 자들이며, 그들을 추적하고 송환하는 일은 단지 개인의 검거를 넘어 '정의의 회복'이라는 국가적 책무를 실현하는 과정이다. 특히 경찰청 주도의 국제공조수사는, 시간과 국경을 넘어 펼쳐지는 고도의 전략적 작전이다. 이 공조수사는 법무부·외교부가 추진하는 범죄인 인도조약 기반의 외교적 절차와는 다른, 보다 기민하고 현장 중심의 협력 방식이다.

한국 경찰은 국내 수사기관은 물론, 각국 INTERPOL·해외 법집행기관과 협력을 강화하면서 사회적 이목이 집중된 중요한 국외도피사범들에 대한 검거·송환을 강화하기 위해 다양한 국제공조 전략·제도를 마련하여 운영하고 있으며 그 절차는 아래와 같다.

■ 국외도피사범 송환 절차 ■

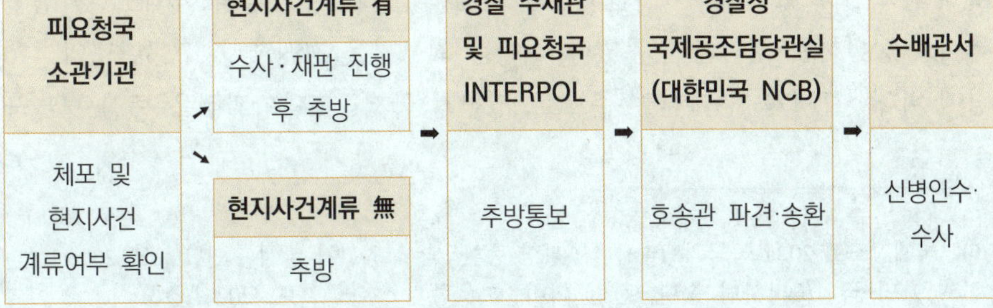

2024년도에는 유관 기능이 합동 선정한 중요 도피사범들에 대하여 중요도 · 긴급성 · 피해 정도 등을 기준으로 핵심 > 중점 > 일반 등급 등 3단계 관리 등급을 부여한 후 집중 추적 · 검거를 추진하는 '주요 국외도피사범 집중검거 체계'를 운영하였으며, 이를 통해 핵심 등급의 주요 도피사범 47명을 검거하고, 31명을 송환하는 등 양적 · 질적 성과를 모두 달성하였다.[8)]

더 나아가 2025년도에는 경찰청 국제협력관실을 중심으로 국가수사본부와 문화체육관광부, 관세청, 해양경찰청 등 관계기관이 참여한 'INTERPOL을 통한 국외도피사범 집중검거 · 송환 작전'계획을 운영하면서 국내 법집행기관들의 공조 역량 결집을 추진하고 있다.

또한, ▲현장 조사 ▲피의자 · 참고인 조사 ▲국외도피사범 추적 등 각종 해외 임무 수행을 위해 수사팀 · 유관 기능과 공동조사팀을 편성하여 해외에 직접 파견하는 '공동조사팀 국외 파견'제도를 운영하고 있는데, 수사에 필요한 자료 확보 · 사실 확인 등으로 사건 해결에 기여하고 있다. 실제로 2024년 5월에 태국 방콕에서 발생한 한국인 살인사건의 경우에도 현지로 공동조사팀을 파견하여 태국 경찰청과 상호 자료 · 정보 공유는 물론, 피의자 추적 단서를 확보하는 등 관련 임무를 수행하였다.

아울러, 국가 간 긴급한 공조 상황이 발생하는 경우 경찰청 국제공조담당관실을 중심으로 유관 기능이 즉각적으로 총력 대응하는 '긴급공조 체계'도 운영하고 있다. 범죄 후 해외로 도피를 시도하거나 도피 국가에서 제3국으로 추가 도피를 시도하는 등 긴급한 공조 상황에서 INTERPOL · 해외 파견 주재관 및 해외 법집행기관 등 가능한 수단을 총동원하여 신속한 검거 · 송환을 도모하고 있으며, 재외국민의 납치·감금 사건 등 강력 사건 발생 시에도 국민의 생명·신체·재산을 신속하게 보호할 수 있도록 대응하고 있다.

이와 같은 다양한 전략으로 국외도피사범 검거 · 송환은 지속적으로 증가 추세를 보이고 있으며, 2024년도에는 역대 최고치인 691명의 국외도피사범을 국내로 송환하는 성과를 거두었다.[9)] 이는 최고치를 경신했던 2023년도의 470명에 비해서도 47% 증가한 수준으로, 경찰청 국제공조담당관실을 중심으로 국

8) 경찰청 국제협력관실 내부자료

9) 「국제공조로 2024년 국외도피사범 691명 송환, 역대 최고치 달성」, 연합뉴스, 2025.1.15. 「691명 국외도피사범 송환, 전년 대비 47% 증가」, 한국일보, 2025.1.16.

가수사본부·수사관서는 물론, 해외 법집행기관과도 공고한 협력이 이루어지고 있다는 사실을 반증한다.

경찰청이 주도하는 국제공조수사는 INTERPOL 국가중앙사무국(NCB Seoul), 해외 파견 경찰주재관, 그리고 현지 경찰당국 간의 직접적인 협력으로 이루어진다. 이 방식은 법무부 주도의 인도청구 절차보다 훨씬 신속하고 실효적인 대응이 가능하다는 장점이 있다.

예를 들어, 적색수배서를 기반으로 도피국가의 현지 경찰과 실시간 협조를 통해 체포 및 신병확보가 이루어지고, 경찰주재관은 사건의 경위와 인권적 고려, 송환 가능성 등을 종합적으로 조율하며 조력한다. 필요시에는 가족이나 현지 대사관을 통해 자진 귀국을 유도하기도 한다.

이와 같은 시스템의 핵심은 '양방향 신뢰'에 있다. 해당국 경찰은 한국 경찰이 제시하는 수배정보, 증거자료, 수사윤리에 신뢰를 가지고 협조하며, 한국 경찰은 이 신뢰를 기반으로 정교한 외교적 설득을 이어간다.

최근 10년 간 국외도피사범 송환 인원

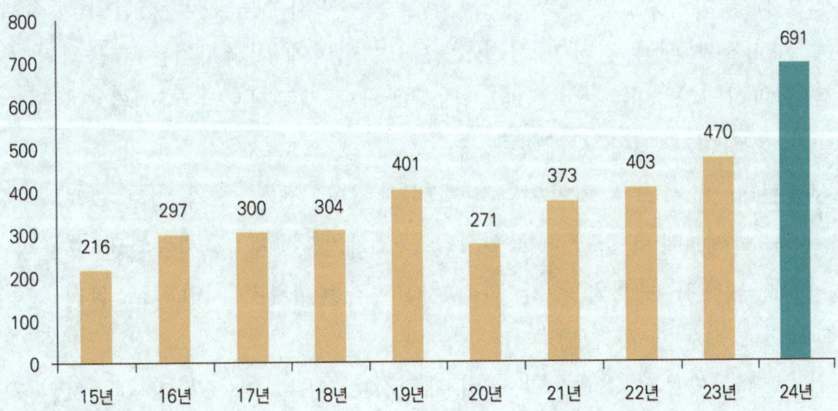

출처: 경찰청 참고자료

3 해외도피사범 검거·송환 주요 사례

1) 태국 투자리딩 사기조직 조기 검거 – 피해 확산을 막아낸 치안외교의 민첩성

2024년 8월, 태국 방콕의 한 건물에서 조직적인 '투자 리딩방' 사기 범행이 은밀히 시작되려던 시점, 우리 경찰청의 태국 파견 협력관은 현지 정보망을 통해 위협적인 첩보를 입수했다. 캄보디아에서 활동하던 사기 조직이 최근 태국으로 이동해 불법사이트를 개설하고, 공모주 투자 등을 미끼로 한국인을 속이기 위한 체계를 갖추고 있다는 내용이었다.

협력관은 즉시 태국 경찰청 INTERPOL과 이민국과의 네트워크를 가동했고, 범죄 정황 확인을 위한 정밀한 감시를 시작했다. 수상한 사무실 주변에서 포착된 것은 ▲문신을 한 한국인 남성들의 빈번한 출입, ▲컴퓨터 장비 반입, ▲도시락 배달 등 내부 체류 정황이었다. 이민법 위반 소지를 근거로 태국 이민국과 함께 급습 작전을 실행한 결과, 현장에서 한국인 8명을 전원 검거하는 데 성공했다.

이후 진행된 수사는 더욱 전략적이었다. 한국 INTERPOL은 피의자 송환을 위해 체포영장을 조속히 확보하고, 태국 INTERPOL과 협력해 이들의 신병을 확보했다. 특히 '합동 송환팀'을 구성해 일부 피의자는 한국 경찰이 국적기를 통해, 나머지는 태국 경찰이 직접 호송하여 한국에 입국시키는 효율적인 방식으로 전환하였다. 이는 앞선 베트남 사례에서 성공적으로 시행된 '합동 송환 모델'의 확장이자 정착 사례였다.

무엇보다 이 사건은 치안외교적 함의가 깊다. 첫째, 초기 첩보 확보와 신속한 대응, 둘째, 태국 경찰과의 실시간 공조체계, 셋째, 강제송환의 효율적 설계, 넷째, 피해자 보호와 추가 범죄 차단이라는 4가지 치안외교 실천 전략이 복합적으로 작동한 사례였다.

검거 당시 확보된 약 230만 건의 개인정보 DB는 이 조직이 대규모 사기로 확장되기 직전이었음을 보여주며, 결과적으로 범죄의 선제적 차단이라는 결정적 성과로 이어졌다. 이후 진행된 수사에서 피의자 7명이 구속되었고, 상당수 피해금도 환수되었다는 점은 국제공조의 실효성과 치안외교의 결과물임을 보여준다.

더욱 인상적인 대목은, 피의자 중 일부가 과거 캄보디아에서 구조받은 경험이 있음에도 다시 태국으로 넘어와 범죄조직을 설립했다는 사실이다. 이는 국제공조가 일회성 검거에 머물러선 안 되며, 지속적 정보관리, 국가 간 연계감시, 현지 경찰과의 신뢰 기반 네트워크 유지가 필수적임을 웅변한다.

이번 사건은 단지 해외 도피사범 검거가 아닌, 한국 경찰이 전략적으로 움직이는 '국가 외교 행위'의 전형이었다. 협력관 개인의 대응을 넘어, 경찰청－INTERPOL－대사관－태국 경찰청이 '하나의 작전팀'처럼 움직이며 전방위 협력을 이룬 이 사례는 경찰이 단순한 수사기관을 넘어 외교의 실천 주체로 나아가고 있음을 증명한 장면이었다.

출처: 경찰청 제공

2) INTERPOL 작전 24시 - 태국 도피 살인 피의자의 초고속 검거와 송환

2023년 10월 어느 새벽, 충남 아산 고속도로 인근에서 “사람이 쓰러져 있다”는 112 신고가 접수되었다. 신고를 접수한 아산경찰서는 현장을 신속히 확인한 뒤, 광주에서 인천으로 운행하던 택시기사가 살해되어 유기된 심각한 강력범죄임을 인지하고 즉시 수사에 착수했다. 사건 발생 직후 확보된 CCTV 영상 분석을 통해 피의자가 곧장 인천공항으로 이동해 태국행 비행기에 탑승한 사실이 확인되면서, 수사는 국제공조로의 긴급 전환을 필요로 하게 되었다.

경찰청 국제공조담당관실은 즉시 긴급 대응 체제를 가동하여 추적팀을 구성하고, 경찰주재관, INTERPOL 서울사무소, 태국 경찰과의 실시간 협업 체계를 가동했다. 당시 피의자에 대한 체포영장이 발부되지 않은 상태였기에, 한국 INTERPOL은 태국 공항 당국과의 협의 끝에 영장 없이 공항에서 피의자를 최대 3시간까지 임시 보호할 수 있는 조치를 끌어냈다. 이는 단시간 내에 신병 확보를 위해 현실적으로 가능한 최선의 법적 조치이자, 평소 형성해둔 공조 신뢰 네트워크가 있었기에 가능했던 전략적 설계였다.

그 사이 국내 수사기관은 피의자에 대한 체포영장을 신속히 발부받았고, 경찰청 국제공조담당관실은 INTERPOL 사무총국과의 긴급 협의를 통해 적색수배서를 확보하였다. 모든 서류가 준비된 시점에서 한국 경찰 송환팀은 서울발 방콕행 항공기에 오르며 작전의 마지막 단계를 준비했다.

태국 방콕공항에 도착한 피의자는, 대기 중이던 태국 경찰청과 한국 경찰주재관의 합동작전 하에 비행기에서 내리자마자 현장에서 즉시 검거되었다. 당시 태국 경찰은 사건의 중대성과 한국 경찰의 요청을 반영하여 수사관 20여 명을 공항에 배치, 어떠한 돌발 상황에도 대응할 수 있도록 만반의 태세를 갖추었다.

이후 한국 경찰 송환팀은 적색수배서와 체포영장을 소지한 채 방콕에 도착하여 피의자의 신병을 인수했고, 도착 직후 곧바로 귀국 비행기에 다시 탑승하여 ‘퀵 턴 송환(Quick Turnaround)’을 성사시켰다. 이는 살인사건 발생 후 불과 24시간도 되지 않아 도피 피의자를 본국으로 송환한 이례적인 성공 사례로 기록되었다.

이번 사건은 그 자체만으로도 치안외교적 상징성이 크다. 첫째, 살인범에 대한 국제공조가 하루도 안 되어 실행되었다는 점은, 한국 경찰의 국제 대응 역량과 시스템의 민첩성을 보여주는 대표 사례다. 둘째, 체포영장과 적색수배서가 모두 없는 상태에서도 상대국과의 신뢰를 기반으로 임시보호 조치를 합의한 점은, 평시 외교적 네트워크 구축의 중요성을 다시금 입증했다. 셋째, 방콕 공항에서 실행된 합동 작전은 경찰청과 태국 경찰청 간의 전략적 신뢰관계가 없었다면 불가능했을 초고속 대응이었다.

이 사건의 또 다른 의미는 '협정서와 제도가 아닌 실천적 공조'가 가져오는 외교적 효과에 있다. 2023년 IPS(국제경찰청장회의) 당시 개최된 한-태 양자 회담에서 양국 간 협력관계를 재확인하고, 각기 경찰 협력관을 상호 파견한 결과, 현장에서 바로 작동 가능한 협력 채널이 구축되어 있었다. 이는 단순히 범죄인 한 명의 송환이 아닌, 신뢰 기반 치안외교의 작동성을 실질적으로 입증한 사례였다.

이번 사례는 경찰이 단지 수사기관이 아니라, 국가의 신뢰와 법의 원칙을 국제사회에 실현하는 외교의 실천 주체임을 보여주는 대표적인 치안외교의 현장이었다.

출처: 경찰청 제공

3) 해외거점 범죄조직 일망타진 – 베트남 모바일 스미싱 조직 검거와 총책 송환

2024년 9월, 대한민국 경찰은 베트남 현지에서 모바일 스미싱 범죄를 벌이던 대규모 사기 조직의 해외 거점 인물 7명을 전원 검거하고, 이 중 총책을 포함한 3명을 강제 송환하는 데 성공했다. 국내외 피의자 86명을 검거하고 9명을 구속한 이 사건은, 한국 경찰의 국제공조 역사상 최대 규모의 해외거점 조직 검거 사례로 기록되며, 단순한 수사성과를 넘어선 치안외교의 대표적 장면이 되었다.

사건의 발단은 그해 봄, 경상북도 지역에서 발생한 모바일 스미싱 피해 접수로 시작되었다. 당시 피해자들은 지인의 결혼식 청첩장을 가장한 문자를 받은 후 스마트폰에 악성 프로그램이 설치되었고, 금융정보가 유출돼 피해를 입었다. 계절 특성상 모바일 청첩장 수신이 빈번하던 시점이었기에 범죄의 악의성과 조직적 특성이 더욱 두드러졌다.

수사를 이어가던 국내 경찰은 가상계좌 및 법인계좌 70여 개에서 발생한 수십만 건의 거래 내역을 분석한 끝에, 베트남을 거점으로 한 해외 조직의 존재를 포착했다. 이에 따라 경찰청 국제공조담당관실은 신속히 INTERPOL 적색수배를 요청하고, 해당 조직원 전원을 '핵심 도피사범'으로 지정, 베트남 경찰과의 집중 공조체계를 구축했다.

베트남과의 공조는 결코 쉽지 않았다. 요청의 비대칭성과 복잡한 현지 행정절차, 언어 및 법문화의 차이 등은 구조적인 한계였다. 그러나 이러한 제약을 넘어서기 위해 경찰청은 전략적 접근을 시도했다. 국제공조담당관의 베트남 공안부 방문 시, 본 사건에 대한 특별 관심을 요청했고, 베트남 현지 주재관은 일상적인 신뢰 구축을 바탕으로 공안 실무자와의 협력 라인을 유지해 왔다. 또한, 도피사범 송환 출장 중 본건 수사팀장을 현지에 파견하여 공안과의 실무회의를 직접 조율하고, 최신 첩보를 상호 검증하며 작전을 구체화했다.

결과적으로, 한-베 공조 수사팀은 베트남 호치민 지역에서 피의자들의 은신처를 특정하고, 은밀하게 감시 및 급습을 실행하여 전원 검거에 성공하였다. 특히 조직원들이 사용하던 휴대폰, 노트북, 개인정보 DB 등 다량의 증거물도 완벽히 확보하여, 이후 국내 송환된 피의자 진술과 함께 수사의 신뢰성과 증거력을 더욱 높일 수 있었다.

이번 사건은 단순히 해외 도피사범을 송환한 수준을 넘어, 글로벌 사기 범죄에 맞선 경찰 외교의 성과였다. 피해자는 총 230명, 피해금은 100억 원대에 달했으며, 무엇보다 조직이 보유한 개인정보 DB로 인해 향후 추가 범죄를 사전에 차단하는 예방 효과도 거둘 수 있었다.

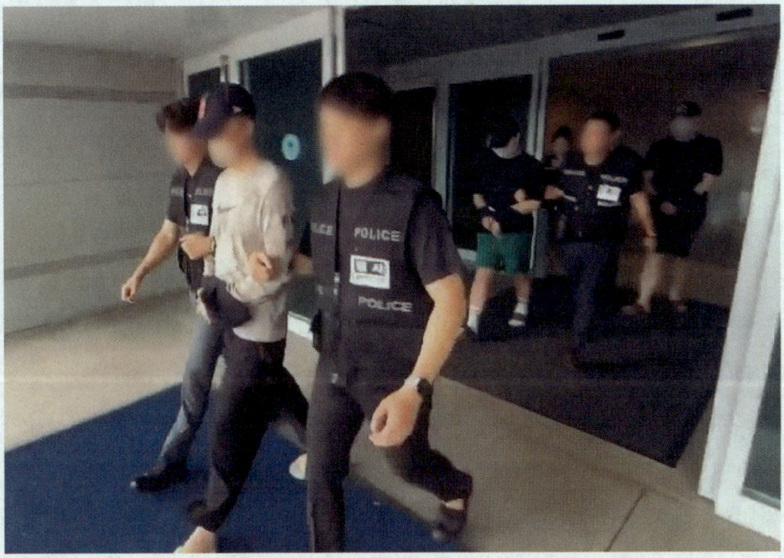

출처: 경찰청 제공

경찰청은 본 사건을 두고 "현지 법집행기관과 경찰주재관이 한 팀이 되어 해외거점 범죄조직을 일망타진한 수범 사례"라고 평가하며, 국제공조의 핵심이 단지 제도나 기술이 아닌 '신뢰 기반 협력'임을 다시금 확인하였다. 이처럼 국제공조는 오늘날 가장 실천적인 치안외교의 장면이자, 한국 경찰이 세계 속 치안 파트너로 도약해 가는 상징적 여정이다.

4) 국가 간 신뢰의 결실 - '강남 마약음료 사건' 주범 송환 사례

2023년 4월, 서울 강남 학원가에서 발생한 '마약음료 사건'은 대한민국 사회에 큰 충격을 안겼다. 중·고등학생을 대상으로 한 가짜 시음 행사 형식을 빌린 이 범행은, 필로폰과 우유를 섞은 이른바 '마약음료'를 배포하고, 이를 마신 피해 학생들의 부모를 협박하여 돈을 갈취하려 한 신종 강력범죄였다. 단순한 마약 투약이나 유통을 넘어, 무고한 청소년을 대상으로 한 계획적 범죄였기에 그 파장은 더욱 컸다.

서울경찰청 마약수사대는 즉시 수사에 착수했고, 단기간 내에 중국으로 도피한 주범 A씨를 특정해 경찰청 국제협력관실에 공조를 요청했다. 경찰청은 신속히 INTERPOL 적색수배서를 발부받아 중국 INTERPOL과 공조를 개시하였으며, 주중 한국대사관 경찰주재관을 통해 중국 공안부와의 핫라인을 가동하며 본격적인 추적에 나섰다.

무엇보다 주목할 점은 이번 사건이 국제공조의 고도화된 전략과 외교적 노력을 병행한 대표적 사례였다는 점이다. 경찰청장은 사건 발생 직후 '마약과의 전면전'을 선언하고, 4월 말 중국 공안부장에게 직접 친서를 전달하여 피의자 송환에 대한 협조를 요청했다. 이후 실무 출장단은 5월 중국 공안부를 직접 방문하여 사건의 심각성을 재차 설명하고, 서울청 수사팀으로부터 전달받은 추적 단서를 현장에서 즉시 공유하며 결정적 수사단서를 제공했다.

그 결과, 사건 발생 52일 만에 중국 지린성에서 A씨를 검거하는 데 성공했다. 검거 이후에도 경찰청은 지속적인 외교적 채널을 통해 송환 협의를 이어갔다. 한중 INTERPOL 회의, 한일중 경찰청장 회의 등 다양한 다자외교 무대를 활용해 A씨의 송환 필요성을 지속적으로 제기했고, 그 결실로 2023년 12월 20일, 중국 공안부는 A씨의 강제추방을 최종 결정했다. 경찰청은 즉시 호송팀을 연길로 급파하였고, 12월 26일 A씨는 국적기를 통해 한국으로 성공적으로 송환되었다.

이 사건은 여러 복합적 난관 속에서도, 한중 경찰 간의 신뢰와 전략적 협력의 힘이 어떻게 범죄자 송환이라는 결과로 이어질 수 있는지를 잘 보여준다. 외교부 주도의 범죄인인도청구가 아닌, 경찰청이 주도한 실시간 정보 공유와 직접 협상을 통해 신속한 송환을 이끌어낸 것이다. 이는 치안외교가 외사기능을 넘어 국가 간 신뢰 외교로 기능하고 있음을 상징적으로 보여주는 사례였다.

특히, 마약범죄라는 글로벌 범죄에 대해 양국이 공동의 대응 의지를 확인했고, 경찰청장이 직접 외교적 메시지를 전달함으로써 공조의 정치적 의제화에 성공한 점은 향후 유사사건 대응에 중요한 이정표가 될 수 있다. 송환 이후 A씨는 국내에서 중형을 선고받았으며, 이는 국민의 법 감정에 부응함과 동시에 국제공조가 국내 치안안보에 실질적으로 기여할 수 있음을 확인시켜준 사건으로 평가된다.

이번 사건은 경찰이 단지 범죄인을 검거하는 수사기관을 넘어, 글로벌 범죄 대응의 주체이자 국제사회의 신뢰 파트너로서 얼마나 중요한 역할을 수행할 수 있는지를 보여주는 또 하나의 치안외교 현장이었다.

출처: 경찰청 제공

5) 국제공조의 집념 - 깡통 전세 사기범 해외도피 2년 만에 검거·송환

대전 지역에서 발생한 이른바 '깡통 전세 사기' 사건은 전세 사기를 넘어 국민 주거안전의 근간을 뒤흔든 중대한 범죄로, 피해자뿐 아니라 전 국민에게 커다란 충격을 안겨주었다. 피해자들은 2019년부터 2023년까지 대전시 일대 다가구주택에 전세로 입주하면서, 집값보다 선순위 채권이 더 많은 '깡통 전세' 구조에 속아 보증금을 떼이게 되었다. 피해 사실은 계약 체결 시점엔 인식되지 못하다가 상당한 시간이 지난 후에야 전세사기임을 깨닫고 경찰에 신고함으로써 사건이 수면 위로 드러났다.

피의자 A씨와 B씨는 수사가 본격화되기 직전인 2022년 9월 미국으로 도피하였다. 이후 대전경찰청 반부패수사대는 경찰청에 국제공조를 요청하였고, 경찰청은 2023년 8월 국제형사경찰기구(INTERPOL)를 통해 적색수배서를 발부받아 전 세계를 대상으로 본격적인 추적에 나섰다. 특히 피의자들이 미국 인접 국가로 도주할 가능성까지 고려해 캐나다 INTERPOL과 국경관리청(CBSA)에도 수배 사실을 통보하는 등 다면적 대응이 병행되었다.

추적의 핵심은 피의자들의 미국 내 체류 정보였다. 경찰청은 미 국토안보수사국(HSI), 외교보안국(DSS), 세관국경보호국(CBP) 등 주요 연방기관과 협력 체계를 구축하였고, 이들의 합법적 체류자격을 정지시키는 동시에, 실제 은신처를 특정하기 위한 정보수집을 강화했다. 피의자들이 고급 주택가에서 호화 생활을 이어가고 있다는 언론 보도가 나오면서 사회적 관심이 높아졌고, 시민 제보와 수사기관 간의 정보 공유가 본격화되었다.

마침내 2024년 9월, 미국 퇴거집행운영국(ERO)은 잠복 수사 끝에 은신처 인근 차량에서 A씨를 발견하고 전격 체포에 성공하였다. 그러나 검거만으로 모든 절차가 끝난 것은 아니었다. 대한민국으로의 송환을 위한 법적 절차와 기관 간 협의가 다시 이어졌고, 양국 법집행기관은 피의자 신병 처리 방향을 조율하며 긴밀한 협력 체제를 유지해 나갔다.

결국 2024년 12월 19일, 약 2년에 걸친 추적 끝에 경찰청은 HSI, ERO와의 합동 작전을 통해 A씨를 국내로 송환하는 데 성공하였다. 해당 송환 작전은 철저한 사전 준비와 한미 양국 간의 상호 신뢰를 기반으로 이뤄진 협업의 결과였다. 특히 미국 측은 단순한 사법적 협조를 넘어, 피의자 검거 이후까지도 신속하고 실효적인 송환을 위해 적극적으로 협력하였고, 이로써 해당 사건은 국제공조의 모범사례로 자리매김하였다.

이번 사건은 단지 한 명의 피의자를 송환하는 데 그치지 않는다. 주거 취약계층을 대상으로 한 악의적 범죄에 대해 국가가 어떻게 대응하고, 국제적 협력을 통해 도피사범을 추적하고 끝까지 책임을 묻는지를 보여주는 중요한 치안외교의 현장이었다. 특히 미국과의 수사 협력은 양국 간 오랜 치안외교 네트워크가 실제 성과로 연결된 대표적 사례로, 향후 유사 사건 대응에 있어 신뢰와 전략이 얼마나 중요한 자산인지를 입증했다.

범죄의 국경이 사라진 시대, 경찰의 외연 역시 국가를 넘어 확장되고 있다. 이 사건을 통해 우리는 다시 한번 확인할 수 있었다. 치안외교는 선언이 아닌 실행이며, 사건이 아닌 신뢰를 다루는 외교의 한 방식이라는 것을.

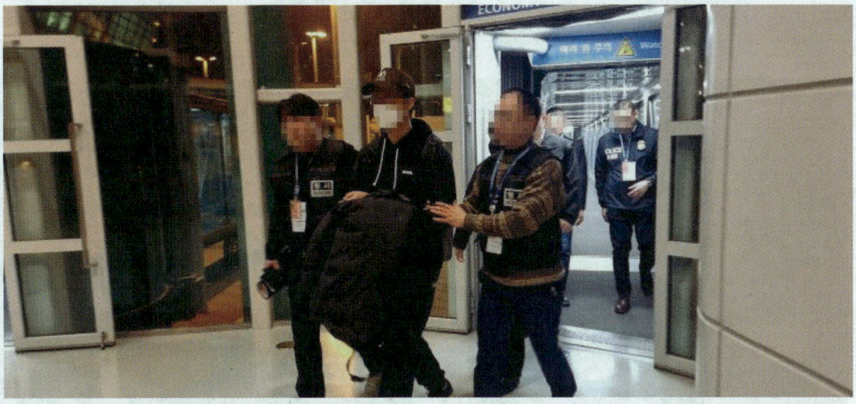

출처: 경찰청 제공

6) 글로벌 공조의 결실 - 전세기를 통한 해외도피사범 일괄 송환 사례

2025년 9월 3일, 한국 경찰은 필리핀에서 장기간 도피 중이던 한국인 범죄자 49명을 전세기를 통해 일괄 송환하는 대규모 작전을 성공적으로 수행했다. 이는 경찰청이 주도한 국제공조 역사상 전례 없는 규모의 송환 작전으로, 국외도피사범 추적과 송환이 단순한 수사 차원을 넘어 국가적 전략 과제로 자리잡고 있음을 보여주는 상징적 사건이었다.

이번 작전을 위해 경찰청은 국제공조담당관을 단장으로, INTERPOL 공조계장, 122명의 호송관, 필리핀 이민청 관계자 12명, 의료진과 촬영팀까지 총 140명 규모의 호송단을 구성했다. 작전은 인천공항에서 출발해 마닐라에 도착한 후 곧바로 귀국하는 일정으로 진행되었으며, 철저한 준비 끝에 어떠한 사고도 없이 원만히 마무리되었다.

송환 대상은 보이스피싱·사기범 25명, 사이버도박범 17명, 강도상해 등 강력사범 3명, 성폭력 등 기타사범 4명 등으로 구성되었으며, 그 가운데는 국내 최대 규모(약 5조 3천억 원)의 사이버도박 조직원 9명, 17억 원대 스미싱 총책, 26억 원대 전세사기 주범, 16년간 해외 도피하며 219억 원을 횡령한 장기 도피사범 등 사회적으로 파급력이 큰 중대범죄자들이 포함되어 있었다.

해외도피사범들이 호송경찰관들에 의해 인천공항 입국장으로 들어오고 있다

출처: 뉴스1, 「전세기 띄워 필리핀 도피사범 49명 송환」, 2025. 09. 03 https://www.news1.kr

피의자 전원은 인천공항 도착 직후 전국 수배관서에 신병이 인계되어 구속영장 청구 등 본격적인 수사가 재개되었다. 단순히 범죄자들을 국내로 송환한 것 이상의 성과도 분명했다. 첫째, 범죄생태계의 척결이다. 이번 송환으로 필리핀 비쿠탄 수용소에 수감된 한국인 범죄자 107명 중 46%가 국내로 이송되며 현지에서 형성된 범죄 네트워크가 크게 약화되었다. 둘째, 교민사회 안정화다. 국외도피사범들이 교민을 상대로 저질러온 범죄에 대한 불안이 상당 부분 해소되었고, 현지 교민사회 치안 안정에도 긍정적 효과가 기대된다. 셋째, 대국민 홍보다. 이번 작전은 총 44개 언론사에서 97건이 보도되었고, "해외에 숨을 곳 없다", "역대 최대 규모 전세기 송환"과 같은 헤드라인으로 국민에게 전달되었다. 이는 한국 경찰의 국제공조 역량과 엄정한 법 집행 의지를 국민에게 각인시키는 계기가 되었다.[10)]

---

10) 경향신문. 「필리핀 도주 범죄자 49명, 전세기로 '우르르'⋯ 해외에 숨을 곳 없다」, 2025.09.03. https://www.khan.co.kr
KBS. 「필리핀 도주 한국 범죄자 무더기 송환⋯ 역대 최대 규모에 전세기까지」, 2025.09.03.https://news.kbs.co.kr

경찰청은 이번 성과를 기반으로 필리핀 당국과 협의하여 미송환 피의자에 대한 추가 송환을 추진하는 한편, 현지 증거품 제공과 국내 수사 지원을 위한 국제공조를 더욱 강화할 계획이다.

이번 전세기 송환 사례는 한국 경찰이 국외도피사범을 끝까지 추적하여 반드시 국내 사법 체계 안으로 이송한다는 원칙을 실현한 대표적 성과였다. 동시에 이는 국제공조가 단순한 협력이 아닌, 범죄생태계 해체·교민사회 안정·국민적 신뢰 확보라는 복합적 효과를 창출할 수 있음을 보여주는 치안외교의 생생한 현장이었다.

공조사례에서 확인한 치안외교의 힘

이처럼 다양한 국가에서 진행된 국제공조 사례는 단지 범죄인을 검거하고 송환했다는 사실 이상의 의미를 담고 있다. 이 사건들 하나하나가 바로 '치안외교(policing diplomacy)'가 현장에서 어떻게 구현되고 축적되는지를 보여주는 살아 있는 교과서다.

먼저 주목해야 할 점은, 이 모든 공조의 성공 뒤에는 평소 쌓아온 신뢰가 있었다는 사실이다. 필리핀, 태국, 베트남, 중국, 미국 등과의 긴밀한 협력은 단기간에 이루어진 것이 아니라, 오랜 기간 축적된 파견경험, 협약, 비공식 채널, 상호 이해의 기반 위에서 가능했다. 이는 곧 국가 간 신뢰는 치안외교의 핵심 자산이라는 점을 다시 한번 상기시켜준다.

둘째, 이 사건들은 모두 경찰이 직접 외교의 주체가 된 현장 외교의 사례였다. 협력관이 정보원을 통해 첩보를 수집하고, 주재관이 CCTV를 분석하며, INTERPOL 담당관이 적색수배를 요청하고, 현장에서 피의자를 직접 송환하는 일련의 과정은 전통적인 의미의 외교가 아니라, 실용외교(practical diplomacy)로서의 경찰 외교였다.

셋째, 갈수록 복잡해지고 지능화되는 범죄에 대응하기 위해서는 단순한 국가 내 수사만으로는 한계가 있으며, 국제사회와의 실시간 정보 공유와 작전 공조 체계 없이는 피해 확산을 막기 어렵다. 이번 사례들은 이러한 흐름 속에서 글로벌 공동대응의 중심축으로서 경찰의 역할을 확인시켜 주었다.

또한 우리는 이 과정을 통해 한국 경찰의 대응 역량이 곧 대한민국의 신뢰 자산이자 외교적 위상으로 직결됨을 확인할 수 있었다. 해외에서 도피 중인 피의자를 신속히 검거하고, 국제 기준에 맞는 인권친화적 송환 절차를 이행한 점은 국제사회에 한국 경찰의 책임성과 전문성을 강하게 인식시키는 계기가 되었다.

무엇보다 중요한 교훈은, 치안외교는 단순한 선언으로 실현되는 것이 아니라, 오랜기간의 협력과 훈련, 구조적 플랫폼의 축적 위에서만 가능하다는 점이다. 즉, 치안외교는 외사의 연장선이 아니라 국가전략으로서 재정립되어야 할 실천적 외교 방식이라는 것이다.

이러한 공조 사례는 경찰이 단순한 수사기관이 아니라, 신뢰와 정의를 국제적으로 연결하는 외교주체가 될 수 있음을 증명했다. 앞으로도 한국 경찰이 이러한 현장성과 전략성을 바탕으로, 국제무대에서 더욱 두드러진 치안외교의 주역으로 자리매김하길 기대한다.

4 국제공조수사의 의미 - 단순한 체포 그 이상

국제공조는 단순히 국경을 넘는 수사협조를 뜻하지 않는다. 그것은 한국 경찰이 글로벌 경찰 공동체 속에서 '공조의 설계자'로 자리매김하고 있음을 보여주는 외교적 실천이다. 범죄인을 송환하기 위해 외국 경찰과 신뢰를 쌓고, INTERPOL 회의장에서 의제를 제안하며, 현지 기관과 치밀하게 협력하는 모든 과정은 곧 대한민국 법집행의 역량이 세계 속에 뿌리내리는 순간이다.

국외도피사범 검거는 단순한 체포 행위가 아니다. 그 자체가 곧 대한민국 경찰의 전문성, 치안외교의 역량, 그리고 인권·법치라는 가치를 증명하는 장면이다.

국민에게는 정의가 실현되고 있다는 메시지를 전하며, 국제사회에는 대한민국이 신뢰할 수 있는 법집행 파트너임을 각인시키고, 협력국에게는 지속 가능한 신뢰와 협력의 자산을 남긴다.

따라서 국제공조는 단순한 형사사법 절차가 아니라, 경찰의 외교능력을 시험하는 무대이자, 국가 브랜드와 책임이 교차하는 "정의의 외교"다. 결국 국외도피사범의 송환은 범죄자 신병 확보를 넘어, 대한민국이 법치와 정의, 그리고 국제적 책임을 실천하고 있음을 세계 앞에 선언하는 장면이다.

이렇듯 국제공조수사는 경찰이 외교의 중심에 서서 전략과 실행력을 발휘하는, 치안외교의 가장 완성된 형태라 할 수 있다.

제 4 절 국제공조의 한계와 과제 - 제도 너머의 현실을 직시하며

초국경범죄의 확산 속도는 국제사회의 대응 체계를 끊임없이 시험대에 올려놓고 있다. INTERPOL, 양자협정, 디지털 수사 인프라 등 제도적 기반이 지속적으로 고도화되고 있음에도 불구하고, 국제공조는 국경을 초월한 정의 구현의 이상을 실현하는 장이지만, 현실에서는 여전히 제도적 제약과 국가 간 신뢰의 온도차, 사법제도의 이질성이라는 복잡한 장벽에 가로막힌다. 한국 경찰이 다수의 국외도피사범을 추적해 온 경험은, 국제공조가 결코 단순한 수사협조의 문제가 아니라 '국가 간 관계'라는 외교적 성격을 내포한 정교한 설계임을 여실히 보여준다. 수사관들은 국경 너머에 있는 피의자나 증거를 앞에 두고도, 서로 다른 법제도와 절차, 문화와 신뢰의 간극을 넘지 못해 손발이 묶이는 상황을 종종 경험한다. 여기에서는 그러한 국제공조의 제약 요인을 세 가지로 정리하고, 이를 극복하기 위한 전략적 대안을 제시하고자 한다.

1 국가 간 법제 차이 - 공조의 제도적 괴리

국제공조의 가장 구조적인 한계는 국가 간 법체계의 이질성에서 비롯된다. 수사 절차, 증거 인정 기준, 피의자 권리 보장 수준, 처벌 수위 등은 나라마다 천차만별이며, 이러한 차이는 단순한 절차 지연을 넘어 공조 자체의 무효화로 이어질 수 있다.

예를 들어, 일부 국가는 변호인 입회 없이 확보한 자백을 증거로 수용하지만, 인권 기준이 엄격한 국가는 이를 강압수사로 간주하여 증거 능력을 부정한다. 또한 사형 제도를 유지하는 국가로의 범죄인 인도는, 사형 폐지 국가의 헌법·법률상 원칙에 따라 거부될 수 있다. 실제로 유럽연합 회원국들은 '사형 위험국'에 대한 범죄인 인도에 매우 엄격하며, 심지어 자국민 인도 자체를 금지하는 헌법 규정을 둔 경우도 많다.

또한 이중범죄성 원칙(Dual Criminality) — 즉, 해당 행위가 양국 모두에서 범죄여야 한다는 조건 — 은 사이버범죄, 금융범죄, 표현의 자유와 관련된 사건에서 특히 민감하게 작용한다. 어떤 국가에서는 불법인 행위가 다른 국가에서는 합법이거나 규제대상이 아닐 수 있다.

치안외교적 함의로 볼 때, 법제 차이는 단순한 수사 기법의 문제가 아니라 국가 간 신뢰 형성과 장기 협력의 구조에 직접적인 영향을 미친다. 한국 경찰이 국제공조를 요청할 때에는 단순히 법률 번역문을 전달하는 수준을 넘어, 대상국의 법제·인권·사법 관행을 충분히 이해하고, 그에 맞춘 맞춤형 요청서와 보완 절차를 설계해야 한다. 이는 결과적으로 "법을 존중하는 파트너"라는 이미지를 확립하고, 거부 사유를 최소화하는 치안외교의 전략이 된다.

2 문화적 인식과 신뢰의 간극 - 보이지 않는 장애물

국제공조는 제도적 기반이 아무리 탄탄해도 사람과 사람 사이의 신뢰가 무너지면 작동하지 않는다. 협력의 성패는 법률보다 관계와 문화적 이해에 좌우된다. 그러나 실제 수사 현장에서는 '다름'을 '틀림'으로 받아들이는 인식 차이로 협력이 좌초되는 경우가 빈번하다.

예를 들어, 일부 국가는 공공안전을 위해 속도와 효율을 중시해 선제적 행정조치를 취하지만, 다른 국가는 개인의 자유와 인권 보장을 우선시해 충분한 사전심사와 법원 명령을 요구한다. 감청, 계좌추적, 위치추적 등 수사기법 하나에도 각국의 문화적·법적 접근이 다르기 때문에, 요청이 오히려 수사방식에 대한 비판으로 변질되기도 한다.

또한 과거의 불이행 사례(요청만 받고 회신이 없는 경우)나 일방적 정보 요구 경험은 장기적으로 협력 기반의 침식으로 이어진다. 이런 불신은 긴급 상황에서의 정보 공유를 가로막아, 결과적으로 범죄 대응 속도를 늦춘다.

치안외교적 함의로는, 이러한 문화·신뢰의 간극을 줄이기 위해 정례적 교류 프로그램, 공동훈련, 다자 포럼 등을 적극적으로 운영하는 것이 필요하다. 이는 단순한 친목이 아니라, 위기 시에도 신속한 대응이 가능하도록 관계자 네트워크를 평시부터 준비하는 전략이다. 특히 경찰주재관, INTERPOL NCB, 해외연수·워크숍 등은 이러한 신뢰 형성의 핵심 플랫폼으로 기능한다.

3 데이터 공유의 윤리적 긴장 - 수사와 인권의 균형

정보는 국제공조의 생명선이지만, 동시에 가장 민감한 갈등 요인이다. 데이터가 국경을 넘는 순간, 그것은 수사의 수단이자 외교적·윤리적 쟁점이 된다. 특히 유럽연합(EU)의 GDPR(General Data Protection Regulation)[11]은 전 세계적으로 개인정보 보호의 최상위 기준으로 자리 잡으며, 수사와 인권 사이의 균형 문제를 국제공조의 핵심 의제로 만들었다. GDPR은 모든 개인정보 처리 과정에서 적법성·공정성·투명성, 목적 제한, 데이터 최소화, 저장 제한, 보안성, 책임성 등 7대 원칙을 엄격히 요구하며, EU 내외 모든 기관과 기업에 적용된다.

이러한 규제 환경에서, 유럽의 경찰이나 기관이 제3국(예: 한국)에 개인정보를 제공하려면 '적정성 결정(adequacy decision)'이나 기타 보호조치를 갖춰야 하며, 형사사법 분야에서는 별도의 '형사사법 개인정보 보호 지침(LED)'도 따라야 한다. 이는 곧, 한국 경찰이 긴급한 범죄수사 목적으로 위치정보나 금융거래 내역을 요청하더라도, GDPR 위반 소지가 있다면 EU 측에서 제공을 거부할 수 있음을 의미한다.

미국의 CLOUD Act[12]와 같은 법률도 마찬가지로 국제 데이터 이전과 관련한 복잡한 법적·윤리적 조건을 부과하며, 각국의 규제는 종종 상충한다. 수사기관이 확보한 통신기록, 위치 정보, 금융거래 내역은 한 국가에서는 합법적일 수 있지만, 다른 국가에서는 인권 침해로 간주될 수 있다. 특히 인공지능(AI), 안면 인식, 소셜 네트워크 분석 등 첨단 기술을 활용한 공조 수사에서는 투명성과 책임성, 남용 방지 장치 마련이 필수다.

따라서 국제공조의 정보 공유는 단순히 '데이터를 주고받는 행위'가 아니라, '책임 있는 협력 과정'임을 전제로 해야 한다. 이를 위해 국제사회는 공통된 데이터 보호 기준 마련, 기술 도구 사용의 윤리 가이드라인 정비, 그리고 INTERPOL이나 UNODC와 같은 국제기구를 통한 중재 시스템 구축을 병행해야 한다.

---

11) GDPR(General Data Protection Regulation)은 유럽연합(EU)과 유럽경제지역(EEA) 전역에서 개인정보 처리 및 보호를 규율하는 포괄적인 법률로, 2018년 5월 25일부터 시행

12) CLOUD Act(Clarifying Lawful Overseas Use of Data Act, 2018)은 미국 법으로, 미국 수사기관이 미국 내에 본사를 둔 IT·통신 기업(예: 마이크로소프트, 구글, 애플 등)에게 서버가 해외에 있더라도 법원 영장을 통해 데이터 제공을 요구할 수 있도록 한 법으로 즉, CLOUD Act는 미국형 '디지털 수사 공조법'으로, 사이버 범죄, 테러 수사 등에서 신속한 데이터 접근을 가능하게 하지만, 동시에 개인정보 보호·주권 침해 논란을 불러온 제도

치안외교적 함의로 볼 때, GDPR과 같은 엄격한 규범은 한국 경찰이 단순히 법적 절차를 지키는 것을 넘어, 국제 기준에 부합하는 데이터 보호 체계와 내부 규정을 갖추도록 요구한다. 이는 단기적으로는 공조 속도를 늦출 수 있으나, 장기적으로는 "인권을 존중하는 수사 파트너"라는 국가 이미지를 강화하고, EU를 비롯한 선진국과의 장기적 신뢰 네트워크를 구축하는 기반이 된다. 다시 말해, 개인정보 보호는 수사의 제약이 아니라, 국경을 넘는 치안외교의 지속가능성을 담보하는 전략 자산인 것이다.

제 5 절 국제공조의 실행 기반과 전략 과제

초국경범죄에 맞서는 국제공조는 단순한 형사사법 협력이 아니라, 국가 안보·경제·외교가 결합된 종합 외교전의 최전선이다. 한국 경찰이 주도적으로 국제공조를 설계·운영하는 것은 곧 국격 제고와 국익 수호를 동시에 달성하는 치안외교 행위이다. 이를 위해서는 제도적 기반과 인력, 네트워크, 기술 인프라를 종합적으로 강화하는 전략이 필요하다.

1 공조 전담조직과 통합 정보체계 구축

한국 경찰의 국제공조는 INTERPOL 국가중앙사무국(NCB)을 중심으로 이루어지고 있으나, 다양한 채널과 유형의 공조수사가 병렬적으로 이루어지고 있어 통합 조정과 전략 기획의 기능이 상대적으로 약하다. 이를 해결하기 위해서는 경찰청 내 '국제공조전담 조직'의 권한과 기능을 확대하고, NCB의 위상을 전략적 중추기구로 격상시킬 필요가 있다.

또한 국제공조수사에 필요한 사건 정보, 범죄 유형별 공조 데이터, 국가별 공조 현황 등을 총괄할 수 있는 통합형 정보관리 시스템 구축도 핵심 과제다. 이 시스템은 치안한류(K-Policing), INTERPOL, 외사·정보 분야, 그리고 해외 파견인력 간의 정보 공유를 유기적으로 연결하는 플랫폼이 되어야 하며, 신속한 판단과 전략 수립에 실질적인 도움을 줄 수 있어야 한다.

2 경찰주재관 · INTERPOL 협력관 등 인력운용의 전략화

국제공조수사의 현장 실무자라 할 수 있는 경찰주재관과 INTERPOL 협력관 등 해외파견인력의 역량은 공조 성공의 성패를 좌우한다. 따라서 이들을 단순히 파견인력으로 보지 않고, 치안외교관, 공조 설계자, 국제 네트워크 구축의 선봉장으로 인식해야 한다.

이를 위해선 해외공조 주요 국가를 중심으로 주재관 정원을 재배치하고, 전략 거점에 상시 연락관 상주 체제를 확대하며, 임무 기간 동안 각국 치안 기관과의 고위급 관계 형성 및 공조 프로젝트 설계까지 책임지는 책임 중심 운용 방식으로 전환해야 한다. 인력 선발도 기존의 경력과 어학 중심에서, 전략적 설계 역량과 현장 판단력을 갖춘 자질 중심 선발로 강화될 필요가 있다.

3 국제기구와의 실질적 파트너십 전략

INTERPOL, UNODC, ASEANAPOL 등 국제 치안기구는 단순한 정보 수신 채널이 아니라, 한국 경찰의 전략적 입지를 확대하고, 공동 프로젝트를 통해 영향력을 발휘할 수 있는 외교적 플랫폼이다. 단기적 회의 참석을 넘어서, 경찰청 주도의 공동 펀딩 사업, 정책 제안, 국제규범 논의 주도를 통해 이들과의 협력 관계를 제도화해야 한다.

특히 INTERPOL의 사이버범죄 대응 펀딩(HAECHI), 도피사범 추적 프로젝트(INFRA – SEAF) 등 INTERPOL 펀딩 기여는 한국 경찰이 국제공조의 '설계자'로 나아갈 수 있는 대표 사례이며, 이를 확장하기 위한 예산 · 조직의 전문화 · 확대화도 중요한 전략이다.

4 한국형 공조모델의 플랫폼화와 치안외교적 함의

한국 경찰이 축적한 국제공조 노하우를 체계적으로 정리하여 '한국형 공조모델(K – PIC, Korea Policing for International Cooperation)'로 플랫폼화하는 것은 향후 글로벌 공조전략의 핵심이 될 것이다.

K – PIC는 단순히 경험을 정리한 매뉴얼이 아니다. 저자가 경찰주재관, 국제협력관, INTERPOL 국가중앙사무국장으로 활동하며 직접 체득한 전략과 공

조 경험을 처음으로 하나의 모델로 개념화한 것이다. 이는 기존 문헌과 사례 어디에도 없던 새로운 시도이며, 한국 경찰의 치안외교 경험을 제도화·학문화하여 '수출 가능한 전략 툴킷'으로 제시한 최초의 작업이다. 기존 국제공조 논의가 서구 중심 문헌에 치우쳐 있었다면, K－PIC는 한국적 경험을 토대로 글로벌 치안 거버넌스에 기여하는 최초의 비서구적 공조 모델이라는 점에서 학술적·정책적 의의를 가진다. 따라서 K－PIC는 한국 경찰의 외교 전략 자산이자, 장차 '규범 형성자(norm entrepreneur)'로서의 위상을 뒷받침하는 새로운 플랫폼이다. Andreas & Nadelmann(2006)[13]와 Bowling & Sheptycki(2012)가 지적하듯, 현대의 초국경범죄 대응은 개별 사건 해결 차원을 넘어 국가 간 범죄통제 체계의 표준화와 정책외교의 도구화로 진화하고 있다.

K－PIC는 국가별 차등화된 공조전략, 범죄유형별 대응 방식, 표준 절차와 매뉴얼을 통합하여 전략적 툴킷으로 제시함으로써, 국제공조를 '수출 가능한 모델'로 전환하는 기반을 마련할 수 있다. Nadelmann(1993)은 국제공조를 외교·사법·치안 기능이 교차하는 접점으로 규정한 바 있다. K－PIC는 이러한 이론적 틀을 한국적 경험에 접목하여, 국제공조를 단순한 형사사법 절차가 아니라 외교정책의 일부로 설계한다는 점에서 의미가 크다. 즉, 개별 사건 대응 차원을 넘어 국가 간 범죄통제 체계의 표준화와 정책외교의 도구화라는 현대 국제치안의 흐름에 한국 경찰이 능동적으로 참여하고 있음을 보여준다.[14]

이 플랫폼은 치안 ODA와 치안한류(K－Policing)와도 유기적으로 연계될 수 있다. 기술·제도·경험의 전수를 통해 신뢰 기반 협력망을 확장하고, 한국 경찰이 파트너 국가의 제도 발전에 기여함으로써 공조의 외교적 지평을 넓히는 것이다.

그러나 K－PIC는 단순한 기술·절차의 집합이 아니라, 한국 경찰의 국제적 리더십을 제도화하는 장치다. 국제공조의 표준화·전문화 과정을 통해 축적된 경험과 성공 사례는 한국 경찰을 국제 규범 형성자(norm entrepreneur)이자 전략 설계자로 도약시킬 수 있는 토대가 된다.

---

13) Andreas, P., & Nadelmann, E. (2006). Policing the Globe: Criminalization and Crime Control in International Relations. Oxford University Press. / Bowling, B., & Sheptycki, J. (2012). Global Policing. SAGE.

14) Nadelmann, E. (1993). Cops Across Borders: The Internationalization of U.S. Criminal Law Enforcement. Penn State Press.

이는 범죄인 송환이나 초국경범죄 대응과 같은 가시적 성과를 넘어, 국익·국격·안보를 동시에 증진하는 복합 가치를 창출한다. 장기적으로는 신뢰 네트워크의 구축, 국제규범의 제안과 주도, 치안기술·제도의 수출을 통해 한국 경찰이 글로벌 거버넌스의 핵심 축으로 자리매김하는 길을 가속화한다.

결국 국제공조가 '사건 해결 기술'에서 '국가 전략'으로 격상되는 이 전환점은, 한국 경찰이 글로벌 규범과 질서를 설계하는 행위자로 성장하고 있음을 보여준다. 앞으로 한국 경찰은 더욱 주도적·창의적인 방식으로 국제공조의 무대를 넓히고, 글로벌 이슈와의 접점을 확대하여 국제사회로부터 신뢰받는 협력 파트너로 자리매김해야 한다. 이때 성과는 단순한 검거 건수나 통계가 아니라, 국제규범 형성 참여·전략모델 수출·국가 브랜드 가치 제고와 같은 외교적 지표로 평가되어야 한다.

참고문헌

1. 학술서 및 연구논문

Andreas, P., & Nadelmann, E. (2006). Policing the Globe: Criminalization and Crime Control in International Relations. Oxford: Oxford University Press.

Bowling, B., & Sheptycki, J. (2012). Global Policing. London: SAGE Publications.

Kim, M. J. (2021). The role of liaison officers in transnational criminal investigations. Asian Journal of Criminology, 16(2), 145–163. https://doi.org/10.1007/s11417-020-09320-1

Nadelmann, E. A. (1993). Cops Across Borders: The Internationalization of U.S. Criminal Law Enforcement. University Park, PA: Penn State University Press.

Sheptycki, J. (2004). Police cooperation and the new security agenda in Europe. European Journal of Criminology, 1(4), 369–381. https://doi.org/10.1177/1477370804046485

Deflem, M. (2002). Policing World Society: Historical Foundations of International Police Cooperation. Cambridge: Cambridge University Press.

Nye, J. S. (2004). Soft Power: The Means to Success in World Politics. New York: Public Affairs.

2. 국제기구 및 공식 문서

INTERPOL. (2023). Annual Report 2022. Lyon: INTERPOL General Secretariat.

INTERPOL. (2024). Constitution of the ICPO-INTERPOL. Lyon: INTERPOL General Secretariat.

United Nations Office on Drugs and Crime (UNODC). (2022). Handbook on International Cooperation in Criminal Matters. Vienna: United Nations.

United Nations. (2000). United Nations Convention against Transnational Organized Crime (UNTOC). New York: United Nations.

3. 국내 문헌

법무부. (2023). 『범죄인 인도법 해설』. 서울: 법무부.

외교부. (2020). 『공공외교 전략 2030』. 서울: 외교부.

PART

IV

치안외교의 성찰과 미래전략

제 8 장 치안외교의 성과와 과제

서론 국제경찰협력에서 치안외교로, 전환의 시작점에서

"우리는 언제부터 '외교'를 하고 있었던 것일까."

이 질문은 국제현장에서 오랜 시간 경찰로 일해 온 이들에게 낯설지 않다. 형사사건의 국제공조를 위해 수십 통의 공문을 주고받고, 범죄인을 찾기 위해 지구 반대편으로 달려가고, 외국의 경찰청장과 협정서를 교환하며 치안을 이야기하는 자리에서조차 우리는 종종 그것을 '공조' 또는 '협력'이라 불렀다. '외교'라는 단어는 오히려 멀고 낯선 것이었다.

그러나 돌이켜보면, 그것은 분명 외교였다. 국경을 넘어 정보를 교환하고, 협상을 통해 공감대를 만들고, 국가의 이미지를 걸고 신뢰를 형성하는 모든 활동은, 본질적으로 외교다. 단지 그것이 '치안'을 매개로 하고 있다는 점에서 다를 뿐이다.

이제 우리는 그것을 더 이상 외면할 수 없다. '치안외교'라는 이름은 단지 용어의 변화가 아니다. 이제는 실천의 성격이 바뀌고 있으며, 전략의 차원에서 새롭게 구성되어야 하는 시대적 요청이다.

최근 십여년간 대한민국 경찰이 수행한 국제 활동은 기존의 외사·공조 업무를 넘어, 외교의 영역으로 확장되어 왔다. 경찰주재관 제도의 정비, INTERPOL 협력관 확대, K-Policing의 수출, 치안 ODA의 제도화, 다자 포럼과 세미나의 주도 등은 그 대표적인 흐름이다. 여기에 더해 INTERPOL 총회 유치, 미래치안회의 개최 등은 '경찰의 외교'가 말이 아닌 현실이 되었음을 상징적으로 보여주는 이정표다.

하지만 우리는 이제 막 출발선에 섰다. 치안외교라는 개념은 이제 막 정립되었고, 정책과 제도로 안착되기 위한 과정에 있다. 지금 우리가 말할 수 있는 성과는 수치보다도 '변화의 징후'이며, 과제는 단순한 미비점이 아닌 '구조적 설계'의 문제다.

이 장에서는 지금까지의 국제경찰협력 활동이 '치안외교'라는 이름 아래 재정의되고 있는 흐름을 돌아보고자 한다.

우리가 어떠한 배경과 철학 속에서 치안외교를 실천해 왔는지, 그 안에서 어떠한 성과가 관찰되었는지, 그리고 본격적인 치안외교로 도약하기 위해 무엇을 보완하고 준비해야 하는지를 구체적으로 정리할 것이다.

이것은 단지 경찰조직의 성찰이 아니라, 대한민국이 세계와 소통하는 방식의 재설계이며, '국가 외교'의 새로운 축으로서 경찰의 위치를 정립하는 과정이기도 하다.

지금 우리는 '치안외교'라는 이름으로 한국 경찰의 국제 활동을 새롭게 정의하려는 중요한 전환점에 서있다. 그러나 이 개념은 갑자기 등장한 것이 아니다. 외사협력의 현장에서, INTERPOL의 회의장에서, 범죄인 송환을 위한 실무에서, 이미 수십 년 전부터 조용히 실천되어 온 '무명의 외교'가 그 토양이었고, 경찰은 이름 붙이기 이전부터 외교를 하고 있었다. 이제 먼저 이 실천의 축적이 어떻게 '치안외교'라는 개념으로 이어지게 되었는지를 구체적으로 살펴보고자 한다.

제 1 절 선언에서 실행으로 - 치안외교의 시대적 전환과 의의

21세기 들어 국제사회는 범죄의 국경 초월적 확산, 글로벌 공급망의 불안정, 사이버 위협의 심화 등 복합적 도전에 직면하였다. 이러한 환경 속에서 '치안'은 더 이상 개별 국가의 문제로 환원될 수 없는, 국제적 협력과 공동 대응이 요구되는 글로벌 공공재로 자리 잡게 되었다. 이에 따라 치안외교는 단순히 경찰 활동의 부수적 기능이 아니라, 국제관계 속에서 국가 이익과 안보를 증진하는 핵심 전략으로 부상하였다.

한국 경찰의 치안외교 역시 이러한 세계적 추세 속에서 선언적 단계에서 실행적 단계로의 도약을 경험하였다. 과거에는 국제회의 참석이나 교류협정 체결이 외교적 상징성을 띠는 수준에 머물렀다면, 최근에는 주재관 파견, INTERPOL·UNODC 등 국제기구 활동, 치안 ODA 사업, 그리고 K-Policing의 확산 등을 통해 실질적 협력과 가시적 성과를 창출해 왔다. 이는 치안외교가 국가 외교정책의 하위 영역을 넘어, 독자적 전략영역으로 발전할 수 있음을 보여주는 중요한 전환점이다.

특히 국외도피사범 송환, 마약·사이버 범죄 등 초국경 범죄에 대한 공조 성과는 한국 경찰이 국제 질서의 '수혜자(recipient)'에서 '규범 형성자(norm setter)'로 도약할 수 있는 가능성을 확인시켰다. 국제공조 경험은 단순한 사건 해결 기술이 아니라, 국제 협력의 표준과 모델을 제시하는 외교 자산으로 전환될 수 있다. 이는 곧 경찰이 외교부·법무부와 더불어 글로벌 거버넌스의 중요한 축으로 기능할 수 있음을 의미한다.

그러나 동시에 도전과 과제도 분명하다. 치안외교는 아직 제도적 기반과 전략적 일관성이 미흡하며, 개인적 헌신에 의존하는 경향이 강하다. 일부 성과는 일회성 이벤트로 소멸되거나 조직적 축적이 이루어지지 못했다. 또한 경찰 외교의 위상이 외교·안보 외교에 비해 제도적으로 낮게 평가되는 한계 역시 존재한다.

그럼에도 불구하고 치안외교의 의의는 분명하다. 이는 단순한 범죄대응의 기술적 수단이 아니라, 국익·국격·국민안보를 동시에 증진하는 복합 가치 창출의 도구이자, 미래지향적 국가전략으로 자리매김할 잠재력을 가진다. 다시 말해, 치안외교의 시대적 전환은 '사건 해결 중심의 경찰 활동'에서 '국가 전략적 외교 행위'로의 도약이며, 이는 한국 경찰의 글로벌 리더십을 제고하는 역사적 기회로 평가될 수 있다.

제 2 절 치안외교의 태동과 가시적 성과 - 실천의 축적에서 전략 외교로의 진화

1 실무에서 외교로, 무명의 축적에서 이름 있는 전략으로

한국 경찰의 국제협력 활동은 오랫동안 '외사'라는 이름 아래 조용히 진행되어 왔다. 경찰주재관 파견, INTERPOL을 통한 수배 공조, 재외국민 보호, 외국 치안기관과의 정보교류 등은 각각 독립된 과업처럼 보였지만, 그 이면에는 국가를 대표해 관계를 맺고 신뢰를 구축하는 경찰 외교의 실체가 존재했다.

그러나 이러한 활동은 사건 중심·사후 대응형에 머무는 경우가 많았고, 성과는 담당자의 개인 역량에 의존한 채 기록되지 못하거나 다음 세대로 축적되지 않았다. 외교의 언어와 전략이 부재한 상태에서, 경찰의 국제활동은 '기능적 협력'에 머물렀다.

이 한계를 극복하기 위해 등장한 개념이 바로 '치안외교(policing diplomacy)'다. 이는 단순히 외사 활동을 확장하거나 미화하는 것이 아니라, 경찰의 국제활동을 국가 전략과 외교 플랫폼 안에 통합하려는 시도다. 산발적 활동을 구조적 외교로 전환하고, 무명의 실천을 이름 있는 전략으로 승화시키는 전환점이 마련된 것이다.

2 치안외교 실천의 현장들

1) 경찰주재관 등 해외파견자의 다층적 외교 실천

경찰주재관 등 해외파견 제도는 한국 경찰의 국제활동 중에서도 가장 실천적이고 상징적인 치안외교의 현장이라 할 수 있다. 이들은 해외에서 대한민국 경찰을 대표하는 얼굴로서, 단순한 정보교류 창구를 넘어 실제 외교적 협상과 협력을 수행하는 최전선 요원이다.

예컨대, 미국이나 아세안 국가에 파견된 경찰주재관은 한국과 해당 국가 간의 치안협력을 심화시키기 위해 도피사범 송환, 합동수사 조율, 테러 및 마약 등 초국경범죄 대응 등 다양한 임무를 수행한다. 실제로 한 경찰주재관은 현지 수사기관과의 긴밀한 협의를 통해 다년간 난항을 겪던 도피사범의 송환 절차를 성사시켰으며, 또 다른 사례에서는 운전면허 상호인정 협정 체결을 통해 교민과 유학생들에게 실질적인 편의를 제공한 바 있다.

뿐만 아니라, 경찰주재관은 재외국민의 안전 확보를 위한 협의체 운영, 긴급 상황 시 신속대응, 치안정보 분석 등 외교적 전략수행자로서의 역할도 병행하고 있다. 특히 경찰주재관의 활동이 단순한 현장 대응을 넘어 현지 치안당국과의 신뢰를 바탕으로 한국형 치안정책을 공유하고 제도화시키는 데까지 이어진 경우도 있다. 이는 경찰 외사활동의 영역을 넘어서, 실질적 국가전략을 실현하는 외교 플랫폼으로서의 치안외교가 작동하고 있음을 보여준다.

2) 치안한류(K-Policing)의 파급력

한국 사회의 안정성과 경찰의 과학적 치안시스템은 이제 더 이상 국내에 국한된 자산이 아니다. 'K-Policing'이라는 이름으로 전개되고 있는 치안한류는 한국의 치안역량을 국제사회에 전파하는 새로운 외교 콘텐츠로 자리매김하고 있다. 112신고 체계, 범죄예방환경설계(CPTED), 여성청소년보호 정책, 디지털 기반의 범죄분석, 첨단 과학수사 기법 등은 개발도상국뿐만 아니라 중견국가에서도 큰 주목을 받고 있다.

실제로 베트남, 필리핀, 몽골, 남미국가 등에서는 한국형 치안 시스템을 벤치마킹하여 경찰 조직을 개편하거나, 경찰관 교육훈련에 한국 사례를 도입한 바 있으며, 이는 단순한 기술 이전을 넘어 사회적 안전에 대한 한국의 철학과 시스템을 공유하는 외교적 교류로 확장되고 있다.

K-Policing의 가장 큰 강점은, 그것이 단순한 치안 기술이 아니라 '신뢰 가능한 국가 이미지'와 결합되어 작동한다는 점이다. K-드라마, K-뷰티 등 한류 전반의 신뢰도 상승은 치안 한류에 대한 수용성을 높이며, 이는 곧 국가 브랜드의 확장과 치안외교의 실효성을 동시에 강화하는 결과로 이어진다. 즉, K-Policing은 실질적 협력과 문화적 외교가 맞물리는 복합 외교 자산으로 진화하고 있다.

3) 치안 ODA의 제도화와 지속성

치안 ODA는 단기적인 장비 지원이나 치안 교육 차원을 넘어, 개발도상국의 공공안전 체계를 구조적으로 개혁하는 협력 도구로 자리잡고 있다. 한국 경찰은 KOICA와의 협력을 통해 ▲경찰 교육훈련 시스템 수립, ▲법령 및 제도 정비, ▲범죄예방 시스템 도입, ▲경찰 조직 개편 및 운영 매뉴얼 제공 등, 실질적인 거버넌스 수준의 지원을 제공해왔다.

몽골에서는 디지털포렌식 센터 구축과 마약수사역량강화 프로젝트를 지원하여 자체 인력양성 체계를 갖추게 했고, 베트남과 캄보디아에서는 과학수사 및 치안역량강화 프로그램을 통해 범죄율 감소와 주민 만족도 상승이라는 실질적 성과를 달성하고 있다. 이러한 사례들은 한국 경찰이 단순한 공여국이 아닌, 치안 역량을 기반으로 한 진정성 있는 파트너로 자리매김하고 있음을 보여준다.

특히 치안 ODA는 장기적 관점에서 신뢰 형성과 제도적 지속가능성을 담보하며, 향후 치안한류 및 경찰협력의 플랫폼으로 확장될 수 있는 외교 전략 자산으로 기능하고 있다. 이는 대한민국이 '공공가치의 수출국'으로서의 위상을 갖추는 데 필수적인 요소다.

4) 양자·다자 협의체에서의 규범 형성과 리더십

한국 경찰은 INTERPOL, UNODC, ASEANAPOL, 한-아세안 치안협력포럼, 한중일 경찰협력회의, IPS 등 다양한 다자 및 양자 협의체를 통해 국제 치안의 규범을 제안하고, 새로운 어젠다를 설정하며, 정책적 리더십을 강화하고 있다.

특히 IPS는 한국이 독자적으로 기획하고 운영하는 최초의 글로벌 경찰 정상회의로, 전 세계 경찰 수장이 한자리에 모여 초국경범죄, 사이버 범죄, 미래치안 방향 등 다양한 주제를 논의하는 장이다. 이는 한국 경찰이 단순한 참가자에서 주도자(rule setter)로 도약하고 있음을 상징적으로 보여주는 대표적 사례다.

또한 사이버범죄 대응 공동성명 발표, AI 기반 치안 기술 논의, INTERPOL과의 전략적 파트너십 구축 등은, 경찰이 국제적 규범의 수용자(consumer)를 넘어 생산자(producer)로 변모하고 있다는 사실을 보여준다. 이러한 플랫폼에서 한국 경찰은 국제사회의 신뢰를 바탕으로 치안외교의 새로운 지평을 열고 있으며, 궁극적으로는 '규범 제안국'으로의 위상을 강화하고 있다.

3 성과의 의미: 플랫폼화와 전략 외교로의 도약

치안외교의 성과를 평가할 때, 단순히 "얼마나 많은 국제회의에 참석했는가", "얼마나 많은 MOU를 체결했는가"만으로는 부족하다. 더 중요한 것은 성과가 어떻게 연결되고, 어떻게 지속 가능한 구조로 자리 잡았는가 하는 점이다. 이를 세 가지 차원에서 정리할 수 있다.

1) 성과의 순환: 하나의 활동이 다음 협력의 자산이 되는 구조

외교는 단회성 사업으로 완성되지 않는다. 중요한 것은 축적이고, 더 중요한 것은 축적된 경험이 다음 기회의 자산으로 전환되는 순환 구조다.

예를 들어, 한 국가에 파견된 경찰주재관이 K-Policing 세미나를 개최하고 그곳에서 수립된 관계가 치안 ODA 사업으로 확장된다면, 이는 단지 정보 제공을 넘어 국가 브랜드의 확장이자 외교 역량의 선순환이다.

성과는 다음 전략의 출발점이 되고, 과거의 경험은 미래 외교의 자산이 된다. 이는 경찰 외교가 단지 과업 수행이 아니라, 국가 간 신뢰 형성과 협력 구조를 설계하는 '지속 가능한 구조'라는 점을 시사한다.

2) 전략의 진화: 국제 이슈 변화에 따라 유연하게 대응하는 시스템

플랫폼의 또 하나의 장점은 유연성에 있다. 단편적인 사업이나 일회성 교류는 변화하는 국제환경에 빠르게 적응하기 어렵지만, 플랫폼은 여러 수단이 상호 연결되어 있기 때문에, 상황 변화에 따라 중심축을 바꾸거나 전략의 초점을 재설정할 수 있다.

예컨대 팬데믹 상황에서 물리적 파견이 어려운 경우, 디지털 기반의 온라인 국제치안 교육이나 사이버범죄 대응 협력 채널로 빠르게 전환할 수 있었던 것은, 각각의 도구들이 단독이 아니라 하나의 플랫폼 안에서 긴밀히 작동하고 있었기 때문이다. 이처럼 치안외교는 플랫폼 전략을 통해 변화에 민감하고, 탄력적인 대응이 가능해진다.

3) 신뢰의 축적: 단발성이 아닌 누적된 협력의 브랜드화

국가 간 외교에서 가장 중요한 자산은 '신뢰'다. 그리고 신뢰는 하루아침에 쌓이지 않는다. 경찰의 치안외교 활동이 누적되고, 일정한 구조 속에서 반복되고, 결과가 실현될 때 비로소 국가의 이미지와 브랜드가 형성된다.

특히 경찰 분야는 국가 안전과 직접 연관된 민감한 영역이기에, 단순한 홍보나 상징보다 지속적인 협력 경험이 무엇보다 중요하다. 예를 들어, INTERPOL 총회 유치나 UNODC와의 MOU 체결은 단기적 성과처럼 보일 수 있지만, 그 이면에는 수년간의 신뢰 축적과 공조 이력이 작동하고 있다.

이러한 장기적 관계 자산이야말로 한국 경찰의 외교력을 높이는 핵심 자본이며, '국가 신뢰 자산으로서의 치안외교'는 점차 제도화되고 전략화되어야 한다.

한국 경찰의 국제협력 활동은 이제 단순한 사건 대응이나 개별 협력의 차원을 넘어, 국가적 외교자산으로 자리매김하고 있다. 경찰주재관의 현장 외교, K-Policing의 확산, 치안 ODA의 제도화, 다자협의체에서의 규범 제안은 각각 독립된 사례가 아니라, 종합적으로 대한민국 치안외교의 정체성과 영향력을 형성하는 축적된 성과다.

이러한 성과는 첫째, 한국 경찰의 전문성과 신뢰성을 국제적으로 공인받게 했고, 둘째, 국가 브랜드의 확장과 외교적 신뢰자산을 높이는 효과로 이어졌다. 셋째, 치안외교는 외사·수사·행정이 분절되어 있던 기존 활동을 '외교의 언어와 전략'으로 통합하여, 국제무대에서의 발언권과 정책 주도력을 가능하게 했다.

따라서 치안외교의 성과는 단순히 과거의 업적을 나열하는 데 그치지 않는다. 그것은 국가 전략의 일부로서 치안외교를 제도화하고 외교 플랫폼으로 확장할 수 있는 현재적 토대이자, 앞으로 미래 비전을 설계하는 9장의 논의로 이어지는 연결고리라 할 수 있다.

제 3 절 치안외교의 현실과 도전 — 실천은 있으나, 구조는 미완성이다

한국 경찰의 치안외교는 오늘도 세계 곳곳에서 조용히 실천되고 있다. 경찰주재관은 외국 치안기관과 전략적 파트너십을 맺고, INTERPOL 협력관은 글로벌 수사망을 활용해 범죄인 송환에 기여하며, K-Policing과 치안 ODA는 한국형 치안모델을 전파한다. 그러나 이 활동들의 상당 부분은 개별 인력과 부서의 헌신에 의존하고 있으며, 국가전략 차원의 구조화·제도화는 여전히 미흡하다. 국제무대에서 지속가능한 '전략 외교'로 발전하기 위해서는 다음과 같은 구조적 도전을 극복해야 한다.

1 총괄 전략기획 조직의 역할 미흡 - 플랫폼 없는 외교

한국 경찰의 치안외교 활동은 기능별로 다양하게 존재하지만, 이를 통합하고 전략적으로 설계할 중앙 컨트롤타워 기능이 부족하다. INTERPOL, 치안 ODA, K-Policing, 국제기구 협력 등 각 요소는 파견 기관이나 해당 부서에서 수행되고 있으며, 활동 간 유기적인 연결성과 중장기 전략이 부족하다.

경찰청 국제협력관실이 전체 국제협력 기능을 총괄하고 있음에도, 범죄수사 중심의 공조 협력과 외교적 전략 수립 간의 균형은 여전히 미흡하다. IPS나 다자 치안 포럼 운영 경험이 축적되고 있지만, 이를 정책으로 환류하고 통합 플랫폼으로 발전시키는 설계 능력은 체계화되지 않았다.

영국의 NCA(National Crime Agency)나 프랑스의 DCI(International Cooperation Directorate)[1]는 국가 차원의 치안외교 플랫폼을 갖고 중장기 로드맵을 운용하지만, 한국은 아직 '사건 대응형' 기조를 벗어나지 못하는 실정이다.

2 외교형 인재 부족과 경력관리의 단절

치안외교는 복합역량을 요구하는 분야다. 수사능력은 물론 외교적 감각, 언어소통력, 문화 이해, 정책 기획력 등 다층적인 자질이 필요하지만, 이러한 역량을 갖춘 경찰 인력은 조직 내에서 매우 한정적이다.

현재의 인재 운용은 파견 전후 경력 단절의 문제를 안고 있다. 경찰주재관이나 INTERPOL 협력관으로 3년 파견을 다녀오더라도 귀국 후 국제업무와 무관한 기능 보직으로 전환되는 경우가 많고, 치안 ODA나 K-Policing 경험자들이 후속 정책 기획에 참여하지 못하는 현실이 반복되고 있다.

예를 들면 미국 HSI나 FBI는 LEGAT 인력을 3년~5년 이상 육성하여 현지 전략거점으로 활용하고 있으나, 한국 경찰의 경찰주재관은 3년 파견 후 타 기능 이동이 일반적이며, 국제경력의 지속성과 활용성이 떨어진다.

경찰 조직 내에서 국제경험을 축적하고 지속적으로 활용할 수 있는 경력관리 시스템, 예를 들어 'K-PED(Korea Policing Experts in Diplomacy)' 체계를 실질화하지 않는 한, 치안외교는 개인의 일회성 경험에 머무를 수밖에 없다.

---

1) NCA와 DCI는 국제적으로 "치안외교 플랫폼의 선진 모델"로 널리 인용되지만, 절대적 모범이라기보다는 참고할 만한 성공적 제도적 사례라고 보는 것이 균형 있는 평가이다.

3 제도 기반의 취약성과 정책 연계의 한계

치안외교는 아직 법령상 명확한 지위를 확보하지 못하고 있다. 국제협력활동은 대부분 국제협력관실 훈령, 규칙, 파견 지침, 예산 항목 등으로 산재되어 있으며, 이를 통합하여 전략적으로 운영할 수 있는 '치안외교 운영지침' 또는 '기본법적 프레임'이 존재하지 않는다.

그 결과, 치안 ODA는 KOICA의 일반 개발협력 범주 내에서 다뤄지고 있으며, K-Policing은 국제홍보 사업으로 취급되거나 외사 기능의 부가 업무로 인식되기 쉽다. INTERPOL 협력, 국제기구 진출도 마찬가지로 '이벤트 단위'의 외교활동으로 소비되는 경우가 많다. 이는 경찰조직 전체가 치안외교를 '정책군(policy cluster)'으로 인식하고, 지속 가능한 전략으로 전환하지 못하고 있다는 반증이다.

4 국제사회에서의 전략적 제안력 부족

한국 경찰은 INTERPOL, UNODC, 아세아나폴 등 다양한 다자 무대에 참여하고 있지만, 아직 국제규범 제정이나 공동선언 제안 등에서 '룰 세터(rule-setter)'로서의 역할은 미약하다. 이는 단지 외국어 소통 능력의 문제가 아니라, 어젠다 설계, 글로벌 연대, 지속적 후속조치 등 구조적 참여 역량 부족에서 기인한다.

IPS(International Police Summit)와 같은 자체 포럼은 치안외교의 가능성을 보여주었지만, 이를 '국가 어젠다 설정 플랫폼'으로 끌어올리는 후속 전략이 미흡하다. 사이버범죄, 디지털치안, 국제도피사범 대응 등 전략 분야를 설정하고, 국제기구와의 연계 프로그램을 지속적으로 기획하는 능력이 요구된다.

5 파견제도와 외교성과의 연계 미흡

해외파견제도는 치안외교의 핵심 실행수단이지만, 전략적 파견과 성과 연계 구조는 여전히 미진하다. 주재관·협력관은 국제공조의 최전선이지만, 성과는 사건 처리 건수로만 남고 조직 전략에 잘 귀속되지 않는다. 파견평가가 인사와 예산, 후속 정책설계로 자연스럽게 이어지는 성과-정책-예산의 환류 회로가 필요하다. 프랑스 DCI는 파견지 성과를 국가 전략문서로 흡수해 다음 연도 사업과 예산을 고정한다. 우리는 성과 아카이브–사례 표준화–전파 매뉴얼화라는 세 단계를 상시화해야 한다.

앞에서 언급한 이러한 과제는 서로 단절된 문제가 아니라 하나의 사슬처럼 연결되어 있다. 컨트롤타워의 부재는 인재 단절로 이어지고, 제도적 미비는 국제 어젠다 제안력 약화로 연결되며, 결국 파견 성과가 전략으로 환류되지 않는다. 그러나 하나의 고리만 보완해도 전체 사슬은 강화된다.

예컨대 K–PED를 제도화해 귀국 인력을 전략기획에 재배치하면 곧바로 거버넌스가 강화되고, 이는 문서와 규범으로 제도화되며, 국제무대에서 제안력으로 연결된다. 사람 → 제도 → 무대 → 다시 사람으로 이어지는 선순환 구조, 이것이 바로 치안외교의 구조화다.

결국 우리의 도전은 "사람 중심"에서 "제도 중심"으로의 전환이다. 현장의 열정이 사라지지 않도록 담아낼 전략적 그릇을 마련할 때, 비로소 치안외교는 지속가능한 국가 자산으로 자리매김할 수 있다.

제 4 절 치안외교의 확장으로서 국제공조 – 공조의 기술에서 외교의 전략으로

경찰의 국제공조는 오랫동안 실무 중심의 사건 대응 수단으로 인식돼 왔다. INTERPOL 수배, 경찰주재관 협력, 국제협력 부서 간 연계 활동은 그동안 긴급한 범죄 해결에 큰 역할을 해왔다. 그러나 21세기 들어 초국경범죄의 유형과 범위가 급격히 변화하면서, 국제공조는 단순한 기술적 절차를 넘어 국가 간 신뢰와 장기적 관계를 구축하는 전략적 외교 수단으로 진화하고 있다.

오늘날 국제공조는 치안외교의 '확장 플랫폼'이자 '핵심 메커니즘'으로 작동한다. 과거의 '사건 발생 → 요청 → 공동 대응'이라는 선형 구조를 넘어, 데이터 기반 사전 설계 – 다자·양자 플랫폼 연계 – 인적 네트워크 외교화라는 순환 구조로 재편되고 있다.

1 국제공조의 전략적 위상 전환

기존 국제공조는 사건 발생 이후의 대응에 초점이 맞춰져 있었다. 이는 치안 수요의 증가와 국가 간 연계 강화에는 유용했지만, 전략성이나 장기적 성과 축적에는 한계가 있었다.

오늘날의 치안외교는 국제공조를 단순한 사법 절차나 정보 공유의 도구가 아닌, 외교의 주무대이자 결과 창출의 플랫폼으로 재정의한다. 각국 경찰기관과의 공조는 단순히 정보를 교환하는 행위가 아니라, 국가의 치안 역량과 신뢰를 바탕으로 지속 가능한 관계를 설계하는 외교 행위인 것이다.

경찰의 국제공조는 이제 "기술의 공유"가 아니라 "국가 간 신뢰의 구축"으로 진화하고 있다.

2 경찰 중심 공조모델의 치안외교화

경찰청은 외교부와 법무부의 공식 외교·사법 체계를 보완하면서, 보다 기민하고 실효성 높은 경찰 중심 공조모델을 발전시켜 왔다. 특히 다음과 같은 도구들이 핵심 역할을 수행한다.

1) INTERPOL 플랫폼의 전략적 활용

한국 경찰은 INTERPOL 적색수배 시스템, I-24/7 통신망, 각종 회의체(NCB 국장회의, 총회 등)를 통해 글로벌 수배·수사 공조를 실현하고 있다. 과거 단순한 요청과 응답의 수준에서 벗어나, 한국은 공조의 리더십과 정책 제안국으로 위상을 강화하고 있다.

2) 경찰주재관, 협력관의 외교자산화

세계 주요국에 파견된 경찰주재관, 협력관은 국제공조의 최전선에서 작동하며, 단순한 수사협력 창구를 넘어 치안협정 체결 기반 조성, 치안 ODA 연계, 공공외교 활동까지 병행하고 있다. 주재관은 현장에서 공조의 실행자이자 외교의 실천자로 자리매김하고 있다.

3) 국제공조 사건의 전략화

해외도피사범 송환, 국제 마약조직 해체, 사이버 범죄자 검거 등은 단순히 사건 해결을 넘어, 국가의 치안 역량과 국제적 신뢰를 상징하는 사례로 확장되고 있다. 특히 반복된 성공 사례는 한국 경찰의 브랜드 외교 자산으로 축적되고 있다.

3 국제공조의 구조화를 통한 외교적 확장

국제공조는 그 자체로 외교적 상징성과 전략적 의미를 갖지만, 이 공조가 일회성 사건 대응에 머무를 경우 그 효과는 제한적일 수밖에 없다. 경찰청은 이러한 한계를 극복하고자, 국제공조를 반복 가능한 구조로 설계하고, 이를 통해 공조를 전략으로, 전략을 외교의 기반으로 전환하는 구조화를 적극적으로 추진하고 있다. 이러한 구조화의 핵심은 세 가지 축에서 전개되고 있다.

1) 데이터 기반의 사전적 공조 설계

과거의 국제공조가 사건 발생 이후 대응 중심으로 이루어졌다면, 이제는 사전적 범죄 예측과 조기 개입을 위한 정보기반 대응이 강조되고 있다. 경찰청은 글로벌 범죄 트렌드, 유형별 도피 경로, 국가별 협조 수준 등 다양한 데이터를 종합하여 국제공조 시나리오를 선제적으로 구축하고 있다.

예컨대 특정 국가로 도피한 범죄자가 과거 어떤 경로를 사용했는지, 송환이 용이한 법적 조건이 무엇인지, 해당국가의 협조 가능성이 어느 정도인지를 데이터 기반으로 분석함으로써, 사전에 공조 전략을 설계하고 실행할 수 있는 기반이 마련되고 있다.

이러한 사전적 설계는 단순히 '정보 수집'을 넘어, 범죄 대응의 주도권을 확보하고 공조의 속도와 정밀도를 크게 향상시키는 전략적 도구로 기능한다.

2) 공조와 플랫폼의 연계 전략화

국제공조는 단독 사업이 아니라, 경찰청이 추진하는 다른 치안외교 플랫폼들과 유기적으로 연결되어야만 실질적인 시너지 효과를 낼 수 있다.

예를 들어, 공조 경험이 있는 국가와의 관계를 바탕으로 K-Policing 세미나를 열고, 이를 통해 치안 ODA 협력 수요를 발굴하거나, 공조 파트너를 국제

포럼에 초청하여 다자간 네트워크로 확장하는 방식은 이미 다수의 사례에서 실증되고 있다.

이러한 연계는 공조–전파–제도화의 선순환을 만들어낸다. 공조가 끝나는 시점에서 관계가 단절되는 것이 아니라, 공조를 통해 형성된 신뢰와 경험을 기반으로 다음 협력을 설계하고, 이를 제도적 사업으로 확장해 나가는 것이다.

즉, 국제공조는 더 이상 단일 이벤트가 아니라 치안외교 플랫폼 전반과 맞물려 돌아가는 정책 생태계의 일부가 되어야 한다.

3) 신뢰의 네트워크 확장과 외교 채널화

국제공조의 또 하나의 중요한 자산은 '사람'이다. 공조 과정에서 형성되는 경찰 간의 신뢰는 단지 수사 협력에 국한되지 않는다. 그것은 향후 양자 간 협약, 국제회의 공동 의제, 다자협의체 참여로도 확장될 수 있는 외교적 인적 네트워크의 시작점이 된다.

실제로 경찰청은 INTERPOL NCB 회의, UNODC 워킹그룹, 한–아세안 치안협력포럼 등에서 공조 경험이 있는 국가의 대표들을 우선적으로 초청하거나, 공조 과정에서 형성된 실무자 간 네트워크를 기반으로 외교적 교섭을 확대해 나가고 있다.

이처럼 국제공조는 경찰의 수사력만이 아니라, 국제사회에서의 협상력, 어젠다 제시력, 리더십의 기반으로 작용하며, 실질적인 외교 자산으로 전환되고 있다. 국제공조는 단지 기술의 문제가 아니라 구조의 문제이며, 더 나아가 전략과 외교의 문제다. 데이터 기반의 설계, 플랫폼과의 연계, 사람을 중심으로 한 신뢰 확장은 국제공조를 '구조화된 외교 시스템'으로 진화시키는 핵심 요소다.

이제 우리는 국제공조를 수사기술이 아닌 외교전략의 시스템으로 재정의하고, 이를 통해 한국 경찰의 국제 위상을 높이는 기반으로 삼아야 할 시점에 와 있다.

4 치안외교 완성의 주축으로서의 공조

국제공조는 경찰이 국제무대에서 외교적 기능을 수행할 수 있게 하는 가장 구체적이고 실천적인 도구이다. INTERPOL, 경찰주재관, 국제형사공조 네트워크는 모두 이 공조라는 구조 안에서 작동하며, 그것이 치안외교를 단지 추상적 개념이 아닌 현실 세계에서 작동하는 외교로 전환시키는 핵심 원리가 된다.

이는 "치안외교의 완성은 국제공조로부터 비롯된다"는 명제가 단순한 수사(修辭)가 아니라, 실천과 제도의 논리라는 점을 시사한다.

실제로 국제공조는 구체적인 사건 대응에서 출발하지만, 그 결과는 단지 범죄자의 송환에 그치지 않는다. 공조의 과정은 양국 간 신뢰의 형성, 제도의 정비, 정책 협력의 출발점이 되며, 이는 곧 장기적 외교관계로 발전할 수 있는 토대를 제공한다. 도피사범의 송환이라는 사건이 양자 치안협정으로 이어지고, 공동 대응이 국제포럼의 어젠다로 이어지며, 실무자 간 협업이 치안 ODA와 K-Policing으로 확장되는 흐름은 이제 반복 가능한 전략 구조가 되어야 한다.

국제공조의 전략화는 바로 이러한 맥락에서 중요한 의미를 갖는다. 공조는 현실의 범죄 대응이라는 '실행의 무대'에서 출발하지만, 궁극적으로는 국제사회 속에서 경찰 외교가 작동하는 '외교의 구조화'로 귀결되어야 한다. 다시 말해, 공조의 외교화는 치안외교를 작동하게 하는 실질적 플랫폼이며, 외교의 구조화는 이 공조 시스템을 지속 가능하게 설계하고 운영하는 역량을 의미한다.

▣ 공조를 통해 외교를 구조화하다

치안외교는 더 이상 상징적 교류나 단발적 파견으로 설명되지 않는다. 그것은 INTERPOL 네트워크, 경찰주재관 제도, 각국과의 공조 사건 등에서 실질적으로 구현되며, 국제공조는 바로 이 치안외교의 중심 엔진으로 기능하고 있다.

우리는 이제 공조를 단지 기술적 대응이 아닌 전략으로, 경찰을 단순한 협력 주체가 아닌 외교의 실행자로 설계할 시점에 와 있다. 국제공조는 치안외교의 완성도를 결정짓는 가장 중요한 축이며, 치안외교를 실행 가능한 전략과 구조로 견인하는 플랫폼이자 중심축이다.

이제 중요한 것은 얼마나 탄탄하고 반복 가능한 공조 구조를 구축하고, 그 기반 위에서 외교 전략을 설계하느냐에 달려 있다.

제 5 절 치안외교의 발자취와 도전 - 지속 가능한 전략을 위하여

한국 경찰의 치안외교는 처음부터 거대한 전략 속에서 태동한 것은 아니었다. 몇몇 주재관과 협력관, 국제무대에 선 경찰관들이 몸으로 부딪치며 쌓아 올린 작은 성과들이 모여 오늘의 기반을 마련했다. 국외 도피사범을 설득하여 송환하고, 국제기구 회의장에서 한국 경찰의 입장을 발표하며, 현지 파트너와 밤새 교섭을 이어가던 순간들이 바로 그 출발점이었다. 이러한 경험은 단순한 업무가 아니라, 한국 경찰이 국제사회에서 어떤 신뢰와 역량을 축적해 왔는지를 보여주는 중요한 증거였다.

그러나 치안외교는 더 이상 개인의 헌신만으로 유지될 수 있는 국면을 벗어났다. 국경을 초월한 범죄와 국제규범 경쟁이 심화되는 오늘날, 경찰 외교는 단순한 외사 업무의 확장이 아니라, 국가 전략으로 승화되어야 한다. 조직적 설계, 전문인재 양성, 정책적 제도화 없이는 개인의 노력은 쉽게 소모되고 성과는 축적되지 못한다. 따라서 치안외교는 이제 국가 차원의 전략화가 절실히 요구된다.

이 과정에서 국제공조는 특히 주목할 만한 전환점을 보여주었다. 처음에는 도피사범 송환이나 정보 교환이라는 기술적 협력에 머물렀지만, 점차 그것은 한국 경찰이 국제무대에서 규범을 제안하고 신뢰를 축적하는 외교의 전략으로 확장되었다. 공조의 기술은 곧 외교의 언어가 되었고, 수사관은 동시에 외교관으로서 국가의 위상을 대표하게 되었다. 이는 치안외교가 단순 협력을 넘어 한국의 외교 역량을 뒷받침하는 전략 플랫폼임을 웅변한다.

제8장에서 우리는 치안외교의 성과와 현실, 도전과제, 그리고 국제공조를 통한 확장까지 살펴보았다. 이는 사건의 나열이 아니라, 한국 경찰이 국제무대에서 쌓아온 신뢰와 잠재력의 궤적이다. 그리고 이 궤적은 분명한 물음을 던진다. "이제 우리는 이 성과를 어떻게 국가 전략으로 설계할 것인가?"

바로 이 질문이 다음 장, 제9장에서 다룰 주제다. 전략적 거버넌스의 구축, 전문인재 양성체계(K-PED)의 제도화, 치안외교 개념과 정책 틀의 명확화, 그리고 국제무대에서 규범 설계자로서의 위상 확보. 이러한 과제들은 모두 치안외교를 국가 전략의 중심축으로 끌어올리기 위한 발전 조건들이다.

정리하면, 치안외교는 더 이상 가능성의 언어가 아니다. 실천의 경험은 이미 축적되었고, 국제사회의 신뢰라는 자산도 확보해 왔다.

남은 과제는 그것을 어떻게 체계화하고 지속가능한 국가 전략으로 전환하느냐의 문제다. 그리고 그 출발점은 언제나 같다. "경찰이 왜 외교를 하는가, 국가가 무엇을 기대하는가"라는 질문에 대한 성찰이다. 이 질문에 대한 해답을 바탕으로 할 때, 치안외교는 한국의 국익을 지키는 동시에 국제사회에 기여하는 진정한 국가 전략으로 자리매김할 수 있을 것이다.

참 고 문 헌

1. 해외문헌

Nye, J. S. (2004). Soft Power: The Means to Success in World Politics. New York: Public Affairs.

Anholt, S. (2007). Competitive Identity: The New Brand Management for Nations, Cities and Regions. Basingstoke: Palgrave Macmillan.

Cull, N. J. (2009). Public Diplomacy: Lessons from the Past. Los Angeles: Figueroa Press.

Ostrom, E. (2005). Understanding Institutional Diversity. Princeton, NJ: Princeton University Press.

Brodeur, J.-P. (2010). The Policing Web. Oxford: Oxford University Press.

Sheptycki, J. (2004). Police cooperation and the new security agenda in Europe. European Journal of Criminology, 1(4), 369-381. https://doi.org/10.1177/1477370804046485

Bowling, B., & Sheptycki, J. (2012). Global Policing. London: SAGE Publications.

2. 국제기구 및 공식 문서

UNODC. (2021). Strategy 2021-2025: Resilience, Recovery and Justice. Vienna: United Nations Office on Drugs and Crime.

INTERPOL. (2023). Annual Report 2022. Lyon: INTERPOL General Secretariat.

UK Home Office. (2018). The National Crime Agency: Annual Plan 2018-2019. London: Home Office.

Ministère de l'Intérieur (France). (2019). La Direction de la Coopération Internationale (DCI): Rapport d'activité 2019. Paris: Ministère de l'Intérieur.

Federal Bureau of Investigation (FBI). (2021). The FBI Legal Attaché (LEGAT) Program Overview. Washington, D.C.: FBI Office of International Operations.

제 9 장 치안외교의 미래 전략

"이제는 미래를 설계할 시간이다."

치안외교는 더 이상 낯선 단어가 아니다. 한때는 외사활동의 수사적 수식어로 여겨졌던 이 개념이, 이제는 전략과 실천을 요구하는 국가 치안정책의 중요한 축으로 자리 잡기 시작했다. 그러나 우리는 아직 그 시작점에 서 있다. 선언은 있었지만, 체계는 미흡했고, 가능성은 분명했지만, 실행 구조는 부족했다.

이 장은 『글로벌 치안외교의 지평을 열다』의 결론이자 미래 설계를 위한 전략 제안서다. 저자는 경찰주재관, 국제협력관, INTERPOL 국가중앙사무국장의 경험을 통해 한국 경찰의 이름으로 세계를 만나왔다. 그 여정 속에서 얻은 가장 확고한 깨달음은 단 하나였다.

우리는 할 수 있다. 다만, 아직 준비되지 않았을 뿐이다.

지금까지의 치안외교는 실무자의 열정과 개인의 역량에 의존해 이루어진 '1.0 시대'였다면, 이제는 전략과 시스템, 인재가 주도하는 '2.0 시대'로의 전환이 필요하다. 이는 단순히 용어의 진화가 아니라, 치안외교가 외사부서의 업무를 넘어 경찰 전체의 전략으로 확장되고, 국가 외교의 자산으로 작동해야 함을 의미한다.

따라서 이 장은 다음의 질문에 답하고자 한다.

- 우리는 어떤 국제 환경에서 외교를 실현해야 하는가?
- 한국형 치안외교는 어떤 전략을 지향해야 하는가?
- 이를 위한 조직, 인재, 시스템은 어떻게 설계되어야 하는가?
- 세계 속에서 한국 경찰의 리더십은 어떤 모습이어야 하는가?
- 그리고 이러한 전략은 어떤 구조 속에서 현실화되어야 하는가?

이 질문들은 단지 미래의 불확실성에 대한 철학적 물음이 아니다. 이는 곧, 경찰 조직이 지금부터 구체적으로 준비하고 실행해야 할 과제다.

제 1 절 글로벌 환경의 변화와 치안외교의 재정립 필요 - 변화하는 국제질서 속에서 경찰 외교의 위상을 다시 묻다

"치안은 경찰이, 외교는 외교관이 하는 일 아닌가요?"

현장에서 이런 질문을 받을 때마다 나는 잠시 생각에 잠겼다가 조용히 고개를 저었다. 오늘날 우리는 그 둘을 더 이상 분리할 수 없는 시대에 살고 있기 때문이다. 한때 '치안외교'는 낯선 말이었고, 경찰은 국제범죄 대응에만 집중하면 된다는 인식이 지배적이었다. 그러나 이제 범죄와 안보의 경계는 국경이 아니라 네트워크와 글로벌 질서 속에 새롭게 그려지고 있다. 그 결과 경찰 활동은 점점 외교적 성격을 띠게 되었고, 치안역량은 곧 국가역량으로 직결되는 흐름이 되었다.

1 전통적 국제질서의 해체와 치안의 세계화

21세기에 들어 국제사회는 복합적 위기의 시대로 접어들었다. 팬데믹과 기후 위기, 신냉전 구도, 디지털 기술의 급진적 발전은 전통적 안보 개념을 흔들고 있으며, 범죄 역시 초국경적이고 지능적인 양상으로 진화하고 있다. UNODC에 따르면 전 세계 불법마약 시장 규모는 연간 수천억 달러에 달하며[1], 사이버 범죄 피해액은 2024년 기준 연간 9조 달러 이상으로 추산된다.[2] 이러한 범죄는 단일국가의 수사력으로는 대응이 불가능하다.

외교 역시 변화하고 있다. 정부 간 정상외교와 전통적 협상에 국한되지 않고, 보건·환경·디지털·치안까지 포함하는 총체적 외교(whole-of-government diplomacy)로 확장되고 있다. 이 과정에서 경찰의 활동은 단순 범죄 대응이 아

1) United Nations Office on Drugs and Crime (UNODC). *World Drug Report* 2023. Vienna: UNODC, 2023

2) Cybersecurity Ventures. *Cybercrime Report 2023*. Cybersecurity Ventures, 2023

니라 국제안보·위기관리·디지털 거버넌스의 한 축으로 재정의되고 있다. 치안외교(policing diplomacy)는 바로 이러한 시대적 요구에서 탄생한 외교의 새로운 장르라 할 수 있다.

2 글로벌 공공재로서의 치안: 국제사회가 요구하는 경찰의 역할

오늘날 치안은 더 이상 한 국가 내부의 문제가 아니라 국제사회가 공유해야 할 글로벌 공공재(global public good)로 인식된다. 특히 팬데믹, 기후 재난, 대규모 난민 이동과 같은 초국가적 위기 상황에서 경찰은 단순한 법 집행자가 아니라 인도적 안전을 보장하고 국제 질서를 유지하는 역할을 요구받고 있다.

따라서 경찰의 국제활동은 단순한 수사협조나 정보교환에 머무르지 않는다. 국제사회와의 신뢰 구축, 치안 기준의 공유, 정책 모델의 제안과 확산으로까지 확대되고 있다. 전통적으로 외교의 주체가 외교관이었다면, 이제는 경찰 또한 외교를 수행하는 실질적 행위자로 자리 잡아가고 있는 것이다.

3 치안외교의 재정립: 전략적 연결과 제도적 설계로

그동안 한국 경찰은 많은 국제무대에서 실용적인 성과를 축적해왔다. 주재관을 통한 범죄정보 협력, 치안한류(K-Policing)를 통한 치안역량 전파, UNPKO를 통한 평화유지 활동, INTERPOL을 중심으로 한 국제공조 수사 등은 분명한 자산이었다.

그러나 이 모든 성과는 전략적 외교로 구조화되기보다는, 사람의 열정과 경험에 기대어 이루어진 면이 강했다. 조직 차원의 철학과 정책, 장기 설계 없이 '좋은 활동'이 개별적으로 쌓여왔고, 그 결과 지속가능성이나 확장성 면에서 한계를 드러냈다.

이제는, 국제경찰협력의 모든 요소를 "치안외교"라는 전략적 개념 아래 다시 배열할 시점이다. 한국 사회는 이미 글로벌 영향력과 국가 브랜드 면에서 중견국을 넘어 선도국 진입을 준비하는 단계에 있다. K-문화, K-방역, K-기술이 그러했듯, 이제는 치안한류(K-Policing)도 국가 이미지와 전략적 자산의 일부로서 기능해야 한다. 이를 위해서는 단편적 실적이나 일회성 이벤트가 아니라, 글로벌 위기와 시대적 요구에 맞는 치안외교의 전략적 재구성이 필요하다.

이를 가능하게 하기 위해서는 다음의 전제 조건이 필요하다.

첫째, 치안외교를 단순한 기능적 국제협력이 아니라 국가 전략의 일부로 재정의해야 한다. 이를 위해서는 외교부, 행정안전부, 경찰청 등 정부 부처 간 협업체계가 공고히 정비되어야 하며, 외교 전략 안에서 경찰의 역할을 명시하고 제도화하는 작업이 필요하다.

둘째, 치안외교는 보편가치에 기반한 연대 외교로서 진화해야 한다. 인권, 법치, 디지털 윤리 등 글로벌 사회가 추구하는 가치에 기반한 경찰 활동은 외교적 정당성과 설득력을 함께 확보할 수 있으며, 이는 경찰이 단순한 법 집행기관을 넘어 '국가 신뢰의 대행자'로 자리매김할 수 있는 길이다.

셋째, 플랫폼 외교로서의 치안외교를 통해 실질적 네트워크 구축이 이루어져야 한다. INTERPOL, UNODC, ASEANAPOL, 한–아세안 포럼 등 국제무대에서 한국 경찰이 어젠다를 주도하고 규범을 제안하며, 외교 무대에서 경찰의 전략적 영향력을 강화해 나가야 한다.

급변하는 국제질서 속에서 치안외교는 더 이상 선택이 아닌 필수다. 한국 경찰은 기존의 외사협력과 공조체계를 넘어, 시대적 변화에 부응하는 전략적 외교 주체로 거듭나야 한다. 치안외교의 재정립은 단순한 개념 정리가 아니라, 대한민국이 글로벌 치안 리더십을 확보하기 위한 생존 전략이다. 이제 한국 경찰은 새로운 시대가 요구하는 글로벌 치안외교의 선도자로 나설 준비를 해야 한다.

제 2 절 한국형 치안외교 모델의 정립 가능성과 방향

한국 경찰의 국제협력 활동은 오랫동안 수사 공조나 외사 활동의 연장선에서 이해되어 왔다. 해외도피사범 송환, 재외국민 보호, 치안기술의 해외 전수 등은 실무적 성과를 축적해왔지만, 그것이 곧바로 "외교"로 인식된 것은 아니었다. 그러나 최근 국제 환경은 경찰 활동을 단순한 치안 기술 차원을 넘어, 공공외교와 안보외교를 아우르는 새로운 외교 플랫폼으로 확장할 것을 요구하고 있다. 한국 경찰의 활동 역시 점차 전략적 성격을 띠며, 국제 규범 형성과 글로벌 거버넌스에 기여할 수 있는 "한국형 치안외교 모델"로 자리매김할 가능성을 보여주고 있다. 앞서 제2장에서 정리한 바와 같이, 한국형 치안외교는 단순한 국제협력이 아니라 시민 중심 치안철학과 ICT 기반 기술 역량을 결합한 실천형 공공외교이다. 다시 말해, 한국형 치안외교 모델은 국제무대에서 경찰이 규범을 제안하고 정책을 설계하는 전략 행위자로 자리매김하는 과정에서 형성되는 외교의 형식이자 내용이다.

이제 한국 경찰은 국제무대에서 단순한 협력 참여자가 아니라, 규범 설계자로서 도약해야 한다. 이를 위해서는 그간의 활동들을 아우르는 통합적 모델을 정립하고, 이를 국가외교 전략의 일부로 편입하는 작업이 필요하다. 한국형 치안외교 모델은 바로 이러한 문제의식에서 출발한다.

이 절에서는 한국형 치안외교 모델의 정립 방향을 정적 토대, 동적 전략, 제도화 조건이라는 세 가지 축으로 풀어내고자 한다. 이는 경찰 외교가 일회적 협력의 경험을 넘어, 지속 가능한 외교 전략으로 정착하기 위한 필수 단계이기도 하다.

1 정적 토대: 플랫폼 · 제도 · 인력의 삼각 구조

한국형 치안외교 모델은 단순한 프로젝트가 아니라, 다양한 활동을 지탱하는 플랫폼–제도–인력의 삼각 구조 위에 세워져야 한다.

첫째, 플랫폼은 경찰주재관, INTERPOL 협력관, 국제치안포럼(IPS), 치안 ODA, K–Policing 프로그램 등 이미 존재하는 다양한 국제협력 채널이다. 각각은 개별적 활동으로 보일 수 있으나, 이들이 전략적으로 연계될 때 비로소 외교적 플랫폼으로 기능한다.

둘째, 제도적 기반은 모델의 지속성을 보장하는 장치다. 법령상 치안외교의 개념화를 명확히 하고, 경찰청 내 전담 조직을 설치하며, 국제협력 활동에 대한 예산과 성과평가 체계를 마련해야 한다. 이는 단순한 행정 정비를 넘어, 국가 전략 차원에서 치안외교를 제도화하는 과정이라 할 수 있다.

셋째, 인적 기반은 외교 실행의 핵심 자산이다. K–PED(Korea Policing Experts in Diplomacy)와 같은 전문인력 양성 체계는 단순한 교육을 넘어, 선발–활용–재배치까지 이어지는 순환 구조를 필요로 한다. 외교는 제도가 아닌 사람이 만드는 것이라는 점에서, 인재야말로 치안외교의 가장 중요한 동력이라 할 수 있다.

2 동적 전략: 한국형 치안외교의 실행 방향

한국형 치안외교는 단순한 국제협력 차원을 넘어, 실천에서 이론으로, 개념에서 전략으로 진화한 복합적 외교모델이다. 이는 대한민국 경찰이 수십 년간 해외 현장에서 쌓아온 현장 대응의 경험, 기술 기반 역량, 시민 중심의 치안철학을 바탕으로 형성된 실용적이고도 전략적인 공공외교의 일환이다.

정적 토대 위에서 한국형 모델은 동적 전략을 통해 구체화된다. 이는 곧 경찰의 국제활동을 단순한 기술 협력에서 벗어나, 하나의 외교적 브랜드이자 국가 경쟁력으로 발전시키는 과정이다.

1) 전략화(Strategization)

치안외교가 단일 기관의 개별 활동을 넘어서 범정부 차원의 정책 수단으로 정립되기 위해서는 전략화가 필수적이다. 경찰청뿐 아니라 외교부, KOICA, 국무조정실 등이 공동으로 목표를 설정하고, 국제협력 활동을 통합·조율하는 방식이 요구된다. 이는 Hill(2003)이 언급한 “외교정책 내 기능부문 연계 전략화”와 맥락을 같이하며, 외교정책의 세부 수단으로서 치안외교가 독립적인 위상을 갖도록 설계되어야 한다.[3)]

2) 브랜드화(Branding & Identity-Building)

‘K-Policing’이라는 용어는 단지 기술의 전달을 넘어, 한국 경찰의 치안철학, 정책 가치, 운영 시스템을 통합하여 국제사회에 전달하는 브랜드 외교 전략이다. 이는 Anholt(2007)의 ‘경쟁적 정체성(Competitive Identity)’ 개념에 부합하며, 정책·제도·문화의 매력도를 기반으로 국가 이미지를 형성하는 방식이다.[4)] 브랜드화는 국제 연수, 치안 ODA, 경찰기술 전파 등 모든 협력 활동에 일관된 정체성과 메시지를 부여하는 전략적 도구다.

---

3) Hill, C. (2003). *The Changing Politics of Foreign Policy*. Palgrave Macmillan.
4) Anholt, S. (2007). *Competitive Identity: The New Brand Management for Nations, Cities and Regions*. Palgrave Macmillan

3) 전문화(Specialization)

국제현장에서 외교적 감수성과 정책적 전략을 동시에 다룰 수 있는 전문 인력(GPS: Global Policing Specialist)의 육성이 필수적이다. 단순한 외사 역량을 넘어 다문화 이해, 국제기구 실무, 정책 협상 능력을 갖춘 전문가가 요구된다. 이는 Nye(2004)가 말한 설득력과 신뢰 기반의 소프트파워 구축의 핵심 수단으로 기능하며,[5] 국제사회에서 신뢰받는 행위자로 자리매김하는 기반이 된다.

4) 제도화(Institutionalization)

제도화는 개인의 경험이나 단발성 프로젝트가 아니라, 지속가능한 시스템으로서 치안외교를 정립하는 것이다. 이는 March & Olsen(1996)이 말한 제도적 지속성의 논리에 부합하며,[6] 파견·복귀·보직·성과평가 등 조직 내부의 구조적 장치를 통해 외교 역량이 조직적 자산으로 축적될 수 있도록 해야 한다. 제도화는 행정 효율성과 전략 일관성을 동시에 보장한다.

5) 연대화(Networking & Alignment)

치안외교의 성과는 양자 간 관계를 넘어, 다자적 규범 형성과 공동 정책 대응으로 확장될 때 극대화된다. Slaughter(2004)가 제시한 네트워크 거버넌스 이론에 따르면, 정부, 국제기구, 시민사회가 상호 연결되는 구조 속에서 협치와 공동 대응이 효과적으로 이루어진다.[7] 한국형 치안외교는 ASEANAPOL, UNODC, INTERPOL과 같은 국제기구 및 한–아세안, 한중일 경찰포럼 등을 전략적 파트너로 삼아, 다자 규범 형성과 글로벌 표준 설정에 적극 참여해야 한다. 새로운 규범이 형성되는 순간, 한국이 '규범 설계자(norm entrepreneur)'로 참여하는 것이야말로 진정한 치안외교의 성공이라 할 수 있다.[8]

이 다섯 가지 전략은 독립적으로 기능할 수 있지만, 플랫폼 전략으로 상호 연계되고 통합적으로 설계될 때 치안외교의 실효성과 지속가능성이 극대화된

---

5) Nye, J. S. (2004). *Soft Power: The Means to Success in World Politics.* PublicAffairs.
6) March, J. G., & Olsen, J. P. (1996). *Institutional Perspectives on Political Institutions.* Governance, 9(3), 247–264.
7) Slaughter, A. M. (2004). *A New World Order.* Princeton University Press.
8) Finnemore, M. & Sikkink, K. (1998). "International norm dynamics and political change." International Organization, 52(4), 887–917

다. 한국형 치안외교는 실천에서 이론으로, 단기 협력에서 제도적 외교로 나아가는 과도기에 있으며, 위 전략들을 체계화함으로써 중견국형 전략외교의 새로운 모델로 정착할 수 있다.

3 제도화를 위한 조건: 지속 가능한 외교로의 정착

한국형 치안외교 모델이 일시적인 캠페인이나 개인 헌신에 의존하지 않고 지속 가능한 외교로 정착되기 위해서는 몇 가지 제도적 조건이 병행되어야 한다.

첫째, '치안외교'의 공식 개념화가 필요하다. 이는 경찰법, 외교 전략, 국가 공공외교 정책 속에 치안외교를 명시적으로 포함시키는 작업을 포함한다. 단순한 행정 용어가 아닌 국가 전략의 하위 개념으로 격상되어야만 지속성과 정당성이 확보된다.

둘째, 치안외교 통합 플랫폼의 법제화가 필요하다. 현재는 부서별로 파편화된 활동들이 통합적 예산과 기획, 성과평가 체계 하에 연계될 수 있어야 한다. 이는 경찰청 내 전담 조직 설치와 함께 국정과제 차원의 정합성 확보와도 연계될 수 있다.

셋째, 전문 인력 양성 및 배치 시스템의 정비가 절실하다. K-PED 제도의 실질화, 파견자 인센티브 구조, 경험자 아카이브 구축 등이 이를 뒷받침해야 하며, 이를 통해 외사·공조 경험이 개인의 역량을 넘어 조직의 자산으로 전환될 수 있다.

넷째, 국제무대에서의 전략 분야 주도가 필요하다. 디지털 치안, 아동·여성 보호, 사이버범죄 대응 등 특정 분야에서 한국이 선도 전략을 마련하고, 이를 국제기구와의 공동 프로젝트나 규범 제안의 형태로 전개할 때, 치안외교는 실질적 리더십을 가지게 된다.

치안외교 2.0을 향하여

결국 한국형 치안외교 모델은 단순한 국제 치안협력을 넘어, 대한민국이 공공안전의 글로벌 파트너이자 규범 설계자로 나아가는 교두보라 할 수 있다. 이는 더 이상 단발적 성과나 개별 경험의 총합이 아니라, 한국 경찰이 국제사회에서 스스로의 정체성과 역할을 제도적으로 세우는 과정이다.

기술력을 앞세우되 시민 중심 철학을 잊지 않고, 제도를 정비하되 인재를 우선하며, 개별 협력을 넘어 규범을 설계하는 단계로 나아갈 때, 한국 경찰은 단순한 참여자가 아닌 선도자가 될 수 있다.

여기서 말하는 치안외교 2.0은 저자가 제안하는 새로운 단계다. 즉, 한국 경찰이 국제사회에서 신뢰받는 동반자를 넘어, 글로벌 규범과 정책을 설계하는 주체로 자리매김하는 전환점이다. 한국형 치안외교 모델은 더 이상 선택이 아니라, 한국 경찰이 시대적 요구와 역사적 책무 속에서 반드시 걸어가야 할 필연적 진로이다.

제 3 절 전략 조직화 및 시스템 재설계 – 실천을 이끄는 구조, 성과를 남기는 시스템

나는 여러 국제 현장에서 반복해서 같은 깨달음을 얻곤 했다. "사람은 있었지만, 구조는 없었다. 열정은 있었지만, 전략은 없었다."

실제로 한국 경찰의 치안외교는 언제나 개인의 열정과 헌신에서 출발했다. 한밤중 외국 경찰청을 찾아가 신뢰를 쌓은 주재관, 국제회의장에서 한국의 입장을 설득력 있게 제시한 협력관, 한 건의 도피사범 송환을 위해 수개월간 설득과 교섭을 이어간 실무자…. 이들의 이야기가 모여 오늘의 성과를 가능케 했다. 그러나 문제는 여기서 끝난다는 점이다. 그 성과가 다음 세대에 제도로 남지 못하면, 개인의 기억 속에서만 휘발되고 만다. 미래의 치안외교가 지속 가능한 자산으로 축적되려면, 이제는 개인의 열정을 넘어 조직적 전략과 시스템의 힘으로 전환되어야 한다.

무엇을 하느냐만큼 중요한 것은 '어떻게 지속시킬 것인가'이며, 그 해답은 전략조직, 플랫폼 구조, 제도적 파트너십이라는 시스템의 재설계에 있다. 치안외교 2.0은 바로 여기서 출발한다.

1 전략조직 신설 – 치안외교의 컨트롤타워 구축

현재 경찰청 내에서 치안외교와 가장 밀접하게 관련된 부서는 국제협력관실이다. 이곳은 주재관 파견, 국제공조 사건 처리, 각종 다자·양자 회의 대응 등 국제협력 업무를 전담하고 있다. 그러나 그 본질은 어디까지나 범죄인 인도, 형사사법 공조, 정보교환 등 '국제공조' 중심의 실무 기능에 머무르고 있다. 다시 말해, 국제협력관실은 한국 경찰의 국제적 역할 수행에서 핵심적 기여를 해왔지만, 그것은 주로 '사건 중심의 협조'에 국한되어 왔다는 한계를 가진다.

문제는 치안외교가 단순한 국제공조 차원의 실무 협력을 넘어섰다는 데 있다. 오늘날 치안외교는 한국 경찰의 위상과 국가 전략을 설계하는 외교 행위이며, 국가 브랜드와 직결되는 외교 자산이다. 따라서 국제협력관실의 기존 기능만으로는 치안외교를 국가 전략적 차원에서 기획·집행·관리하기에는 위상과 권한이 부족하다. 그 결과, 개별 주재관이나 국제회의에서 발휘된 성과가 경찰청 차원에서 '국가 전략'으로 확산되거나 장기적 로드맵에 반영되지 못하고, 다시 개인의 경험으로만 남는 구조적 문제가 발생한다.

따라서 지금 필요한 것은 단순한 '업무 전담 부서'가 아니라, 치안외교를 총괄하는 컨트롤타워 조직이다. 이 조직은 국제공조와 같은 실무 협력을 포함하되, 그 이상으로 전략적 기획·성과 관리·정책 환류의 기능을 갖추어야 한다. 가칭 「글로벌치안외교전략센터」와 같은 형태가 고려될 수 있는데, 이 조직은 다음과 같은 핵심 기능을 수행할 수 있다.

- **국가 차원의 치안외교 전략 기획:** 범정부 차원의 치안외교 비전과 연차별 로드맵 수립
- **통합 관리와 조정:** 주재관, ODA, K-Policing, 국제포럼 등을 하나의 전략 구조로 통합
- **성과 축적과 환류:** 개별 사건과 사업의 성과를 데이터베이스화하여 후속 전략으로 환류
- **정책 확산과 대외발신:** 한국형 치안외교 모델을 국제사회에 브랜드화하여 확산

이는 국제협력관실의 기존 업무를 대체하는 것이 아니라, 그 상위에 위치하여 국제공조를 넘어선 전략적 외교 기능을 강화하는 것이다. Cull이 지적했듯, 외교가 단발적 이벤트가 아니라 국가의 "기억(memory device)"으로 작동하기 위해서는 제도적 컨트롤타워가 필요하다.[9)]

9) Cull, N. J. (2009). *Public Diplomacy: Lessons from the Past.* Figueroa Press.

궁극적으로 이러한 조직 재설계는 한국 경찰이 '국제공조의 참여자'에서 '치안외교의 설계자'로 위상을 전환시키는 작업이다. 이는 단순히 부서 개편의 문제가 아니라, 한국 경찰이 글로벌 치안 거버넌스에서 주도적 리더십을 확보하는 전략적 전환이 될 것이다.

◈ 해외 벤치마킹 사례

이러한 구상은 단순한 이상론이 아니다. 이미 주요 국가들은 자국 경찰 외교를 국가 전략 차원에서 통합적으로 관리하는 조직을 운영하고 있다.

▸ 영국 NCA(National Crime Agency) International Liaison Division[10)]

영국은 범죄수사를 넘어서 국제 치안외교를 전략적으로 수행하기 위해, NCA 내에 국제협력국(International Liaison Division)을 두고 있다. 이 조직은 전 세계 40여 개국에 파견된 Liaison Officer를 총괄하면서, 모든 활동을 런던 본부에서 전략적으로 조율한다. 개별 파견관은 단순한 정보교환을 넘어, 영국의 대외안보·외교정책과 맞물린 전략 임무를 수행한다.

▸ 프랑스 DCI(Direction de la Coopération Internationale, 경찰국제협력국)[11)]

프랑스 내무부 산하 DCI는 외무부, 국방부, 개발원조 기관과 긴밀히 협력하면서 경찰협력과 외교정책을 연결하는 조직이다. 특히 90여 개국에 파견된 협력관(Attaché de sécurité intérieure)을 중심으로, 프랑스 치안 모델의 확산과 국제치안 거버넌스 주도권 확보를 전략적으로 추진한다.

▸ 일본 외무성·경찰청 합동 파견 체계[12)]

일본은 외무성과 경찰청이 공동으로 국제치안 인력을 기획·배치한다. 이를 통해 국제협력이 단순 치안업무 차원을 넘어 일본의 대외정책 및 ODA 전략과 긴밀히 연계되도록 설계되어 있다.

이와 같은 사례들은 공통적으로 "국제협력"을 넘어 "치안외교 전략"을 기획·조정하는 컨트롤타워적 기능을 확보하고 있다는 점에서 시사점이 크다. 한국

10) National Crime Agency (NCA). *International Partnerships.* https://www.nationalcrimeagency.gov.uk/what-we-do/crime-threats/international-partnerships

11) Ministère de l'Intérieur, France. *Direction de la Coopération Internationale* (DCI). https://www.interieur.gouv.fr

12) 外務省・警察庁. 『国際テロ対策協力』, 일본 외무성 공식 자료, 2022

경찰도 이제 개별 사건 대응에서 벗어나, 장기 전략과 국가 브랜드를 설계하는 방향으로 조직을 재편해야 한다.

2 기능 단절에서 플랫폼 연계 구조로

한국 경찰의 치안외교 활동은 지금까지 주로 사건 단위, 사업 단위, 행사 단위로 추진되어 왔다. 한 번의 국제회의, 한 건의 범죄인 인도, 한 차례의 장비 지원이 성과로 기록되고, 다음 사업으로 넘어가면 그 경험은 흔적처럼 흩어져 버린다. 성과는 분명 존재하지만, 그것은 연속적 구조가 아니라 단발적 기억으로 남는다.

나는 현장에서 이런 단절을 여러 차례 목격했다. 예컨대 주재관이 현지 경찰과 맺은 신뢰가 다른 부서 사업으로 이어지지 못하거나, 국제포럼에서 논의된 합의가 ODA 사업에 반영되지 않는 경우였다. 이처럼 축적되지 않는 외교는 결국 '점'으로만 남는다. 그러나 오늘날의 글로벌 외교 경쟁은 점이 아니라 '선과 면의 구조화'를 요구한다.

바로 여기에서 플랫폼 기반 전환이 필요하다. 플랫폼은 단순한 협력의 장이 아니라, 개별 기능을 묶어내는 전략적 '연결 장치'다. 다시 말해, 사건과 사업이 독립적으로 흩어지는 것이 아니라, 국가·이슈·지역이라는 전략 단위 아래 재편되어야 한다. 이를 통해 단발은 연속으로, 단기적 이벤트는 장기적 전략으로, 그리고 개별 성과는 조직적 자산으로 승화된다.

예를 들어, 「한-베트남 치안외교 플랫폼」이 마련된다면, 이는 단순히 하노이 주재관의 개인 네트워크가 아니라, ▲ODA 경찰학교 지원 ▲K-Policing 프로그램 ▲국제회의 참여 ▲범죄인 인도 협력 등 모든 기능이 하나의 전략 아래 통합되는 구조가 될 수 있다. 이러한 통합은 외교의 지속성을 담보할 뿐 아니라, 동일한 목표 지향성을 확보함으로써 '국가전략 외교'로 격상시킨다.

이러한 구상은 단지 이상적 설계가 아니다. 이미 여러 나라들은 플랫폼적 접근을 제도화했다. 프랑스 경찰의 국제협력국(DCI)은 국가·지역별 플랫폼을 운영해 각국 파견관, 개발협력, 연수 프로그램을 묶어 하나의 전략을 설계한다.[13)]

---

13) Ministère de l'Intérieur, France. *Direction de la Coopération Internationale* (DCI). https://www.interieur.gouv.fr

일본 경찰청은 외무성과 협력하여 동남아 각국을 대상으로 '지역별 치안협력 패키지'를 만들어, ODA·교육·인적 파견을 하나의 장기 플랜으로 관리한다.[14)]

영국 또한 NCA 산하 국제협력 부문을 통해 유럽·중동·아프리카 등 권역별 전략을 세우고, 모든 주재관 활동을 이에 맞추어 재편한다.[15)]

이처럼 플랫폼은 단순한 구조조정이 아니라, 외교의 언어를 바꾸는 혁신이다. 기존의 공조 중심 경찰외교가 "오늘의 문제를 해결하는 협력"이었다면, 플랫폼 기반 치안외교는 "내일의 질서를 설계하는 협력"이다. 단절을 넘어 연속으로, 개인의 경험을 넘어 집단의 전략으로, 그리고 단기적 협조를 넘어 장기적 파트너십으로 나아가는 길, 그것이 바로 플랫폼 전환이 지향하는 미래다.

3 외부 파트너십 구조의 전략적 상설화

치안외교는 경찰 단독의 역량만으로는 결코 완성될 수 없다. 글로벌 치안문제는 안보·경제·외교·개발협력의 경계를 넘나드는 복합 의제를 포함하고 있으며, 따라서 경찰청이 단독으로 정책을 기획·집행하는 방식은 한계에 부딪힌다. 한국형 치안외교의 지속 가능성과 확장성을 담보하기 위해서는 범정부적·다자적 파트너십 구조를 제도화하는 것이 핵심 과제가 된다.

1) 범정부 차원의 상설 협력체계 구축

현재 KOICA, 외교부 등 유관 부처는 각각 개발협력·공공외교·해외진출 전략을 추진하고 있으나, 이들이 경찰청과 정례적·제도적으로 연계되는 구조는 미흡하다. 대부분 개별 프로젝트 단계에서 임시적 협업이 이뤄지다 보니, 장기 전략과 정책적 연속성이 확보되지 못한다. 이를 개선하기 위해서는 「치안외교 유관기관 협의체」를 상시화하여, 연례회의와 분기별 실무위원회를 제도화해야 한다. 이 협의체는 다음과 같은 역할을 수행할 수 있다.

- 국가치안외교 기본전략을 범정부 차원에서 공동 수립
- ODA·공공외교·산업진출 정책에 치안외교 요소 반영

14) 外務省・警察庁. 『ASEAN 치안협력 종합계획』, 일본 외무성 공식 자료, 2021

15) National Crime Agency (NCA). *International Partnerships.* https://www.nationalcrimeagency.gov.uk/what-we-do/crime-threats/international-partnerships

- 초국경 범죄 등 글로벌 치안위협 대응 시 컨트롤타워 역할

이와 같은 공식 협의체는 치안외교를 '경찰 사안'이 아닌 '국가 전략 자산'으로 재위치시키는 제도적 기반이 될 것이다.

2) 국제기구와의 전략적 파트너십

한국 경찰이 국제 무대에서 실질적 영향력을 확대하기 위해서는 INTERPOL, UNODC, ASEANPOL과 같은 국제기구와의 전략적 파트너십이 필요하다. 지금까지의 협력은 주로 회의 참석이나 공동훈련 차원의 일회성 참여에 그쳤다면, 앞으로는 다음과 같은 제도화가 요구된다.

- INTERPOL 내 특정 분야(사이버, 마약, 금융범죄)의 공동 연구·교육 플랫폼 운영
- UNODC와 협력한 국제 치안 ODA 프로그램 공동 설계
- ASEANPOL과의 연례 전략회의 제도화, 역내 치안 어젠다 설정 과정에 한국 경찰 주도적 참여

이는 한국 경찰을 단순한 참여자가 아니라, 글로벌 공공안전 거버넌스의 설계자로 도약하게 하는 중요한 계기가 될 것이다.

3) 범정부 ODA 전략과의 연계

개발협력 ODA에서 치안 분야는 아직까지 주변적 위치에 머물러 있다. 하지만 안정적 치안 환경 없이는 어떠한 경제개발 프로젝트도 성공할 수 없다는 점에서, 치안은 국제사회가 공유해야 할 핵심 공공재(Global Public Good)이다.[16] 따라서 범정부 ODA 전략 속에 치안공공재(security as a global public good) 개념을 명확히 반영하고, KOICA와 경찰청이 공동으로 치안 ODA 프로그램을 설계하는 구조가 필요하다. 이 과정에서 경찰청은 기술·훈련·제도 이전을 담당하고, KOICA는 예산과 거버넌스 연계를 뒷받침하는 방식으로 역할 분담을 할 수 있다.

공식화된 파트너십 구조는 한국 경찰을 단순한 국제협력 주체가 아니라, 글

16) Kaul, I., Grunberg, I., & Stern, M. A. (1999). *Global Public Goods: International Cooperation in the 21st Century*. Oxford University Press.

로벌 공공안전 거버넌스의 설계자·조정자로 자리매김하게 할 것이다. 나아가 범정부 협업, 국제기구 파트너십, ODA 연계가 유기적으로 맞물릴 때, 치안외교는 경찰 외사 기능의 확장이 아니라 국가 전략 외교의 새로운 지평으로 정립될 수 있다.

4 데이터 기반의 통합 정보 시스템 구축

치안외교의 전략조직과 플랫폼은 제도적 틀만으로는 충분하지 않다. 그것이 실제로 효과를 발휘하기 위해서는 정보의 흐름을 통합하고 분석하는 체계가 뒷받침되어야 한다. 현재 경찰청이 수행하는 치안외교 관련 활동—예컨대 해외 주재관의 활동 보고, 국제포럼의 합의 내용, 치안 ODA 성과평가, 양자·다자 간 MOU 이행 여부—은 각 부서 단위로 분절적으로 축적되고 있다. 이러한 방식은 단기 보고에는 유용하지만, 장기적으로는 전략적 학습과 정책적 설계를 어렵게 만든다.

따라서 미래의 치안외교는 "치안외교 통합 정보시스템(Integrated Information System for Policing Diplomacy)" 구축을 통해 한 단계 도약해야 한다. 이 시스템은 단순한 자료 저장 창고가 아니라, 다양한 치안외교 활동을 데이터베이스화하고 시각화하며, 정책결정자에게 실시간으로 분석 자료를 제공하는 지식 허브로 기능해야 한다. 예를 들어, 특정 국가와의 치안 ODA가 어떻게 진행되고 있는지, 해당 국가 주재관의 현장 보고와 ODA 성과지표가 서로 어떻게 연결되는지, 또 동일 국가와의 MOU 이행 상황이 어떤 단계에 있는지를 한눈에 파악할 수 있어야 한다.

더 나아가 이 시스템은 축적된 데이터를 바탕으로 예측 가능한 협력 기획을 가능케 한다. 해외 범죄동향, 협력 수요, 국제기구 내 논의 패턴 등을 데이터 분석으로 사전에 포착함으로써, 치안외교 활동을 수동적 대응이 아니라 선제적 기획과 전략적 개입의 차원으로 끌어올릴 수 있다. 이는 단순히 경찰청 내부의 편의를 넘어서, 한국 경찰이 국제사회에서 투명성과 책임성을 담보하는 디지털 외교 플랫폼을 운영한다는 점에서 중요한 의미를 가진다.

이러한 접근은 이미 여러 국가에서 시도되고 있다. 영국 내무부(Home Office)는 "Overseas Security and Justice Assistance(해외 치안·사법 지원) 데이터 플랫폼"을 통해 각국 협력 현황과 성과를 중앙 관리하고 있으며,17) 한국 경찰 역시 이와 같은 흐름을 벤치마킹하여, 범정부 차원의 ODA·외교·산업 전략과 연계된 데이터 시스템을 갖춘다면, 치안외교의 지속성과 전략성을 동시에 확보할 수 있을 것이다.

결국, 치안외교의 미래는 "사람과 조직"뿐만 아니라 "데이터와 지식"을 어떻게 관리하느냐에 달려 있다. 데이터 기반의 통합 정보 시스템은 한국 경찰이 글로벌 치안 거버넌스의 설계자(designer)로 도약하는 데 있어 결정적 토대가 될 것이다.

5 인재 순환과 전략적 경력관리 시스템

어떠한 조직이나 플랫폼도 결국은 '사람'이 지속가능성을 만든다. 치안외교는 제도의 설계, 전략의 구상, 플랫폼의 운영 못지않게, 이를 실행할 인재의 역량과 경험의 연속성이 핵심 동력이다. 따라서 플랫폼 중심 치안외교가 안정적으로 작동하려면, 전략조직에 투입될 인재가 사전에 양성되고, 관련 직위 간 경력의 연계성과 순환성이 제도적으로 보장되어야 한다.

예컨대 주재관 경험자는 향후 본청의 전략조직이나 정책협력 부서로 돌아와 현장 경험을 제도 설계로 환류할 수 있어야 하며, 협력관으로 활동한 인력은 ODA 플랫폼이나 국제기구 파견을 통해 전문성을 확장할 수 있어야 한다. 이를 가능케 하는 '치안외교 경력경로(Track)' 제도화가 필요하다. 경찰 인사제도 내에 국제협력–국제기구–정책기획–ODA를 잇는 순환경력 관리 시스템을 신설하고, 이를 인사평가와 승진체계에 반영할 때 비로소 인재 순환이 지속가능한 구조로 자리 잡게 된다.

이러한 제도화는 단순한 보직 이동을 넘어, 치안외교 경험을 국가 외교자산으로 축적하는 장치가 된다. 개인의 경험과 네트워크가 조직의 기억으로 전환되고, 다시 후속 세대에 전수되는 구조가 마련될 때 비로소 치안외교는 "사람의 외교"에서 "시스템의 외교"로 도약할 수 있다.

우리는 지금까지 열정으로 치안외교를 개척해왔다. 그러나 다음 시대는 '시스템과 구조의 언어'로 외교를 설계하는 시대다. 전략은 사람의 헌신만으로 축

17) UK Home Office. *Overseas Security and Justice Assistance Guidance*, 2020.

적되지 않는다. 기억에 의존하는 외교는 사라지고, 시스템에 기록된 외교만이 이어진다. 지금 우리가 해야 할 일은 분명하다.

외교를 설계할 전략조직을 만들고,
활동을 연결할 플랫폼을 구축하며,
협력을 제도화할 상설 파트너십을 확보하고,
이를 정보시스템으로 기록하며,
전문 인력이 순환되는 인사 시스템을 마련하는 것.

이것이 바로 치안외교 2.0의 설계도이며, 단절에서 연속으로 개인의 성과에서 조직의 자산으로 나아가는 출발점이다.

제 4 절 치안외교 전문인력 양성 체계 구축 방안: K-PED 구상 배경과 치안외교 인력양성의 새 패러다임

1 구상 배경과 필요성(문제의식)

오늘날 치안외교는 더 이상 단순한 국제경찰활동이 아니라, 국가 외교역량을 보완하고 전략적으로 확장하는 실질적 축으로 진화하고 있다. 경찰의 국제활동은 단순한 정보교환이나 수사공조를 넘어, 국제 규범 논의와 다자 치안 거버넌스 형성에 실질적으로 기여하는 단계로 확대되고 있다. 이러한 환경 변화 속에서, 해당 활동을 이끌어갈 전문 인력의 육성은 이제 선택이 아닌 필수적 과제가 되었다.

필자는 국제경찰 무대에서 활동한 경험을 통해, 단기 순환보직이나 일회성 파견 방식으로는 지속 가능한 치안외교 역량을 확보하기 어렵다는 현실을 수없이 마주하였다. 예컨대 태국 경찰주재관으로 근무하던 시기, 특정 분야에서 국제협력 경험과 네트워크를 축적한 동료 인력이 본청 복귀 후 전혀 관련 없는 부서로 전보되면서, 그간의 경험과 인적 자산이 조직 차원에서 활용되지 못한 채 단절되는 사례를 목격했다. 미국 경찰주재관 시절에도 유사한 경험이 반복되었으며, INTERPOL 국가중앙사무국장으로 근무할 당시에는 국제 다자 무대에서 주도권을 확보하기 위해 필요한 전문 인재의 부족을 절실히 체감하였다.

이처럼 개별 역량에 의존하는 현행 방식은 국가 차원의 전략 부재로 이어지며, 국제 경찰사회에서 '지속가능한 리더십의 공백'을 야기한다. 이는 단순한 인사 운용의 문제가 아니라, 한국 경찰의 국제적 위상과 직결된 구조적 과제라 할 수 있다. 국제사회에서 점점 더 치열해지는 안보·치안 리더십 경쟁 구도 속에서, 한국 경찰이 독자적인 역할과 주도권을 확보하려면 장기적이고 체계적인 인력 양성 체계가 절실하다.

이러한 문제의식 속에서 필자는 치안외교 전문 인재 양성체계를 보다 구조적으로 설계할 필요성을 절감하였고, 그 해답으로 K-PED(Korea Policing Experts in Diplomacy)라는 개념을 고안하게 되었다. K-PED는 단기적·일회성 파견에서 벗어나, 교육-파견-복귀-재배치로 이어지는 전 주기를 조직 차원에서 관리·순환시킴으로써, 전략적 인재를 국가 외교자산으로 축적하는 것을 핵심 목표로 한다. 이는 단순히 외사 기능을 확장하는 차원이 아니라, 치안외교를 국가전략 수준으로 격상시키는 실행 플랫폼으로서 의미를 갖는다. 특히 K-PED는 국내외 기존 문헌이나 제도에서 유사한 명칭과 개념이 제시된 적이 없는 독창적 모델이라는 점에서 학문적·정책적 의의가 크다.

21세기 국제치안 환경은 급격히 변하고 있다. 초국경 범죄의 복잡화, 국가 간 안보 협력의 심화, 그리고 국제기구·원조기관을 통한 치안 협력의 확대는 경찰 인력이 더 이상 단기순환 경험만으로는 대응할 수 없음을 보여준다. 미국, 일본, EU 등 주요 국가들은 이미 치안외교 인력을 국가전략 차원에서 양성·제도화하고 있으며, 이는 단순한 해외 파견이 아니라 장기적 안보·외교 경쟁의 일환이다. 이러한 국제적 추세 속에서 K-PED는 한국 경찰이 지속가능한 치안외교 역량을 확보하기 위한 전략적 해답으로 제시되는 것이다.

2 K-PED의 개념과 구조

1) K-PED의 기본 개념

K-PED는 단기 파견에 머무르지 않고, 교육-파견-복귀-재배치로 이어지는 전 주기를 조직 차원에서 관리하는 구조를 지향한다.

즉, 파견 인력이 해외 경험을 통해 축적한 역량과 네트워크가 단절되지 않도록 하고, 이를 다시 조직 내에 환류시켜 새로운 세대의 파견 인력에게 전수하는 순환형 구조를 설계하는 것이다. 이는 단순히 외사 기능 확장이 아니라, 치안외교를 국가 전략 수준으로 격상시키는 실행 플랫폼이며, 현재까지 국내외 문헌에서 유사한 개념이 등장한 적이 없는 독창적 모델이다.

K-PED는 단순한 제도 설계를 넘어, 세 가지 운영 원칙을 중심으로 작동해야 한다. 첫째, 예측성(predictability) — 국제치안 환경 변화에 대응할 수 있도록 중장기적으로 인력 수요를 예측하는 원칙이다. 둘째, 연속성(continuity) — 파견, 귀국, 재배치를 하나의 주기로 연결하여 경험이 단절되지 않도록 하는 원칙이다. 셋째, 환류성(feedback) — 개인 경험이 조직 차원에서 지식으로 축적되고, 다시 차세대 교육·훈련으로 이어지도록 하는 원칙이다. 이 세 가지 원칙은 K-PED 설계 전반을 지탱하는 기본 축이라 할 수 있다.

2) 구조적 설계 원리

K-PED가 단순한 프로그램이 아니라 하나의 제도적 플랫폼으로 기능하기 위해서는, 운영 전반을 지배하는 구조적 설계 원리가 분명히 규정되어야 한다. 저자는 기존 인적자원관리(HRM)/지식경영 이론에서 착안하되, 이를 치안외교 인력양성체계에 맞게 재구성하였다.

(1) 전주기 관리 원리(Cycle Management)[18] - "한 번의 파견이 끝이 아니다"

기존의 국제파견은 선발-교육-파견-복귀 단계가 분리되어, 복귀 이후 경험이 단절되는 경우가 많았다. 예컨대, 경찰주재관으로 3년간 근무하면서 현지 경찰청·대사관·국제기구와 긴밀한 네트워크를 구축했음에도 불구하고, 복귀 즉시 다른 부서로 전보되는 사례가 반복되었다. 이 경우 개인이 쌓은 국제적 경험은 조직 차원에서 축적되지 못하고 사실상 소멸된다.

K-PED는 이러한 단절을 방지하기 위해, 복귀 후에도 반드시 후속 역할을 맡도록 설계한다. 예를 들어, 주재관을 다녀온 인력은 복귀 후 그간의 경험을 정책화하는 역할을 맡고, 동시에 차기 파견자를 대상으로 멘토링과 시뮬레이션 훈련을 제공한다. 이렇게 되면 경험은 순환적 학습자산으로 전환된다. 인력

---

18) Mink, O. G., Shultz, J. M., & Mink, B. P. (1991). *Developing and Managing Open Organizations: A Model and Method for Maximizing Organizational Potential.* Somerset Consulting Group.

의 경험이 일회성으로 사라지지 않고 체계적으로 이어질 수 있는 기반이 마련되는 것이다.[19)]

(2) 전략적 축적 원리(Strategic Accumulation)[20)] – "기억이 아닌 자산으로"

치안외교 경험은 현장성과 순간성이 강하여 단순한 보고서 형태로는 조직에 남기 어렵다. 예를 들어, INTERPOL 협력관이 국제총회에서 발언한 내용이나 주요 회원국과의 비공식 협상은 문서화되지 않으면 쉽게 소멸된다. 실제로 저자가 INTERPOL 국가중앙사무국장(HNCB)으로 근무할 당시, 전임자의 경험이 체계적으로 기록·공유되지 않아 유사한 협상에서 불필요한 시행착오를 경험한 사례가 있었다.

K-PED는 이를 방지하기 위해, 모든 국제 활동을 데이터화·매뉴얼화하고, 이를 다시 교육과 정책기획에 반영한다. 예컨대, ODA 치안전문가가 아프리카 국가에서 치안역량 강화 훈련을 실시하면서 얻은 현지 법제·문화적 충돌 사례는 단순 보고서가 아니라, "국제 치안 ODA 매뉴얼"로 정리되어 후속 사업의 교재로 활용될 수 있다. 이렇게 되면 개별 경험은 축적되고, 차세대 인력은 시행착오를 줄이며 더 높은 수준의 협력을 가능하게 한다.

(3) 지속가능성 원리(Sustainability) – "사람이 곧 전략이다"

국제 경험이 단순히 일회성 경력으로 끝나지 않고, 개인의 장기적 경력경로와 승진 체계 속에 제도적으로 보장되어야 한다. 예를 들어, 국제기구 협력관으로 근무한 인력이 본청 복귀 후에도 외사·치안외교 관련 핵심 직위로 우선 배치되는 경력경로 설계가 필요하다. 이를 통해 인력은 국제무대 경험을 계속 활용하며, 개인 역시 장기적인 동기를 확보할 수 있다. 아울러 성과 평가·인센티브 제도를 도입하여, 국제경험을 쌓은 인력이 조직 내에서 승진·재파견의 기회를 우선적으로 제공받을 수 있도록 한다.

---

19) Mink, O. G., Shultz, J. M., & Mink, B. P. (1991). *Developing and Managing Open Organizations: A Model and Method for Maximizing Organizational Potential.* Somerset Consulting Group.

20) Nonaka, I. & Takeuchi, H. (1995). *The Knowledge-Creating Company.* Oxford University Press.

3) 이론적 정당성과 분석틀 적용

K-PED 시스템은 단순한 제안이 아닌, 실증적 조사와 분석틀에 기반한 설계로 정당성을 확보하고자 하였다. 특히 최근 Jeong 외(2024)의 실증연구는 국제경찰 파견을 위한 교육 수요를 계량적으로 분석함으로써, K-PED가 지향하는 전략적 인재 육성 체계의 필요성을 뒷받침한다.[21] 본 절에서는 이 연구를 기반으로 K-PED 설계에 적용 가능한 네 가지 분석축과 이를 통해 도출된 정책적 시사점을 정리하고자 한다.

- 현장경험 기반 요구

국제경찰 파견자는 단순 치안기능 수행을 넘어, 현지 사회구조·문화·언어에 대한 감수성과 파트너십 구축 능력이 필수적으로 요구된다. 이는 단기적 기술교육으로는 습득하기 어려우며, 실전 중심의 훈련 설계가 필요함을 보여준다.

- 직무역량 기반 요구

글로벌 치안외교의 본질은 외국 경찰 및 국제기구와의 정책 조율, 다자 대화, 외교적 협상 등 복합적 기능을 포함한다. 따라서 단순한 외사 실무를 넘어선 외교적 소통 능력, 전략적 사고력, 정책 기획 능력이 핵심 역량으로 자리매김해야 한다.

- Borich 요구도 분석[22]

Borich 모형은 현직 실무자가 체감하는 능력 수준과 이상적 기대 수준 간의 격차를 계량화하여, 우선적으로 보완해야 할 교육영역을 식별하는 방법론이다. 이를 통해 K-PED는 외교적 의사소통, 정책 설계 능력, 국제규범 이해 등 핵심 교육과제를 명확히 도출할 수 있다.

---

21) Jeong, J., Park, M., Jo, H., Kim, C., & Song, J. H. (2024). *Needs assessment of police pre-deployment training for dispatch experts in international development cooperation of policing. Policing: An International Journal.* https://doi.org/10.1108/PIJPSM-06-2023-0083

22) Borich, G. D. (1980). *A Needs Assessment Model for Curriculum Development. Journal of Teacher Education*, 31(1), 39-42.

▸ Locus for Focus 분석[23)]

중요도와 필요도의 교차분석을 통해, 교육효과성과 시급성이 모두 높은 역량을 선별하는 기법이다. 이를 통해 제한된 자원 속에서도 K-PED는 우선순위가 높은 역량에 전략적으로 집중할 수 있으며, 결과적으로 교육 효율성과 실질적 효과를 극대화할 수 있다.

4) 제도적 구조와 전략적 함의

K-PED의 성공적인 정착을 위해서는 단순한 교육 프로그램 차원이 아니라, 제도적 구조로서의 내재화가 필수적이다. 현재 경찰 외사·국제 협력 인력은 주재관, 협력관, 국제기구 파견 전문가 등 다양한 형태로 활동하고 있으나, 그 경험은 개별 성과로 분산되거나 임기 종료와 함께 단절되는 한계를 보인다. 따라서 K-PED는 이러한 단절을 극복하고, 파견 전후의 경험과 역량을 제도적으로 연계할 수 있는 폐쇄회로형(Closed-loop) 구조[24)]를 지향한다.

첫째, 선발 단계의 제도화가 필요하다. 기존의 단기 공모 또는 내부 추천 방식에서 벗어나, 장기적 치안외교 인재풀을 운영하고 이를 바탕으로 역량 기반 선발을 제도화해야 한다. 선발 단계에서 이미 외교적 소통능력, 정책 조율 능력, 다자 협상 경험 등을 평가 지표로 포함시킴으로써, 초기부터 전략적 인재를 발굴할 수 있다.[25)]

둘째, 교육·훈련 체계의 제도화가 요구된다. K-PED는 단순 어학훈련이나 파견지 사전 브리핑을 넘어, 국제규범·다자안보 거버넌스·외교적 협상 시뮬레이션 등 실전형 교육과정을 포함한다. 특히 K-Policing의 핵심 가치(시민 중심, ICT 기반, 민주적 경찰 철학)를 교과 과정에 반영함으로써, 한국 경찰만의 정

---

23) Mink, O. G., Shultz, J. M., & Mink, B. P. (1991). *Developing and Managing Open Organizations: A Model and Method for Maximizing Organizational Potential*. Somerset Consulting Group.

24) 폐쇄회로형(Closed-loop) 구조란, 단기적·일회성 파견 경험이 귀국 후 사라지는 기존의 단선적(Linear) 구조와 달리, 파견 경험이 제도적으로 교육-정책-차기 파견자 훈련으로 환류되는 순환형 인재관리 모델을 의미한다. 예컨대 경찰주재관의 국제공조 경험이 귀국 후 교육기관·정책부서로 연계되고, 다시 차기 파견자에게 전수되는 체계가 이에 해당한다. 이는 경험이 "사람의 개인 성과"에 머무르지 않고 "조직의 장기적 외교 자산"으로 축적되도록 보장하는 핵심 원리이다.

25) Boyatzis, R. (1982). *The Competent Manager: A Model for Effective Performance*. John Wiley & Sons. - 역량 기반 선발의 기준 제시.

체성을 국제 무대에 투영할 수 있다. 이는 단순한 '해외 적응'을 넘어 '한국형 치안 철학의 수출'로 이어지는 전략적 효과를 낳는다.

셋째, 복귀·재배치 단계의 구조화가 필수적이다. 많은 파견 경험자들이 귀국 후 전혀 관련 없는 부서로 전보되면서, 축적된 네트워크와 전문성이 소멸되는 문제가 반복되어 왔다. K–PED는 복귀자 전용 경력트랙을 마련하여, 외사·국제 관련 부서, 교육기관, 정책 연구 부서로 재배치되도록 제도화해야 한다.[26] 이를 통해 국제무대에서 얻은 경험과 지식을 후속 세대에 전수하고, 장기적 조직 자산으로 전환할 수 있다.

넷째, 순환적 경력경로(Career Cycle)의 제도화가 요구된다. 한 차례 파견에 그치는 것이 아니라, "선발–파견–복귀–재배치–재파견"의 선순환 구조를 제도적으로 설계함으로써, 개인의 전문성이 누적되고 국가 차원의 치안외교 리더십이 강화된다. 이와 같은 다차례 파견 경력은 국제기구 고위직 진출, 다자안보 협력체 내 의제 주도권 확보로 이어질 수 있다.

이러한 제도적 구조는 단순히 인력관리 차원의 의미를 넘는다. 전략적 함의 측면에서, K–PED는 한국 경찰이 국제경찰사회에서 "참여자(participant)"를 넘어 "주도자(initiator)"로 도약할 수 있는 기반을 제공한다. 즉, 개별 사건 대응의 수준을 넘어, 국제규범과 협력 어젠다를 선도적으로 제시하는 '규범 형성 국가(norm entrepreneur)'로서의 위상을 구축하게 되는 것이다.[27]

결국 K–PED의 제도화는 인사 관리의 기술적 개선이 아니라, 국가 외교 전략의 핵심 축으로서 치안외교를 격상시키는 제도적 도약이라 할 수 있다. 이는 곧 "사람이 곧 전략"이라는 원리를 실질적 구조 속에 구현하는 과정이며, 미래 한국 경찰 외교 역량의 지속가능성을 담보하는 토대가 된다.

3 K-PED의 구조와 실행 모델

1) K-PED 5단계 구조의 개요

K–PED는 한국 경찰이 치안외교 전문 인력 양성을 제도화하기 위해 고안

26) Mintzberg, H. (1980). *Structure in 5's: A Synthesis of the Research on Organization Design*. Management Science, 26(3), 322–341. – 조직 설계와 전문성 재배치 논의.

27) Finnemore, M., & Sikkink, K. (1998). *International Norm Dynamics and Political Change*. International Organization, 52(4), 887–917. – 'Norm entrepreneur' 개념 제시.

한 전주기적 실행 모델이다. 기존에는 국제무대에서 활약할 경찰 인재가 개별적 경험과 개인적 역량에 의존하는 경우가 많았다. 우수한 어학 능력자나 국제 감각을 가진 일부 경찰관이 임시로 차출되어 현장에 배치되곤 했지만, 그 과정은 체계적이지 않았고, 귀국 후 경험이 조직에 환류되지 못해 지식의 단절이 반복되었다.

K-PED는 이러한 한계를 극복하고자 인재 발굴에서 성장·배치·환류·확산까지 이어지는 "전주기적 인재 전략(full-cycle talent strategy)"을 설계했다. 이 모델은 '한 번의 파견'이나 '단기 교육'에 머무르지 않고, 경찰관이 국제적 감각과 정책적 역량을 축적해 가는 경력 경로(pathway)를 제시한다. 즉, 한 개인이 국제무대에 발을 들이는 순간부터 은퇴에 이르기까지, 치안외교 역량이 점진적으로 강화되도록 경로를 기획한 것이다.

이 5단계는 크게 ① 선발(Selection) - ② 양성(Development) - ③ 실전 배치(Deployment) - ④ 복귀·재설계(Return & Reuse) - ⑤ 확산(Expansion)으로 구성된다. 그러나 이 단계들은 서로 단절된 프로그램이 아니라, 마치 톱니바퀴처럼 맞물려 돌아가는 순환적 구조를 이룬다. 예컨대, 한 경찰관이 주재관으로 근무한 뒤 귀국하면 단순히 본청의 국제부서에서 근무하는 데 그치지 않고, 교육기관 강사로 후배를 지도하거나 정책 부서에서 경험을 제도화하는 역할을 맡는다. 또, 국제기구에서 활동하는 경찰관은 현장에서 쌓은 네트워크와 노하우를 경찰청의 전략 자산으로 되돌려 주는 구조적 환류 장치를 마련한다.

따라서 K-PED는 단순한 교육훈련 제도가 아니라, "경찰 외교 인재를 국가 전략 자원으로 전환하는 플랫폼"이라고 할 수 있다. 이는 경찰 개인의 성장을 넘어 조직 차원의 역량 강화와 국가 외교적 위상 제고로 연결된다. 다시 말해, K-PED는 한국 경찰이 치안외교를 통해 국제사회에서 지속 가능한 리더십을 확보하기 위한 핵심 엔진이며, 미래 전략을 실현할 제도적 토대다.

2) 단계별 주요 내용과 전략적 의의

K-PED의 핵심은 5단계 전주기 인재 전략에 있다. 각 단계는 독립적으로 존재하는 것이 아니라, 서로 맞물려 작동하며 경찰관 개인의 성장과 조직 차원의 전략적 자산 축적을 동시에 지향한다.

① 선발(Selection)

K-PED의 첫걸음은 적절한 인재를 조기에 발굴하는 것이다. 국제협력 경력이나 어학 능력이 이미 풍부한 경찰관만을 대상으로 하는 것이 아니라, 잠재력과 자질을 기반으로 한 '선제적 선별 시스템'을 마련하는 데 초점을 둔다. 예컨대, 경찰대학이나 신임 교육과정 단계에서부터 국제 감각과 외교적 소양을 가진 인재를 발견하여 K-PED Pool에 등록한다. 이는 단순한 후보자 데이터베이스가 아니라, 장기적 경력 관리의 출발점이 된다.

→ 이 단계의 전략적 의의는 "개인의 잠재력 기반 조기 투자"다. 지금까지는 준비된 인재를 차출하는 방식이었다면, K-PED는 미리 발굴하고 체계적으로 육성하는 데 초점을 둔다.

② 양성(Development)

선발된 인재는 곧바로 해외에 투입되는 것이 아니라, 국제행사 실무 참여·단기 연수·교환 파견 등을 통해 기본기를 다진다. 이는 단순 교육훈련이 아니라, '전략적 훈련소' 역할을 하는 전환 단계다. 예컨대, 국제경찰청장회의(IPS) 지원, APEC 정상회의 통역 지원, 한-ASEAN 치안협력포럼 지원 같은 무대에서 짧게나마 국제 환경을 경험하게 한다.

→ 이 단계의 전략적 의의는 "국제무대 감각을 체득하는 실습형 훈련"이다. 실제로 해외 파견 경험이 없는 경찰관도 국제 현장에서 언어, 문화, 외교 의전을 직접 경험하며 빠른 시간 안에 글로벌 감각을 내재화할 수 있다.

③ 실전 배치(Deployment)

세 번째 단계는 K-PED의 중심축이다. 경찰주재관, INTERPOL 협력관, ODA 파견 전문가, UN 등 국제기구 파견 인력으로 실제 현장에 투입된다. 이 과정에서 경찰관은 외국 경찰과의 협력, 범죄인 인도 및 공조 협상, 다자 협의체 회의 주도 등 구체적 외교 활동을 수행한다.

→ 전략적 의의는 "국제 무대에서의 실질적 성과 창출과 네트워크 구축"이다. 현장에서 쌓인 신뢰는 단순히 개인적 성취에 그치지 않고, 국가 차원의 치안외교 기반을 공고히 하는 자산이 된다.

④ **복귀 및 재설계(Return & Reuse)**

해외 근무를 마친 인재가 귀국했을 때, 경험이 단절되지 않도록 하는 것이 K-PED의 가장 중요한 혁신 포인트다. 귀국자는 국제협력 부서, 전략기획 부서, 경찰교육기관 등으로 재배치되어 자신의 경험을 정책화·제도화하는 역할을 수행한다. 또한 후배를 양성하는 멘토로 활동하며, 파견 경험이 조직 내에 체계적으로 환류되도록 한다.

→ 전략적 의의는 "개인의 경험을 조직의 자산으로 전환"하는 데 있다. 이는 기존 시스템에서 반복되던 '귀국 후 경력 단절' 문제를 해결하는 핵심 장치다.

⑤ **확산(Expansion)**

마지막 단계는 국내 시스템에 국한되지 않고, 국제기구 진출과 글로벌 리더 양성으로 이어진다. 선발과 양성, 실전 배치, 환류 과정을 거친 경찰관은 자연스럽게 INTERPOL·UNODC·ASEANAPOL 등 국제 무대로 진출하여 한국 경찰의 리더십을 대표한다. 또한 은퇴 후에는 전략 고문이나 정책 자문으로 리콜(re-call)되어, 차세대 인재를 길러내는 선순환 구조를 만든다.

→ 전략적 의의는 "국가 브랜드와 국제적 위상 강화"이다. 이는 단순히 인재 한 명의 성공이 아니라, 한국 경찰 전체의 외교적 역량을 세계에 확산시키는 과정이다.

이 다섯 단계는 단순히 선형적으로 이어지는 직선 구조가 아니다. 순환(cycle)과 축적(accumulation)의 원리를 바탕으로 설계되어, 귀국자가 다시 교육 현장으로 돌아오고, 국제기구 진출자가 전략 자문으로 환류되는 구조를 내장하고 있다. K-PED의 강점은 단지 '국제경험 있는 사람'을 양성하는 데 그치지 않고, '외교 전략을 설계할 수 있는 인재'를 체계적으로 육성한다는 점이다.

따라서 K-PED는 개별 교육 프로그램이 아니라, 한국 경찰의 치안외교를 제도화·구조화한 실행 플랫폼이며, 국제무대에서 지속가능한 전략적 영향력을 발휘할 수 있는 경력 관리·인재 순환 모델로 자리매김한다.

K-PED 5단계 실행 구조 요약

단계	주요 내용	전략적 의의
1. 선발(Selection)	국제협력 경력, 언어능력, 글로벌 감각을 종합 평가하여 치안외교 인재군(K-PED Pool)으로 등록	외사 또는 국제 경험이 없는 경찰관이라도 자질과 잠재력을 기반으로 조기에 발굴하여 준비시킴으로써, 장기적 인재 양성의 출발점이 되는 선제적 선별 시스템을 구현한다.
2. 양성 (Development)	국제행사 실무 참여 및 단기 파견 경험	국제무대에 대한 실전 감각과 글로벌 시야를 단기간에 체득하게 하여, 본격적인 해외 파견 전 단계에서 전략적 '훈련소' 역할을 수행한다.
3. 실전 배치 (Deployment)	경찰주재관, INTERPOL 협력관, ODA 전문가, 국제기구 파견 등 현장 배치	실제 치안외교 현장에 투입되어 국가 간 신뢰를 구축하고, 외국 경찰과의 협력에서 외교적 언어와 문화적 감수성을 습득하는 실전 중심 단계이다.
4. 복귀 및 재설계 (Return & Reuse)	귀국 후 국제부서 또는 후속 트랙 연계, 멘토 역할 수행	현장에서 축적된 경험을 전략 조직에 환류시켜 정책화하고 제도화하는 연결고리를 마련하며, 개인의 외교 경험이 조직의 자산으로 전환되는 핵심 단계이다.
5. 확산(Expansion)	국제기구 진출 및 글로벌 리더 양성	INTERPOL, UN 등 국제무대에 진출하여 한국 경찰의 전략적 가치와 외교 리더십을 대표하는 고급 인재로 성장하는 치안외교 2.0의 완성 단계이다.

이 표는 K–PED의 핵심 구조를 압축적으로 보여주지만, 중요한 점은 각 단계가 고립된 이벤트가 아니라 상호 연결된 성장 경로라는 것이다. 귀국 인력이 다시 교육 현장에 참여하여 후배를 멘토링하고, 국제기구 진출자가 전략 고문으로 리콜(recall)되는 선순환 구조야말로 K–PED의 차별적 강점이다. 따라서 K–PED는 단순히 '국제협력 잘하는 경찰관'을 길러내는 제도가 아니라, 국가의 치안외교 전략을 설계·주도할 수 있는 복합형 전략 인재를 체계적으로 배출하는 엔진으로 기능한다.

3) 순환과 축적의 설계 원리

K－PED는 단순히 선형적(linear) 훈련·배치 시스템이 아니라, 순환(cycle)과 축적(accumulation)의 원리에 기반하여 설계된 모델이다. 즉, 해외 파견을 다녀온 인력이 단발적 성과를 남기고 끝나는 것이 아니라, 귀국 후 다시 교육 현장·정책 부서·멘토링 구조로 연결되어 경험과 지식이 조직 전체에 확산된다.

예를 들어, 한 경찰주재관이 3년간 주재국에서 외국 경찰과 협력을 수행한 뒤 귀국했을 때, 단순히 인사 이동으로 현업에 복귀하는 것이 아니라, 경찰교육원이나 국제협력 담당 부서에서 후속 세대 교육·정책 자문·협상 전략 기획에 참여하게 된다. 이 과정을 통해 현장에서 체득한 협상 경험이나 문화적 감수성이 제도화되고, 개인의 역량이 조직의 자산으로 전환된다.

또한 국제기구에 진출한 인력은 일정 기간이 지나면 전략 자문역(Strategic Advisor)으로 경찰청에 리콜(recall)되어, 현지에서 얻은 국제 규범과 다자협력 경험을 공유한다. 이를 통해 국제무대의 네트워크와 지식이 경찰 조직 내부로 환류(feed－back)되고, 다시 후배 세대를 준비시키는 '지식의 순환 고리'가 완성된다.

이러한 순환 구조는 결과적으로 경험의 축적(accumulation)을 가능하게 한다. 만약 국제협력 경험이 개인에게만 머무른다면 그 성과는 일시적일 수밖에 없다. 그러나 K－PED는 귀국 후 활용과 제도적 환류를 제도화함으로써, 경험이 조직 차원에서 지속적으로 누적되고, 세대를 거듭하며 학습하는 플랫폼으로 발전한다. 이는 단발적 해외 파견에 머무르던 기존의 국제협력과 K－PED를 구분 짓는 가장 핵심적인 특징이라 할 수 있다.[28)]

4) K-PED의 차별성과 전략적 함의

K－PED가 지니는 가장 두드러진 차별성은 단순히 해외 경험이 많은 경찰관이나 국제협력에 능숙한 개인을 길러내는 데서 그치지 않고, 국가적 외교 전략을 설계할 수 있는 경찰관을 체계적으로 육성하는 데 있다는 점이다. 이는

28) K－PED의 "순환과 축적" 설계는 학습조직 이론(Learning Organization Theory)과 *지식경영*(Knowledge Management) 원리에 기초한 것으로, 개인 경험을 제도적 환류를 통해 조직적 지식으로 전환하는 구조를 지향한다. 대표적으로 피터 센게(Peter Senge)의 『The Fifth Discipline』(1990)에서 제시된 순환적 학습 구조가 이론적 근거가 된다.

기존의 국제경찰협력이 범죄인 인도, 범죄정보 교환, 수사 공조 등 사건 중심의 기능적 협력에 머물렀던 한계를 넘어선다.[29] K－PED는 그러한 협력을 토대로 국가 간 신뢰를 구축하고, 더 나아가 한국 경찰이 국제무대에서 전략적 어젠다를 설정하며 국가 브랜드를 대표할 수 있도록 하는 새로운 차원의 제도적 장치라 할 수 있다.

무엇보다 K－PED는 전주기적 설계라는 특징을 지닌다. 선발에서 양성, 실전 배치, 귀국 후 재설계, 그리고 국제사회로의 확산에 이르기까지 모든 과정이 유기적으로 연결되어 하나의 경력 경로를 이룬다. 이는 단순히 한 번의 파견 경험으로 끝나던 기존의 파편적 제도를 넘어, 경찰관 개인의 국제 경험을 국가 조직 차원의 지속 가능한 자산으로 전환시키는 체계를 마련한다는 점에서 의의가 크다. 특히 귀국 인력이 교육기관에서 후배를 양성하거나, 전략 조직에서 정책 설계를 담당하며 자신이 축적한 경험을 제도화하는 과정은 K－PED만의 독창적 메커니즘이다. 이러한 환류 과정은 개인의 성취가 단발적 성과에 머무르지 않고, 조직 전체의 학습과 성장으로 이어지는 선순환 구조를 창출한다.

또한 K－PED는 확산 단계를 별도의 제도적 차원에서 설계했다는 점에서 주목할 만하다. 단순히 해외 파견을 경험한 경찰관을 귀국 후 다시 내근 업무에 배치하는 것이 아니라, 국제기구 진출, 글로벌 리더십 발휘, 국제적 의제 설정 등으로 이어지는 상위 단계의 진출을 제도 속에 내재화하였다. 이를 통해 한국 경찰은 국제사회에서 수동적 참여자가 아니라 치안외교의 설계자이자 의제 제시자로 자리매김할 수 있는 토대를 갖추게 된다.

이러한 구조적 설계는 한국 경찰의 외교 역량을 지속가능하고 체계적인 자산으로 만드는 효과를 낳는다. 해외 파견 경험이 한 개인의 경력으로만 축적되는 것이 아니라, 교육－정책－멘토링－국제기구 활동으로 순환하며 조직 전체의 역량으로 확산된다. 이는 곧 한국 경찰이 외교부, 국방부와 더불어 국가 외교를 뒷받침하는 다변화된 외교 자산으로 기능하게 되는 길을 열어준다.

궁극적으로 K－PED는 “국제협력을 잘하는 사람”이 아니라, “외교 전략을 기획·설계·실행할 수 있는 사람”을 길러내는 데 초점을 둔다.[30] 글로벌 협상

---

29) Cottey, A. & Forster, A. (2004). *Reshaping Defence Diplomacy*. Oxford University Press – 국방외교의 경력경로 관리제도를 참고한 사례로, K－PED는 이를 치안외교에 맞게 발전시킨 모델임.

30) Brodeur, J. P. (2010). *The Policing Web*. Oxford University Press.

력, 다자협의체 설계 능력, 정책적 설득력, 국가 브랜드 대변 역량을 두루 갖춘 복합형 전략 인재는 한국 경찰이 앞으로 국제무대에서 지속적으로 영향력을 확대할 수 있는 핵심 동력이 될 것이다. 바로 이 점에서 K-PED는 단순한 교육훈련 프로그램이 아니라, 한국 경찰의 치안외교를 뒷받침하는 전략 엔진이자 조직 미래를 준비하는 플랫폼으로 평가될 수 있다.

4 실행을 위한 제도화 방안

제도화는 K-PED를 일회성 사업이 아니라 지속 가능한 국가전략으로 정착시키기 위한 '틀'을 만드는 작업이다. 법령·규정·인사제도·예산 반영 등이 여기에 해당한다. 반면, 이어지는 운영 전략은 이러한 제도적 틀이 실제로 작동하도록 만드는 '방법'에 관한 논의다. 즉, 제도화가 구조적 기반을 마련하는 과정이라면, 운영 전략은 이를 일상적·실질적으로 구현하는 절차와 메커니즘이라고 할 수 있다.

K-PED가 단순한 구상에 머물지 않고 실질적 제도로서 뿌리내리기 위해서는 무엇보다도 체계적인 제도화가 뒷받침되어야 한다. 경찰의 국제 파견 경험은 이미 여러 차례 반복되어 왔지만, 여전히 단발적이고 순환성이 부족하다는 한계를 안고 있다. 따라서 K-PED를 실행 가능한 틀로 고착화하기 위해서는 교육, 경력관리, 국제기구 연계, 운영체계라는 네 가지 축이 균형 있게 설계될 필요가 있다.

첫째, 교육은 모든 전략의 출발점이다. 지금까지의 국제교육 과정은 언어·의전 중심에 치우쳐 있었으나, 앞으로는 국제법, 외교 프로토콜, 글로벌 치안 정책, 다자외교 협상 등 종합적 역량을 기를 수 있는 플랫폼이 요구된다. 경찰대학이나 인재개발원 안에 설치될 수 있는 「치안외교 아카데미」는 그러한 거점이 될 수 있다. 이곳에서는 국제회의 모의훈련, 위기 협상 시뮬레이션, 언론 대응 훈련을 비롯해 주재관과 협력관 출신 전문가가 직접 참여하는 실전 중심 강의가 운영되어야 한다. 이와 같은 교육 허브는 경찰관이 국제무대에 나가기 전 반드시 거쳐야 하는 전략적 관문이 될 것이다.

둘째, 국제 파견 경험은 단순한 이력으로 소비되어서는 안 된다. 경험을 경

→ 경찰 외교 인재를 '단순 실무자'가 아닌 '전략적 설계자'로 재정의할 필요성 강조.

력으로 전환하기 위한 관리체계, 즉 커리어 패스 제도화가 필요하다. 국제경찰관 직무 트랙을 신설해 외사, 국제협력, 정책기획 부서를 순환하도록 하고, K-PED 이수자에게는 국제업무 배치 기회를 우선 제공해야 한다. 특히 파견 후 복귀 시 전략 부서에 재배치하는 것을 원칙화함으로써, 개인의 경험이 곧 조직의 지식으로 환류되도록 해야 한다. 이러한 제도적 장치는 경찰 조직이 국제 파견을 단기 활동이 아닌 장기적 리더십 양성 과정으로 활용하게 한다.

셋째, 치안외교의 외연을 넓히기 위해 국제기구 진출을 적극적으로 연계해야 한다. INTERPOL, UNODC, ASEANAPOL 등 국제기구는 단순 협력의 대상이 아니라, 한국 경찰이 영향력을 발휘할 수 있는 전진기지이기도 하다. 경찰청과 외교부, KOICA 간 협력 체계를 구축하고, K-PED 이수자를 국제기구 진출 후보군으로 관리하며, 귀국 후에는 전략 자문관 역할을 수행하도록 하는 구조가 필요하다. 이렇게 함으로써 국제기구 진출이 개인의 영예에 머물지 않고, 조직의 전략적 자산으로 환류될 수 있다.

마지막으로, 아무리 뛰어난 프로그램이라도 운영 주체가 없다면 지속성을 보장할 수 없다. 그러나 굳이 대규모의 전담조직을 새로 만들 필요는 없다. 오히려 경찰청 치안외교 전담조직에 소규모 전담팀을 두어 K-PED 운영을 총괄하는 편이 더 현실적이다. 이 전담팀은 파견·귀국 인재의 데이터베이스 관리, 국제기구 진출 후보 발굴, 귀국자 네트워크 운영 등 핵심 기능을 맡을 수 있다. 작은 규모로 시작해 성과를 입증하고, 이후 점차 확대해 가는 방식이야말로 거창함보다 실행력을 담보하는 길이다.

결국 K-PED의 제도화는 새로운 조직의 신설이 아니라, 기존 체계 위에서 현실적인 운영 기반을 강화하고, 축적된 경험을 체계적으로 관리하는 데 초점이 맞춰져야 한다. 그래야만 치안외교 인력 양성 시스템이 단순한 이상이 아니라, 경찰 조직 안에서 작동하는 실제적 전략 플랫폼으로 자리매김할 수 있다.

5 운영 전략

K-PED가 제도적 기반 위에 안착했다면, 그다음 과제는 실질적 운영 전략을 마련하는 일이다. 운영 전략은 곧 시스템을 어떻게 굴러가게 할 것인가에 관한 문제이며, 이 과정에서 투입되는 인재, 자원, 네트워크가 긴밀히 연결되

어야 한다. 단순히 교육과 파견의 반복이 아니라, 선발에서 확산까지 전 과정을 움직이는 동력 메커니즘이 필요하다.

1) 국제 파견과 교육의 유기적 연계

운영의 핵심은 파견과 교육을 분리된 과정이 아니라 순환적 연계 구조로 설계하는 것이다. 예컨대, 주재관으로 근무한 인재가 귀국하면 다시 교육과정 강사나 시뮬레이션 훈련의 멘토로 참여하도록 하여, 교육과 현장이 끊임없이 상호 보완되게 한다. 이 방식은 교육의 현실성을 높이고, 파견 경험이 조직 내에서 소멸하지 않고 재활용되도록 하는 구조적 장치가 된다.

2) 인재풀 관리와 디지털 기반 플랫폼

K-PED 인력은 단순 명단 관리가 아닌, 디지털 기반 데이터베이스로 체계화되어야 한다. 파견 경험, 언어 능력, 전문 분야, 국제기구 경력 등을 항목별로 기록해, 차후 국제협상 대표단, 긴급 파견, 국제기구 지원자 선발 시 신속하게 활용할 수 있어야 한다. 이러한 인재풀은 경찰 내부뿐 아니라 외교부·KOICA 등 외부 기관과도 연동될 수 있으며, "국가 차원의 치안외교 인재 데이터베이스"로 확장될 수 있다.

3) 파트너십 확대와 다층적 네트워크

K-PED의 운영은 경찰 조직 내부의 힘만으로는 한계가 있다. 국내에서는 외교부, 학계 및 민간 싱크탱크와의 협력이 필요하며, 국외에서는 UNODC, INTERPOL, ASEANPOL, FBI LEGAT, EUROPOL SLO와 같은 글로벌 파트너와의 협업이 중요하다. 이러한 다층적 네트워크는 K-PED 인재가 국제무대에 진출할 때 후방 지원망 역할을 하며, 동시에 귀국 후 성과를 공유하는 지식교환 채널로 작동한다.

4) 인센티브와 경력 경로 관리

지속 가능한 운영을 위해서는 인재에게 확실한 동기 부여 장치가 필요하다. 해외 파견이나 국제기구 경험이 승진, 주요 보직, 외부 연수 기회 등으로 연결될 수 있어야 한다. 특히 K-PED 이수자는 경찰 조직 내에서 별도의 국제전문직무 트랙을 따라갈 수 있도록 설계함으로써, 단기 보상뿐 아니라 장기적 경력 설계의 장점을 체감할 수 있게 해야 한다. 이는 곧 "국제 치안외교 전문경력"을 하나의 제도적 브랜드로 만드는 과정이기도 하다.

5) 성과 평가와 환류 시스템

운영의 마지막 요소는 성과 측정과 환류이다. 단순히 파견 인원의 수나 교육과정 수료율이 아니라, 파견 중 체결된 국제협약, 다자회의에서의 의제 주도 경험, 국제기구 내 직위 확보 등의 질적 지표를 설정해야 한다. 또한 귀국한 인재가 정책 보고서를 제출하거나, 사례집을 집필·강의함으로써 경험을 후속 세대와 공유하도록 의무화하는 것도 필요하다. 이러한 성과 환류 시스템은 K-PED를 '학습하는 조직(learning organization)'으로 발전시키는 핵심 장치가 된다.

6) 정리

운영 전략의 본질은 순환-연계-환류라는 세 가지 키워드로 압축된다. 교육과 현장이 순환하고, 국내외 파트너십이 연계되며, 경험이 성과로 환류되는 구조 속에서 K-PED는 살아 움직이는 시스템으로 작동한다. 이는 곧 한국 경찰이 국제사회에서 지속 가능한 치안외교 역량을 확보하는 가장 현실적이면서도 전략적인 길이 될 것이다.

6 지속 가능한 인재 생태계를 위한 네트워크화

K-PED가 제도화되고 운영 전략이 마련되었다 하더라도, 이것이 지속 가능한 성과로 이어지려면 인재 생태계(ecosystem) 차원의 설계가 필요하다. 생태계란 단순히 사람의 풀(pool)을 관리하는 것이 아니라, 개인·조직·국제 네트워크가 상호 순환하며 지식과 경험이 확산되는 구조를 뜻한다. 운영 전략이 제도의 가동을 보장하는 장치라면, 인재 생태계는 이를 장기적으로 지속·확산시키는 상위 개념이다. 다시 말해, 운영 전략이 제도의 '엔진' 역할을 한다면, 인재 생태계는 조직 전체가 학습하고 성장하는 '토양'이라 할 수 있다. 이 차이를 명확히 함으로써, K-PED는 단순한 인재관리 제도가 아니라 경찰조직 전체의 성장 동력으로 자리매김할 수 있다.

치안외교는 한두 명의 뛰어난 경찰관이 만들어내는 단기 성과로 완결될 수 없다. 국제 현장에서의 경험은 시간이 흐르면 사라지고, 기억되지 않으며, 결국 다음 세대에게는 전달되지 않는다. 필자는 국제협력관 재직 당시, 수 많은 귀국자들이 축적된 경험을 조직에 기여할 기회조차 갖지 못한 채 다른 업무로 전환되는 현실을 반복적으로 마주하였다. 실제로 INTERPOL 총회나 UNODC 포럼 등 국제 다자회의에 참여한 인재들이 귀국 후 해당 경험을 조직에 체계적으로 환류하지 못하고, "그 회의는 어땠느냐"는 비공식 질의에만 응답하는 정도에 머무르는 모습을 보며 깊은 아쉬움을 느꼈다. 이러한 구조는 지속 가능한 전략으로 이어지지 않는다. 사람이 연결되고, 경험이 축적되며, 지식이 세대 간에 전수될 수 있어야 비로소 조직은 학습하고 성장한다. 이는 단순한 인사관리의 문제가 아니라 전략적 역량 관리(SHRM: Strategic Human Resource Management)의 핵심이며, 조직학습의 근간이기도 하다.[31]

이러한 문제의식 속에서, 단순히 인재를 선발하고 파견하는 것을 넘어서, 경험과 인재가 조직 내외에서 살아남고 순환되는 구조가 필요하다는 결론에 이르렀다. 그것이 바로 '인재 생태계'라는 개념의 출발점이었다. 이 생태계는 내부, 외부, 그리고 세대 간의 세 가지 축으로 작동해야 한다.

1) 내부 연결: 조직 내 기억과 경험의 체계화

경찰 조직 내부에는 국제경험 인재를 단순한 이력 기반으로 분류하는 것을 넘어, 활동 이력, 국제네트워크, 협력 경험 등을 통합적으로 관리할 수 있는 데이터베이스(DB)가 필요하다.

이를 통해 파견 인재를 사전에 등록하고(K-PED Pool), 파견 전후 역량 평가와 추적 관리를 실시함으로써 우연이 아닌 기획된 전략 배치가 가능해진다. 또한 귀국 후 인재들이 단절되지 않고 조직 내 정책 부서, 교육 훈련 부서, 전략기획 부서 등으로 자연스럽게 재배치되어야 한다.

이것은 "학습하는 조직" 개념에서 말하는 경험의 환류(Feedback Loop)와 동일한 맥락이며[32], 국제역량의 조직 내 자산화라는 점에서 더욱 전략적으로 접근되어야 한다.

---

31) Boyne, G. A. (2003). *Human Resource Management and Performance in the Public Sector.* Public Money & Management, 23(3), 153-160.

32) Senge, P. (1990). *The Fifth Discipline: The Art and Practice of the Learning Organization.* Doubleday.

2) 외부 연결: 협력 생태계로서의 경찰외교 플랫폼

치안외교는 본질적으로 다부처적이고 다기관적인 성격을 가진다. 경찰이 단독으로 수행하는 영역이 아니라는 점에서, 외교부·KOICA·법무부 등과의 정책 연계, 국제기구와의 협력 채널이 구조화되어야 한다.

특히 KOICA와 공동으로 추진 중인 치안 ODA, UN 및 INTERPOL과의 파트너십을 전략화하는 과정은 치안외교 생태계를 외부와 유기적으로 연결하는 실질적 모델이다.

또한 국내외 대학 및 학술기관과의 연계를 통해 치안외교 커리큘럼을 공동개발하거나 연구 프로젝트를 수행하는 방향도 필요하다. 이는 단순 외사 경험 중심의 접근에서 벗어나 지식 기반 외교(knowledge diplomacy)로의 전환을 가능하게 한다(Melissen, 2005).[33]

3) 세대 연결: 멘토링과 철학의 전수 구조

무엇보다 중요한 것은 세대 간 지식과 철학의 연결이다. 국제치안 현장에서의 경험은 단순 기술이나 정보보다 문화적 감수성, 협상력, 국제무대의 감각과 통찰 등 암묵지(tacit knowledge)[34]의 비중이 크다.[35]

따라서 이를 문서화하거나 전달하기 위해서는 선배–후배 간 멘토링, 사례 기반 교육, 실전 리허설 중심의 사전교육 시스템이 필수적이다.

예를 들어, INTERPOL 회의나 경찰주재관 파견 직전에는 해당 국가 경험자와의 1:1 사전 세션을 정례화하거나, 귀국자 중심의 케이스 스터디 공유회 등을 제도화함으로써 지식의 단절을 막아야 한다. 또한 이러한 커뮤니티는 단순 정보교환을 넘어, '치안외교를 바라보는 철학'까지 공유되는 공감대의 장이 되어야 한다.

---

33) Melissen, J. (2005). *The New Public Diplomacy: Soft Power in International Relations.* Palgrave Macmillan.

34) 암묵지(tacit knowledge)는 글이나 숫자, 공식 등으로 명확히 표현하기 어렵고, 개인의 경험, 직관, 감각, 통찰력 등을 통해 축적된 내면화된 지식을 의미한다. 이 개념은 노나카 이쿠지로(Nonaka Ikujiro) 교수의 지식창조이론(Knowledge–Creating Theory)에서 제시되었으며, 그는 지식의 두 가지 유형을 구분했다.
- 형식지(explicit knowledge): 문서화, 수치화, 매뉴얼화된 지식
- 암묵지(tacit knowledge): 말로 설명하기 어렵고 몸으로 익히는 지식

35) Nonaka, I., & Takeuchi, H. (1995). *The Knowledge–Creating Company: How Japanese Companies Create the Dynamics of Innovation.* Oxford University Press.

핵심 메시지: 인재는 연결될 때 전략이 된다

> 치안외교는 파견 인원 수를 늘리는 것으로 완성되지 않는다.
> 그보다 중요한 것은 '사람이 조직과 연결되어 있고, 서로가 다음 세대를 키울 수 있는 생태계 위에서 활동하는 구조'를 만드는 일이다.
> K-PED는 단지 인재를 배출하는 시스템이 아니라, 사람이 경험을 남기고, 전략을 환류하며, 세대 간에 철학을 전수할 수 있는 플랫폼으로 설계되어야 한다.
> 조직은 사람의 경험으로부터 배운다. 전략은 사람을 통해 완성되며, 그 사람이 이어지는 구조 안에서 지속 가능해진다.

7 해외 사례에서 배우는 전략적 시사점

글로벌 안보환경의 복잡화와 다자 치안외교의 확산 속에서, 주요 선진국들은 자국 경찰이 국제무대에서 능동적으로 활동할 수 있도록 체계적인 인재 육성 전략을 발전시켜왔다. 이는 단순한 해외 파견을 넘어 전 주기에 걸친 경력 설계와 제도화된 교육·훈련 체계를 마련함으로써, 경찰 외교를 국가 전략 차원에서 운영하기 위한 시도라 할 수 있다. 한국이 추진하는 K－PED 모델 역시 이러한 흐름과 궤를 같이하는 것으로, 해외 사례의 비교 분석은 제도의 타당성과 발전방향을 정당화하는 중요한 근거가 된다.

1) 일본 - 국제교류전문관 제도와 전주기 커리어 설계

일본은 경찰청 외사국 주도로 국제교류전문관(国際交流専門官) 제도를 운용하고 있다. 이 제도는 단기 파견이나 개별 인재 선발에 그치지 않고, 선발－양성－실전－귀환－재배치에 이르는 전 주기적 커리어 루트를 전략적으로 설계한 것이 특징이다. 일본 경찰은 외무성·문부과학성과의 협력을 통해 국제정치·외교 실무 교육을 이수하게 하고, 귀국 후에는 외사·국제기획 부서에 재배치하여 경험을 제도화한다. 이러한 구조는 파견 경험이 개인의 경력으로 소멸되지 않고 조직의 자산으로 환류되도록 한다. 일본 사례는 한국 경찰의 국제경찰관 커리어 패스 제도화를 위한 직접적 비교틀을 제공한다.[36)]

36) 警察庁. (2020). 『国際交流専門官制度の概要』. 日本政府 공식자료. Retrieved from https://www.npa.go.jp

2) 프랑스 – 외교·안보 통합형 치안외교 모델

프랑스는 치안외교를 국가 외교 거버넌스에 통합하여 운영한다. 내무부와 외무부, 국방부가 긴밀히 협력하여 국제치안협력관(Attaché de sécurité intérieure)을 외교관 신분으로 각국 공관에 파견하고, 이를 통해 재외국민 보호, 범죄 대응, 치안정책 협력을 종합적으로 수행한다. 더불어 국가치안고등학교(ENSP, École Nationale Supérieure de la Police)를 통해 고위 간부에게 국제정치, EU 제도, 국제법, 문화외교 등을 아우르는 복합형 커리큘럼을 제공하고 있다. 이는 국제임무 수행뿐 아니라 장기적으로 국가 외교·안보 전략의 일부로 경찰 인재를 활용하는 모델이다.[37)]

3) 영국 – ILO 제도와 융합형 리더십 교육

영국은 분권형 경찰제도를 운영하고 있음에도 불구하고, 외무개발부(FCDO), 내무부(Home Office), 국가범죄수사청(NCA) 간 유기적 협력을 통해 국제연락관(ILO: International Liaison Officer) 제도를 정교하게 발전시켰다. ILO는 단순한 정보 교환을 넘어 재외국민 보호, 범죄 예방, 국제 협상 등 외교 활동의 일부를 담당한다. 파견 간부는 귀국 후 전략 기획 부서에 배치되어 경험이 환류되며, 이는 조직 학습으로 이어진다. 또한 College of Policing과 FCDO가 공동 운영하는 International Police Leadership Scheme(IPLS), Overseas Command Course 등을 통해 파견자의 리더십과 외교 역량을 강화하는 것이 특징이다.[38)]

4) 캐나다 – 가치 기반 글로벌 인재 육성

캐나다 왕립기마경찰(RCMP)은 외교부(Global Affairs Canada)와 협력하여 국제 파견 교육과정을 운영하며, 국제윤리·문화 감수성·평화안보 역량을 교육의 핵심 가치로 둔다. 파견 경험자는 귀환 후 정책부서나 교육기관에서 활동하며, 경험이 정책화되도록 연계된다. 또한 RCMP는 Global Policing Leadership Academy를 운영하며, INTERPOL 및 UNODC와 공동으로 고급 리더십 과정을 제공한다. 이를 통해 교육–현장–정책이 연결된 일관된 경력 설계를 실현하

---

37) Ministère de l'Intérieur. (2022). *La coopération internationale de la Gendarmerie nationale*. 프랑스 내무부 공식자료. Retrieved from https://www.interieur.gouv.fr

38) College of Policing (UK). *International Leadership Programmes Overview*. Home Office 협력 문서.

고 있으며, 파견 인력을 단순한 "국제 경험자"가 아닌 정책 감수성과 외교 언어를 겸비한 글로벌 리더로 육성한다.[39)]

5) 시사점 - '설계형 인재 전략'과 경험의 자산화

이상의 사례를 종합하면, 일본·프랑스·영국·캐나다는 공통적으로 파견을 '사건(event)'이 아닌 '과정(process)'으로 이해하고, 선발에서 귀환 이후까지 일관된 경력 설계를 제도화했다는 점에서 큰 의미를 갖는다. 또한 파견 경험을 개인적 성취에 머물게 하지 않고 조직 차원에서 제도화하여, 차세대 교육·정책 설계로 환류시키고 있다.

이는 K-PED가 지향하는 "설계형 인재 전략"과 정확히 일치한다. 즉, 한국 경찰이 단순히 언어능력 중심의 인재를 파견하는 수준을 넘어, 국제정치적 감각과 외교적 협상능력을 갖춘 치안외교 전문가 생태계를 구축해야 함을 보여준다. 결국 해외 사례가 말해주는 가장 중요한 교훈은 "사람을 선발하는 것이 아니라, 커리어를 설계하는 것"이며, 이것이야말로 K-PED가 추구하는 장기적 목표라 할 수 있다.

제 5 절 국제기구 진출 — 치안외교의 글로벌 확장 경로

1 문제 제기: 국제기구 진출의 전략적 의미

21세기 국제사회는 초국경적 범죄, 테러, 마약, 사이버 위협 등 국내 치안만으로는 대응이 불가능한 도전들로 가득 차 있다. 이 과정에서 국제기구는 단순한 협력의 장을 넘어, 규범 형성과 의제 설정의 중심 무대로 기능하고 있다. 다시 말해, 범죄 대응의 기술적 협력만이 아니라, 국제 사회의 규범을 누가 주도하고 어떤 가치가 제도화되는가가 국가 경쟁력의 중요한 요소가 된 것이다.

---

39) Royal Canadian Mounted Police. (2022). *Global Policing Leadership Academy Program Overview*. Retrieved from https://www.rcmp-grc.gc.ca

이러한 현실 속에서 한국 경찰이 국제기구에 진출한다는 것은, 개인 차원의 경력 관리가 아니라 국가적 전략 자산을 확보하는 일이다. 예컨대 INTERPOL의 집행위원이나 UNODC의 고위 정책자문 역할을 맡는다는 것은, 국제규범 형성과 정책 집행 과정에 한국의 시각을 반영할 수 있는 결정적 통로가 된다. 이는 곧 한국 경찰의 경험과 가치가 국제 기준으로 승격될 수 있음을 의미한다.

그러나 지금까지 한국 경찰의 국제기구 진출은 주로 일회성·개별성의 성격을 강하게 띠었다. 몇몇 유능한 인재들이 자신의 역량과 네트워크를 바탕으로 국제기구에 진출한 사례는 있었으나, 이를 제도화된 경력 경로로 발전시키지 못했다. 그 결과, 축적된 경험이 조직 차원으로 환류되지 못하고 개인의 성과로만 남는 경우가 많았다. 이는 앞서 K-PED 논의에서 지적한 문제 — "순환과 축적이 없는 구조" — 와 동일한 한계를 드러낸다.

저자는 INTERPOL 국가중앙사무국장으로 근무하면서 총회와 집행위원회에서 여러 국가 대표들과 협력 방안을 논의하면서 이 사실을 절실히 체감했다. 회의석상에서 발언권을 얻는 것은 어렵지 않았지만, 안건을 실제 의제로 채택하거나 결의문에 문구를 반영하기 위해서는 사무총국과의 긴밀한 교섭, 주요국 대표단의 묵시적 동의, 그리고 네트워크를 통한 지속적 설득이 필요했다. 단순한 정보 교환이나 의례적 발언을 넘어서는 '규범 형성과 의제 주도권'이야말로 국제기구 무대에서 실질적 힘을 발휘하는 지점이었다.

또한 국제협력관으로 근무하면서 한국 경찰의 전문성과 성과에도 불구하고 국제회의 현장에서 의제 설정권을 가진 국가와 그렇지 못한 국가 간에는 뚜렷한 차이가 존재했다. 발언을 준비하는 과정에서조차 "이 안건을 상정할 자격이 있는가", "어떤 국가가 후원하는가"가 중요하게 작동했다. 이 경험은 국제기구 진출이 곧 국가 치안외교 역량의 상징일 뿐 아니라, 우리 경찰이 글로벌 거버넌스에 기여할 수 있는 관문이라는 사실을 몸소 깨닫게 했다.

국제기구 진출은 국가 외교정책과 직결되는 상징성을 갖는다. 국제무대에서 특정 국가의 경찰관이 주요 직책을 맡는 것은 단순한 인사 발령이 아니라, 그 국가가 글로벌 치안 거버넌스에서 주도적 역할을 담당하고 있음을 보여주는 외교적 메시지다. 실제로 일본이나 프랑스는 경찰 간부의 국제기구 진출을 국가 브랜드 전략과 연계하며, 이를 통해 자국의 국제 위상을 강화하고 있다. 한국 역시 국제사회에서 "규범 수용자"가 아니라 "규범 창조자"로 자리 잡기 위해, 국제기구 진출을 전략적으로 제도화할 필요가 있다.

결국, 국제기구 진출은 세 가지 차원에서 의미를 지닌다.

첫째, 정책적 차원에서 국제규범 형성과 의제 설정에 참여함으로써 한국 경찰의 목소리를 제도화하는 길이다.

둘째, 조직적 차원에서 파견 인력이 귀환 후 경험을 환류시킴으로써, 한국 경찰의 국제역량을 강화하는 장치다.

셋째, 외교적 차원에서 경찰의 존재 자체가 한국의 외교역량을 확장하는 효과를 가진다. 이는 곧 "치안외교"의 최전선에서 한국이 발언권을 확보하는 과정이라 할 수 있다.

따라서 한국 경찰의 국제기구 진출은 더 이상 부차적 선택이 아니라, 국가 전략 차원에서 추진해야 할 핵심 과제다. 앞으로 이 절에서는 이러한 문제의식에 기초해 한국 경찰의 국제기구 진출 현황과 제약, 해외 사례와 시사점, 그리고 구체적 전략을 논의하고자 한다.

2 한국 경찰의 국제기구 진출 현황과 제약

지난 30여 년간 한국 경찰은 국제무대에서의 활동 영역을 꾸준히 넓혀왔다. 1990년대 초반 INTERPOL을 시작으로 UN, UNODC, EUROPOL, UNPKO 등 다양한 국제 치안 협력기구에 참여하며, 단순한 정보교류를 넘어 국제규범 형성과 정책 개발의 장에도 점차 발을 들여놓았다. 특히 2024년 INTERPOL 총회 유치, 국제경찰청장회의(IPS)의 정례 개최, 치안 ODA 사업의 확대 등은 한국 경찰의 국제적 위상을 가시적으로 높인 상징적 사건으로 기록된다. 이는 한국 경찰이 더 이상 '수혜자(recipient)'가 아니라, 국제협력의 '공여자(provider)'로 위상을 전환하고 있음을 보여주는 사례다.

■ 한국 경찰의 국제기구 진출 현황 (2024 기준) ■

기관명 (약칭)	파견 인력 수 (2024 기준)	주요 직위 및 역할	진출 경로	비고
INTERPOL 본부	1990년 최초 파견 이후 30명 파견 실시		INTERPOL 직위공모 경찰청 추천	
UNODC	2024년 최초 1명 파견	프로그램 전문가 (동남아 마약퇴치 사업 등)	외부 공모	단기 프로젝트 계약 위주
UN PKO (남수단 등)	1994년 최초 파견 후 현재 47명 파견	현지 경찰개발, 치안 자문	UN요청에 경찰청 파견	파견형태 다양
UN DP	2019년 최초1명 파견	UN개발원조활동 조정		
UN DPKO	2011년 최초 파견후 3명 파견	PKO 파견과 운용 총괄 지휘		
ASEANAPOL	관찰국 (Observer)	상근 인력 없음	비정기 회의 참석	대화국으로 참여
EUROPOL	2024년 최초 1명 파견	-	-	제휴 가능성 검토 중

출처 : 경찰청 국제협력관실 참고자료

그러나 이러한 외형적 성과에도 불구하고, 한국 경찰의 국제기구 진출은 여전히 구조적 토대가 취약하다. 표면적으로는 몇몇 성공 사례가 존재하지만, 그 이면을 들여다보면 제도적 뒷받침이 부족해 "개인의 도전과 성취"가 곧바로 "조직의 자산"으로 전환되지 못하는 현실적 제약이 존재한다. 구체적으로는 다음과 같은 한계가 뚜렷하다.

1) 진출 인력의 절대적 부족과 직무 범위의 한계

2024년 기준 국제기구에 진출한 한국 경찰 인력은 극히 제한적이다. 일부가 INTERPOL · UNODC · UN PKO 등에서 활동하고 있지만, 직무의 범위는 프로젝트 전문가나 특정 부문 보좌관 수준에 집중되어 있다. 제도화된 진출 경로가 마련되지 않다 보니 대부분 개인적 기회, 인맥, 혹은 외부 공모에 의존하는 형태다. 이러한 구조에서는 한국 경찰이 장기적·체계적으로 국제기구 내 영향력을 축적하기 어렵다. 다시 말해, 경찰이 제도적 플레이어가 아니라 개별적 참여자로 남는 한계가 반복되는 것이다.

2) 국제기구 근무 이후의 경력 단절

국제기구 경험이 귀국 후 조직 전략에 흡수되지 못하는 점도 심각한 문제다. 실제로 국제기구에서 성과를 쌓고 돌아온 인력이 국내에서는 비핵심 보직으로 전환되는 경우가 적지 않다. 이 과정은 "국제 경험은 곧 개인 경력의 공백"이라는 인식을 확산시켜 진출 동기를 약화시킨다. 경험과 성과가 정책 설계와 후속 전략으로 이어지지 못한다는 사실은 곧 환류 메커니즘의 부재를 보여주는 대표적 사례다.

3) 국제기구 연계 교육 및 파이프라인의 부재

INTERPOL, UNODC 등 국제기구가 요구하는 인재상은 단순한 수사능력을 넘어, 외국어 구사력, 국제정책 이해, 협상과 외교 감각이다. 그러나 현재 한국 경찰 조직 내에는 이러한 역량을 맞춤형으로 육성할 수 있는 교육과정이나 후보군 관리 체계가 존재하지 않는다. 개별 경찰관이 자율적으로 준비하는 방식은 구조적 제약을 반복할 수밖에 없다. K-PED 구상에서 제시한 것처럼, "국제기구 진출을 위한 특화 트랙(Track)"이 제도적으로 설계되지 않는 한, 한국 경찰의 국제기구 진출은 여전히 산발적이고 우연적인 성격에 머물 것이다.

4) 외교부 및 타 기관과의 연계 부족

외교부, 국립외교원, KOICA 등은 국제기구 진출을 국가 전략 차원에서 접근하며, 전문적인 지원·네트워크·예산을 갖추고 있다. 그러나 경찰은 이러한 흐름에 충분히 편입되지 못하고 있으며, 대체로 산발적 대응에 머물러 있다. 그 결과 국제기구 무대에서 경찰은 여전히 정책 파트너라기보다는 보조적 협조기관의 위상에 머무르고 있다. 이는 곧 치안외교가 국가 외교정책의 주요 축으로 제도화되지 못했음을 방증한다.

이상의 문제는 결국 '개인적 진출'과 '제도적 진출'의 간극에서 비롯된다. 지금까지는 열정적이고 유능한 개인이 국제기구에 진출하여 가시적 성과를 만들어냈지만, 국가 차원의 전략적 시스템이 이를 뒷받침하지 않는다면 성과는 일회성으로 머물 수밖에 없다. 따라서 국제기구 진출은 단순히 개인의 커리어 문제가 아니라, 한국 경찰의 치안외교가 글로벌 거버넌스에 제도적으로 편입될 수 있는 출입구(gateway)를 열어가는 근본적 과제다.

3 전략적 파급효과: 국제기구 진출이 만들어내는 가치

국제기구 진출은 단순히 개인의 경력 축적이나 경찰조직 내부의 성과에 머무르지 않는다. 그것은 곧 한국 경찰이 국제사회에서 어떤 위상을 차지하고, 나아가 국가 외교의 한 축으로 얼마나 영향력을 발휘할 수 있는지를 가늠하게 하는 시금석이다. 저자는 INTERPOL 국가중앙사무국장과 국제협력관으로서 다양한 국제기구의 고위급 인사들과 수많은 협상을 주도하면서, 국제기구 무대가 갖는 파급효과를 직접 목격하였다. 그 경험을 통해 도출된 함의는 크게 네 가지 층위로 설명할 수 있다.

첫째, 글로벌 규범 형성 과정에 참여할 수 있다는 점이다. 국제기구는 단순한 협력의 장이 아니라, 범죄 대응의 원칙과 국제적 기준을 만들어내는 규범 생산의 현장이다. 예컨대 UNODC가 채택하는 국제 협약이나, INTERPOL 총회에서 결의되는 정책 문건은 회원국의 치안정책과 사법제도에 상당한 영향을 미친다. 한국 경찰이 이러한 장에 진출할 때, 단순히 규범을 '받아들이는' 위치에서 벗어나, 논의의 초기 단계에서부터 자국의 입장을 반영하는 능동적 주체로 자리매김할 수 있다. 저자는 과거 INTERPOL 회의에서 한국 경찰의 제안이 국제 결의문에 반영되는 장면을 직접 경험한 바 있다. 이는 규범의 문장 한 줄이 한국 경찰의 문제의식과 전문성에서 비롯될 수 있음을 보여주는 상징적 순간이었다.

둘째, 국제기구 진출은 국익 증진과 국가 브랜드 제고로 이어진다. 특정 국가 출신 인사가 국제기구의 고위직에 진출한다는 사실은 곧 해당 국가의 외교적 자산이 된다. 한국 경찰이 INTERPOL 집행위원과 총재에 선출되던 순간, 언론들은 이를 "한국 경찰의 국제적 도약"으로 보도하며 한국의 위상을 주목했다. 저자가 INTERPOL 사무총장과 회담을 갖고 한국 경찰의 사이버범죄 대응 경험을 공유했을 때, 상대 측이 "한국은 아시아에서 국제 표준을 선도할 잠재력을 지닌다"고 평가한 경험은, 국제기구 진출이 국가 브랜드 강화와 직결된다는 점을 단적으로 보여준다.

셋째, 국제기구 경험은 조직 내부의 전문성 고도화와 지식 환류를 가능하게 한다. 국제기구에서 근무하는 동안 경찰관은 다자 협상 능력, 국제 법규와 규범의 이해, 고도의 외국어 구사 능력, 다양한 문화권과의 협력 경험을 축적하게 된다. 이러한 역량은 귀국 이후 조직 전체의 자산으로 환류되며, 실질적인 파급효과를 창출한다. 저자의 이런 다양한 국제기구와 회의에서의 경험을 후배 경찰관들에게 공유했을 때, 이는 외사·형사·정보 등 다양한 부서의 업무에 적용되어 한국 경찰의 국제적 감각을 끌어올리는 계기가 되었다. 결국 국제기구 진출은 조직 차원의 지식 자본화를 이루는 수단이다.

마지막으로, 국제기구 무대는 국제 연대망 확대와 외교 다변화를 이끌어낸다. 국제기구에서 맺은 인적 네트워크는 단순한 교류를 넘어, 위기 상황에서 작동하는 비공식적 협력 채널로 기능한다. 저자는 국제협력관으로 근무하면서 한-아세안 치안협력포럼을 주재한 경험을 바탕으로 국외도피사범 송환 협의 과정에서 비공식 창구를 활용한 경험이 있다. 이는 국제기구 진출이 단순한 '자리 확보'가 아니라, 국가 외교의 다변화와 실질적 치안외교 역량 확대로 이어진다는 사실을 잘 보여준다.

종합해보면, 국제기구 진출의 파급효과는 ▲국제 규범 형성의 주체화, ▲국가 브랜드의 강화, ▲조직 차원의 전문성 고도화, ▲국제 네트워크 확장의 네 가지로 요약된다. 저자가 현장에서 경험한 바에 따르면, 이는 단순한 제도적 성과가 아니라 국가 위상과 국익, 그리고 경찰조직의 미래까지 결정짓는 전략적 효과라 할 수 있다. 다시 말해, 국제기구 진출은 한국 경찰이 글로벌 치안외교의 무대에서 "팔로워"가 아닌 "리더"로 도약하기 위한 핵심 관문인 것이다.

4 실행전략: 국제기구 진출을 현실화하는 경로

국제기구 진출은 단순한 열망이나 구호만으로 달성될 수 없다. 그것은 치밀한 준비와 제도적 뒷받침, 그리고 개인적 역량의 축적이 삼위일체가 될 때 비로소 현실화된다. 저자는 국제협력관과 INTERPOL 국가중앙사무국장을 역임하며, 수많은 국제기구 관계자들과 교섭·협력하는 과정에서 한국 경찰이 국제 무대에 자리 잡기 위해 어떤 준비가 필요한지 절실히 깨달았다. 그 경험을 토대로 볼 때, 실행전략은 네 가지 축으로 정리될 수 있다.

1) 체계적 인재 육성: 'K-PED와 국제기구 트랙의 접목'

국제기구 진출을 위한 가장 기본적인 조건은 적합한 인재의 확보이다. 단순히 영어를 잘하거나 외사 경험이 있다고 해서 국제기구에 진출할 수 있는 것은 아니다. 국제기구는 다자 협상 능력, 국제 규범의 이해, 특정 범죄 분야(예: 사이버, 마약, 인신매매)에 대한 전문성을 동시에 요구한다. 따라서 기존 K-PED(치안외교 전문인력 양성 프로그램)에 국제기구 진출 트랙을 별도로 설계할 필요가 있다.

저자는 INTERPOL 리옹 본부를 방문했을 때, 일본 경찰이 외사·국제기구 인력 파이프라인을 분리 운영하며 장기적 커리어 경로를 관리하는 것을 목격하였다. 반면 한국 경찰은 아직 개별 경찰관의 노력과 일회성 기회에 의존하는 경우가 많다. 국제기구 트랙을 제도화하여 선발-훈련-경력관리로 이어지는 전문적 경로를 마련해야 한다는 것이 저자의 결론이다.

2) 전략적 타깃 설정: '어디에, 왜'라는 질문에서 출발

무작정 많은 기구에 지원한다고 해서 성과가 나오지는 않는다. 국제무대는 제한된 자리와 치열한 경쟁으로 가득 차 있다. 따라서 "어디에, 왜"라는 질문에 대한 명확한 답변이 우선되어야 한다.

저자가 국제협력관 시절, UNODC와 협력 프로젝트를 논의하면서 가장 크게 느낀 점은, 한국 경찰의 전문성이 돋보일 수 있는 핵심 무대를 선별하는 일이었다. 예컨대, 사이버범죄 분야에서의 한국의 기술적 경쟁력은 UNODC의 디지털 범죄 대응 부문과 자연스럽게 접목될 수 있었고, 이는 협력의 문을 여는 열쇠가 되었다. 따라서 실행전략의 첫걸음은 국제기구별 맞춤형 목표를 설정하는 것이다.

"한국 경찰이 과연 어떤 국제기구에 집중해야 하며, 어떤 분야에서 전략적 영향력을 확보할 수 있을 것인가?"

이 질문에 대한 답은 단순히 많은 수의 파견이 아니라, 경찰 조직의 강점이 실질적으로 발현될 수 있는 '핵심 무대'를 선별하는 작업에서부터 시작되어야 한다.

전 세계에는 수백 개의 국제기구가 존재하지만, 모든 기구가 경찰과 직접적 연관이 있는 것은 아니다. 치안, 범죄, 법치, 인권, 개발협력 등과 직접 연계되는 기구들 중에서도, '경찰의 전략적 영향력'이 발휘될 수 있는 소수의 기구를 집중 타깃화할 필요가 있다.

이러한 선별의 기준은 다음과 같다:

- **경찰 역할의 적합성**: 해당 기구가 수사, 예방, 훈련, 정책 설계 등 경찰 직무와 긴밀히 연결되어 있는가?
- **한국 경찰의 경쟁력 분야와의 정합성**: 사이버범죄, K-Policing, ODA형 치안협력, 여성·청소년 보호 등 한국이 강점을 가진 분야와 맞물리는가?
- **글로벌 의사결정에 미치는 영향력**: 해당 기구가 다자 거버넌스를 형성하고, 국제 기준을 수립하는 주요 플랫폼인가?
- **외교부 및 타 부처와의 협업 가능성**: 외교부, KOICA, 법무부, 국방부 등과의 시너지를 만들 수 있는 구조인가?

이러한 기준을 통해 전략적으로 진출을 목표로 할 수 있는 주요 국제기구로는 INTERPOL, UNODC, UN DPKO(평화유지활동), ASEANAPOL, EUROPOL, UN, UNDP 등이 있다.

예를 들어, INTERPOL은 범죄수사와 정보공유에 있어 글로벌 허브 역할을 수행하는 국제형사경찰기구이며, 한국은 이미 총재, 부총재, 집행위원 선출, INTERPOL 총회 개최, 미래치안회의 개최 등의 성과를 쌓아왔다.

UNODC는 마약, 인신매매, 부패 등 한국 경찰이 충분히 전문성을 확보하고 있는 분야와 연결되어 있고, 아시아 지역 중점 프로젝트에 한국 경찰의 참여가 기대되는 지점이다.

UN DPKO는 평화유지 경찰 파견, 현지 법치주의 정착 등 ODA적 요소와 연결되어 치안외교적 효과가 높은 플랫폼이다. 전략적 목록화 이후에는 단순 파견이 아닌 '진출 목표'를 기획해야 한다.

예를 들어 INTERPOL에는 향후 사무총국 고위직 진출을 5개년 과제로 설정할 수 있고, UNODC에는 한국 경찰의 프로그램 전문관 및 단기 컨설턴트 파견 확대를 목표로 할 수 있으며, UN PKO에는 남수단 외 타 지역 진출, 여성 경찰관 비율 확대, 한국형 평화유지 훈련 프로그램 참여자 수 확대 등 구체 지표를 설정할 수 있다.

이러한 타깃별 목표 설정은 인재 양성, 경력 관리, 조직 배치, 부처 간 협업 등 시스템 전반의 설계 방향을 제시하는 나침반이 된다. 경찰청 차원에서도 전략기구별로 담당 조직을 지정하고, 외교부 및 외부 기관과의 연계 채널을 상시화하는 등 기구별 접근전략을 체계화할 필요가 있다.

결론적으로 국제기구 진출은 단지 '더 많은 사람을 내보내는 것'이 아니라, 우리의 강점을 발휘할 수 있는 무대를 식별하고, 그곳에서 리더십을 발휘할 수 있는 인재를 전략적으로 키우는 일이다.

이제 한국 경찰은 진출 이후의 명함을 고민할 것이 아니라, 진출 '이전'의 타깃과 방향부터 설계해야 한다. K-PED 시스템은 이러한 전략적 접근을 가능케 하는 제도적 기반이자, 치안외교를 구조화된 국익 플랫폼으로 전환하기 위한 핵심 도구가 될 것이다.

치안외교의 관점에서 한국 경찰이 향후 진출하거나 영향력을 확대할 수 있는 국제기구 및 전문 네트워크를 범주별로 정리하면 다음과 같다.

▪ 경찰·형사사법 분야 전문기구 ▪

기구명	본부	진출 포인트
INTERPOL	리옹(프랑스)	사무국(P-level), 글로벌 부서(사이버·환경·무기 등)
UNODC	빈(오스트리아)	범죄예방·사이버·마약통제 분야 전문가 채용 트랙
UN POL (UN 경찰부서)	뉴욕/현장임무	Peacekeeping Police Officer, 자문관
ASEANAPOL	말레이시아	한국형 모델 전파, 역내 정보공조 확대
EUROPOL	헤이그(네덜란드)	Observer·Secondment, 기술·트레이닝 연계
AMERIPOL	콜롬비아	중남미 치안협력, K-Policing 진출 가능

■ 유엔 산하 범죄·안전 관련 부속기구 ■

기구명	기능	진출 기회
UN DPO	PKO 경찰운영 총괄	국제 경찰관 파견·정책자문
UNICRI	범죄·사이버 정책연구	연구자 채용, 디지털 치안 협력
UN Women / UNHCR / UNICEF	젠더·아동 보호	여성·아동 대상 치안 전문가
WCO (세계관세기구)	마약·무기 밀수 단속	세관·경찰 공조 채널

3) 정부 차원의 지원과 외교적 연계 강화

국제기구 진출은 경찰청만의 과제가 아니다. 외교부, 법무부, KOICA, 심지어 국방부와의 협력이 긴밀히 뒷받침되어야 한다. 저자가 INTERPOL 총재, 부총재, 집행위원 선거에 참여하면서 출마하는 국가들은 경찰뿐만 아니라 외교부를 비롯한 범정부적으로 지원을 받아서 출마한다는 사실을 현장에서 실감했다. 또한 그러한 총체적인 노력이 당선이라는 결과를 이어지는 상황도 직접 확인할 수 있었다. 이처럼 국제기구 진출은 본질적으로 국가적 외교 프로젝트이자, 부처 간 협업을 필요로 하는 과제이다. 따라서 경찰청은 국제기구 진출을 외교부의 인사·외교 전략과 연결하고, 범정부 차원의 협의체를 통해 체계적으로 추진해야 한다.

4) 지속 가능한 경력 관리와 귀환 후 환류 체계

설령 국제기구에 진출했다 하더라도, 개인의 경력으로만 끝난다면 그 파급효과는 제한적이다. 중요한 것은 국제기구 근무 경험이 조직 전체의 자산으로 환류되는 구조를 만드는 것이다.

저자는 INTERPOL 본부와 긴밀히 협업한 후 귀국했을 때, 후배 경찰관들에게 직접 브리핑하고 훈련 프로그램에 참여시킴으로써 경험을 공유한 바 있다. 그러나 이는 개인적 차원의 노력에 불과했다. 앞으로는 경찰청 차원에서 국제기구 근무 경험을 체계적으로 기록·분석·교육화하는 시스템을 만들어야 한다. 귀환 경찰관들이 국제협력 교육원 강사로 참여하거나, 국제기구 진출을 준비하는 후배들의 멘토가 되는 제도적 구조가 마련되어야 한다.

5) 국제 네트워크 구축의 선순환 구조

국제기구 진출의 또 다른 관건은 사람이다. 저자가 경험한 바에 따르면, 회의장에서의 짧은 대화, 공식 만찬의 비공식 교류가 실제 협력의 돌파구가 되는 경우가 많았다. 따라서 국제기구 진출을 위한 실행전략은 단순히 채용 공고를 기다리는 것이 아니라, 지속적인 네트워크 활동을 통해 사전 기반을 다지는 것이다. 학술 포럼, 국제세미나, 워킹그룹 등 다양한 경로를 통해 한국 경찰이 얼굴을 비추고, 신뢰를 쌓아가는 과정이 필수적이다. 이는 곧 국제기구 채용의 문을 여는 보이지 않는 자산이 된다.

국제기구 진출의 실행전략은 ▲체계적 인재 육성, ▲전략적 타깃 설정, ▲정부 차원의 지원, ▲귀환 후 환류, ▲국제 네트워크 선순환이라는 다섯 축으로 정리된다. 저자가 국제무대에서 직접 경험한 바와 같이, 이는 단순히 "사람을 내보내는" 전략이 아니라, 한국 경찰이 국제 규범 형성의 주체로 자리잡기 위한 종합적 시스템을 구축하는 과정이다.

5 외국 사례와 벤치마킹 가능한 전략 - "국제기구 진출은 결코 우연이 아니다"

국제기구 진출은 단순히 한 개인의 외국어 능력이나 우연한 기회로 달성되지 않는다. 이미 많은 선진국들은 국제무대에서 자국의 영향력을 확대하기 위해 국가 차원의 로드맵과 지원 체계를 제도화해왔다. 이들은 공통적으로 "인재의 발굴–육성–진출–재배치"라는 전주기 시스템을 가동하여 국제 무대에서 지속가능한 존재감을 확보한다. 이러한 접근은 한국 경찰이 앞으로 국제기구 진출 전략을 설계할 때 반드시 참고해야 할 비교 틀을 제공한다.

1) 프랑스 - 국제기구 인력의 제도화된 본산

프랑스는 국제기구 진출을 위한 제도적 기반이 가장 정교한 국가 중 하나이다. 외무부 산하에 국제기구 진출 지원 전담부서(DFAE)를 설치하여, 유엔 및 다양한 국제기구 정보를 상시 제공하고 통합 지원한다.[40]

---

40) Ministère de l'Europe et des Affaires étrangères. (2023). *Carrières internationales: travailler*

이 부서에서는 국제기구별 결원 정보 제공, 공모 요건 분석, 이력서 및 자기소개서 작성 지도, 면접 코칭에 이르기까지 통합적 지원 시스템을 운영한다.

또한 ENA(국가행정학교) 졸업생을 중심으로 국제기구 고위직 진출 경로를 별도로 마련해, 엘리트 트랙을 제도화함으로써 상위직급 진출을 지속적으로 견인하고 있다.[41]

이는 한국 경찰이 추구하는 국제기구 진출 전략에서 참고할 수 있는, '지원-육성-진출'의 일체화 모델이라 할 수 있다.

저자는 INTERPOL 총회·HNCB 회의장에서 프랑스 NCB국장과 파견관들과 협력한 경험이 있다. 당시 프랑스 측 인사들은 이미 ENA·외무부 경력과 국제기구 경험을 종합 관리받는 구조 속에서 체계적으로 성장해왔다는 인상을 주었으며, 이는 한국 경찰에게 미흡한 '설계된 경력관리'의 필요성을 실감하게 했다.

2) 일본 - 외교부와 교육부의 공동 설계 전략

일본은 외무성과 문부과학성이 협업하여 '국제기구 진출 종합 전략'을 수립하고 있으며, 이를 통해 국가 차원의 인재 파이프라인을 구축하고 있다.[42]

일본 국제협력기구(JICA) 및 주요 대학들과 연계하여 해외 인턴십 프로그램, 석·박사 장학사업, 국제기구 초청 간담회 등을 정기적으로 운영하며, 유엔 내 일본인 비중 확대를 위한 고위직 전략 진출 캠페인을 외무성이 직접 주도하기도 했다. 이는 국제기구 진출이 민간이나 개인 수준의 목표가 아니라, 국가 브랜드와 외교 영향력 확대의 전략적 수단임을 상징적으로 보여준다. 저자는 태국주재관 근무 시 일본 경찰 주재관들과 긴밀히 협력한 바 있는데, 이들은 단순히 현지 주재관 역할에 그치지 않고, 국가적 인재육성 전략의 일부로 움직이고 있다는 점이 확연히 드러났다. 이는 한국 경찰에게 "귀국 후 활용·재배치"의 중요성을 더욱 절감하게 한 사례였다.

---

dans les organisations internationales. Retrieved from https://www.diplomatie.gouv.fr/fr/carrieres-et-concours/metiers-et-concours/les-metiers-de-la-diplomatie/organisations-internationales

41) ENA. (2021). *Les carrières internationales des anciens élèves.* https://www.ena.fr

42) Ministry of Foreign Affairs of Japan. (2022). *Strategy for Increasing the Presence of Japanese Nationals in International Organizations.* https://www.mofa.go.jp/policy/other/bluebook

3) 캐나다 – 커리어 매핑 중심의 전략

캐나다는 국제기구 진출을 위한 전 생애주기적 지원 체계를 보유하고 있다. Global Affairs Canada는 통합 채용 포털과 함께 인재은행(Talent Pool)을 운영하며, 국제기구, 외교부, 국제 NGO 간 정기적 로테이션 경력 설계를 유도한다.[43]

또한 국제공공 리더십을 위한 사전교육 과정, 국제윤리·문화훈련, 귀국 후 연계 프로그램 등까지 포괄하며, 국제기구 진출이 하나의 커리어 라인으로 구조화되도록 장기 설계를 지원한다. 이는 특히 경찰·외교·개발 협력 인재의 교차경험을 설계하는 구조로, K-PED가 추구하는 생태계형 인재 전략과 유사한 접근이다.

저자는 국제협력관과 INTERPOL 국가중앙사무국장으로 활동 당시 캐나다 경찰 대표단을 접촉한 경험이 있다. 그들은 RCMP·외교부·국제기구를 오가며 성장하는 경력 로드맵을 갖추고 있었고, 한국 경찰에는 없는 "교차형 경력관리" 모델을 보여주었다.

4) 독일 – 개발협력 중심의 국제기구 진출 플랫폼

독일은 GIZ(독일국제협력공사)를 중심으로, 개발협력 분야 국제기구에 전략적으로 인력을 진출시키는 모델을 운영하고 있다.[44]

국제기구 진출 인재에 대해 정부 차원의 재정 지원, 귀국 후 부처 연계 채용, 민간 부문 진출 경로 확보 등 종합적인 지원 패키지를 제공하고 있으며, 이를 통해 선순환적 국제진출 플랫폼을 실현하고 있다.

특히 파견을 경력으로 인정하고, 복귀 후 공공부문 정책 파트로 재배치하는 시스템은 국제기구 경험을 조직의 자산으로 전환하는 데 효과적이다.

5) 브라질 – 개인 중심의 성공 사례에서의 교훈

현 INTERPOL 사무총장인 발데시 우르키자(Valdecy Urquiza)는 브라질 연방경찰 출신으로, 오랜기간동안 INTERPOL 본부와 지역사무소에서 다양한 직책을 거치며 글로벌 네트워크와 신뢰를 쌓아왔다.[45]

---

43) Government of Canada. (2023). *Jobs in international organizations and multilateral forums.* https://www.international.gc.ca

44) GIZ. (2023). *Jobs and careers in development cooperation.* https://www.giz.de/en/jobs

45) INTERPOL. (2023). *Mr Valdecy Urquiza elected as Secretary General.* https://www.interpol.int/en/Who-we-are/Structure/General-Secretariat

그의 사례는 국가 차원의 조직된 전략이 아니라, 개인이 국제무대에서 쌓은 전문성과 평판이 어떻게 리더십 자리로 이어질 수 있는지를 보여준다는 점에서 중요한 의미가 있다.

이는 한국 경찰의 국제기구 진출 전략에 있어 개인 경력 설계 및 전문성 축적의 중요성을 부각시키는 보완적 참고모델이 될 수 있다.

6 한국 경찰의 국제기구 진출 전략 보완 방안 — 전략 없는 진출은 없다

한국 경찰의 국제기구 진출은 더 이상 선택의 문제가 아니라, 시대적 과제이다. 국제사회에서 경찰의 활동은 단순한 공조와 협력을 넘어, 글로벌 규범 형성과 전략적 의제 설정의 한 축으로 부상하고 있다. 따라서 한국 경찰이 국제기구에 진출한다는 것은 경찰 개인의 영예를 넘어, 대한민국의 기준과 가치가 세계의 기준이 되는 출발점이 될 수 있다.

하지만 지금까지 한국 경찰의 국제기구 진출은 체계적이라 보기 어려웠다. 몇몇 우수 인재들이 각자의 역량과 경험을 바탕으로 국제무대에 진출해왔지만, 그 흐름은 일관되지 않았고, 고위직 진출의 예는 극히 드물었다. 이러한 현실은 단지 언어나 개인의 자질 부족 때문만은 아니다. 실상은 전략의 부재, 인재육성 경로의 미정립, 복귀 이후의 활용 부족 등 구조적 문제가 뿌리 깊게 자리하고 있다.

무엇보다 시급한 과제는 경찰 내부에 국제기구 진출을 위한 명확한 인재양성 체계를 정립하는 것이다. 지금까지는 외사부서나 국제협력 업무 경험자가 개별적으로 기회를 찾아 진출하는 방식에 의존해왔다. 이제는 '국제기구 진출형 커리어 트랙'을 명확히 제도화하여, 일정한 요건을 충족한 인력이 단계적으로 실무·전략·외교역량을 쌓고 도전할 수 있는 구조를 만들어야 한다. K–PED 시스템과 연계된 교육과정을 통해, 경찰 외교 전문가와 국제기구 진출 전문인력을 분리·특화하여 육성하는 전략이 요구된다.

둘째, 진출 이후의 복귀와 활용 문제에 대한 정비도 중요하다. 지금까지는 국제기구 진출 인력이 귀국한 후 본청 핵심 부서나 전략 부서에 배치되는 비율이 낮았고, 경력 인정이나 승진 가점이 부재한 경우도 많았다. 이러한 구조는 내부의 지원 동기를 크게 약화시키며, 국제 진출 자체가 '커리어 리스크'로 인식되는 부작용을 낳기도 했다. 따라서 경찰청은 진출 인력에 대해 복귀 보직을 전략적으로 보장하고, 일정 기간의 고위직 우선 배치, 승진 가점, 경력 인정 등을 명확히 제도화하여 '돌아와도 빛나는 구조'를 확립해야 한다.

셋째, 국제기구 진출을 전담으로 지원하는 조직 또는 기능의 마련이 시급하다. 현재는 채용 정보, 네트워크 관리, 컨설팅 등 모든 준비 과정이 개인의 몫으로 남겨져 있으며, 정보 접근조차 체계화되어 있지 않다. 경찰청 내에 '국제기구 진출지원센터' 혹은 '글로벌 커리어 TF'를 설치하여, 채용 정보 제공, 면접 및 자소서 컨설팅, 네트워크 지원, 멘토링 등을 아우르는 원스톱 진출 지원 체계를 갖춰야 한다. 이를 통해 국제기구 진출 희망자가 조직의 지원을 받으며 실질적으로 준비할 수 있도록 해야 한다.

또한 이러한 준비는 경찰청 단독으로 이뤄져서는 한계가 분명하다. 외교부, KOICA, 교육부 등 범정부 협력 체계를 활용하여 외부 프로그램과의 연계성을 강화해야 한다. 예컨대, 외교부 인재풀과의 연계, KOICA ODA 아카데미의 맞춤형 과정 활용, 교육부 산하 국제화 인재 양성 프로그램과의 통합 운영 등을 통해, 경찰의 국제기구 진출은 하나의 정부 전체 어젠다로 격상되어야 한다.

끝으로, 단기적 성과에 급급한 진출이 아닌, 장기적 로드맵과 계획이 요구된다. INTERPOL, UNODC, UNDP 등 경찰 관련 국제기구들을 중심으로 우선 공략 기관과 직위를 설정하고, 사전에 해당 직무 요건에 맞는 인재를 발굴하여 로테이션과 교육을 통해 준비시키는 방식이 필요하다. 아울러, 외교적 네트워크를 활용한 비공식 경로의 정보 확보와 조기 대응 전략도 병행되어야 하며, 단발성 공모 대응이 아닌, 계획된 파견 전략이 중심이 되어야 한다.

저자는 INTERPOL, UN, 아세안 무대에서 이 국가들의 전략적 태도를 직접 목격하며, 한국 경찰이 여전히 개인의 우연한 기회에 의존하고 있음을 절감했다. 따라서 한국 경찰은 K-PED와 국제기구 진출 전략을 유기적으로 연계하여, 개인적 진출을 넘어 국가적 자산화로 전환해야 한다.

결국 국제기구 진출은 경찰조직의 위상을 높이는 데 그치지 않는다. 그것은 곧 대한민국의 이름으로 국제사회의 규범 형성과 전략적 협력에 개입하는 일이자, 우리 기준을 세계 기준으로 확장해가는 일이다. 우리는 이제 개인의 역량만이 아닌, 조직과 국가가 함께 준비하는 구조 속에서, 치안외교의 최전선인 국제기구를 향해 나아가야 한다. 그리고 그 자리는 단지 하나의 자리가 아니라, 대한민국의 전략적 자산이자, 국제사회에서 우리의 영향력을 실현하는 상징적 좌표가 될 것이다.

제 6 절 한국 경찰의 글로벌 리더십 실현 – 플랫폼 통합, 규범 제안, 시스템 수출을 통한 치안외교의 중심국가로의 도약

1 왜 '글로벌 리더십'인가: 리더십의 본질과 의미

국제사회에서 '글로벌 리더십'이라고 할 때, 그것은 단순히 군사력·경제력·인력 규모와 같은 물리적 파워를 의미하지 않는다. 오늘날 리더십은 국제사회가 공유할 수 있는 규범을 제안하고, 신뢰를 축적하며, 제도와 시스템을 설계·확산시킬 수 있는 능력으로 정의된다. 다시 말해, 글로벌 리더십이란 국가나 기관이 국제 질서 속에서 '기준국가(standard-setting state)'로 기능하는 것을 뜻한다[46].

Joseph Nye가 제시한 소프트파워 이론은 전통적인 강압적 권력과 달리, 매력과 설득을 통한 영향력의 중요성을 강조했다[47]. 이는 곧 글로벌 리더십이 군사력이나 경제력에 기반하기보다는, 국제사회가 자발적으로 모방하거나 동조할 수 있는 '규범적 권위'에 의해 강화된다는 점을 보여준다. Nicholas Cull 또한 공공외교의 다섯 가지 기능 가운데 하나로 '규범 제시(normative communication)'를 언급하며, 국가가 새로운 규범을 창출하고 이를 국제적으로 확산시키는 과정이야말로 리더십의 핵심임을 지적한다.[48]

한국 경찰의 치안외교 역시 이러한 맥락 속에서 이해될 수 있다. 단순히 국제무대에 '참여'하는 것만으로는 리더십을 확보하기 어렵다. 저자가 INTERPOL 국가중앙사무국장(NCB Head)으로 재직하면서 경험한 바와 같이, 한국이 사이

46) Abbott, K. W., & Snidal, D. (2001). "International 'Standards' and International Governance." Journal of European Public Policy, 8(3), 345–370.
47) Nye, J. S. (2004). Soft Power: The Means to Success in World Politics. PublicAffairs.
48) Cull, N. J. (2009). Public Diplomacy: Lessons from the Past. Figueroa Press.

버범죄 대응체계를 의제로 제안하고, 그 안이 결의문에 반영되어 다수 국가들의 제도 개선으로 이어진 순간이야말로 한국 경찰이 진정한 의미에서 '리더십'을 발휘한 사례였다. 이는 국제무대에서의 존재감이 단순한 물리적 참여가 아니라, 규범을 제시하고 합의를 이끌어내는 과정에서 비로소 확인된다는 점을 잘 보여준다.

따라서 한국 경찰이 추구해야 할 글로벌 리더십은 단순히 국제 행사에 참여하거나 협력 활동을 수행하는 '참여국'의 지위가 아니다. 그것은 현장성과 정책 전문성을 결합해 국제사회가 수용할 새로운 기준을 설정하는 '설계국(designing power)'으로의 도약이다. 이는 곧, 한국 경찰이 축적한 스마트 치안 기술·범죄예방 기법·인권 기반 운영 철학 등을 토대로, 국제사회가 참고할 새로운 치안규범과 표준을 만들어가는 과정이다.

결국 글로벌 리더십은 선언이나 구호로 확보되지 않는다. 그것은 경험과 역량을 기반으로 한 체계적 설계, 그리고 제도와 플랫폼을 통한 구체적 실현을 통해서만 완성된다. 지금까지 한국 경찰이 쌓아온 다양한 성과와 국제적 신뢰는 충분한 토대가 되며, 앞으로의 과제는 이를 구조화된 전략으로 연결해 나가는 데 있다.

2 글로벌 치안리더십 실현의 3대 전략

한국 경찰이 국제사회에서 명실상부한 리더십을 확보하기 위해서는, 단순히 기존 성과를 나열하거나 개별 협력사업을 확대하는 수준을 넘어 전략적 통합과 지속적 구조화가 필요하다. 저자가 현장에서 체감한 경험에 비추어 보더라도, 국제무대에서의 영향력은 "얼마나 자주 참여했는가"가 아니라, "어떤 의제를 설계하고 어떤 규범을 남겼는가"에 의해 평가된다. 이를 위해 한국 경찰은 세 가지 차원의 전략을 체계적으로 실현해야 한다.

1) 플랫폼의 통합과 전략적 연계

그동안 한국 경찰은 경찰주재관 제도, K-Policing, 치안 ODA, 국제포럼 및 다자협의체 등 다양한 국제협력 수단을 운영해왔다. 각각은 나름의 성과를 거두었지만, 플랫폼 간의 단절로 인해 시너지 효과를 충분히 내지 못했다는 한계가 있었다. 예컨대, 주재관이 축적한 현지 범죄정보와 네트워크가 치안

ODA 사업과 유기적으로 연결되지 못하거나, 국제포럼에서 제안된 의제가 실제 ODA 프로젝트나 장비 수출로 이어지지 못하는 경우가 많았다.

이러한 문제는 단순한 행정상의 미비가 아니라, 한국 경찰의 국제협력 전략이 아직까지 '조각난 성과의 나열' 단계에 머물러 있음을 보여준다. 따라서 향후 한국 경찰이 글로벌 리더십을 실현하기 위해서는 개별 플랫폼을 넘어선 전략적 연계와 통합적 운영 구조가 필수적이다.

즉, ▲경찰주재관은 현지 협력의 허브(hub)로서, ▲K-Policing은 기술·제도·인재를 묶은 패키지형 수출 모델로서, ▲치안 ODA는 단순 지원이 아닌 제도이식형 교류사업으로서, ▲국제포럼은 규범화와 의제 제안의 정책무대로서 각각 역할을 재정립해야 한다. 이러한 역할 분담이 상호 연결되는 "정보 수집 → 교육·ODA 반영 → 국제 규범화"의 선순환 구조가 확립될 때, 한국 경찰은 단순한 협력국을 넘어 설계국(designing power)으로 자리매김할 수 있다[49].

2) 국제 규범과 의제의 제안자 역할 강화 – 규범을 만들어야 리더가 된다

국제사회에서 진정한 리더십은 회의 참석 빈도나 활동 횟수가 아니라, 어떤 규범을 제시하고, 얼마나 많은 국가들이 그 규범을 수용했는가로 측정된다. 실제로 미국 FBI의 LEGAT(Legal Attaché) 제도는 각국에서 사이버범죄 대응 TF를 주도하며, 단순한 정보교환을 넘어 국제규범 형성에 실질적 영향을 미쳐왔다[50].

한국 경찰도 충분히 이러한 역할을 수행할 역량을 갖추고 있다. 저자가 INTERPOL 국가중앙사무국장으로 활동하면서 한국이 제안한 사이버범죄 대응 체계가 회원국의 지지를 얻고 정책에 반영된 경험은, 한국이 단순한 정보 제공자가 아닌 정책 제안자로 자리매김할 수 있음을 보여주는 대표적 사례였다.

앞으로 한국 경찰이 규범 형성 과정에서 주도권을 확보하기 위해서는 다음과 같은 의제에 집중할 필요가 있다.

- **사이버범죄 및 디지털 증거 관리**: 한국의 ICT 치안 경험을 제도화하여, 국제사회가 참고할 수 있는 운영 표준으로 발전시킨다.

---

49) Brodeur, J. P. (2010). The Policing Web. Oxford University Press.
50) Sheptycki, J. (2004). "Police Cooperation and the New Security Agenda in Europe." European Journal of Criminology, 1(4), 369-381.

- **청소년·여성 보호 표준:** 인권 중심의 K-Policing 철학을 국제적 규범으로 확산시킨다. 이는 민주적 경찰운영 원리를 국제사회의 규범적 자산으로 전환하는 작업이다.[51]
- **국제수배·도피사범 송환 제도 개선:** 한국 경찰이 축적한 국제범죄인 인도 경험을 제도화하여, 보다 공정하고 신속한 국제사법협력을 가능케 한다.

특히 '아시아 치안표준(Asian Policing Standards)'이나 '디지털 치안규범(Digital Policing Norms)'과 같은 프로젝트를 선도적으로 제시한다면, 한국 경찰은 아시아 지역을 넘어 국제사회 전반에서 규범 생산자이자 확산자로서 위상을 확립할 수 있다. 이는 단순한 외교적 참여를 넘어, 국제질서 재편 과정에서 규범외교(norm entrepreneurship)를 수행하는 중요한 전략이 될 것이다.[52]

3) 시스템과 인재의 수출 — K-Policing 2.0

K-Policing은 지난 10여 년 동안 주로 장비·기술 지원 중심의 협력 모델로 운영되어 왔다. 그러나 글로벌 리더십 실현을 위해서는 이를 제도·정책·인재를 결합한 복합형 수출 모델(K-Policing 2.0)로 발전시켜야 한다.

구체적으로, 개발도상국에는 치안 ODA와 연계하여 경찰학교·치안아카데미를 설립하고, 장비 지원을 넘어 제도 설계와 인재 양성을 포괄하는 모델을 제공할 수 있다. 신흥국에는 사이버치안, 스마트치안 등 한국이 강점을 가진 분야를 특화하여 제공함으로써 맞춤형 협력 모델을 구현할 수 있다.

무엇보다 중요한 것은 인재 수출이다. 단기 전문가 파견에서 벗어나 현지 정부와 공동으로 한국형 치안아카데미를 운영하고, 그 과정에서 한국 경찰의 인권·민주적 운영 철학을 현지 제도와 문화에 제도적으로 내재화할 필요가 있다.

이러한 전략은 단순히 기술과 장비를 이전하는 것이 아니라, 경찰철학·제도·운영모델을 종합적으로 확산시키는 것이며, 나아가 한국 경찰을 글로벌 브랜드로 만드는 치안 한류(K-Policing Hallyu) 창출의 기반이 된다. 궁극적으로 이는 글로벌 리더십을 제도적·문화적으로 뒷받침하는 핵심 전략이 될 것이다.[53]

---

51) Bayley, D. H. (2006). Changing the Guard: Developing Democratic Police Abroad. Oxford University Press.

52) Finnemore, M., & Sikkink, K. (1998). "International Norm Dynamics and Political Change." International Organization, 52(4), 887-917.

53) Anholt, S. (2007). Competitive Identity: The New Brand Management for Nations.

3 글로벌 치안리더십 실현을 위한 조건

한국 경찰이 명실상부한 글로벌 치안 리더십을 확보하기 위해서는 단순한 선언이나 우수 사례의 축적을 넘어서, 그것이 지속 가능한 시스템으로 작동할 수 있도록 정책적·조직적 조건이 갖추어져야 한다. 이를 위해 다음과 같은 세 가지 핵심 조건이 요구된다.

1) 정책의 일관성과 지속성 확보

글로벌 리더십은 단기간의 이벤트성 행사나 특정 시점의 국제협력 성과로는 결코 달성될 수 없다. 지금까지 한국 경찰의 국제활동은 담당 부서의 창의적 노력이나 개인의 헌신에 크게 의존해왔다. 이는 긍정적 성과를 만들어냈지만, 동시에 정책의 연속성과 구조적 안정성이 부족하다는 한계를 드러냈다. 예컨대, 정부 교체나 조직 개편에 따라 국제협력의 중점사업이 갑작스럽게 축소되거나 변경되는 경우가 빈번했는데, 이러한 불연속성은 국제사회에서 한국 경찰의 신뢰도를 약화시킬 수 있다.

따라서 글로벌 리더십을 확보하려면 단기적 정치 상황에 흔들리지 않는 중장기적 정책 로드맵과 제도적 장치가 마련되어야 한다. 이는 곧 '제도화된 일관성'으로, 국제기구나 파트너 국가들이 한국 경찰을 안정적 협력 파트너로 인식하게 하는 결정적 요인이 된다.[54] 예를 들어, 영국이 해외 치안개발 지원(Overseas Police Assistance Programme)을 장기간 일관되게 운영함으로써 개도국 치안분야에서 신뢰할 수 있는 협력자로 자리매김한 사례는 정책 지속성의 중요성을 잘 보여준다.[55]

한국 경찰 역시 정기 평가 시스템, 중장기 협력계획, 성과의 축적을 전제로 한 아카이빙 체계를 마련하여, 단발적 성과보고 중심의 활동을 넘어 국제사회에서 신뢰할 수 있는 리더십을 구축해야 한다.

Palgrave Macmillan.

54) Keohane, R. O. (1984). After Hegemony: Cooperation and Discord in the World Political Economy. Princeton University Press.

55) Hyde-Price, A. (2007). European Security in the Twenty-First Century: The Challenge of Multipolarity. Routledge.

2) 전담조직과 전략적 리더십 체계 구축

국제경찰협력 업무는 경찰청 내 여러 부서에서 수행되고 있으나, 이를 종합적으로 조율하는 전략 컨트롤타워 역할을 국제협력관실이 하고 있으나 아직 미흡하다. 그 결과, 해외 파견·국제회의·ODA·국제기구 진출 등 다양한 활동이 병렬적으로 진행되며, 서로 연계되지 못하고 개별성과로만 남는 경우가 많았다.

글로벌 리더십을 제도화하기 위해서는 경찰청 직속의 전담 전략조직을 설립할 필요가 있다. 이를테면 "국제치안협력센터"와 같은 조직은 단순 행정업무를 넘어, 다음과 같은 기능을 수행할 수 있어야 한다.

- 국가 차원의 치안외교 마스터플랜 수립 및 실행
- 각 파견제도·ODA·국제포럼 간의 전략적 연계 조정
- 국제기구 진출 및 규범 제안 활동의 우선순위 설정과 지원
- 외교부·KOICA·국방부 등 타 부처와의 협력 조율

이와 같은 전담조직은 독일 외무부 산하의 Polizeiliche Aufbauhilfe 부서나, EU의 Europol International Affairs Division처럼 전략적 기획과 조정을 동시에 수행하는 조직과 비교될 수 있다.[56] 한국 경찰이 유사한 조직을 갖춘다면, 단순히 국제협력의 집행자에서 벗어나 국제 전략 설계자로 자리매김할 수 있을 것이다.

3) 정책-외교-안보 간 연계와 협업 구조 정립

경찰 단독의 노력만으로는 글로벌 리더십을 확보하기 어렵다. 현대 국제정치에서 경찰외교는 필연적으로 외교정책·안보정책·개발정책과 맞물려 작동한다. 따라서 한국 경찰의 글로벌 리더십은 외교부·국방부·KOICA·통일부 등과의 전략적 연계 속에서만 실질적 효과를 낼 수 있다.

구체적으로는 다음과 같은 협력 모델을 구축할 수 있다.

- **치안외교 정책협의회**: 외교부, 경찰청, 법무부, 통일부, KOICA 등이 참여하는 범정부 차원의 협의체를 통해, 치안 ODA·국제기구 진출·규범 제안 활동을 국가 대외정책과 연계한다.

56) Deflem, M. (2002). Policing World Society: Historical Foundations of International Police Cooperation. Oxford University Press.

▸ **ODA+치안 통합형 사업**: KOICA의 개발협력 사업에 경찰청이 동반 참여하여, 단순 치안지원이 아니라 교육·제도개혁·지역안보를 포괄하는 프로젝트를 추진한다.

국제기구 인재 파견 공동 시스템: 외교부와 경찰청이 협력해 인재를 선발·파견함으로써, 국제무대에서 한국인의 존재감을 제고한다.

이러한 다층적 협업 구조는 캐나다가 국제개발청(CIDA)과 연계하여 RCMP(연방경찰)를 파견하고, 이를 통해 치안외교·개발외교를 동시에 수행한 사례와 비교해볼 수 있다.[57)]

결국, 한국 경찰의 글로벌 리더십은 타 부처와의 협업 구조를 제도화할 때 비로소 국가 전체의 전략적 도구로 기능할 수 있으며, 이는 곧 한국이 국제사회에서 "치안외교의 표준국가"로 자리매김하는 출발점이 된다.

종합하면, 글로벌 치안리더십을 실현하기 위해 한국 경찰은 ▲정책의 일관성과 지속성 확보, ▲전담조직과 전략적 리더십 체계 구축, ▲정책-외교-안보의 유기적 연계라는 세 가지 조건을 충족해야 한다. 이 조건들이 충족될 때, 한국 경찰은 단순한 국제협력 참여자가 아닌, 국제사회의 규범과 의제를 주도하는 리더국가(policing leadership state)로 자리매김할 수 있을 것이다.

제 7 절 치안외교 2.0 전략 구상 — 실천을 넘어 설계로, 개별에서 시스템으로

1 왜 '치안외교 2.0'인가 - 경험의 현장에서 전략의 구조로

"왜 지금, 치안외교의 패러다임 전환이 필요한가?" 이 질문은 단순한 학문적 호기심이 아니라, 내가 현장에서 매일 마주한 문제의식에서 비롯된 것이다.

나는 태국과 미국에서 경찰주재관으로 근무하며, 한국 경찰이 국제 무대에

57) Marenin, O. (2010). "The Role of Police in Peacekeeping Operations: The Canadian Experience." International Peacekeeping, 17(1), 77-95.

서 충분히 발언권을 가질 수 있다는 가능성을 직접 확인했다. 당시 현장에서의 경험은 '개별 경찰관의 성실한 노력'만으로도 상대국의 신뢰를 얻고, 한국 경찰의 위상을 일정 부분 끌어올릴 수 있다는 것을 보여주었다. 그러나 동시에, 그 성과들이 개인적 경험의 차원에 머물러 조직적 자산으로 환류되지 못한다는 한계를 절실히 느꼈다.

국제협력관으로 근무하면서는 다자 협의체와 치안 ODA를 총괄하며, 한국 경찰이 단순 참가자가 아닌 의제를 설계하는 주체로 발전할 수 있다는 가능성을 보았다. 하지만 이때도 문제는 똑같았다. 몇몇 우수한 실무자들의 성과가 있었지만, 그것이 지속 가능한 구조로 이어지지 못했다.

INTERPOL 국가중앙사무국장(NCB Head)으로 활동하며 제1회 미래치안회의(Future Policing Conference)를 개최하고, INTERPOL 총회의 서울 유치 활동을 주도했을 때, 나는 한국 경찰이 국제 규범과 의제를 주도할 수 있는 잠재력이 충분히 있음을 확인했다. 하지만 동시에, 이러한 성과들이 여전히 '개별 프로젝트'에 머무르고 있다는 구조적 한계도 명확히 드러났다.

나는 이 과정을 거치면서 확신하게 되었다. 이제 치안외교는 더 이상 이벤트나 개인 성취의 집합으로는 안 된다. 그것은 반드시 국가 전략으로 설계되고, 제도적 구조 위에서 작동해야 한다. 다시 말해, '치안외교 1.0'이 개척의 시대였다면, 이제 우리는 '치안외교 2.0'—축적과 구조, 그리고 설계의 시대로 전환해야 한다.

치안외교 2.0은 단순한 용어의 변화가 아니라, 패러다임의 변화다. 개별성과를 넘어 통합 플랫폼으로, 일회성 의제를 넘어 지속 가능한 규범 제안으로, 장비와 기술 수출을 넘어 제도·정책·인재를 함께 수출하는 시스템 외교로 나아가야 한다.

이 책에서 말하는 치안외교 2.0은 학자의 탁상 위에서 나온 개념이 아니라, 현장에서 부딪히며 체득한 교훈에서 비롯된 전략 청사진이다. 내가 직접 경험했던 그 한계와 가능성 위에서, 한국 경찰이 앞으로 반드시 나아가야 할 방향을 설계한 것이다. 이제 치안외교는 단순한 '실천'이 아니라, '설계된 구조'로서 국가전략의 일부가 되어야 한다. 바로 그것이 한국 경찰이 국제사회에서 기준을 만들고, 규범을 제안하며, 신뢰를 설계하는 중심국가로 도약하는 길이다.

2 치안외교 2.0의 핵심 전략 요소

'치안외교 2.0'은 단순한 명칭의 변화가 아니라, 외사 중심·이벤트 중심 활동에서 정책기반·시스템기반 전략으로의 본질적 전환을 의미한다. 경찰이 더 이상 국제 치안무대의 수용자나 참여자에 머무르지 않고, 설계자이자 제안자, 그리고 규범 생산국가로서의 위상을 확보하는 전략을 뜻한다.

앞선 장에서 한국 경찰이 글로벌 치안리더십을 실현하기 위해 필요한 전략적 지점을 논의했다면, 이번 절에서는 그 기반 위에서 한 단계 더 나아간 '패러다임 전환'의 구체 요소를 다루고자 한다. 다시 말해, 6절이 "무엇을 해야 하는가"에 초점을 맞췄다면, 여기서는 "어떻게 구조를 바꿀 것인가"라는 관점에서 새로운 전략을 설계한다는 의미다. 이를 통해 개별적 성과와 단기적 활동을 넘어, '설계된 구조와 시스템' 위에서 작동하는 치안외교로 발전시키려는 것이다.

즉 치안외교 2.0은 단순히 기존 전략을 반복하는 것이 아니라, 치안외교를 설계와 구조의 차원으로 끌어올리는 패러다임을 의미한다. 여기에는 세 가지 차별적 전환이 담겨 있다.

첫째, 플랫폼의 재구조화이다. 지금까지 운영되어온 주재관 제도, K-Policing, 치안 ODA, 국제포럼은 모두 나름의 성과를 거두었으나, 개별 사업에 머물며 시너지 효과를 내지 못했다. 치안외교 2.0은 이들을 단순 나열이 아닌 전략적 포트폴리오로 재구성하여, 서로 연결되고 보완되는 체계로 발전시키는 데 초점을 둔다.

둘째, 규범·의제의 구조적 제안이다. 글로벌 리더십은 단순한 참여가 아니라 규범을 제시하고 합의를 이끌어내는 능력에서 나온다. 치안외교 2.0은 사이버범죄 대응, 디지털 증거 관리, 청소년·여성 보호, 국제수배·송환 제도 개선 등 한국이 비교우위를 가진 영역에서 우선 의제를 선정하고, 이를 제도적·지속적 메커니즘으로 발전시키는 과정을 핵심 전략으로 삼는다.

셋째, 시스템 수출과 인재 교류의 글로벌화이다. 과거의 K-Policing이 장비와 기술 중심이었다면, 이제는 법제·운영체계·교육·인재 양성을 아우르는 패키지형 시스템 외교로 확장되어야 한다. 예를 들어, 한국형 치안아카데미 설립을 통해 현지 제도에 한국 경찰의 인권·민주 철학을 내재화하고, 귀국 인력을 다시 활용하는 순환형 인재풀을 구축하는 방식이다. 이는 단순한 협력을 넘어, 한국 경찰의 치안 모델을 글로벌 브랜드로 정착시키는 전략이다.

3 치안외교 2.0 실현을 위한 조건

치안외교 2.0이 단순한 구호로 끝나지 않고 실제로 작동하기 위해서는 세 가지 차원의 실행 조건이 필요하다.

첫째, 내부적 조건은 정책의 지속성과 제도화이다. 국제협력 활동이 담당자의 열정이나 단기 프로젝트에 그친다면 치안외교 2.0은 쉽게 휘발될 수밖에 없다. 따라서 경찰청 차원에서 5~10년 단위의 중장기 로드맵을 수립하고, 인사·예산·성과평가와 연동시켜 제도화된 전략으로 고정시켜야 한다.

둘째, 외부적 조건은 국제 네트워크의 확장성이다. 경찰만의 독자적 외교는 불가능하다. INTERPOL, UNODC, ASEANAPOL, UNICEF, UN Women 등 다양한 국제기구와 NGO, 학계, 민간 보안기업과의 협력 구조를 강화해야 한다. 사이버범죄 규범, 여성·청소년 보호 의제는 이러한 다자적 네트워크와 결합될 때 지속 가능성이 높아진다.

셋째, 연계적 조건은 범정부 차원의 협업 구조이다. 치안외교는 외교부의 국제기구 전략, KOICA의 ODA 프로그램, 국방부의 안보협력, 산업부의 기술외교와 긴밀히 연결될 때 국가전략의 일부로 기능한다. 이를 위해 범정부 협의체나 공동 플랫폼을 마련하여, 경찰 외교가 국가외교의 한 축으로 작동하도록 해야 한다.

4 전략적 실천을 위한 제언과 요약

지금 이 순간에도 국제사회는 새로운 위협과 구조적 전환 속에서 '기준'과 '리더십'을 갈망하고 있다. 이는 단지 물리적 힘이 아니라, 문제를 해결할 수 있는 능력, 신뢰를 구축하는 자산, 미래를 설계할 수 있는 비전을 가진 주체에게 주어지는 역할이다.

한국 경찰이 '치안외교 2.0'을 통해 이 국제사회에서 설계자(designer), 조정자(coordinator), 그리고 기준 제안자(standard-setter)로서의 위상을 확보하기 위해서는 다음과 같은 실천적 접근이 요구된다.

첫째, 치안외교 2.0은 단편적 사업이 아니라 '설계된 구조'로 접근해야 한다. 경찰주재관 파견, K-Policing, 치안 ODA, 국제포럼, 국제기구 진출 등의 개별 활동은 서로 분절되어서는 안 되며, 이를 전략적 포트폴리오로 통합하여 상호 시너지를 창출해야 한다. 이제 경찰조직은 '무엇을 할 것인가'보다 '어떻게 연결할 것인가'를 고민해야 한다.

둘째, 핵심 전략 분야에 대한 우선순위와 리더십 영역 설정이 필요하다. 모든 분야에서 리더십을 발휘하는 것은 불가능하다. 경찰은 사이버범죄 대응, 디지털 증거, 청소년 보호, 글로벌 수배제도 개선 등 국가 경쟁력이 높은 분야를 중심으로 규범 제안과 정책 확산을 시도해야 한다. 이는 곧 국제기구에서의 전략적 위치 선점과 글로벌 영향력 확대의 지름길이 된다.

셋째, '사람을 키우는 일'이 무엇보다 중요하다.

조직의 역량은 사람에서 나오며, 치안외교 2.0을 실현할 주체는 제도도, 자원도 아닌 바로 사람(인재)이다. 이를 위해 경찰청은 치안외교 전문인력 양성 체계를 고도화하고, K-PED와 같은 실천형 교육 플랫폼을 제도화하여 현장 중심의 국제전문가를 지속 배출해야 한다.

넷째, 경찰의 치안외교는 국가 전체의 외교 역량과 결합될 때 비로소 완성된다. 외교부, KOICA, 국방부, 산업부 등과의 협업은 선택이 아닌 필수이며, 범정부 차원의 전략 어젠다와 연계된 경찰 외교 활동만이 장기적 국익을 실현할 수 있다. '국가전략의 최전선'에서 경찰의 역할이 강화될 수 있도록, 정부 차원의 제도적 지원과 협의체 구성이 필요하다.

치안외교 2.0은 행동하지 않는 구호로는 의미가 없다. 그것은 준비된 전략이 제도 위에 올려지고, 시스템으로 구조화되며, 인재와 조직을 통해 실행될 때 비로소 현실이 된다. 경찰은 더 이상 '개별 임무 수행자'가 아니라, 국제무대에서 기준을 제안하고 규범을 설계하는 전략적 행위자로 자리매김해야 한다.

따라서 지금 필요한 것은 단순한 비전 제시가 아니라, 실행 가능한 전략과 지속 가능한 조건을 갖춘 실천 구조다. 이 지점에서 치안외교 2.0은 한국 경찰의 미래를 담보하는 국가 전략으로 도약할 수 있다.

5 치안외교 2.0 실행 로드맵 — 전략에서 시스템으로의 전환

치안외교 2.0은 단순한 개념의 진화나 추상적 비전이 아니다. 그것은 지금까지 축적된 외사 활동과 국제경찰협력의 경험을 전략화하고, 이를 제도적 기반 위에 올려 실제로 작동하는 국가 전략으로 만드는 실천적 도전이다. 저자는 치안외교 2.0이라는 패러다임을 단지 한 권의 책이나 보고서에서 머무르게 하고 싶지 않았다. 경찰주재관과 국제협력관, INTERPOL 국가중앙사무국장으로서 현장을 거쳐 온 경험을 통해 하나의 공통된 교훈을 얻었다. 전략은 실행되지 않으면 사라지고, 비전은 구조화되지 않으면 반복된다. 바로 그 지점에서, 치안외교 2.0은 이제 개념을 넘어 실행의 궤도에 올라야 할 시점이다.

이를 위해 필요한 것은 단지 방향성이나 의지를 선언하는 것이 아니라, "누가, 언제, 무엇을, 어떻게" 해야 하는지를 구체화한 실행 로드맵이다. 전략이 구조화되어야만 그것은 사람을 움직이고, 제도를 바꾸며, 조직을 전환시킨다. 다음은 이러한 관점에서 제시하는 단기–중기–장기의 치안외교 2.0 실행 3단계 로드맵이다.

▣ 1단계: 인식 확산과 기반 구축 (단기, 1~2년)

치안외교라는 개념은 아직 경찰조직 전체에 널리 체화되었다고 보기는 어렵다. 따라서 초기 단계에서는 우선 경찰 내부의 인식을 제고하고, 제도적 기틀을 마련하는 작업이 필요하다. 무엇보다 경찰청에 치안외교 전략을 총괄하는 전담 TF 또는 실무조직을 설치하여, 범조직적 협업과 전략조정이 가능하도록 구조를 정비해야 한다.

아울러 『치안외교 전략백서』를 제작해 기존 외사·국제협력 활동과 치안외교 2.0의 차별점을 설명하고, 조직 내 공감대를 형성할 수 있도록 해야 한다. 특히 경찰주재관, INTERPOL 협력관 등 모든 해외파견 인력을 대상으로 한 전략형 사전·사후 워크숍, 공통 매뉴얼, 사례 중심의 가이드북 제작은 이 시기에 중요한 실천 과제다.

▣ 2단계: 제도화와 인재 양성 (중기, 3~5년)

중기 단계에서는 치안외교 2.0을 하나의 정책 체계로 제도화하고, 이를 실천할 인재 양성 시스템을 본격 가동해야 한다. 특히 K-PED 프로그램을 중심으로 한 치안외교 전문 교육과정을 인증 기반으로 설계하고, 이수자에 대해 경찰청의 공식 인재풀 등록, 파견 추천, 전략직위 배치 등 실질적 제도를 마련해야 한다.

또한 외사 및 국제협력 분야 경력자들의 데이터를 DB화하여, 이들의 역량을 KPI(핵심성과지표) 또는 경력지표로 정량화하는 시스템도 필요하다. 이는 단순한 인재풀 확보를 넘어, 치안외교 역량이 평가되고 인정받는 공식 제도권에 편입되는 출발점이 된다.

경찰 인사·포상제도와 연계된 인센티브 체계, 복귀 보직 보장 구조, 커리어 연계성 확대 등을 통해 전략 실행 인재에 대한 실질적 동기부여 장치도 이 시기에 완성되어야 한다.

▣ 3단계: 글로벌 확장과 리더십 실현 (장기, 5~10년)

마지막 단계는 치안외교를 단지 경찰 내부의 전략이 아닌, 대한민국을 대표하는 공공외교 자산으로 확대하는 과정이다. INTERPOL, UNODC, ASEANAPOL, UNDP 등 주요 국제기구에 한국 경찰의 지속 가능한 고위직 진출을 유도하고, 이를 위한 맞춤형 경력 설계와 외부 네트워크 연계를 구조화해야 한다.

K-Policing 모델은 기존의 장비·기술 중심을 넘어서, 제도와 정책, 인재 수출이 결합된 패키지형 프로그램으로 고도화되어야 한다. 이를 위해 KOICA, 외교부 등과 연계한 치안 ODA 연계 프로그램, 국제 치안 아카데미 설립, 파견형 인턴십 및 교육 교류 프로그램이 함께 추진되어야 한다.

치안외교 2.0은 선언만으로 실현되지 않는다. '준비된 전략'은 반드시 '실행 가능한 시스템'으로 뒷받침되어야 한다. 각 단계별 목표는 단지 이상적 계획이 아니라, 경찰청-전담조직-해외파견 인력-전문 교육기관이 유기적으로 협력해야 실현 가능한 청사진이다. 저자는 이 책을 통해 단순히 개념을 정리하거나 전략을 제시하는 것을 넘어서, 치안외교가 경찰의 미래 성장 동력이자 국가 공공외교의 핵심 자산이 되기 위한 실천 로드맵을 그려보고자 했다.

치안외교 2.0이 진정으로 우리 앞에 다가온 현실이라면, 이제 우리는 그 전략을 제도와 사람과 시스템 위에 올려야 한다. 준비된 전략이 구조화될 때, 한국 경찰은 세계무대에서 선도하는 치안외교 국가로 우뚝 설 수 있을 것이다.

제 8 절 치안외교 이론의 구조화 제언: 새로운 외교이론으로의 정립을 위하여

1 치안외교 이론의 필요성

치안외교는 이제 단순한 국제경찰협력(international police cooperation)의 연장선이 아니다. 오늘날 경찰은 더 이상 범죄 대응의 행위자 역할을 넘어서 국제 규범을 설계하고 국가 이미지를 대외적으로 확산하는 외교 행위자(diplomatic actor)로 부상하고 있다. 한국 경찰이 주재관, INTERPOL 협력관, 치안 ODA 전문가 등 다양한 형태로 국제무대에 참여하고 있다는 사실은 이를 분명히 보여준다.

그러나 이러한 현상이 제도적·실무적 차원에서는 활발히 전개되고 있음에도 불구하고, 학문적으로는 아직 개념적 체계화가 미흡하다. 치안외교는 지금까지 주로 공공외교, 소프트파워, 기능주의 외교이론 등을 부분적으로 차용하여 설명되어 왔으며, 독자적인 분석틀로 자리매김하지 못했다. 이 때문에 경찰의 대외 활동이 국제정치와 외교이론 속에서 어떤 위상을 차지하는지 설명하기 어렵고, 정책적 설계에서도 일관성이 부족한 실정이다.

저자는 미국과 태국에서 경찰주재관으로 근무하며, 또 INTERPOL 국가중앙사무국장으로 활동하며 이러한 공백을 직접 체감했다. 현장에서의 성과와 경험은 분명히 존재했지만, 그것을 분석하고 설명할 '이론적 언어'가 부재했기 때문에 정책화·제도화로 이어지는 데 제약이 있었다. 따라서 치안외교를 새로운 외교유형으로 구조화하고, 국제관계학의 주요 이론 틀 속에 접속시키는 작업은 더 이상 미룰 수 없는 과제가 되었다.

치안외교 이론의 필요성은 크게 세 가지로 요약된다.

- **개념적 명료성 확보**: 국제경찰협력, 국방외교, 공공외교와 혼용되지 않도록 독자적 정의가 필요하다.
- **분석틀 제공**: 경찰 외교활동이 어떠한 동인과 메커니즘, 효과를 통해 작동하는지 설명할 수 있어야 한다.
- **전략적 설계 지원**: 현장 경험이 정책·제도·국가전략으로 환류될 수 있는 학문적 근거가 마련되어야 한다.

결국 치안외교 이론화의 시도는 단순한 학문적 장식이 아니라, 실천과 전략을 이어주는 다리이며, 나아가 경찰 외교활동을 국가 공공외교의 핵심축으로 격상시키는 토대가 된다.

2 3단계 구조화 제언

이러한 배경 속에서 본 절에서는 치안외교의 이론화를 위한 기초적 틀로서 3단계 구조화 제안을 통해 개념적 명료성과 분석의 틀을 함께 제시하고자 한다. 여기에서 제시하는 "치안외교 개념의 이론적 구조화 3단 제안"은 기존의 외교·공공외교·정책외교 이론들을 참조하되, 이를 경찰 외교활동이라는 독자적 분야에 맞춰 재구성한 저자의 창안 모델이다.

치안외교가 하나의 독립된 이론틀로 자리잡기 위해서는 단순한 경험적 축적을 넘어 ① 개념의 구획화 → ② 작동 메커니즘 구축 → ③ 메타이론적 통합으로 이어지는 단계적 구조화 작업이 필요하다. 첫째, 개념의 구획화는 치안외교를 공공외교·국방외교·기능외교와 구분하여 학문적 정체성을 확립하는 단계이다. 둘째, 작동 메커니즘은 경찰주재관, K-Policing, 치안 ODA, 국제포럼 등 다양한 활동을 연결하여 치안외교가 어떻게 현장에서 작동하고 규범을 형성하는지를 설명한다. 셋째, 메타이론적 통합은 이러한 활동과 메커니즘을 소프트파워론, 실천이론, 글로벌 거버넌스론 등 기존 국제관계 이론과 접목시켜, 치안외교를 제도화된 학문 영역으로 정립하는 과정이다.

이 제안은 기존 공공외교나 소프트파워 이론을 단순히 차용하는 방식이 아니다. 오히려 경찰이라는 행위자가 가진 현장성과 정책 전문성의 결합, 그리고 시민 안전을 외교의 핵심 가치로 삼는 특수성을 반영하여 새롭게 재구성한 이론적 틀이다. 따라서 본 3단계 구조화 제언은 치안외교를 단순한 응용적 활동이 아니라, 독립된 분석 단위이자 국제관계 이론의 실천적 확장으로 자리매김하는 데 의의가 있다.

■ 도식 치안외교 개념의 3단계 구조화 ■

① 개념 구획화

치안외교 vs 공공외교 vs 국방외교 vs 기능외교

→ 경찰 외교활동의 독립적 정체성 확립

▼

② 작동 메커니즘

현장성과 정책 전문성의 결합

플랫폼: 주재관 · K-Policing · ODA · 국제포럼

→ 규범 · 제도 생산 및 국제사회 확산

▼

③ 메타이론적 정립

소프트파워 · 실천이론 · 글로벌 거버넌스 접속

→ 치안외교 = 독립 학문 영역 + 국제관계 이론 확장

▣ 1단계: 개념적 경계 설정 - 독립 개념으로서의 구획화

첫 번째 단계는 치안외교를 기존의 유사 개념들과 명확히 구분하는 것이다. 현재까지 경찰의 국제활동은 '국제경찰협력'이나 '국제수사공조' 등 실무적 협력 개념으로 축소되거나, '공공외교' 또는 '국방외교'와 혼용되는 경우가 많았다. 그러나 치안외교는 다음의 세 가지 속성에서 독립적 개념으로 규정될 수 있다.

- **행위자 주체성**: 외교부나 군이 아닌 경찰조직이 중심 행위자라는 점. 주재관, 협력관 제도 등을 통해 제도화된 외교활동으로 발전하고 있다.
- **정책적 목적성**: 단순한 범죄 대응을 넘어 국가 이미지 제고, 공공안전 보장, 국제규범 확산을 목표로 한다.
- **수단의 복합성**: 치안 ODA, K-Policing, 주재관 파견, 국제포럼 등 다양한 채널과 정책수단을 통해 복합적으로 전개된다.

이러한 속성은 치안외교를 단순한 협력의 확장판이 아니라, "복합외교형 경찰활동"이라는 독자적 영역으로 규정짓는다.

▣ 2단계: 작동 메커니즘 분석[58] - 치안외교 프레임워크 구축

치안외교를 하나의 독립된 분석 대상으로 이론화하기 위해서는 "어떻게 작동하는가"를 설명할 수 있는 구조적 틀이 필요하다. 본 절에서 제시하는 치안외교 작동 모델(Operational Framework)은 기존의 정책외교 및 글로벌 거버넌스 이론의 논리를 참조하되, 경찰 조직 특유의 외교활동을 반영한 새로운 적용 구조라는 점에서 차별적 의의를 갖는다.

구체적으로, 본 모델은 세 가지 차원으로 구성된다.

▸ 내재 동인(Domestic Drivers)

국가 치안역량, 정책 목표, 제도 기반, 조직의 글로벌 전략 의지 등이 출발점이 된다. 즉, 경찰조직 내부의 정책 수요와 정부 차원의 전략적 기조가 국제무대 참여의 원동력으로 작동한다. 이는 Slaughter가 강조한 '네트워크 거버넌스'의 국가 내부 동력[59]과 연결되며, 동시에 Arase가 지적한 정책외교의 국내 기반[60]을 치안외교에 적용한 것이다.

▸ 실행 메커니즘(Mechanism of Action)

치안외교는 다양한 실행 경로를 통해 작동한다. 경찰주재관 파견, 국제기구 활동, 다자포럼 주도, K-Policing, 치안 ODA 등은 개별적으로는 단일 사업처럼 보이지만, 구조적으로는 국가 치안역량을 외교 자산화하는 핵심 경로이다. 이러한 실행 메커니즘은 반복적 협력을 통해 제도화가 가능하다는 Keohane의 협력 이론[61]을 반영하며, '행위자-정책-제도'가 상호작용하는 동적 구조로 설명될 수 있다.

▸ 외재 효과(External Outcomes)

이러한 실행이 국제무대에서 창출하는 효과는 신뢰 구축, 규범 확산, 국가

---

58) 이 분석 프레임은 David Arase(2009)와 Anne-Marie Slaughter(2004)의 정책기반 외교이론을 참조하였으나, 경찰주재관, 치안 ODA, K-Policing 등 경찰 조직의 외교활동 특성을 반영한 새로운 적용 구조로서 구성된 바, 기존 학술문헌에 동일한 구조는 존재하지 않는다.

59) Anne-Marie Slaughter, *A New World Order* (Princeton: Princeton University Press, 2004).

60) David Arase, "Japan's Approach to Human Security: Domestic, Regional, and International Dimensions," *Asian Survey* 49, no. 5 (2009): 779-803.

61) Robert O. Keohane, *After Hegemony: Cooperation and Discord in the World Political Economy* (Princeton: Princeton University Press, 1984).

위상 제고, 글로벌 거버넌스 기여 등으로 나타난다. 즉, 치안외교는 단순히 외사활동이나 범죄 대응이 아니라, 국제 규범 형성과 질서 구축 과정에서 경찰이 직접 참여하는 구조적 효과를 창출한다. 이는 Slaughter의 글로벌 네트워크 국가론이나 Mitrany의 기능주의적 협력 논리[62]와 맞닿아 있다.

이처럼 내재 동인–실행 메커니즘–외재 효과라는 삼각 구조는 치안외교가 단발적 성과가 아니라, 국가전략–조직활동–국제규범으로 이어지는 하나의 선순환적 작동 시스템임을 보여준다. 따라서 이 모델은 단순한 경험적 나열을 넘어, 분석 가능성과 이론적 확장성을 동시에 확보할 수 있는 토대를 제공한다.

▣ 3단계: 이론적 통합 - 메타이론적 정립의 시도

치안외교를 하나의 독립된 이론으로 선언하기에는 아직 경험적 자료나 분석틀이 충분히 축적되지 않은 것이 현실이다.

그러나 개념의 타당성과 전략적 활용 가능성을 입증하기 위해서는, 이를 기존의 국제관계 및 외교이론 안에서 어떻게 해석하고 위치 지을 수 있는지에 대한 메타이론적 검토가 필요하다.[63] 메타이론적 정립(Meta–theoretical positioning)'이란, 어떤 개념이나 현상을 기존의 주요 이론 체계 안에서 어떻게 자리매김할 수 있는가를 탐색하고 설명하는 이론화 방식이다. 즉, 치안외교를 독립 이론으로 선언하기보다, 현재 존재하는 다양한 이론들(공공외교, 실천이론, 기능주의 등)과의 관계를 조명함으로써 개념의 이론적 정당성과 해석 가능성을 부여하는 작업을 의미한다. 국제관계 이론에서 메타이론은 단일 이론의 정립보다 상위 차원에서 이론 간 관계, 전제, 해석틀을 분석하는 접근으로 정의된다.

George와 Campbell(1990)은 메타이론을 "이론들이 전제하는 세계관과 인식론을 검토하고, 상호 간의 차이와 가능성을 비교하는 과정"으로 보며[64],

---

62) David Mitrany, *A Working Peace System* (Chicago: Quadrangle Books, 1943).

63) George, J. & Campbell, D. *(1990). Patterns of Dissent and the Celebration of Difference: Critical Social Theory and International Relations. International Studies Quarterly, 34(3),* 269–293.
Jackson, P. T. (2011). *The Conduct of Inquiry in International Relations: Philosophy of Science and Its Implications for the Study of World Politics.* Routledge.
Wendt, A. (1999). *Social Theory of International Politics.* Cambridge University Press.

64) George, J., & Campbell, D. (1990). *Patterns of dissent and the celebration of difference: Critical social theory and international relations. International Studies Quarterly,* 34(3), 269–293.

Jackson(2011)은 메타이론을 "이론이 구성되고 작동할 수 있는 조건과 해석의 가능성을 탐색하는 틀"로 규정하였다.[65)]

Wendt(1999) 또한 사회이론의 틀 안에서 외교 및 국제정치 이론의 구조화를 위해 메타이론이 필수적임을 강조한 바 있다.[66)] 이러한 맥락에서 치안외교는 다음과 같은 이론군들과 접속적 정체성을 형성할 수 있다.

① 소프트파워 이론 (Soft Power Theory)

조셉 나이가 제시한 소프트파워 개념은, 강제력(coercion)이나 보상(inducement) 없이 매력과 신뢰를 통해 영향력을 확보하는 전략을 설명한다.

치안 ODA, K-Policing, 경찰주재관 활동 등은 경찰이 국가 신뢰자산을 대외적으로 전달하는 수단이 되며, 이는 곧 치안기관이 소프트파워의 실체를 수행하는 주체로 기능하고 있음을 보여준다.[67)] 다만, 소프트파워 이론은 국가 차원의 매력 자산 전반을 다루기 때문에, 경찰이라는 특수 조직의 외교활동을 충분히 설명하기에는 범위가 넓고 정교하지 못한 한계도 존재한다.

② 공공외교 이론 (Public Diplomacy Theory)

니콜라스 컬(Nicholas Cull)이 정리한 공공외교의 다섯 기능 – 경청(Listening), 옹호(Advocacy), 문화외교(Cultural diplomacy), 교류외교(Exchange diplomacy), 국제방송(International broadcasting) – 은 치안외교가 다양한 대외 활동(치안세미나, 교류훈련, 홍보 영상, 지역사회 기반 프로젝트 등)을 통해 국제적 신뢰와 소통 채널을 확보하려는 과정과 상당히 유사하다.[68)] 이는 경찰기관이 단순한 정보제공자가 아니라 대외 이미지 조성자, 문화외교의 수행자로 기능함을 의미한다.

③ 실천이론 (Practice Theory)

실천이론은 외교를 제도나 조직 중심이 아니라, '누가 무엇을 어떻게 하는가'(practice)에 집중하여 분석하는 이론이다.

---

65) Jackson, P. T. (2011). *The conduct of inquiry in international relations: Philosophy of science and its implications for the study of world politics.* New York: Routledge.
66) Wendt, A. (1999). *Social theory of international politics.* Cambridge: Cambridge University Press.
67) Joseph Nye, *Soft Power: The Means to Success in World Politics* (Public Affairs, 2004).
68) Nicholas J. Cull, "Public Diplomacy: Lessons from the Past," *CPD Perspectives*, USC, 2009.

이는 경찰주재관, INTERPOL 협력관, UNPKO 파견 경찰관과 같은 개인 주체들의 일상적 실천과 상호작용을 통해 국가 간 협력과 외교적 관계가 형성된다는 점을 강조한다.[69]

치안외교는 전형적으로 이러한 실천 기반 외교의 한 유형으로 간주될 수 있으며, 이론의 추상성보다 경험과 수행성에 기반한 분석을 가능하게 한다.

④ 기능주의 외교이론 (Functionalist Diplomacy Theory)

기능주의 이론은 미트라니(David Mitrany)와 키오한(Robert Keohane)에 의해 발전된 이론으로, 비정치적이고 실용적인 국제 협력이 반복될수록 신뢰가 형성되고, 궁극적으로는 정치협력으로 확대된다는 관점을 제시한다.[70]

치안외교는 본질적으로 비정치적 공공안전 문제에 대한 반복적 협력으로 구성되며, 이를 통해 정치외교와는 다른 경로로 국제관계를 형성하는 전략수단으로 기능한다.

⑤ 글로벌 거버넌스 이론 (Global Governance Theory)

글로벌 거버넌스 이론은 국가는 물론, 국제기구·비정부기관·전문기관 등이 공동으로 국제규범과 질서를 만들어간다는 이론적 시각이다. 치안외교는 INTERPOL, UNODC, IPS, 한–아세안 치안협력포럼 등에서 경찰이 직접적으로 국제 규범 형성에 참여하는 행위자로 기능할 수 있다는 점에서, 국가중심 외교의 한계를 넘어선 거버넌스적 외교모델로 해석될 수 있다.[71]

위와 같이 치안외교는 단일한 이론으로 설명되기보다는, 다양한 외교이론의 해석적 틀을 병렬적으로 접속하면서 상황에 따라 분석적 유연성을 확보할 수 있는 개념으로 정립되어야 한다. 즉, 단일 이론으로 환원되기보다, 다층적·교차적 위치화(multi–positionality)를 통해 설명될 수 있는 것이다. 이는 학문적으로는 유연성과 확장성을 보장하고, 정책적으로는 다양한 전략환경에 맞게 적용할 수 있는 장점을 제공한다.

이러한 3단계 구조화 제언은 치안외교를 독립적 학문 영역으로 정립하려는

69) Vincent Pouliot & Jérémie Cornut, "Practice Theory and the Study of Diplomacy," *Cooperation and Conflict*, 50(3), 2015.
70) David Mitrany, *A Working Peace System* (1943); Robert Keohane, *After Hegemony* (1984).
71) Anne–Marie Slaughter, *A New World Order* (Princeton University Press, 2004).

시도이다. 이는 저자가 치안외교 현장에서 체감한 한계를 학문적 언어로 전환하려는 최초의 창안적 시도라는 점에서 중요한 의미를 가진다.

3 전략적 제언

치안외교는 그동안 주로 실천 중심의 개념으로 이해되어 왔다. 경찰주재관의 외교활동, 치안 ODA, K-Policing, 국제치안포럼 운영 등 다양한 활동이 있었지만, 이는 대체로 정책적 사업이나 전략적 프로그램의 일환으로만 해석되는 경우가 많았다. 그러나 이러한 활동이 국제사회에서 신뢰 자산으로 축적되고, 규범 형성에 기여하며, 국가 외교정책의 일부로 작동한다는 점을 감안하면, 치안외교는 단순한 국제경찰 협력을 넘어선 외교적 성격과 전략성을 지닌다.

따라서 치안외교는 더 이상 개념적·실천적 설명에 머물러서는 안 된다. 학문적으로 정교화된 틀 속에서 구조화될 필요가 있다. 본 절에서 제시한 세 가지 단계 — ▲개념의 구획화, ▲작동 메커니즘 분석, ▲메타이론적 정립 — 는 이러한 구조화를 향한 시도이자, 치안외교의 학술적 정체성과 분석 가능성을 확보하기 위한 전략적 프레임워크로 기능할 수 있다.

특히 이 이론화 작업은 단순히 학문적 의미를 넘어, 국가 외교전략의 다원화를 이끌 수 있다는 점에서 중요하다. 군사·경제 중심의 전통외교를 넘어, 치안이라는 공공안전 자산이 비정치적·비군사적 외교자원으로 활용되는 것은 오늘날의 복합외교(multi-track diplomacy)와 글로벌 거버넌스 흐름과도 긴밀히 맞닿아 있다. 나아가 이러한 시도는 한국 경찰이 국제사회에서 규범 제안국으로 자리매김하는 데 실질적으로 기여할 수 있다.

치안외교의 이론화를 구체적으로 진전시키고, 이를 국가적 정책 영역으로 정착시키기 위해서는 몇 가지 중장기적 과제가 요구된다.

첫째, 실천 기반 데이터의 체계적 축적이 필요하다. 주재관, 협력관, 치안 ODA 전문가 등 다양한 활동 수행자들의 경험을 정량적 지표와 정성적 평가로 집적함으로써, 향후 이론화의 실증적 토대를 마련해야 한다.

둘째, 비교연구와 교차 분석을 강화해야 한다. 공공외교, 소프트파워, 실천이론 등 기존 이론들과 치안외교의 접점을 검토하고, 그 한계와 보완점을 분석함으로써, 치안외교에 최적화된 해석틀을 정립할 수 있다.

셋째, 실천 유형의 분류와 국제사례 비교가 필요하다. 정보 공유형, 교육·훈련형, 제도 수출형, 위기 대응형 등으로 유형화하고, FBI, 영국 NCA, 일본 JICA의 치안 프로그램과 비교함으로써 보편성과 차별성을 동시에 분석해야 한다.

넷째, 학문적 융합연구를 촉진해야 한다. 국제관계학·외교학·정책학·경찰학 등 학문 간 협업을 통해 학술 연구와 실무 적용의 간극을 좁히고, 경찰·외교부·국제기구 간 공동연구를 제도화할 필요가 있다.

마지막으로, 치안외교 이론화는 단순한 학문적 실험에 머무르지 않고, 국가정책의 차원에서 제도적 담론으로 발전해야 한다. 경찰청의 국제협력 정책 속에 이론적 틀을 반영하고, 외교부 및 관련 부처와 협업 프레임을 구축하며, 궁극적으로 국가 외교·안보 전략에 치안외교를 편입하는 방향으로 설계해야 한다. 이는 경찰 활동의 단순한 외연 확장이 아니라, 한국 외교전략의 다원화와 글로벌 거버넌스 참여를 위한 전략적 진화로 이해될 수 있다.

결국 치안외교는 단순한 해외 활동을 넘어, 국가의 치안 역량을 외교 자산화하고, 국제 공공선 형성과 규범 제시에 기여하는 전략적 행위로 재정의될 수 있다. 이를 학문적으로 구조화하고 정책적으로 제도화하는 과정은, 치안외교가 21세기 복합외교의 핵심 축으로 자리잡기 위한 필수 경로이며, 본 절의 제언은 그 첫걸음이자 새로운 지평을 여는 시도로서 의미를 갖는다.

참 고 문 헌

Nye, J. S. (2004). Soft Power: The Means to Success in World Politics. New York: Public Affairs.

Cull, N. J. (2009). Public Diplomacy: Lessons from the Past. Los Angeles: Figueroa Press.

Gilboa, E. (2008). Searching for a theory of public diplomacy. The ANNALS of the American Academy of Political and Social Science, 616(1), 55–77.

Pouliot, V., & Cornut, J. (2015). Practice theory and the study of diplomacy. Cooperation and Conflict, 50(3), 297–315.

Cornut, J. (2015). From practices to diplomats: A practice turn in diplomatic studies. International Studies Perspectives, 16(3), 295–308.

Mitrany, D. (1943). A Working Peace System: An Argument for the Functional Development of International Organization. London: Royal Institute of International Affairs.

Keohane, R. O. (1984). After Hegemony: Cooperation and Discord in the World Political Economy. Princeton, NJ: Princeton University Press.

Slaughter, A.–M. (2004). A New World Order. Princeton, NJ: Princeton University Press.

Arase, D. (2009). Non–traditional security in China: The impact of globalization. NIDS Security Reports, 10, 109–134. Tokyo: National Institute for Defense Studies.

Cottey, A., & Forster, A. (2004). Reshaping Defence Diplomacy: New Roles for Military Cooperation and Assistance. Oxford: Oxford University Press.

Ostrom, E. (2005). Understanding Institutional Diversity. Princeton, NJ: Princeton University Press.

Deflem, M. (2002). Policing World Society: Historical Foundations of International Police Cooperation. Cambridge: Cambridge University Press.

Sheptycki, J. (2004). Police cooperation and the new security agenda in Europe. European Journal of Criminology, 1(4), 369–381.

Rosenau, J. N. (1990). Turbulence in World Politics: A Theory of Change and Continuity. Princeton, NJ: Princeton University Press.

Risse, T. (2011). Governance Without a State? Policies and Politics in Areas of Limited Statehood. New York: Columbia University Press.

제 10 장 치안외교의 주역을 꿈꾸는 이들에게

제 1 절 치안외교는 왜 '사람'의 이야기인가

지금 이 순간, 전 세계는 초국경범죄, 팬데믹 이후의 글로벌 리스크, 기술기반 위협, 국제 분쟁과 난민 이슈 등 수많은 복합 위기 속에 놓여 있다. 이러한 시대에 있어 경찰의 역할은 단지 국가 내부의 범죄를 다루는 것을 넘어, 국제사회에서 안전과 신뢰를 설계하는 글로벌 파트너로의 전환을 요구받고 있다. 바로 이 지점에서 '치안외교'는 더 이상 선택이 아닌 경찰의 필수 전략으로 자리잡아야 한다.

치안외교를 논의할 때 우리는 종종 제도와 전략, 이론을 먼저 떠올린다. 파견제도의 구조, 국제기구 진출 전략, K－Policing의 확산 모델 등은 모두 중요한 설계 요소다. 그러나 이 모든 제도와 전략을 움직이는 원동력은 결국 사람이다. 아무리 정교한 계획이 있어도 현장에서 이를 실행하고, 관계를 맺고, 신뢰를 구축하는 것은 특정한 시간과 공간 속에 서 있는 한 명의 경찰관이다.

나는 미국과 태국에서 경찰주재관으로, 경찰청 국제협력관과 INTERPOL 국가중앙사무국장으로 활동하며 수많은 제도와 프로젝트를 경험했다. 하지만 시간이 흐른 지금 되돌아보면, 진정으로 남는 것은 화려한 문서나 행사 기록이 아니라 그 속에서 함께 땀 흘리고, 고민하고, 때로는 갈등하며 길을 찾았던 사람들의 얼굴이다. 결국 치안외교란 제도의 이름으로 포장된 '사람의 이야기'이며, 치안외교를 움직이는 가장 큰 자산은 인적 자원 그 자체다.

치안외교의 현장은 늘 예측 불가능한 상황의 연속이었다. 국제범죄 협상을 위해 상대국 경찰청장을 만나 설득해야 했던 순간, 학생 안전을 위해 지역 공동체와 수십 차례 협의했던 기억, INTERPOL 총회 무대에서 한국의 제안을 전 세계 대표들 앞에 설명해야 했던 자리 모두에서 중요한 것은 '얼마나 준비된 사람인가, 얼마나 신뢰를 줄 수 있는 사람인가'였다. 바로 그 차이가 국가의 위상을 높였고, 외교적 기회를 열어주었다.

따라서 치안외교의 마지막 장을 '사람의 이야기'로 시작하는 것은 결코 수사적 표현이 아니다. 경찰이 국가를 대표하여 국제무대에 서는 순간, 그는 한 개인이 아니라 대한민국 그 자체로 읽힌다. 그 사람의 태도, 말 한마디, 작은 배려와 전문성은 곧 한국 경찰의 얼굴이 되고, 국가의 신뢰 자산이 된다.

이 책의 마지막 장은 그래서 제도적 청사진이나 전략적 로드맵이 아니라, "사람"이라는 렌즈를 통해 치안외교의 본질을 다시 되짚고자 한다. 왜냐하면 치안외교의 미래를 결정짓는 것은 결국 시스템이 아니라, 그 시스템을 살아 숨쉬게 하는 사람, 바로 치안외교의 주역으로 나아갈 이들이기 때문이다.

제 2 절 치안외교 역량의 핵심요소 - 무엇을 갖추어야 하나

치안외교는 단순히 경찰 외사부서에서 일하는 소수의 전문영역이 아니다. 이제는 경찰조직 전체가 국제무대에 직·간접적으로 연결되어 있으며, 글로벌 신뢰와 국가 브랜드를 형성하는 데 있어 경찰의 역할은 어느 때보다 중요해졌다. 치안외교를 수행하는 경찰은 한 사람의 관료가 아니라, 국가의 얼굴이자 공공가치의 대변자로 기능한다. 따라서 치안외교의 주역이 되기를 꿈꾸는 이들이 반드시 준비해야 할 핵심 역량은 단순한 언어 능력이나 지식이 아니라, 현장성과 전략성을 함께 아우르는 종합적 능력이다.

저자는 미국·태국 경찰주재관, 경찰청 국제협력관, INTERPOL 국가중앙사무국장으로 활동하며 수많은 국제회의와 협상, 현장 교섭을 경험하였다. 그 과정에서 깨달은 교훈은 단순했다. "언어만으로는 신뢰를 얻을 수 없고, 실력만으로는 협력을 얻을 수 없다. 두 세계를 잇는 태도와 품격이 있어야 한다."

이 경험을 토대로, 치안외교의 미래 주역들이 반드시 갖추어야 할 다섯 가지 핵심 역량을 다음과 같이 제시한다.

1 외국어 능력과 국제 감각

치안외교의 출발점은 언어다. 국제회의, 협약 체결, 사건 공조 과정에서 언어는 단순한 소통 수단을 넘어, 국가의 메시지를 담는 외교적 무기가 된다. 단어 하나의 선택이 협력의 문을 열기도 하고, 불필요한 오해를 낳기도 한다.

그러나 저자가 현장에서 배운 것은 "언어만으로는 부족하다"는 사실이다. 언어 뒤에 있는 문화와 맥락을 읽는 능력이 필요하다. Deardorff(2006)가 강조한 다문화 감수성(intercultural competence) 개념처럼, 국제 감각은 외국어보다 더 근본적인 역량이다.[1] 미국 주재관 시절, 운전면허 상호인정 협정을 협의할 때는 영어 실력만으로는 협상이 진척되지 않았다. 상대국의 법제와 문화, 행정 절차에 대한 이해가 뒷받침되어야 설득력이 생겼다. 태국 주재관 시절에는 재외국민 보호를 위한 긴급 상황에서, 상대 경찰과의 미묘한 뉘앙스를 읽어내는 국제 감각이 위기 대응의 열쇠가 되었다.

따라서 국제 감각은 단순한 어학연수나 교재 공부로 얻어지지 않는다. 그것은 상대국의 제도·역사·민감한 사회 이슈에 대한 학습과 공감에서 비롯된다. "언어+문화+제도"가 결합될 때, 비로소 국제무대에서 유의미한 커뮤니케이션이 가능하다.

2 외교적 소통능력과 협상력

국제 협력은 결국 사람과의 관계다. 단순히 지시하거나 요청하는 방식이 아니라, 상대의 입장을 고려하고 설득하는 능력, 나아가 공동의 이익을 도출해내는 협상력이 요구된다.

경찰주재관시절 국제행사 치안 지원을 조율할 당시, 상대국 경찰은 외부 개입에 민감한 반응을 보였다. 그럴 때마다 '공동의 목표'를 상기시키고, 예우와 존중을 바탕으로 접근했을 때 협력이 성사되었다. '말을 얼마나 잘하느냐'보다 '상대를 얼마나 배려하느냐'가 핵심임을 절감한 순간이었다. 이 경험은 치안외교에서 협상력이 단순한 기술이 아니라 공감과 신뢰의 예술임을 보여준다. 국

1) Deardorff, D. K. (2006). The Identification and Assessment of Intercultural Competence as a Student Outcome of Internationalization. Journal of Studies in International Education, 10(3), 241–266.

제무대에서 탁월한 협상가는 말재주가 뛰어난 사람이 아니라, 상대의 처지를 이해하고 함께 해법을 찾을 줄 아는 사람이다.

치안외교에서 협상력은 권위가 아닌 공감에서 출발한다. 서로 다른 제도와 문화, 이해관계를 조율할 수 있는 외교적 소통능력은 탁월한 전략 자산이다.

최근 연구에서는 경찰 ODA 파견을 위한 사전 교육의 핵심 역량으로 '문화적 감수성', '외교적 소통능력', '협상 및 정책 설득력' 등을 제시하며, 기존 기술 중심 교육을 전략외교 기반 교육으로 전환할 필요성을 강조하였다. 이는 치안외교가 단순 기능외교를 넘어 정책외교로 전환되기 위한 인적 기반의 핵심 조건이라 할 수 있다.[2)]

3 치안 전문성과 분야별 실무역량

"아무리 외국어와 외교 감각이 뛰어나도, 현장에 대한 이해와 실질적 전문성이 없다면 국제 무대에서의 설득력은 절반으로 줄어든다."

치안외교는 단순히 외교술을 구사하는 영역이 아니라, '치안이라는 실질적 전문영역'을 국제사회와 공유하고 교류하는 전략 활동이다. 따라서 국제기구, 파견국 경찰, 다자 협의체와의 논의 과정에서 경찰 실무에 대한 이해와 전문성이 핵심 경쟁력으로 작동한다. 언변보다 중요한 것은 '실력'이며, 이는 현장성과 정책성, 기술성과 제도 이해를 종합적으로 갖춘 인재만이 발휘할 수 있는 역량이다.

특히 다음과 같은 분야별 실무역량은 치안외교 인재가 반드시 갖추어야 할 핵심 요건이다:

▸ **수사 분야 역량**

INTERPOL 협력이나 국제공조수사 활동에서 가장 기본이 되는 실무 역량이다. 해외 도피사범 송환, 수사정보 공유 등은 모두 형사 실무 지식과 경험이 전제되어야 한다.

---

2) Jeong, J., Park, M., Jo, H., Kim, C., & Song, J.H. (2024). *Needs assessment of police pre-deployment training for dispatch experts in international development cooperation of policing. Policing: An International Journal.*

▸ 사이버·디지털 치안 기술

사이버범죄, 디지털 증거, 딥페이크, 온라인 성범죄 등은 국제사회에서 한국 경찰이 주도권을 확보할 수 있는 핵심 영역이다. 이 분야의 기술 이해도와 정책 기획 능력은 미래형 치안외교의 필수 역량이다.

▸ 치안정책 및 제도 기획 능력

K-Policing, 치안 ODA, 제도이식형 협력은 단순 기술 전달이 아니라 제도를 기획하고 설계할 수 있는 정책적 안목이 있어야 성과를 거둘 수 있다. 정책 브리핑, 제도 비교, 현지 맞춤형 프로그램 운영 등은 모두 정책 이해도가 핵심이다.

▸ 국제기구 운영 메커니즘 이해

UNODC, INTERPOL, ASEANAPOL 등 국제기구와의 협력 시, 해당 기구의 구조와 의사결정 방식, 주요 사업의 흐름을 이해하고 있어야 효과적 협업이 가능하다. 단순 참여가 아닌 전략적 개입이 되려면 제도 이해는 필수이다.

이처럼 치안외교는 외교와 치안이 만나는 교차지점에서 이뤄지는 고차원의 전략 활동이다. 외교 감각만 갖춘 인재는 현장을 설득하지 못하고, 치안 전문성만 가진 인재는 국제 무대에서 통하지 않는다.

이 두 세계를 잇는 브리지이자 설계자(designer)가 바로 치안외교 인재이며, 그 중심에는 실무에 뿌리박은 전문성과 현장 기반의 전략 역량이 존재한다.

4 글로벌 거버넌스 이해력과 다문화 감수성

국제무대는 협력과 경쟁, 가치와 이해관계가 혼재된 복합 거버넌스의 장이다. 여기에 치안외교가 들어선다는 것은, 단순한 범죄 대응을 넘어 글로벌 기준을 설계하고 타국의 시스템에 영향을 미치는 책임 있는 참여자가 된다는 뜻이다.

IPS, 한-아세안 치안협력포럼을 총괄하며, 각국의 치안정책 목표와 이해관계, 문화적 배경을 조율하는 과정은 단순한 교류를 넘어선 '규범 설계의 과정'임을 실감했다. 이를 위해서는 표준화, 번역, 절충, 상호존중 등 다자거버넌스의 정석을 이해해야만 했다.

이 과정에서 중요한 것은 다문화 감수성과 글로벌 에티켓이다. '정답'을 들고 나가기보다 함께 해답을 만들어가는 자세, '선도'보다는 공감 기반의 동행이 국제사회에서는 더 신뢰받는다.

5 태도와 리더십, 그리고 품격

치안외교의 주역은 단순히 임무를 수행하는 공무원이 아니라, 대한민국을 대표하는 존재다. 국제회의장에서의 발언 하나, 이메일 한 줄, 심지어 회의 전후의 작은 제스처까지 모두 국가의 신뢰를 형성하는 요소가 된다.

진정한 리더십은 직위가 아니라 태도와 품격에서 나온다. 위기 상황에서도 균형감을 잃지 않고, 타국의 시선과 문화를 존중하며, 설득과 조율을 통해 공동의 해법을 이끌어내는 사람이 국제무대의 리더로 존중받는다. 저자가 협상장에서 실감했던 것은 때로는 정제된 침묵이, 때로는 단호한 한마디가 신뢰를 좌우한다는 사실이었다.

따라서 치안외교의 리더십은 수직적 권위가 아니라, 수평적 신뢰를 바탕으로 작동한다. 그 태도와 품격이야말로 한국 경찰의 국제적 위상을 결정짓는 최종 요소다.

결론적으로 치안외교 주역에게 요구되는 핵심 역량은 단순히 언어와 기술, 협상 능력에 그치지 않는다. 그것은 전문성과 국제 감각, 외교적 설득력, 다문화적 존중, 그리고 국가대표로서의 품격이 유기적으로 결합된 총체적 능력이다.

"언어는 문을 열고, 전문성은 신뢰를 세우며, 태도와 품격은 그 신뢰를 지속시킨다."

이 세 가지를 함께 준비하는 이들만이, 글로벌 치안외교의 중심에서 한국 경찰의 이름으로 당당히 서게 될 것이다.

■ 치안외교 주역의 핵심역량 요약 ■

역량 영역	구체적 내용	현장 교훈
1. 외국어 능력과 국제 감각	언어 소통력 + 문화·제도 이해력	언어만으로는 부족, 문화·제도 이해가 더해져야 신뢰 형성
2. 외교적 소통능력과 협상력	공감 기반 설득, 공동 목표 도출	협상은 권위가 아니라 존중과 배려에서 출발
3. 치안 전문성과 실무 역량	수사·사이버·치안정책·국제기구 이해	전문성 있는 제안이 국제무대에서 신뢰를 얻음
4. 글로벌 거버넌스 이해와 다문화 감수성	다자 협력·규범 설계·문화 존중	작은 예절 하나가 협력의 문을 열고 닫는다
5. 태도와 리더십, 품격	국가대표 자각·수평적 신뢰 리더십	정제된 침묵, 단호한 한마디가 신뢰를 좌우

제 3 절 치안외교를 준비하는 이들을 위한 실천 전략: "준비된 사람에게만 기회는 찾아온다."

치안외교는 결코 우연한 기회로 이루어지지 않는다. 준비된 사람에게만 기회가 찾아오고, 그 기회를 끝까지 붙잡는 이가 결국 국제무대에서 목소리를 낼 수 있다. 따라서 치안외교의 주역이 되기를 꿈꾸는 경찰관이라면, 단순히 역량을 나열하는 수준을 넘어, 그 역량을 체계적으로 길러내는 실천 전략을 세워야 한다.

앞 절에서 제시한 핵심역량은 치안외교 인재에게 요구되는 기본 자질이었다. 그러나 역량은 선언이나 의지만으로 형성되지 않는다. 외국어, 협상력, 치안 전문성, 글로벌 감각은 모두 장기간의 훈련과 다양한 현장 경험 속에서 축적되어야 비로소 빛을 발한다. 따라서 이제 필요한 것은 "무엇을 갖추어야 하는가"라는 정태적 조건에서 한 발 더 나아가, "어떻게 준비할 것인가"라는 동태적 전략이다. 이번 절에서는 치안외교를 꿈꾸는 이들이 스스로의 경력과 학습 과정을 어떻게 설계하고, 국제무대에 나설 수 있는 실천적 기반을 어떻게 마련할 수 있는지를 단계별로 제시하고자 한다. 이는 단순한 지침이 아니라, 저자가 직접 경험한 현장의 교훈과 동료·후배들에게 전하고 싶은 준비의 길잡이이기도 하다.

1 경력 설계: 국제무대로 가는 '여정'을 그려라

치안외교의 길은 단기간에 도달할 수 있는 지름길이 아니다. 오히려 다양한 현장 경험과 정책 역량, 국제감각이 축적된 사람에게 조금씩 문을 열어주는 '입체적 경로'에 가깝다. 따라서 단순히 외사부서에 근무했다는 이력만으로는 부족하며, 각자의 직무 경로 안에서 국제성을 키워가는 전략적 경력 설계가 필요하다. 국제무대는 단순한 이력의 나열이 아니라, 어떤 경험을 통해 어떤 역량을 축적했는가에 따라 열린다. Kolb(1984)의 경험학습이론(Experiential Learning Theory)이 말하듯, 현장 경험은 단순 사건 처리가 아니라 새로운 전략 역량으로 전환될 때 학습 효과가 발생한다.[3)]

1) 경력 설계의 핵심 요소

국제무대를 향한 경력 설계에서 가장 중요한 것은 단순히 '외사 근무 경력'이라는 이력서 한 줄이 아니다. 오히려 그 속에서 어떤 프로젝트를 주도했고, 그 경험이 어떤 배움과 성과로 이어졌는지가 핵심이다. 국제협력 부서에서의 근무는 출발점일 뿐, 그 안에서 스스로 기회를 찾아 능동적으로 활동한 사람만이 차별화된 경쟁력을 얻게 된다. 예컨대 해외사건 지원, 외국 경찰 방문단 유치, 국제 세미나의 기획·운영 등은 흔히 주어진 업무를 넘어서는 주도적 역할이며, 훗날 파견 선발이나 국제기구 지원 시 구체적인 역량 증거로 평가된다. 따라서 직접적인 보직이 아니더라도, 간접적으로라도 관련 업무를 경험하거나 지원할 수 있는 기회를 놓치지 않는 것이 중요하다. 작은 경험이 장기적으로는 큰 전환점이 되기 때문이다.

3) Kolb, D. A. (1984). Experiential Learning: Experience as the Source of Learning and Development. Prentice Hall.

또한 치안외교는 외교적 언어만으로 성립하지 않는다. 무엇보다 경찰 본연의 현장 전문성이 바탕이 되어야 한다. 수사, 정보, 범죄예방 등 다양한 현장 경험은 국제협력 실무에서 중요한 신뢰 자산으로 작용한다. 예를 들어 사이버 범죄, 마약 사건, 국제 테러 등은 국경을 넘어 발생하는 범죄 유형이며, 이에 대한 수사 경험은 자연스럽게 국제공조로 확장된다. 자신이 속한 분야에서 국제 연계 사건이나 글로벌 이슈와 접점을 만들어내는 것은 곧 치안외교 역량을 쌓는 과정이다. 결국 현장성과 전문성을 갖춘 경찰관만이 국제무대에서 발언권을 가질 수 있다.

이와 더불어 언어와 문서 작성 능력은 오늘날 점점 더 강조되는 역량이다. 국제무대에서는 단순한 회화 능력보다도 보고서, 합의문, 의제문서 등 공적 텍스트를 정확하고 설득력 있게 작성할 수 있는 능력이 더 큰 힘을 발휘한다. 최근 들어 파견 면접이나 국제기구 채용 과정에서도 "영문 보고서 작성력"과 "논리적 구성력"이 주요 평가 요소로 부각되고 있다. 따라서 영어자격증 자체보다는 실제 영문 문서와 국제기구 형식 문서를 다뤄본 경험이 훨씬 더 설득력 있는 경력 자산이 된다. 국제회의에서 짧게 발언할 수 있는 능력, 다양한 문화적 맥락을 고려하여 문장을 조율하는 능력은 단기간에 습득하기 어렵기 때문에 조기에 준비해야 한다.

마지막으로 간과해서는 안 되는 요소가 있다. 바로 조직 내부의 네트워크와 평판 관리이다. 국제협력 분야는 개인의 역량만으로는 한계가 있다. 실제 파견이나 국제기구 진출 과정에서는 "신뢰할 수 있는 인물인가"라는 평판이 결정적 역할을 한다. 과거 함께 일한 선배, 상사, 부서장과의 관계 속에서 쌓인 신뢰와 추천은 때로는 시험 점수보다 더 큰 힘을 발휘한다. 국제무대는 혼자 열 수 있는 문이 아니라, 동료와 선배들이 열어주는 문이기도 하다. 따라서 평소 맡은 업무에서 성실함과 책임감을 보여주고, 공동의 성과를 만들어가는 과정에서 얻은 평판은 장기적으로 국제무대 진출의 문을 여는 가장 든든한 기반이 된다.

2) 자신의 브랜드를 축적하라

국제무대를 준비하는 과정은 곧 자신의 브랜드를 만드는 여정이다. 국제사회는 직함보다 전문성과 신뢰를 중시하기 때문에, 개인의 브랜드는 곧 경쟁력이 된다.

첫째, 경험을 기록화해야 한다. 국제 세미나 발표, 외국 경찰과의 교류, 해외사건 지원 등은 사진·보고서·발표문으로 정리해두면 훗날 강력한 증거자료가 된다. 이는 단순한 경력 나열이 아니라, 스토리가 있는 포트폴리오로 발전한다.

둘째, 전문 분야의 정체성을 세워야 한다. 사이버 범죄, 마약, 청소년·여성보호 등 특정 분야에서 지속적 성과를 쌓으면 국제무대에서는 "그 분야 전문가"라는 인식이 형성된다.

셋째, 신뢰와 품격을 유지하는 태도가 중요하다. 국제 파트너에게 "함께 일하기 편안한 인물"로 기억되는 것은 장기적으로 브랜드의 핵심 자산이 된다.

결국 브랜드는 경험의 기록 + 전문성의 축적 + 신뢰의 일관성이 결합될 때 완성된다. 이것이야말로 국제무대에서 새로운 기회를 여는 가장 든든한 자본이다.

2 지식 역량: 국제무대를 이해하고 해석하는 힘

1) 국제 질서와 글로벌 거버넌스 이해

국제무대에서 활동한다는 것은 단순히 해외 경험이 있다는 것 이상의 의미를 지닌다. 그 무대에서 사용되는 언어, 규범, 정치적 맥락, 그리고 이해관계를 종합적으로 파악하고 '자신의 말로 해석할 수 있는 힘'이 곧 지식 역량이다. 치안외교는 '경찰관의 외교'가 아니라, '치안의 본질을 외교적 언어로 설계하는 일'이다. 이를 위해서는 국제질서와 글로벌 거버넌스 구조에 대한 기본적인 이해가 필요하다.

예컨대, 유엔(UN), INTERPOL, UNODC, ASEANAPOL 등 국제기구의 기능과 운영방식, 결정구조, 협력 범위 등을 숙지하고 있어야 하며, 각 기구에서 한국의 역할과 정책 목표까지 파악할 때 실질적인 협업이 가능하다. Slaughter(2004)의 글로벌 거버넌스 이론이 강조하듯, 오늘날 국제협력은 개별 국가의 단독 행위가 아니라 네트워크적 규범 설계를 통해 이루어진다.[4] 따라서 치안외교를 준비하는 사람은 국제기구의 규칙과 의제뿐 아니라, 그것이 형성되는 정치·법적 맥락까지 이해해야 한다.

---

4) Slaughter, A. M. (2004). A New World Order. Princeton University Press.

국내 제도에 대한 이해 역시 필수적이다. 국제무대에서는 “당신의 나라는 이 문제에 대해 어떤 입장을 갖고 있나?”라는 질문이 자주 나오며, 이때 한국 경찰의 제도적 강점과 한계를 객관적으로 설명할 수 있어야 한다. 나아가 “우리 시스템의 수출 가능성”을 논리적으로 제시할 수 있는 능력은 지식 역량의 고차원적 실천이다.

2) 글로벌 이슈 감각과 융합형 지식

국제사회는 ‘이슈 드리븐(issue－driven)’이다. 즉, 사이버 범죄, 인신매매, 테러리즘, 마약, 기후안보, 디지털 증거 등과 같은 사안의 중요성과 시의성이 곧 리더십의 기반이 된다. 치안외교를 준비하는 인재라면 반드시 이러한 글로벌 이슈에 대한 감각을 갖추어야 하며, UNODC, INTERPOL, 글로벌 안보포럼 등의 보고서를 정기적으로 모니터링하는 습관이 필요하다. 이러한 ‘정보 감수성’은 국제회의 발언이나 보고서 작성에서 강력한 경쟁력이 된다.

아울러 최근 국제협력 현장에서는 융합형 지식이 요구된다. 사이버범죄 대응을 예로 들면, 기술(IT) 지식, 법제도 이해, 국제공조 수사 프레임이 동시에 작동한다. 이처럼 분야 간 경계를 넘나드는 복합적 시야가 없이는 핵심을 파악하기 어렵다. 따라서 치안외교 인재는 특정 전문성을 넘어, 다양한 영역을 연결하고 통합할 수 있는 지적 유연성을 키워야 한다.

이러한 지식 역량은 하루아침에 만들어지지 않는다. 꾸준한 읽기와 정리, 실무 경험의 성찰을 통해 점진적으로 쌓이는 것이다. 다시 말해, “한 번의 회의 발표”보다 “매일의 정보 축적과 해석”이 더 큰 자산이다. 국제무대가 원하는 인물은 단순히 언변이 좋은 사람이 아니라, 맥락을 이해하고 말할 수 있는 사람이다.

3 언어 및 커뮤니케이션 역량: 언어는 수단이자 전략이다

치안외교의 현장은 언어로 시작해 언어로 완성된다. 회의 발언, 비공식 접촉, 보고서 작성, 브리핑, 이메일 한 줄까지도 외교적 설득력과 전략적 메시지를 담아야 한다. 단순한 언어능력이 아닌, 정확히 이해하고, 적시에 전달하며, 신뢰를 형성하는 커뮤니케이션의 총체적 능력이 필요한 이유다.

1) 단순한 '영어 구사'가 아닌 '외교 언어'의 이해

단순히 영어를 '잘하는 것'만으로는 충분하지 않다. 국제무대에서의 언어는 정치적 함의를 포함한 외교 언어이다. 따라서 회의체 언어의 의미, 국제기구 보고서의 문체, 결의문의 문법 등 외교적 화법에 대한 이해가 중요하다.

또한 국제회의에서의 발언은 단순 정보 전달이 아니라, 전략적 메시지 구성이 핵심이다. 동일한 내용을 어떻게 표현하느냐에 따라 발언의 수용도와 후속 영향이 달라진다. 이를 위해서는 영어 구사력 이상으로, 메시지를 '구조화'하고 '요약'하는 능력, 그리고 '국제 기준에 맞는 언어 형식'을 체득해야 한다.

2) 커뮤니케이션은 신뢰 형성의 도구

국제협력은 관계와 신뢰의 예술이다. 아무리 훌륭한 정책이라도, 상대가 신뢰하지 않으면 실현되지 않는다. 특히 INTERPOL, 유엔, 아세안 등의 다자 무대에서는 비공식 대화와 신뢰 관계가 공조 여부를 결정짓는 경우가 많다. 이때 중요한 것이 '공식 언어'보다 '일상 언어'다.

"말을 잘하는 사람"보다 "말을 편하게 건네는 사람"이 더 많은 협력을 얻는 경우가 많다. 작은 대화에서 신뢰를 형성하고, 그것이 큰 협력으로 이어지는 것이 국제 커뮤니케이션의 본질이다. 따라서 국제 무대에서는 기술적 언어력보다 관계지향적 소통 감각이 오히려 더 중요할 때도 있다.

3) 언어의 이면 - 문화적 맥락 이해

언어는 그 나라의 문화, 사고방식, 사회관계를 반영한다. 국제 커뮤니케이션에서는 문화 간 감수성(cross-cultural sensitivity)이 언어 능력만큼이나 중요하다.

따라서 치안외교를 수행하는 인재는 언어+문화+관계를 통합적으로 이해해야 하며, 다양한 문화에서의 비언어적 표현, 회의 매너, 커뮤니케이션 스타일 등을 학습할 필요가 있다. 이것이 국제 현장에서 진정한 '말의 힘'을 발휘하는 조건이다.

4 태도와 리더십 역량: 역할을 넘어서 존재로서의 리더

치안외교는 단지 정책을 전달하고 협의를 조율하는 기능적 임무를 넘어선다. 그것은 타국의 공안기관, 국제기구, 외교 파트너들 앞에 '대한민국 경찰의 얼굴'로 존재하는 일이다. 이때 가장 먼저 평가받는 것은 지식이나 언어가 아닌 태도와 자세, 그리고 리더십의 품격이다.

1) 모든 외교는 '태도'에서 시작된다

치안외교의 최전선에서 활동하는 경찰은 단순한 임무 수행자를 넘어, 대한민국을 대표하는 '존재 그 자체'로 인식된다. 언행 하나, 대응 하나가 국가의 신뢰를 형성하고 해체할 수 있는 자리이기 때문이다. 따라서 치안외교의 리더는 외형적 직위가 아니라 내면화된 태도와 품격에서 비롯된다.

진정한 리더는 '국가의 얼굴'로서 낯선 공간에서도 당당함과 균형감을 유지한다. 명확한 원칙을 지키되, 타자의 문화와 시선에 대한 존중을 잃지 않으며, 위기 상황에서도 조율과 설득을 통해 공동의 해법을 찾아낸다. 저자 역시 국제무대에서 상대 국가 경찰 수뇌부와의 협상, 민감한 사건 대응, 국제기구 내 위원회 활동 등 수많은 상황에서 '존재의 무게'를 실감한 바 있다. 때로는 정제된 침묵이, 때로는 단호한 한 마디가 상대의 신뢰를 좌우했다.

결국, 태도와 품격은 수직적 리더십이 아닌, 신뢰를 기반으로 한 수평적 리더십의 핵심 자산이다. 치안외교를 이끄는 리더는 지휘관이자 설계자이며, 동시에 연결자이자 통찰가로 기능해야 한다. 이처럼 존재 그 자체로 메시지를 전달할 수 있을 때, 비로소 '국가대표 리더'로서의 자격을 갖추게 되는 것이다.

특히 국제무대에서 첫 인상은 태도에서 형성된다. 시간을 존중하는 자세, 상대 의견에 경청하는 태도, 합의점을 찾으려는 협력 지향성 등은 상대가 '신뢰할 수 있는 파트너'로 인식하는 기반이 된다. 아무리 실력이 뛰어나도, 독선적이거나 고압적인 태도는 국제사회에서 배척의 대상이 되기 쉽다.

특히 다문화적 환경에서는 '자기중심성'을 절제하고 열린 자세를 유지하는 것이 필수적이다. 상대국의 정치적 민감성, 문화적 배경, 역사적 관계를 이해하려는 태도는 협상의 문을 여는 열쇠가 된다. 태도는 단순한 예의가 아니라 정책을 관철하는 힘의 근원이다.

2) 팔로워십을 갖춘 리더

치안외교는 계급이나 직위로 작동하지 않는다. 때로는 자신보다 더 높은 지위를 가진 외국 파트너와 협업해야 하고, 때로는 현장에서 단독으로 전체 대표 역할을 수행해야 한다. 이 과정에서 필요한 것은 '지시하는 리더'가 아니라 '상황을 읽고 이끄는 리더', 즉 팔로워십을 아는 리더십이다.

국제 무대에서는 타인을 존중하고 협업을 유도하는 '상호작용형 리더십'이 더욱 효과적이다. 특히 다자 포럼, 워킹그룹, 공동사업 추진과정에서는 자기 주장보다 조정과 설득이 중요하며, 이는 태도와 리더십의 균형에서 비롯된다.

3) 국가대표로서의 정체성과 품격

치안외교를 수행하는 사람은 단지 '국제협력 경찰'이 아니라, 국가 브랜드를 형성하는 주체이다. 회의장에서 발언 하나, 공식 석상에서의 인사, SNS에 남긴 한 줄의 글이 곧 한국 경찰의 인상이 된다. 따라서 자신이 '대한민국 경찰을 대표하고 있다'는 자각과 품격 있는 언행이 항상 요구된다.

또한, 리더십은 '결정의 순간'에서 발휘된다. 민감한 이슈에서의 판단, 외국 언론 대응, 갈등 조정 과정에서의 중재 등은 훈련이 아닌 인격과 경험, 그리고 태도의 문제다. 국제 현장은 매뉴얼이 없기에, 내면화된 리더십 역량이 곧 위기대응의 기준이 된다.

5 문화적 감수성과 네트워크 구축 역량 - 세계와 연결되는 치안외교의 감각

국제무대에 선다는 것은 단지 언어를 잘하고 자료를 준비하는 것을 넘어선다. 치안외교는 본질적으로 '사람과의 관계'에서 출발하고, '문화적 이해'를 통해 완성된다. 아무리 우수한 전략을 갖추고 있어도, 문화적 맥락을 오해하거나 상대방의 정서에 맞지 않는 접근을 한다면 기대했던 성과는 무위로 돌아가기 쉽다.

저자는 과거 경찰주재관 시절, 회의 전 사소한 식사 매너 하나로 인해 회의 분위기가 바뀌는 것을 경험한 적이 있다. 또한 INTERPOL NCB 회의에서는 일부 국가 간의 현안 갈등이 비공식 만찬 자리에서 조용히 풀려가는 장면도 목격했다. 이런 순간들을 통해 '문화 감수성은 전략 그 자체'라는 사실을 실감하게 되었다.

1) 문화적 감수성은 '정보'가 아니라 '태도'다

치안외교를 수행하는 이들에게 가장 중요한 덕목 가운데 하나는 문화적 감수성이다. 국제무대에서의 협력은 단순히 언어를 잘 구사하거나 제도를 잘 설명하는 능력만으로는 충분하지 않다. 자신이 활동할 국가의 언어, 역사, 종교, 정치적 민감성, 관습 등을 숙지하는 것은 출발점일 뿐이다. 그것은 단순한 '정보 암기' 차원에 머무르는 것이 아니라, 타문화에 대한 존중과 공감의 태도로 전환되어야 한다.

예를 들어 회의에서 발언할 때, 상대국의 표현 관례나 정서적 특성을 고려하지 않고 직설적으로 의견을 전달한다면, 의도와 달리 불쾌감을 줄 수 있다. 반대로 같은 내용을 그 나라의 언어 습관과 정서를 존중하는 방식으로 표현하면, 내용 이상의 긍정적 효과를 가져올 수 있다. 마찬가지로, 오랜 관습을 지닌 파트너 국가와 협력할 때는 의제 자체보다도 그들의 전통을 존중하는 태도와 제스처가 신뢰를 형성하는 데 더 큰 역할을 한다. 협상장 밖에서의 작은 행동 하나, 인사법이나 식문화에 대한 존중이 관계의 성패를 가르는 경우도 적지 않다.

문화적 감수성은 따라서 '자료를 공부했는가'의 문제가 아니라, '상대 문화를 존중하려는 태도를 갖추었는가'라는 차원의 문제다. 이는 공식 문서에는 드러나지 않지만, 협상과 공조의 성공 여부를 결정짓는 보이지 않는 핵심 요인이다. 경찰관 개인이 보여주는 존중과 공감의 태도는 한국 경찰 전체의 이미지로 이어지고, 이는 국제무대에서의 리더십과 신뢰 형성에 직결된다.

결국 문화적 감수성이란 단순히 준비된 '정보의 양'이 아니라, 타문화 앞에서 자신을 낮추고 배우려는 자세, 그리고 그 차이를 존중하는 태도다. 이러한 태도가 누적될 때, 치안외교는 단순한 기술적 협력을 넘어 진정성 있는 국제적 파트너십으로 발전할 수 있다.

2) 신뢰의 외교는 네트워크로 완성된다

치안외교에서 가장 강력한 자산은 곧 "누구와 통하는가"이다. 국제무대에서 개인이 가진 직위나 권한은 시간이 지나면 사라지지만, 신뢰를 기반으로 형성된 네트워크는 오히려 시간이 지날수록 힘을 발휘한다. 이러한 네트워크는 단순한 명함 교환이나 일회성 정보 전달을 넘어, 실제 협력으로 이어지는 지속 가능한 관계 자본이다.

실제로 신뢰를 기반으로 한 네트워크는 해외도피사범의 신속한 검거, 국제범죄수사 공조, 국제기구 인사 추천, 정책 의제 공동 제안 등 수많은 기회를 만들어낸다. 공식 루트로는 몇 달이 걸릴 사안이 "개인적 신뢰"라는 비공식 채널을 통해 단 하루 만에 해결되는 경우도 드물지 않다. 국제무대에서의 리더십은 결국 얼마나 많은 파트너를 신뢰로 연결해 두었는가에 의해 평가되는 것이다.

경찰주재관 등 해외파견 경험자들의 사례는 이를 잘 보여준다. 그들은 세계 각국 경찰과의 만남을 단순한 형식적 교류로 끝내지 않고, 인간적 신뢰와 우정을 기반으로 한 장기적 협력 관계로 발전시켰다. 이 과정에서 축적된 네트워크는 직위나 임기가 끝나더라도 사라지지 않고, 오히려 개인의 국제 역량을 강화하는 평생 자산이 된다. 나아가 이 자산은 개인의 성취를 넘어, 한국 경찰 전체의 국제적 위상을 높이고, 치안외교가 한층 더 제도적이고 전략적인 외교 자산으로 자리매김하는 데 기여한다.

결국 치안외교의 성패는 제도적 장치나 단기적 성과보다, 신뢰를 바탕으로 구축된 네트워크의 힘에 달려 있다. 그 네트워크가 넓을수록, 그리고 깊을수록, 한국 경찰이 국제사회에서 발언하고 주도할 수 있는 공간도 커지게 된다.

3) 네트워크 구축을 위한 실천적 제언

국제무대에서의 네트워크는 단순한 만남의 기록이 아니라, 향후 협력으로 이어질 수 있는 관계 자산이다. 치안외교는 제도와 문서만으로 움직이지 않는다. 결국 사람과 사람의 신뢰, 그리고 그 신뢰를 토대로 한 관계가 실질적 협력을 가능케 한다. 이를 위해서는 몇 가지 구체적 실천이 요구된다.

무엇보다 먼저 중요한 것은 외국 경찰과의 인맥 구축 목표를 명확히 설정하는 일이다. 단순히 명함을 교환하고 의례적 인사를 나누는 것에서 끝나서는 안 된다. 앞으로 특정 현안에서 공조할 수 있는 핵심 파트너가 될 수 있는지, 장기적으로 상호 이익을 공유할 수 있는 관계인지에 대한 전략적 시각이 필요하다. 이를 위해서는 상대국 경찰의 관심 분야와 현안, 그리고 그 속에서 한국 경찰이 제공할 수 있는 협력 자원이 무엇인지 사전에 분석하고 접근해야 한다. 네트워크란 숫자가 아니라, 깊이와 방향성을 가진 연결망일 때 비로소 가치가 있다.

둘째로, 비공식 채널을 적극적으로 활용하는 자세가 중요하다. 공식 회의장에서 나눈 대화보다 만찬 자리에서 오간 대화가 훨씬 오래 기억되는 경우가 많다. 워크숍, 기념행사, 현장 방문 등은 의제 중심의 공식 협상에서는 드러나지 않는 인간적 교감을 가능하게 한다. 이때 보여주는 태도와 언행은 상대방에게 “이 사람은 신뢰할 수 있는 동료”라는 인식을 심어줄 수 있다. 특히 위기 상황이나 긴급 협력 필요 시에는, 바로 이러한 비공식적 신뢰가 전화 한 통, 이메일 한 줄로도 신속한 협조를 끌어낼 수 있는 힘으로 작용한다.

마지막으로, 모든 네트워크의 기초는 존중과 배려의 태도이다. 국적, 계급, 문화적 배경이 다르더라도 사람에 대한 존중은 언제나 진심으로 전달된다. 직책이나 서열에 상관없이 동등한 파트너로 대우하고, 상대방의 문화를 이해하려는 작은 노력, 예를 들어 현지 인사법을 존중하거나 그들의 전통을 존중하는 태도는 관계의 깊이를 크게 만든다. 이는 단순한 외교적 제스처가 아니라, 진정성을 바탕으로 한 장기적 신뢰의 초석이 된다.

결국 국제무대에서의 네트워크는 단순한 인간관계가 아니라, 공동의 목표와 상호 존중 위에 구축되는 전략적 자산이다. 이러한 관계는 한순간의 이벤트가 아니라, 시간과 진심, 그리고 일관된 태도를 통해 서서히 축적된다. 따라서 치안외교를 준비하는 이들은 ‘얼마나 많은 사람을 만났는가’보다 ‘얼마나 깊은 신뢰를 쌓았는가’를 기준으로 네트워크를 바라보아야 한다.

제 4 절 치안외교의 길을 걷는 이들을 위한 제언

치안외교는 단순한 직무나 경력의 한 페이지가 아니다. 그것은 한 나라를 대표하여 세계무대에 서는 숭고한 사명이다. 경찰주재관이든, 국제기구 협력관이든, 국제회의장의 대표든, 그 순간 당신은 더 이상 개인이 아니라 대한민국의 얼굴이다. 이 자각은 무겁지만, 그 무게만큼 값진 자산이 된다.

그러나 이 길은 결코 화려함만으로 채워지지 않는다. 낯선 환경, 불확실한 상황, 예상치 못한 좌절이 언제든 찾아올 수 있다. 때로는 고독 속에서 흔들리고, 때로는 성과가 보이지 않아 답답할 때도 있다. 그러나 바로 그 순간이 배우는 시간이다. 실패는 외교의 언어를 익히는 교과서이며, 좌절은 더 깊은 공감을 낳는 자양분이 된다. 치안외교는 완벽한 성공의 연속이 아니라, 끊임없이 배우고 다시 일어서는 과정 속에서 빛을 발한다.

이 길을 걷고자 하는 이들이 반드시 기억해야 할 것은 신뢰와 소통의 가치다. 국제무대에서 협상력을 좌우하는 것은 직위나 권한이 아니라, 상대가 “그 사람은 믿을 수 있다”라고 느끼는 순간이다. 명함보다 오래 남는 것은 진정성 있는 대화이며, 조약보다 굳건한 것은 사람 사이의 신뢰다. 치안외교는 결국 제도의 외교이면서 동시에 사람의 외교다.

또한 이 길은 권위가 아니라 공감에서 출발한다. 상대의 언어에 귀 기울이고, 문화의 차이를 존중하며, 작은 배려를 행동으로 옮길 때 협력은 비로소 현실이 된다. 국제사회는 강한 자가 아니라, 겸손히 배우고 설득할 줄 아는 자를 존중한다. 따라서 치안외교의 주역이 되려는 이라면 언제나 열린 자세로 배우고, 묻고, 소통하는 태도를 잃지 말아야 한다.

무엇보다 이 길의 기초는 국가대표의 사명감이다. 치안외교는 개인의 영달을 위한 보직이 아니라, 국민의 안전과 국익을 지키는 자리다. 당신의 한마디, 당신의 한 결정이 곧 대한민국의 위상을 좌우한다. 이 긴장 속에서 흔들리지 않는 기준은 “나는 누구를 위해 이 자리에 서 있는가?”라는 물음이다. 그 답을 국민과 나라에서 찾을 때, 어떠한 외압과 난관 앞에서도 길을 잃지 않는다.

따라서 치안외교의 길을 걷고자 하는 이들이여, 사명감을 품고 도전하라. 실패를 두려워하지 말고, 신뢰를 자산으로 삼아라. 그리고 세상을 바꾸는 외교는 거대한 힘에서가 아니라, 한 사람의 진정성 있는 태도에서 시작된다는 것을 기억하라. 치안외교는 국가를 넘어 인류의 안전과 평화를 설계하는 새로운 길이며, 바로 그 길 위에 여러분이 서있다.

제 5 절 맺음말 - 꿈꾸는 이들에게

치안외교는 더 이상 소수 외사 전문가만의 영역이 아니다. 세계의 어느 공항, 국제회의장, 혹은 재외국민 위기 현장에서 한국 경찰은 언제든 국가를 대표하는 얼굴이 된다. 이는 직무가 아니라 사명이며, 임시적 보직이 아니라 평생 이어지는 정체성이다.

저자는 여러 현장에서 그 사실을 깊이 체감했다. 태국 주재관 시절, 재외국민 사건을 밤새 조율하며 “국가의 이름으로 책임진다”는 말의 무게를 배웠다. 미국 시카고 주재관 시절, 운전면허 상호인정 협정을 성사시키는 협상 테이블에서 "준비된 자료와 논리가 국가 신뢰를 만든다"는 교훈을 얻었다. 국제협력관, INTERPOL 국가중앙사무국장 시절, INTERPOL 총회 현장의 회원국 앞에서 한국의 INTERPOL 총회 유치 연설을 하고 초국경범죄에 대응하는 정책을 제안하는 순간 "치안외교가 단순 협력이 아닌 글로벌 리더십의 무대"임을 실감했다. 이 모든 경험은 화려함보다 긴장과 책임, 그리고 국가를 대표한다는 엄중한 사명감으로 기억된다.

이 책을 읽는 후배와 차세대 경찰들에게 전하고 싶은 메시지는 단순하다. "준비된 사람만이 기회를 잡는다." 치안외교의 기회는 예기치 않은 순간 찾아온다. 외국 대표단 앞에서 즉흥적으로 의견을 말해야 할 때, 국제기구 회의장에서 제도 개선을 제안할 때, 해외 현장에서 국민을 보호해야 할 때—그 모든 순간은 미리 준비한 사람만이 국가의 이름으로 응답할 수 있다.

그러나 준비는 지식과 기술에 그치지 않는다. 더 본질적인 것은 태도와 품격이다. 상대를 존중하는 자세, 신뢰를 잃지 않는 언행, 겸손 속의 당당함이야말로 국제사회에서 한국 경찰을 빛나게 하는 자산이다. 실패와 좌절은 있을 수 있다. 하지만 진정성 있게 다가가고, 끈질기게 배우며, 열린 마음으로 함께한다면 결국 신뢰는 쌓이고 길은 열린다.

저자의 바람은 간단하다. 앞으로 치안외교의 무대를 걷게 될 후배들이 더 넓은 길을 열고, 한국 경찰을 국제 규범의 제안자이자 글로벌 신뢰의 설계자로 자리매김하게 되기를 바란다. 치안외교 2.0의 시대, 경찰은 더 이상 외교의 변방이 아니라 중심에서 새로운 전략을 만들어내는 주체가 되어야 한다.

치안외교는 조용한 전선이다. 그러나 그 전선 위에서 경찰은 전략가이자 설계자가 된다. 그리고 지금 이 책을 읽고 있는 여러분이 곧 그 길 위에 서게 될 것이다. 여러분의 준비와 도전이 대한민국 치안외교의 미래를 여는 힘이 될 것이며, 이 책이 그 길에 작은 길잡이가 되기를 진심으로 바란다.

참 고 문 헌

1. 해외 학술 문헌

Anholt, S. (2007). Competitive Identity: The New Brand Management for Nations, Cities and Regions. Basingstoke: Palgrave Macmillan.

Bowling, B., & Sheptycki, J. (2012). Global Policing. London: SAGE.

Brodeur, J.-P. (2010). The Policing Web. Oxford: Oxford University Press.

Cull, N. J. (2009). Public Diplomacy: Lessons from the Past. Los Angeles: Figueroa Press.

Deardorff, D. K. (2006). The identification and assessment of intercultural competence as a student outcome of internationalization. Journal of Studies in International Education, 10(3), 241-266.

Deflem, M. (2002). Policing World Society: Historical Foundations of International Police Cooperation. Cambridge: Cambridge University Press.

Kolb, D. A. (1984). Experiential Learning: Experience as the Source of Learning and Development. Englewood Cliffs, NJ: Prentice Hall.

Nye, J. S. (2004). Soft Power: The Means to Success in World Politics. New York: Public Affairs.

Ostrom, E. (2005). Understanding Institutional Diversity. Princeton, NJ: Princeton University Press.

Sheptycki, J. (2004). Police cooperation and the new security agenda in Europe. European Journal of Criminology, 1(4), 369-381.

Slaughter, A.-M. (2004). A New World Order. Princeton, NJ: Princeton University Press.

2. 국제기구 및 정책 문서

INTERPOL. (2023). Annual Report 2022. Lyon: INTERPOL General Secretariat.

UNODC. (2021). Strategy 2021-2025: Resilience, Recovery and Justice. Vienna: United Nations Office on Drugs and Crime.

United Nations. (2018). Action for Peacekeeping (A4P). New York: UN Department of Peace Operations.

United Nations Police (UNPOL). (2020). Strategic Guidance Framework for International Policing. New York: United Nations.

3. 국내 학술 및 정책 문헌

외교부 국제기구인사센터. (2011). 국제기구 진출 가이드북. 서울: 외교부.

외교부. (2020). 『공공외교 전략 2030』. 서울: 외교부.

김병호 외. (2020). 『공공외교의 이해』. 서울: 명인문화사.

정용민. (2013). 「공공외교의 개념과 구성요소: 니컬러스 컬의 분석틀을 중심으로」. 『국제지역연구』, 12(2), 35–60.

김태영. (2015). 『제도분석과 정책설계: 오스트롬의 IAD Framework 재조명』. 서울: 박영사.

오일환. (2010). 「Elinor Ostrom의 제도분석틀(IAD Framework)과 한국 정책연구에의 적용」. 『한국행정연구』, 19(4), 123–150.

손대선. (2019). 「중견국 대한민국의 UN 평화유지활동 리더십 발휘방안: 고위직 직책 배출을 중심으로」. 『PKO 저널』, 19, 16–27.

박종현. (2020). 「국제 분쟁지역에서 한국 경찰의 효과적인 평화유지활동에 관한 연구」. 『융합보안논문지』, 20(4), 227–236.

김재홍·이정은. (2022). 「국제기구 파견제도의 현황과 과제」. 『국제안보연구』, 29(2).

한국국제교류재단(KF). (2018). 『지구촌 한인과 공공외교』. 서울: 한국국제교류재단.

에필로그

"치안외교, 그 이름을 남기고 싶었다."

나는 국제무대 한가운데서 대한민국 경찰을 대표하던 순간마다 스스로에게 물었다.

"우리는 과연 외교를 하고 있는가? 아니면 단순히 협력과 공조의 반복에 머물고 있는가?"

그 질문은 오랫동안 내 마음속에 머물렀다.

태국과 미국에서 경찰주재관으로 활동하며, 각국 경찰 대표들과 협정을 조율하고 한국의 치안 시스템을 소개하던 수많은 자리에서도 그 물음은 나와 함께 있었다. 동시에 나는 재외국민의 안전을 지키는 일이야말로 치안외교의 출발점임을 실감했다. 위기 상황에서 자국민을 보호하기 위해 현지 경찰과 긴급 공조를 이끌어내고, 범죄 피해자를 지원하며, 때로는 외국의 제도와 관행 속에서 한국인의 권익을 지켜내는 과정은 단순한 사건 대응이 아니라 곧 외교였다. 국민의 안전을 최우선 가치로 삼는 그 경험은 치안외교의 의미를 가장 분명히 보여주었다.

그때 나는 비로소 깨달았다.

우리는 이미 외교를 하고 있었다.

다만, 아직 이름 붙이지 않았을 뿐이었다.

개인의 헌신과 열정에 의존한 치안 협력, 전략적 틀 없이 움직이던 국제 활동은 이름조차 없는 채로 이어지고 있었다.

그래서 나는 '치안외교'라는 이름을 붙였다.

그 안에 국가 간 신뢰, 국민 보호의 사명, 그리고 한국 경찰의 존재감을 담고자 했다.

하지만 시간이 흐르며 또 다른 깨달음이 찾아왔다.

이름만으로는 부족하다는 것.

국제무대에서 한국 경찰의 위상은 높아졌지만, 우리는 여전히 단절된 구조와 비전 없는 실행, 그리고 무엇보다 다음 세대로 이어지지 못한 경험 속에 머물러 있었다.

그래서 나는 다시 펜을 들었다.

이제는 이름을 넘어 전략을 설계할 시간이라는 확신 속에서.

'치안외교'가 개념을 넘어 실행이 되고, '치안외교 2.0'이라는 새로운 틀로 국가 전략으로 자리 잡기를 바라는 마음에서 이 책을 쓰게 되었다.

이 책은 단순한 회고록도, 학술서도 아니다.

나의 경험과 철학, 실무와 이론, 그리고 미래에 대한 제안이 만나는 전략서다.

나는 이 책을 통해 치안외교의 이름이 하나의 정책이 되고, 시스템이 되며, 궁극적으로는 한국 경찰의 지속가능한 외교 자산이 되기를 바란다.

경찰이 국경을 넘어서는 시대, 외교는 단지 외교관의 몫이 아니다. 경찰 역시 외교를 수행하는 시대, 그 다리 위에 나는 조용히 나의 경험과 신념, 제안을 놓는다.

"Legacy is not what you leave behind when you retire — it's what you build that others can continue."

지금 이 책을 읽고 있는 당신이 치안외교의 길을 이어갈 다음 세대라면, 이 책은 단지 읽히는 기록이 아니라 살아 있는 제안서가 되기를 바란다.

나는 오늘, '치안외교'라는 이름에 내 모든 경찰 인생의 경험과 미래의 청사진을 담아 작은 이정표 하나를 세운다.

그 길을 따라 걸을 이들이 많아질수록 한국 경찰의 외교는 더욱 단단해지고, 멀리 나아갈 것이다.

경찰은 국경을 넘고, 외교는 사람을 잇는다.

치안외교는 그 사이를 연결하는 다리가 될 수 있다.

그 다리 위에서, 나는 당신의 여정을 기다리고 있다.

감사의 글

이 책이 세상의 빛을 보기까지 많은 분들의 보이지 않는 응원과 조언, 그리고 동행이 있었습니다.

먼저, 치안외교라는 이름조차 익숙하지 않던 시절부터 국제협력의 현장을 함께 헤쳐 온 국내외 모든 동료 경찰관들께 깊이 감사드립니다. 여러분과의 치열했던 회의, 때로는 말없이 공감했던 외국 회의장의 공기, 국경을 넘어 이어진 우정과 신뢰가 이 책의 뿌리가 되었습니다.

경찰주재관으로, 국제협력관으로, INTERPOL 국가중앙사무국장으로 일하며 한국 경찰의 이름으로 세계를 향해 나아갈 수 있었던 것은 혼자만의 힘이 아니었습니다.

제 뒤에서 묵묵히 지지해준 대한민국 경찰청, 여러 파견기관, 그리고 국내외 협력기관들 덕분에 한국 경찰의 이름으로 세계와 만날 수 있었습니다. 또한 이 책을 준비하는 동안 끊임없이 토론하고 피드백을 나누며, 미래 세대에 전할 메시지를 함께 고민해 주신 동료, 선후배 경찰관 여러분께도 깊은 감사를 전합니다.

그리고 무엇보다, 매번 낯선 나라의 하늘 아래서도 제가 흔들리지 않도록 조용히 중심을 잡아준 사랑하는 가족에게 가장 큰 감사의 마음을 전합니다.

제가 떠나는 이른 새벽, 무사히 돌아오기를 바라며 전해주던 따뜻한 말 한마디, 매번 늦은 밤 귀국길에도 변함없이 건네던 웃음, 그 모든 순간들이 저를 지탱한 진짜 힘이었습니다. 가족이 있었기에, 국경을 넘는 일도, 세계를 향한 치안외교의 길도 두렵지 않았습니다. 이 책은 제가 걸어온 길에 대한 기록이자, 그 길을 함께 걸어준 가족의 인내와 사랑에 바치는 작은 헌사이기도 합니다.

그리고 이 책은 평생 자식을 위해 헌신하고 희생하신 부모님께 바칩니다.

먼저, 이미 세상을 떠나셨지만 언제나 제 마음속에서 큰 기둥이 되어주시는 아버지—당신의 땀과 희생이 있었기에 오늘의 제가 있습니다. 그리고 지금도 오직 자식이 잘되기만을 바라는 간절한 기도로 저를 지켜주시는 어머니—당신의 사랑과 믿음이 제 모든 도전의 원천이었습니다. 이 책의 한 줄 한 줄은 결국 부모님의 삶과 희생 위에 쌓인 결과물이며, 제 모든 발걸음이 두 분의 은혜를 갚아 나가는 여정임을 잊지 않겠습니다.

그리고 이 책은 결국 미래를 위한 것입니다. 오늘도 묵묵히 준비하는 치안외교의 주역들—여러분이 있기에 한국 경찰의 외교는 더욱 단단해지고 멀리 나아갈 것입니다. 이 책은 저의 경험에서 출발했지만, 결국은 다음 세대를 위한 이정표가 되기를 바라는 마음으로 집필했습니다. 이 책이 저의 경험을 넘어, 여러분의 발걸음을 밝히는 작은 등불이 되기를 바랍니다.

이 여정에 함께해 주신 모든 분들께, 다시 한 번 진심으로 고개 숙여 감사드립니다.

2026년 2월,
치안외교의 길 위에서
저자 **이준형**

저자 소개

이준형

대한민국 경찰공무원으로 30여 년간 재직하며, 국내 치안은 물론 국제무대에서 대한민국 경찰의 위상과 역할을 넓히는 데 헌신해왔다. 경찰청 국제협력관, INTERPOL 국가중앙사무국장, 미국(시카고)과 태국 경찰주재관 등 주요 직책을 거치며, 글로벌 치안협력과 치안외교의 최전선에서 실무와 전략을 이끌었다.

특히 제1회 INTERPOL 미래치안회의 개최, 2029년 INTERPOL 총회 유치 주도, 사이버성범죄 대응전략 국제발표 등은 국제사회의 주목을 받은 성과로 기록된다. 또한 한–아세안 치안협력포럼, 다자간 치안외교 플랫폼 운영, 치안 ODA 및 K–Policing 전략 추진을 통해 한국 경찰의 외교적 역량과 브랜드를 크게 확장시켰다.

이 책은 저자가 직접 국제 치안현장에서 체득한 경험, 오랜 연구, 그리고 전략적 고민을 토대로 집필한 결과물이다. 단순한 국제협력을 넘어, '치안외교'라는 새로운 개념과 미래 전략을 정립하고자 한 선언서이자, 후배 세대와 차세대 치안외교 인재들에게 길잡이가 되는 지침서다.

향후에도 대학 강의, 국제 자문, 학술 집필 등을 통해 치안외교 전문인력 양성에 기여하고, 한국 경찰이 글로벌 리더십을 실현하며 지속가능한 치안외교 생태계를 구축하는 데 앞장서고자 한다.

"경찰은 국경을 넘고, 외교는 사람을 잇는다.
치안외교는 그 사이의 다리가 될 수 있다."

— 저자의 신념이자 실천의 이정표

글로벌 치안외교의 지평을 열다

초판발행 2026년 2월 10일

지은이 이준형
펴낸이 안종만 · 안상준

편 집 이지원
기획/마케팅 장규식
표지디자인 BEN STORY
제 작 고철민 · 김원표

펴낸곳 (주) 박영사
서울특별시 금천구 가산디지털2로 53, 210호(가산동, 한라시그마밸리)
등록 1959. 3. 11. 제300-1959-1호(倫)
전 화 02)733-6771
f a x 02)736-4818
e-mail pys@pybook.co.kr
homepage www.pybook.co.kr
ISBN 979-11-303-9735-1 93350

정 가 31,000원